A AUDÁCIA DA ESPERANÇA

BARACK OBAMA

A audácia da esperança

Reflexões sobre a reconquista do sonho americano

Tradução
Berilo Vargas

1ª reimpressão

COMPANHIA DAS LETRAS

Copyright © 2006 by Barack Obama. Esta edição foi publicada mediante acordo com Crown, um selo da Crown Publishing Group, uma divisão da Penguin Random House LLC.

Grafia atualizada segundo o Acordo Ortográfico da Língua Portuguesa de 1990, que entrou em vigor no Brasil em 2009.

Título original
Audacity of Hope: Thoughts on Reclaiming the American Dream

Capa
Ale Kalko, inspirada no design de capa de Penguin Random House USA

Foto de capa
Deborah Feingold

Preparação
Laura Folgueira

Revisão
Carmen T. S. Costa
Márcia Moura

Índice remissivo
Probo Poletti

Dados Internacionais de Catalogação na Publicação (CIP)
(Câmara Brasileira do Livro, SP, Brasil)

Obama, Barack
 A audácia da esperança : Reflexões sobre a reconquista do so-
nho americano / Barack Obama ; tradução Berilo Vargas. — 1ª ed.
— São Paulo : Companhia das Letras, 2021.

 Título original: Audacity of Hope : Thoughts on Reclaiming
the American Dream.
 ISBN 978-85-359-3435-9

 1. Estados Unidos – Política e governo – 2001-2009 2. Estados
Unidos. Congresso. Senado – Biografia 3. Legisladores – Estados
Unidos – Biografia 4. Legisladores afro-americanos – Biografia
5. Presidentes – Estados Unidos – Autobiografia 6. Obama, Barack 7. Obama, Barack – Filosofia I. Título.

20-49512	CDD-328.73092

Índice para catálogo sistemático:
1. Presidente : Estados Unidos　Ciência política　328.73092

Cibele Maria Dias – Bibliotecária – CRB-8/9427

[2021]
Todos os direitos desta edição reservados à
EDITORA SCHWARCZ S.A.
Rua Bandeira Paulista, 702, cj. 32
04532-002 — São Paulo — SP
Telefone: (11) 3707-3500
www.companhiadasletras.com.br
www.blogdacompanhia.com.br
facebook.com/companhiadasletras
instagram.com/companhiadasletras
twitter.com/cialetras

Sumário

Prólogo 9

1. Republicanos e democratas 23
2. Valores 58
3. Nossa Constituição 88
4. Política 122
5. Oportunidade 162
6. Fé 230
7. Raça 265
8. O mundo além das nossas fronteiras 314
9. Família 374

Epílogo 407
Agradecimentos 419
Índice remissivo 423

Às mulheres que me criaram —
MINHA AVÓ MATERNA, TUTU,
que foi uma rocha de estabilidade durante toda a minha vida

e

MINHA MÃE,
cujo espírito amoroso ainda me sustenta

Prólogo

Já se vão quase dez anos desde que concorri ao meu primeiro cargo político. Com 35 anos, formado em direito havia quatro e recém-casado, eu me sentia, de modo geral, impaciente com a vida. Abrira-se uma vaga no legislativo de Illinois, e amigos sugeriram que eu concorresse, achando que meu trabalho como advogado de direitos civis e os contatos que fiz nos tempos de líder comunitário me davam boas chances como candidato. Depois de conversar com minha esposa, entrei no páreo e comecei a fazer o que todo candidato iniciante faz: falei com qualquer um que se dispusesse a ouvir. Fui a reuniões de associações de moradores, a encontros de igreja, a salões de beleza e a barbearias. Se visse dois sujeitos parados numa esquina, eu atravessava a rua para entregar-lhes folhetos de campanha. E aonde quer que eu fosse, escutava versões diferentes das mesmas duas perguntas:

"Onde você arranjou esse nome tão estranho?"

Ou então: "Você parece boa pessoa. Por que quer entrar no mundo sujo e sórdido da política?".

Eu estava acostumado a essa questão, uma variação das perguntas que me faziam anos antes, quando cheguei a Chicago para trabalhar em bairros de baixa renda. Sugeria uma descrença não só na política, mas também na própria noção de vida pública, uma descrença alimentada — pelo menos nos bairros do South Side que eu buscava representar — por uma geração de promessas não cumpridas. Em resposta, eu costumava sorrir, acenar com a cabeça e dizer que entendia o ceticismo, mas que havia — e sempre houvera — outra tradição política, uma tradição que ia dos tempos da fundação do país ao auge do movimento pelos direitos civis, uma tradição baseada na simples ideia de que estamos juntos nisso e o que nos une é maior do que o que nos separa, e que se um número suficiente de pessoas acreditar na verdade dessa premissa e agir de acordo com ela, talvez não consigamos resolver todos os problemas, mas podemos fazer alguma coisa importante.

Era um discurso bem convincente, na minha opinião. E apesar de não saber se quem me ouvia pensava o mesmo, foram tantos os que gostaram da minha seriedade e da minha presunção juvenil que me elegi para o legislativo de Illinois.

Seis anos depois, quando resolvi me candidatar ao Senado dos Estados Unidos, eu não estava tão confiante assim.

A julgar pelas aparências, as carreiras que eu escolhera tinham dado certo. Após dois mandatos, durante os quais trabalhei duro integrando a minoria, os democratas assumiram o controle do senado estadual, e eu consegui aprovar uma batelada de projetos de lei, que incluíam de reformas do sistema de pena de morte de Illinois à ampliação do programa estadual de saúde para crianças. Continuei a lecionar na Faculdade de Direito da Universidade de Illinois, atividade que eu adorava, e era convidado com frequência para dar palestras na cidade. Mantive minha independência, meu bom nome e meu casamento, coisas que, segundo as estatísticas, corriam risco desde o momento em que pus os pés na capital do estado.

Mas os anos também tinham deixado sua marca. Tenho a impressão de que parte disso era só consequência do envelhecimento, pois, se prestarmos atenção, a cada ano vamos ficando mais familiarizados com nossos defeitos — os pontos cegos, a forma de pensar de sempre, que pode ser genética ou imposta pelo ambiente, mas que com certeza se agravam com o tempo, tão seguramente quanto o puxãozinho na perna ao caminhar evolui para dor no quadril. Em mim, um desses defeitos era uma inquietude crônica; uma incapacidade de reconhecer, mesmo quando tudo ia bem, as dádivas que tinha diante de mim. Acredito que seja um defeito inerente à vida moderna — inerente, também, ao caráter americano — mais evidente na vida política do que em qualquer outro espaço. Não dá para saber se a política estimula esse traço ou apenas atrai aqueles que o possuem. Alguém já disse que todo homem tenta corresponder às expectativas ou compensar os erros do pai, e acho que isso talvez explique meu problema tão bem quanto qualquer outra justificativa.

De qualquer maneira, foi por causa dessa inquietação que resolvi disputar com um congressista democrata a cadeira que ele ocupava, nas eleições de 2000. Foi uma disputa imprudente, e perdi feio — uma surra dessas que levamos para aprender que a vida não é obrigada a corresponder aos nossos planos. Um ano e meio depois, quando as feridas dessa derrota já haviam cicatrizado, almocei com um assessor de imprensa que vinha me incentivando havia algum tempo a concorrer a um cargo estadual. Por coincidência, o almoço foi marcado para o fim de setembro de 2001.

"Você sabe que a dinâmica política mudou, né?", perguntou ele, enquanto comia sua salada.

"Como assim?", devolvi, mas sabendo muito bem o que ele queria dizer. Ambos olhamos para o jornal que ele tinha colocado ao lado. Na primeira página, estava Osama bin Laden.

"Que coisa terrível, hein?", disse o assessor, sacudindo a cabeça. "Muita falta de sorte. Não dá para mudar o seu nome, claro. Os eleitores desconfiam de coisas assim. Talvez, se estivesse começando a carreira, você pudesse usar um apelido ou algo do tipo. Mas agora..." Sua voz perdeu força, ele encolheu os ombros se desculpando e fez sinal para o garçom trazer a conta.

Eu desconfiava que ele tinha razão, o que me deixou preocupado. Pela primeira vez em minha carreira, comecei a sentir inveja dos políticos mais jovens que venciam onde eu tinha fracassado, passando a ocupar cargos cada vez mais altos, conseguindo fazer mais coisas. Os prazeres da política — a adrenalina do debate, o calor animal dos apertos de mão, dos mergulhos na multidão — começaram a empalidecer diante das tarefas mais corriqueiras: as súplicas por dinheiro, as longas viagens de volta para casa depois de um banquete que durara duas horas além do previsto, a comida ruim, o ar rançoso, as conversas interrompidas com uma mulher que esteve o tempo todo do meu lado, mas já estava cansada de criar nossas filhas sozinha e começava a questionar minhas prioridades. Até mesmo o trabalho legislativo, a formulação de políticas que me motivou a entrar na disputa, começava a parecer muito lento em seus resultados, distante demais das grandes batalhas — sobre impostos, segurança, saúde, assistência médica e empregos — travadas no âmbito nacional. Passei a alimentar dúvidas sobre o caminho que eu escolhera; comecei a me sentir como imagino que se sinta um ator ou um atleta quando, depois de anos correndo atrás de um sonho, depois de anos trabalhando de garçom entre audições ou jogando mal nas ligas menores de beisebol, percebe ter chegado até onde seu talento e sua sorte poderiam levá-lo. O sonho não se concretizará, e ele agora tem a opção de aceitar esse fato como um adulto e estabelecer objetivos mais sensatos ou recusar a verdade e tornar-se amargurado, criador de caso e ligeiramente patético.

Negação, raiva, negociação, depressão — não sei se passei por todas as fases prescritas pelos especialistas. A certa altura, porém, acabei aceitando — meus limites e, em certo sentido, minha mortalidade. Voltei a me concentrar no meu trabalho no senado estadual e a encontrar satisfação nas reformas e iniciativas que minha posição permitia. Passei mais tempo em casa, vi minhas filhas crescerem, dei mais valor a minha esposa e ponderei minhas obrigações financeiras de longo prazo. Fiz exercícios, li romances e me dei conta de que a Terra girava em torno do Sol e as estações se sucediam sem qualquer esforço de minha parte.

E foi essa aceitação, imagino, que me permitiu conceber a noção totalmente absurda de concorrer ao Senado dos Estados Unidos. Falei à minha esposa que aquilo para mim era uma jogada definitiva, uma última tentativa de testar minhas ideias antes de me conformar com uma existência mais calma, mais estável e mais bem remunerada. E ela — talvez mais por piedade do que por convicção — concordou com essa última disputa, mas acrescentando que, como preferia uma vida mais metódica para nossa família, eu não deveria contar com o voto dela.

Deixei que ela se consolasse com as ínfimas chances que eu tinha de ganhar. O republicano que ocupava o cargo, Peter Fitzgerald, gastara 19 milhões de dólares do próprio bolso para derrubar a então senadora Carol Moseley Braun. Fitzgerald não era muito popular; na verdade, nem parecia gostar tanto assim de política. Apesar disso, ainda era dono de uma quantidade ilimitada de dinheiro de família, bem como de uma integridade genuína que lhe valera o reluctante respeito dos eleitores.

Por um tempo, Carol Moseley Braun reapareceu, depois de ter sido embaixadora na Nova Zelândia, com a intenção de reclamar a vaga que lhe pertencia; sua provável candidatura me fez adiar um pouco os meus planos. Quando ela resolveu se candidatar à presidência, todos os demais passaram a se interessar pelo Senado. No momento em que Fitzgerald anunciou que não tentaria a reeleição, passei a ter seis oponentes principais, entre os quais o controlador-geral do estado; um empresário com uma fortuna de centenas de milhões de dólares; o antigo chefe de gabinete, Richard M. Daley, prefeito de Chicago; e uma profissional negra do sistema de saúde que, segundo os apostadores mais experientes, dividiria o eleitorado negro, arruinando quaisquer chances que eu pudesse ter.

Não liguei. Livre de preocupações graças às baixas expectativas, com minha credibilidade reforçada por alguns apoios oportunos, mergulhei na disputa com uma energia e um prazer que eu pensava ter perdido. Contratei quatro funcionários, todos inteligentes, na faixa dos vinte anos ou entrando nos trinta e devidamente baratos. Alugamos um pequeno escritório, imprimimos papel timbrado, instalamos linhas telefônicas e computadores. Durante quatro ou cinco horas por dia, eu ligava para grandes doadores democratas, na esperança de algum retorno da parte deles. Dei entrevistas coletivas, às quais ninguém compareceu. Inscrevemo-nos para o desfile anual de Saint Patrick, conseguimos a última vaga e meus dez voluntários e eu marchamos poucos passos atrás dos caminhões de lixo da cidade, acenando para os poucos retardatários que permaneciam no trajeto enquanto os operários varriam o lixo e arrancavam adesivos com o trevo verde dos postes de iluminação.

Na maior parte do tempo, porém, eu apenas viajava, com frequência sozinho ao volante, de início pelas zonas eleitorais de Chicago, depois pelos condados e pelas cidades, até cruzar todo o estado, passando por quilômetros e quilômetros de campos de milho ou de feijão, por estradas de ferro e por silos. Não era um processo eficiente. Sem contar com a máquina da organização do Partido Democrata no estado, eu tinha que recorrer a amigos e conhecidos para abrir suas casas a quem aparecesse ou para conseguir que eu visitasse suas igrejas, seus sindicatos, seus grupos de bridge ou seu Rotary Club. Às vezes, depois de horas dirigindo, eu encontrava apenas duas ou três pessoas esperando por mim em volta de uma mesa de cozinha. Dava um jeito de dizer aos anfitriões que estava tudo bem com o comparecimento e de elogiá-los pelos lanches e bebidas que tinham preparado. Às vezes, eu assistia a um culto e o pastor se esquecia de me cumprimentar ou o chefe do sindicato local me deixava falar para os membros pouco antes de anunciar que o sindicato tinha decidido apoiar outra pessoa.

Mas seja na presença de duas pessoas ou de cinquenta, seja numa mansão em North Shore, num apartamento sem elevador no West Side ou numa casa de fazenda nos arredores de Bloomington, seja com a postura amistosa, indiferente ou, às vezes, hostil das pessoas, eu me esforçava ao máximo para calar e ouvir o que tinham a dizer. Ouvia-as falar dos seus empregos, dos seus negócios, da escola local; da raiva que sentiam de Bush e dos democratas; de seus cães, das suas dores nas costas, do seu tempo de serviço militar na guerra e das lembranças de infância. Algumas tinham teorias bem elaboradas para explicar a perda de empregos nas fábricas ou o alto custo da assistência médica. Outras recitavam o que tinham ouvido no programa de Rush Limbaugh ou no NPR. Mas a maioria estava ocupada demais com seu trabalho ou com os filhos para prestar atenção em política, e essas preferiam falar do que viam: uma fábrica fechada, uma promoção, uma conta alta de energia elétrica, um pai ou mãe num asilo de idosos, os primeiros passos de uma criança.

Nenhuma grande revelação surgiu desses meses de conversas. Na verdade, o que me impressionou foi descobrir como as esperanças eram modestas e como as crenças se mantinham constantes, independentemente de raça, região, religião ou classe. A maioria achava que qualquer um que quisesse trabalhar deveria poder encontrar um emprego que pagasse um salário digno. Essas pessoas achavam que ninguém deveria ter que decretar falência só porque adoecia. Achavam também que toda criança deveria receber uma educação boa de verdade — e que essa educação não deveria ser só um monte de conversa — e que essas mesmas crianças deveriam poder entrar na faculdade, mesmo que os pais não fossem ricos. Queriam ter segurança contra criminosos e contra terroristas; queriam ar limpo, água limpa e poder passar mais tempo com os filhos. E quando ficassem velhas, queriam se aposentar com dignidade e respeito.

Não havia mais muita coisa a acrescentar. Não era demais. E apesar de compreenderem que o que conseguiam na vida dependia acima de tudo dos próprios esforços — apesar de não esperarem que o governo resolvesse todos os seus problemas e de certamente não gostarem de ver o dinheiro dos impostos desperdiçado —, achavam que o governo deveria ajudar.

Eu lhes dava razão: o governo não podia resolver todos os seus problemas. Mas com uma ligeira mudança de prioridades poderíamos garantir que todas as crianças tivessem uma boa chance de ser bem-sucedidas e enfrentar nossos desafios como país. Quase sempre, as pessoas acenavam com a cabeça concordando e queriam saber como participar. E, quando retornava à estrada, com um mapa aberto no banco do carona, a caminho da próxima parada, eu entendia mais uma vez por que tinha entrado na política.

E sentia vontade de trabalhar mais do que nunca.

* * *

Este livro surgiu a partir dessas conversas quando eu fazia campanha política. Meus encontros com eleitores não só confirmaram a dignidade essencial do povo americano, mas também me fizeram lembrar que no fundo da experiência americana há um conjunto de ideais que continuam a atormentar nossa consciência coletiva; um conjunto de valores comuns que nos mantém unidos apesar das diferenças; um fio condutor de esperança que faz nosso improvável experimento democrático funcionar. Esses valores e ideais encontram expressão não apenas nas lajes de mármore dos monumentos ou na recitação dos livros de história. Continuam vivos no coração e na cabeça da maioria dos americanos — e podem nos inspirar a sentir orgulho, a cumprir nosso dever e a fazer sacrifícios.

Reconheço os riscos de falar dessa maneira. Em tempos de globalização e de grandes avanços tecnológicos, de políticas impiedosas e incessantes guerras culturais, parece que não temos sequer uma língua comum com a qual conversar sobre nossos ideais, menos ainda as ferramentas para chegar a um começo de consenso sobre uma forma de trabalharmos juntos, como país, para alcançar esses ideais. A maioria de nós conhece bem os métodos dos publicitários, dos institutos de pesquisas eleitorais, dos redatores de discursos e dos comentaristas. Sabemos que palavras grandiloquentes podem ser usadas para fins duvidosos e que os sentimentos mais nobres podem ser subvertidos em nome do poder, da conveniência, da ganância ou da intolerância. Até os livros de história do ensino médio notam que desde o início a realidade da vida americana se afastou dos seus mitos. Nesse contexto, qualquer declaração sobre ideais compartilhados ou valores comuns pode parecer incorrigivelmente ingênua ou mesmo perigosa — uma tentativa de encobrir sérias diferenças em política e atuação ou, pior ainda, um meio de abafar as queixas dos que se sentem mal servidos pelos nossos arranjos institucionais.

Meu argumento, porém, é que não temos escolha. Não precisamos de pesquisas de opinião para saber que a maior parte dos americanos — republicanos, democratas e independentes — está cansada da zona morta em que a política se transformou, na qual interesses mesquinhos disputam vantagens, e minorias ideológicas buscam impor suas versões da verdade absoluta. E nós, vivendo em estados republicanos ou democratas, sentimos em nossas entranhas a falta de honestidade, de rigor, de bom senso em nossos debates políticos e repudiamos o que nos parece um cardápio interminável de escolhas falsas ou limitadas. Religiosos ou seculares, negros, brancos ou pardos, sentimos — com razão — que os desafios mais importantes do país estão sendo ignorados e que, se não mudarmos logo de rumo, seremos a primeira geração em muito tempo a deixar para trás um país mais fraco e mais dividido do que aquele que herdamos. Talvez mais do que em qualquer outro momento da nossa história recente, precisamos de uma nova política, que possa explorar e usar como alicerce o entendimento comum que nos une como americanos.

É o tema deste livro: como iniciarmos o processo de mudança da nossa política e da nossa vida pública. Não quer dizer que eu saiba com exatidão o que fazer. Não sei. Apesar de discutir em cada capítulo alguns dos nossos desafios políticos mais prementes e de sugerir em traços gerais o caminho que acho que devemos seguir, a forma como trato essas questões é, com frequência, parcial e incompleta. Não apresento nenhuma teoria unificadora do governo americano nem há, nestas páginas, um programa de ação pronto e acabado, com tabelas e gráficos, agendas e planos com passo a passo.

Em vez disso, o que ofereço é bem mais modesto: são reflexões pessoais sobre os valores e ideais que conduziram minha vida pública, alguns pensamentos sobre as razões que fazem nosso discurso político atual nos dividir desnecessariamente e a melhor sugestão que posso apresentar — com base em minha experiência de senador e advogado, marido e pai, cristão e cético — sobre como fundamentar nossa política na noção de bem comum.

Vou ser um pouco mais específico sobre como o livro é organizado. O primeiro capítulo faz um balanço da nossa história política recente e tenta explicar algumas das fontes do amargurado sectarismo de hoje. No segundo, discuto os valores comuns que podem servir de alicerce para um novo consenso político. O capítulo três explora a Constituição não só como fonte de direitos individuais, mas também como meio de organizar uma conversa democrática em torno do nosso futuro coletivo. No capítulo quatro, tento identificar algumas das forças institucionais — dinheiro, mídia, grupos de interesse e o processo legislativo — que asfixiam até mesmo os políticos mais bem-intencionados. E, nos cinco capítulos restantes, sugiro como superar nossas divisões para resolver, com eficácia, problemas concretos: a crescente insegurança econômica de muitas famílias americanas, a tensão racial e religiosa dentro da sociedade e as ameaças transnacionais — de terrorismo a pandemia — que se acumulam além da nossa costa.

Suspeito que alguns leitores talvez achem que há pouco equilíbrio na apresentação dessas questões. Quanto a essa acusação, confesso-me culpado. Afinal, sou um democrata; minhas opiniões sobre muitos assuntos correspondem mais de perto às páginas editoriais do *New York Times* do que às do *Wall Street Journal*. Fico furioso quando vejo políticas que favorecem os ricos e os poderosos em detrimento dos americanos comuns e estou convencido de que o governo tem um papel importante na criação de oportunidades para todos. Acredito na evolução, na investigação científica e no aquecimento global; acredito na liberdade de expressão, seja politicamente correta ou incorreta, e desconfio do uso do governo para impor as crenças religiosas de qualquer um — incluindo as minhas — a quem não tem religião. Além disso, sou prisioneiro da minha biografia: não tenho como deixar de ver a experiência americana através das lentes de um homem negro com antepassados de raças diversas, sempre consciente de que gerações de pessoas parecidas comigo foram subjugadas e estigmatizadas, e de que raça e classe continuam influenciando nossa vida de maneiras sutis e não muito sutis.

Mas isso não é tudo que sou. Acho, por exemplo, que meu partido às vezes é presunçoso, distante e dogmático. Acredito no livre mercado, na competição e no empreendedorismo, e acho que um bom número de programas governamentais não funciona como diz a propaganda. Eu gostaria que o país tivesse menos advogados e mais engenheiros. Acho que os Estados Unidos têm sido com mais frequência uma força do bem do que uma força do mal no mundo; tenho poucas ilusões sobre nossos inimigos e tenho profundo respeito pela coragem e competência das nossas Forças Armadas. Rejeito qualquer política baseada apenas em identidade racial, identidade de gênero, orientação sexual ou vitimização em geral. Acho que boa parte dos males que acometem as periferias das nossas cidades envolve um colapso cultural que não será curado apenas com dinheiro e que nossos valores e nossa vida espiritual são tão importantes quanto nosso PIB.

Não há a menor dúvida de que algumas dessas opiniões me trarão dificuldades. Sou novo o suficiente no cenário político para servir de tela na qual pessoas das mais variadas colorações políticas projetam suas opiniões. Por essa razão, é inevitável que eu venha a decepcionar algumas delas ou até mesmo todas. O que talvez aponte para um segundo, e mais íntimo, tema deste livro — o de saber como eu ou qualquer ocupante de cargo público podemos evitar as armadilhas da fama, o desejo de agradar, o medo de perder e, desse modo, preservarmos aquele cerne de verdade, aquela voz única dentro de cada um de nós que nos torna conscientes de nossos compromissos mais profundos.

Recentemente, uma repórter que cobre o Congresso me parou a caminho do meu gabinete para dizer que tinha gostado do meu primeiro livro. "Fico pensando", disse ela, "se você vai conseguir ser tão interessante no próximo que escrever." Com isso, o que ela se perguntava era se eu conseguiria ser honesto agora, como senador dos Estados Unidos.

Às vezes, também me pergunto isso. Espero que escrever este livro me ajude a encontrar a resposta.

1. Republicanos e democratas

Quase todos os dias, entro no Congresso pelo subsolo. Um pequeno trem subterrâneo me leva do Hart Building, onde fica meu escritório, por um túnel ladeado por bandeiras e selos dos cinquenta estados. O trem para rangendo e eu sigo em frente, passando por funcionários agitados, equipes de manutenção e eventuais grupos de turistas, até os velhos elevadores que levam ao segundo andar. Ao sair, aceno para os vários jornalistas que costumam se reunir ali, dou um oi à Polícia do Capitólio e entro, por uma série de portas robustas, no plenário do Senado dos Estados Unidos.

O plenário do Senado não é o espaço mais bonito do Capitólio, mas não deixa de ser imponente. As paredes castanhas são realçadas por painéis com estampa damasco azul e colunas de mármore com veios finos. No alto, o teto forma um oval creme, com uma águia americana gravada no centro. Sobre a galeria dos visitantes, os bustos dos vinte primeiros vice-presidentes do país se alinham em solene repouso.

E, em degraus suaves, cem mesas de mármore se elevam do

chão do Senado em quatro fileiras em forma de ferradura. Algumas dessas mesas datam de 1819 e, sobre cada uma delas, há um receptáculo para tinteiros e penas. Abrindo-se a gaveta de qualquer mesa, lá estão os nomes de todos os senadores que a usaram ao longo do tempo — Taft e Long, Stennis e Kennedy —, riscados ou escritos à mão pelo próprio senador. Às vezes, em pé no plenário, imagino Paul Douglas ou Hubert Humphrey numa dessas mesas, insistindo mais uma vez para que se adote a legislação sobre direitos civis; ou Joe McCarthy, poucas mesas à frente, manuseando listas, preparando-se para citar nomes; ou Lyndon B. Johnson perambulando entre fileiras, agarrando lapelas e conseguindo votos. Às vezes, vou até a mesa à qual Daniel Webster se sentou outrora e o imagino levantando-se diante da galeria lotada e de seus colegas, os olhos fulgurantes, para defender com estrondo a União contra as forças da secessão.

Mas esses momentos esmaecem rápido. A não ser pelos poucos minutos que levamos para votar, meus colegas e eu passamos pouco tempo no plenário do Senado. A maioria das decisões — sobre que projetos de lei apresentar e quando apresentar, sobre como tratar emendas e fazer senadores recalcitrantes cooperarem — já foi tomada de antemão, pelo líder da maioria, pelo presidente do respectivo comitê, por seus funcionários e (dependendo do grau de controvérsia envolvido e da importância dos republicanos que cuidam do projeto) pelos colegas democratas. Quando chegamos ao plenário e o funcionário começa a chamar a lista de presença, cada senador já decidiu — consultando sua equipe, o líder de bancada, os lobistas, os grupos de interesse, as cartas de eleitores e as tendências ideológicas — qual será sua posição.

Isso torna o processo eficiente, o que é muito valorizado pelos senadores, que precisam dar conta de tudo em doze ou treze horas e voltar aos seus escritórios para receber eleitores ou retornar ligações, ir a um hotel próximo estreitar o relacionamento com doadores ou um estúdio de televisão dar uma entrevista ao vivo. Quem fica por ali, no entanto, pode ver um solitário senador levantar-se junto à sua mesa depois que os outros saíram, esperando ser identificado para fazer uma declaração no plenário. Pode ser a explicação de um projeto de lei que ele apresentou ou um comentário mais amplo sobre algum desafio nacional que está sendo relegado. A voz do orador pode vibrar de paixão; seus argumentos — sobre cortes em programas para os pobres ou obstrução nas nomeações para o Judiciário, ou a necessidade de independência em energia — talvez sejam sólidos. Mas o orador estará falando para uma sala quase deserta: só para quem preside a sessão, alguns funcionários, o repórter do Senado e o olho que jamais pisca da C-SPAN. O orador vai até o fim. Um assistente de uniforme azul recolhe a declaração em silêncio, para registro oficial. Quando o primeiro senador sair, outro pode entrar, levantar-se junto à mesa, à espera de ser identificado e proferir sua declaração, repetindo o ritual.

No maior órgão deliberativo do mundo, ninguém está escutando.

Em minha memória, o dia 4 de janeiro de 2005 — quando eu e um terço do Senado fomos empossados como membros do 109º Congresso — aparece como um belo borrão. O sol estava brilhante, o ar inesperadamente morno para a estação. Vindos de Illinois, do Havaí, de Londres e do Quênia, minha família e meus amigos se amontoaram na galeria de visitantes para aplaudir, enquanto meus novos colegas e eu, em pé ao lado da tribuna de mármore, levantávamos a mão direita para fazer o juramento. Na sala do Velho Plenário do Senado, reuni minha esposa, Michelle, e nossas duas filhas para reencenar a cerimônia e tirar fotos com o vice-presidente Cheney (como era de esperar, Malia, então com seis anos, trocou um recatado aperto de mão com o vice-presidente, enquanto Sasha, de três anos, preferiu dar tapinhas na palma da mão dele, antes de voltar-se e acenar para as câmeras). Em seguida, vi as meninas descerem pulando as escadas do lado leste do Capitólio, os vestidos rosa e vermelho se levantando um pouco com o vento, enquanto as colunas brancas da Suprema Corte serviam como um majestoso pano de fundo para suas brincadeiras. Michelle e eu as seguramos pelas mãos e nós quatro seguimos para a Biblioteca do Congresso, onde algumas centenas de simpatizantes que tinham vindo de fora nos aguardavam para assistir, e passamos as próximas horas envolvidos num fluxo de apertos de mão, abraços, fotos e autógrafos.

Um dia de sorrisos e agradecimentos, de polidez e esplendor — assim deve ter sido visto pelos visitantes do Capitólio. Se Washington comportava-se da melhor maneira naquele dia, fazendo uma pausa coletiva para assegurar a continuidade da nossa democracia, havia no entanto certa estática no ar, uma consciência de que aquele estado de espírito não duraria muito. Depois que a família e os amigos foram para casa, depois que as recepções terminaram e o sol se escondeu atrás do manto cinza do inverno, o que pairava sobre a cidade era a certeza de um fato único, aparentemente inalterável: o país estava dividido, e portanto Washington estava dividido, mais dividido do que em qualquer época desde antes da Segunda Guerra Mundial.

Tanto a eleição presidencial como várias estatísticas pareciam corroborar a opinião geral. Em todas as questões, os americanos discordavam uns dos outros: Iraque, impostos, aborto, armas, os Dez Mandamentos, casamento entre pessoas do mesmo sexo, imigração, comércio, política educacional, regulamentação ambiental, o tamanho do governo e o papel dos tribunais. Não só discordávamos, mas discordávamos com veemência, com partidários de ambos os lados da batalha, atirando veneno indiscriminadamente contra os oponentes. Discordávamos sobre a extensão das nossas discordâncias, a natureza das nossas discordâncias e as razões das nossas discordâncias. Tudo era motivo de debate, fosse a causa das mudanças climáticas ou a própria existência das mudanças climáticas, o tamanho do déficit ou os responsáveis pelo déficit.

Para mim, nada disso era grande surpresa. Eu tinha acompanhado de longe a ferocidade crescente das batalhas políticas em Washington: o Caso Irã-Contras e Ollie North, a nomeação de Bork e Willie Horton, Clarence Thomas e Anita Hill, a eleição de Clinton e a Revolução de Gingrich, Whitewater e a investigação de Starr, o fechamento do governo e o impeachment, problemas em cartões perfurados e Bush versus Gore. Como o resto do público, eu tinha visto a cultura das campanhas eleitorais criar metástases no corpo político, tomando conta de toda a sociedade, enquanto uma indústria de insultos — ao mesmo tempo perpétua e de alguma forma lucrativa — emergia para dominar a televisão a cabo, os programas de rádio e a lista de mais vendidos do *New York Times*.

E participando do legislativo de Illinois por oito anos, eu tinha tido uma amostra de como o jogo passara a ser disputado. Quando cheguei a Springfield, em 1977, a maioria republicana do senado estadual de Illinois tinha adotado as mesmas regras então usadas pelo presidente da Câmara dos Representantes dos Estados Unidos, Gingrich, para manter o controle absoluto. Sem condição de ter sequer a mais modesta emenda debatida, quanto mais aprovada, os democratas gritavam, trovejavam, esperneavam e depois ficavam assistindo enquanto os republicanos aprovavam isenções fiscais para grandes corporações, castigavam os trabalhadores ou cortavam serviços sociais. Com o tempo, uma raiva implacável se espalhou entre os líderes democratas, e meus colegas registravam com atenção cada desfeita, cada insulto cometido pelo Partido Republicano. Seis anos depois, os democratas assumiram o controle, e os republicanos não se saíram melhor. Alguns veteranos recordavam melancolicamente o tempo em que republicanos e democratas se reuniam à noite para jantar, chegando a um meio-termo entre bifes e charutos. Mas mesmo para os mais velhos essas boas lembranças perdiam o brilho assim que os agentes políticos do outro lado os escolhiam como alvos, inundando suas zonas eleitorais de cartas acusando-os de prevaricação, corrupção, incompetência e depravação moral.

Não digo que eu assistia a tudo passivo. Eu entendia a política como um esporte em que os trombos faziam parte do jogo e não ligava muito nem para as cotoveladas, nem para os golpes inesperados. Mas, vindo de uma zona eleitoral intransigentemente democrata como a minha, fui poupado das piores ofensas republicanas. Em algumas ocasiões, eu me juntava até mesmo aos colegas mais conservadores para elaborar uma lei, e, enquanto jogávamos pôquer ou tomávamos uma cerveja, às vezes chegávamos à conclusão de que tínhamos mais coisas em comum do que admitíamos em público. Isso talvez explique por que, durante os anos que passei em Springfield, me mantive fiel às ideias de que a política podia ser diferente e de que os eleitores queriam algo diferente; de que estavam cansados de distorções, xingamentos e soluções retóricas para problemas complicados; de que, se eu pudesse falar diretamente com esses eleitores, formular as questões da minha maneira, explicar quais eram as escolhas da forma mais verdadeira de que era capaz, o gosto instintivo das pessoas pelo jogo limpo e pelo bom senso as convenceria a adotar o meu ponto de vista. Se pelo menos um bom número de nós assumíssemos esse risco, eu achava que não só a vida política do país como as políticas nacionais mudariam para melhor.

Era com essa mentalidade que eu tinha entrado na disputa pela vaga no Senado dos Estados Unidos em 2004. Durante a campanha, fiz o possível para dizer o que pensava, jogar limpo e concentrar-me na substância. Após vencer as eleições primárias do Partido Democrata e em seguida a eleição geral, nos dois casos com margens consideráveis, era uma tentação achar que eu tinha provado que estava certo.

Só tinha um problema. Minha campanha tinha ido tão bem que parecia um acaso feliz. Analistas políticos notaram que, dos sete candidatos nas primárias do Partido Democrata, nenhum recorreu a publicidade negativa na tv. O candidato mais rico de todos — um ex-empresário com uma fortuna de pelo menos 300 milhões de dólares — gastou 28 milhões, quase tudo numa enxurrada de propaganda positiva, fracassando nas últimas semanas por causa de um processo de divórcio pouco lisonjeiro que a imprensa desenterrou. Meu adversário republicano, um homem bonito e rico, que tinha sido sócio do Goldman Sachs e virado professor nas periferias urbanas, começou a atacar meu histórico quase desde o início, mas antes que sua campanha pudesse decolar foi derrubado por um escândalo relacionado ao seu divórcio. Durante a maior parte do mês, percorri o estado de Illinois sem atrair ataques, até ser escolhido para fazer o discurso de abertura da Convenção Nacional do Partido Democrata — dezessete minutos de tempo sem cortes na televisão nacional. E por fim o Partido Republicano de Illinois inexplicavelmente escolheu como meu concorrente o ex-candidato à presidência Alan Keyes, que nunca tinha vivido em Illinois e que se mostrou tão agressivo e inflexível em suas posições que até republicanos conservadores ficaram com o pé atrás.

Mais tarde, alguns jornalistas me elegeram o político de maior sorte nos cinquenta estados. Em privado, alguns funcionários da minha equipe se ofenderam com essa avaliação, achando que ela deixava de levar em conta nosso grande esforço e o apelo da nossa mensagem. Ainda assim, não havia como negar minha sorte quase assustadora. Eu era um caso atípico, uma aberração; para quem acompanhava a política de perto, minha vitória não provava coisa alguma.

Não admira então que, quando cheguei a Washington naquele mês de janeiro, eu me sentisse como o calouro que aparece depois do jogo, o uniforme impecável, ansioso por jogar, bem quando os colegas de time, sujos de lama, cuidam de seus machucados. Enquanto eu estava ocupado dando entrevistas e posando para fotos, cheio de ideias solenes sobre a necessidade de menos partidarismo e animosidade, democratas levavam surras em toda parte — presidência, cadeiras no Senado, cadeiras na Câmara. Meus novos colegas do partido não poderiam ter sido mais acolhedores comigo; um dos nossos poucos sinais positivos, diziam eles sobre a minha vitória. Nos corredores, porém, ou durante uma trégua nos combates do plenário, eles me puxavam de lado para lembrar como eram agora as campanhas típicas para o Senado.

Falaram-me do seu líder derrotado, Tom Daschle, da Dakota do Sul, que tinha visto milhões de dólares em propaganda negativa desabarem sobre sua cabeça — anúncios de página inteira de jornal e tempo de televisão informando a seus vizinhos, dia após dia, que ele apoiava a matança de bebês e homens de vestido de noiva, alguns até sugerindo que ele tratava mal sua primeira esposa, apesar de ela ter viajado até o estado para ajudar na sua reeleição. Lembraram o caso de Max Cleland, o ex-senador da Geórgia e veterano de guerra com três membros amputados que perdeu a cadeira nas eleições anteriores depois de ser acusado de falta de patriotismo, de ajudar e estimular Osama bin Laden.

E houve ainda o caso do grupo Swift Boat Veteran for Truth e a chocante eficiência com que alguns anúncios bem colocados e o coro da mídia conservadora conseguiram transformar um condecorado herói da guerra do Vietnã num medroso apaziguador.

Sem dúvida, havia republicanos que também se sentiam insultados. E talvez os editoriais de jornal que apareceram na primeira semana de sessões tivessem razão; talvez fosse hora de superar a eleição, de ambos os partidos colocarem de lado suas animosidades e munições e, por um ano ou dois, pelo menos, tratarem de governar o país. Talvez isso tivesse sido possível se as eleições não tivessem sido tão apertadas ou se a guerra do Iraque tivesse acabado, ou se grupos de interesse, comentaristas e mídias de todos os tipos não tivessem tanto a ganhar pondo lenha na fogueira. Talvez a paz tivesse enfim prevalecido se a Casa Branca fosse outra, menos empenhada em fazer campanha permanente — uma Casa Branca que visse numa vitória de 51 a 48 um chamado à humildade e ao acordo, mais do que um mandato irrefutável.

Mas fossem quais fossem as condições necessárias para essa *détente*, elas não existiam em 2005. Não haveria concessões, não haveria gestos de boa vontade. Dois dias depois da eleição, o presidente Bush apareceu diante das câmeras declarando que tinha capital político para gastar à vontade e que era o que pretendia fazer. No mesmo dia, o militante conservador Grover Norquist, sem nenhum constrangimento pelo decoro do cargo público, comentou, a respeito da situação dos democratas, que "qualquer fazendeiro dirá aos senhores que certos animais vivem correndo e são importunos, mas, depois de corrigidos, ficam felizes e sossegados". Dois dias depois que assumi o cargo, a congressista Stephanie Tubbs Jones, oriunda de Cleveland, levantou-se na Câmara dos Representantes para contestar o registro de eleitores de Ohio, citando uma ladainha de irregularidades ocorridas no estado no Dia da Eleição. As tropas republicanas reagiram com raiva ("Maus perdedores", ouvi alguns resmungarem), mas o presidente Hastert e o líder da maioria DeLay miravam, impassíveis, do alto da tribuna, tranquilos com a certeza de que tinham nas mãos tanto os votos como o martelo. A senadora Barbara Boxer, da Califórnia, concordou em endossar a contestação, e quando voltamos para o plenário do Senado depositei meu primeiro voto, junto com os outros 73 que votaram naquele dia, para empossar George W. Bush na presidência dos Estados Unidos para um segundo mandato.

Eu receberia minhas primeiras ligações telefônicas e cartas negativas depois desse voto. Retornei as chamadas de alguns apoiadores democratas decepcionados, garantindo-lhes que, sim, eu estava ciente dos problemas ocorridos em Ohio e que, sim, eu achava que mereciam uma investigação, mas que, sim, apesar de tudo, eu acreditava que George W. Bush tinha ganhado a eleição, e que, não, pelo que me constava, eu não tinha me vendido nem sido cooptado depois de meros dois dias no cargo. Naquela semana, esbarrei por acaso com o senador aposentado Zell Miller, esbelto e vigilante democrata da Geórgia, membro da diretoria da Associação Nacional do Rifle (NRA, na sigla em inglês), que se desencantara com o Partido Democrata, apoiara George W. Bush e proferira um inflamado discurso de abertura na Convenção Nacional do Partido Republicano — uma veemente diatribe contra a perfídia de John Kerry e sua suposta fraqueza em segurança nacional. Nossa conversa foi breve, impregnada de tácita ironia — o idoso sulista que saía e o jovem negro do Norte que entrava, contraste que a imprensa tinha notado em nossos respectivos discursos durante a convenção. O senador Miller foi muito amável, desejando-me boa sorte em meu novo emprego. Mais tarde, encontrei um trecho de seu livro, *A Deficit of Decency*, no qual descrevia aquele meu discurso como um dos melhores que já tinha ouvido, antes de fazer a ressalva — na minha imaginação, com um sorriso maroto — de que talvez não tenha sido o mais eficaz em matéria de ganhar uma eleição.

Em outras palavras: meu candidato tinha perdido. O candidato de Zell Miller tinha ganhado. Essa era a dura e fria realidade política. O restante era apenas sentimento.

* * *

Minha esposa pode confirmar que eu, por natureza, não sou de ficar muito chateado. Quando vejo Ann Coulter ou Sean Hannity rugirem na tela de televisão, acho difícil levá-los a sério; imagino que devem estar repetindo o discurso de sempre para aumentar a venda de livros ou os índices de audiência, embora fique pensando, cá com meus botões, quem é mesmo que se dispõe a passar suas preciosas noites em companhia de pessoas tão rabugentas. Quando democratas me abordam num evento qualquer para dizer que vivemos na pior época da política, que um fascismo insidioso se prepara para apertar nossa garganta, eu às vezes menciono a detenção de nipo-americanos no governo de FDR, as Leis contra a Sedição e Estrangeiros de John Adams ou os cem anos de linchamentos sob dezenas de governantes como épocas talvez piores e sugiro fazermos uma pausa para respirar fundo. Quando alguém, num jantar, me pergunta como consigo trabalhar no ambiente político atual, com essas campanhas negativas e esses ataques pessoais, eu talvez mencione Nelson Mandela, Alexander Soljenítsin ou alguém numa prisão chinesa ou egípcia. A verdade é que ser xingado não é o fim do mundo.

Apesar disso, não sou imune a angústias. E, como a maioria dos americanos, acho difícil me livrar da sensação, nos dias atuais, de que nossa democracia perdeu seriamente o rumo.

Não é só o fato de existir um abismo entre os ideais que professamos, como nação, e a realidade que testemunhamos todos os dias. De uma forma ou de outra, esse abismo existe desde o nascimento dos Estados Unidos. Temos visto guerras serem travadas, leis aprovadas, sistemas reformados, sindicatos organizados, e protestos realizados para que a prática se aproxime mais da promessa.

Não, o que há de perturbador é o abismo entre a magnitude dos nossos desafios e a pequenez da nossa política — a facilidade com que somos distraídos pelo mesquinho e pelo trivial, nossa insistência em evitar decisões difíceis, nossa aparente inaptidão para encontrar um consenso para enfrentar qualquer grande dificuldade.

Sabemos que a competição global — para não falar em qualquer compromisso genuíno com os princípios de oportunidades iguais e mobilidade vertical — exige renovarmos nosso sistema educacional por completo, restaurarmos nosso corpo docente, encararmos com seriedade o aprendizado de matemática e ciência e resgatarmos os jovens das periferias urbanas das garras do analfabetismo. Apesar disso, nosso debate sobre educação parece encontrar entrave na disputa entre os que querem desmontar o sistema público de ensino e os que defendem o indefensável status quo, entre aqueles que dizem que dinheiro não faz a menor diferença na pauta e aqueles que querem mais dinheiro sem dar nenhuma demonstração de que esse dinheiro será bem utilizado.

Sabemos que nosso sistema de saúde está quebrado: caro demais, ineficiente em absoluto e mal adaptado a uma economia que já não tem como base o emprego vitalício, um sistema que expõe trabalhadores americanos a uma insegurança crônica e a uma possível indigência. Mas ano após ano, a ideologia e a astúcia política resultam em inação, exceto em 2003, quando conseguimos um projeto de lei sobre medicamentos controlados que de alguma forma combinava o que havia de pior nos setores público e privado — preços exorbitantes e confusão burocrática, lacunas na cobertura e uma conta estratosférica que sobrava para os contribuintes.

Sabemos que a batalha contra o terrorismo internacional é ao mesmo tempo uma luta armada e uma disputa de ideias, que nossa segurança a longo prazo depende tanto de uma projeção criteriosa de poderio militar como de mais cooperação com outros países e que enfrentar os problemas da pobreza global e dos estados falidos é, mais do que uma questão beneficente, vital para os interesses do nosso país. Mas quem acompanha a maioria dos nossos debates sobre política externa vai achar que só temos duas opções — a beligerância e o isolacionismo.

Pensamos na fé como uma fonte de conforto e compreensão, mas vemos nossas expressões de fé semearem a divisão; julgamo-nos um povo tolerante mesmo quando tensões raciais, religiosas e culturais sacodem a paisagem. E em vez de resolver essas tensões e de mediar esses conflitos, nossa política os atiça, os explora e nos separa ainda mais.

Em caráter privado, nós que estamos no governo reconhecemos esse abismo entre a política que temos e a política de que precisamos. Definitivamente, os democratas não estão satisfeitos com a situação atual, uma vez que, pelo menos por enquanto, são o lado perdedor, dominados por republicanos que, graças a eleições em que o resultado é tudo ou nada, controlam todos os setores do governo e não sentem necessidade de fazer concessões. Mas os republicanos prudentes não deveriam ser tão confiantes, pois, se os democratas não conseguiram vencer, parece que os republicanos — tendo ganhado eleições com base em promessas que costumam desafiar a própria realidade (redução de impostos sem prejuízo dos serviços, privatização da previdência social sem alteração dos benefícios, guerra sem sacrifício) — não conseguem governar.

E, apesar disso, publicamente é difícil encontrar muito exame de consciência ou muita introspecção dos dois lados do espectro, ou mesmo a mais leve admissão de responsabilidade pelo impasse. O que ouvimos, em vez disso, não só em campanhas, mas nos editoriais, nas prateleiras das livrarias ou no universo sempre crescente dos blogs, é a rejeição a críticas e a atribuição de culpa. Você pode decidir se nossa condição é resultado natural do conservadorismo radical ou do liberalismo perverso, de Tom De-

Lay ou Nancy Pelosi, das grandes empresas de petróleo ou dos advogados gananciosos, de fanáticos religiosos ou militantes gay, da Fox News ou do *New York Times*. A maneira de contar essas histórias, a sutileza dos argumentos e a qualidade das provas variam de autor para autor, e não nego minha preferência pela narrativa dos democratas nem minha convicção de que os argumentos dos liberais costumam estar mais embasados na razão e nos fatos. Em sua forma destilada, porém, as explicações tanto da direita como da esquerda tornaram-se tão parecidas quanto se uma fosse o reflexo da outra no espelho. São histórias de conspiração, do sequestro dos Estados Unidos por um complô do mal. Como todas as boas teorias conspiratórias, essas fábulas contêm apenas a dose de verdade capaz de satisfazer os que estão predispostos a acreditar, sem admitir qualquer contradição que possa abalar suas premissas. A intenção não é convencer o outro lado, mas manter as próprias bases animadas e tranquilas quanto à retidão de suas respectivas causas — e atrair somente um número suficiente de novos adeptos para forçar o outro lado a ceder.

Claro, há outra história a ser contada pelos milhões de americanos que cuidam dos próprios assuntos. Eles estão trabalhando ou procurando emprego, ajudando os filhos com o dever de casa, lutando com altas contas de gás, com o seguro-saúde insuficiente e com uma pensão que algum tribunal de falências tornou inexequível. Ora têm esperanças, ora têm medo do futuro. Sua vida é repleta de contradições e ambiguidades. E como a política tem tão pouco a dizer sobre o que estão vivendo — pois eles entendem que a política hoje é negócio e não missão, e o que parece debate é pouco mais do que espetáculo —, eles se voltam para dentro, para longe do barulho, da raiva e do blá-blá-blá infinitos.

Um governo que represente de verdade os americanos — que trabalhe de verdade para esses americanos — exigirá outro tipo de política. Essa política deverá refletir nossa vida como ela é realmente vivida. Não será algo pré-fabricado, pronto para ser tirado da prateleira. Terá que ser construído com o que há de melhor em nossas tradições e justificar os aspectos mais sombrios do nosso passado. Teremos que compreender como viemos parar aqui, nesta terra de facções em guerra e de ódios tribais. E precisaremos lembrar a nós mesmos, apesar de todas as diferenças, aquilo que compartilhamos: esperanças comuns, sonhos comuns, um vínculo que não se romperá.

Uma das primeiras coisas que percebi quando cheguei a Washington foi a relativa cordialidade entre os membros mais velhos do Senado: a infalível cortesia que regia qualquer interação entre John Warner e Robert Byrd ou os genuínos laços de amizade entre o republicano Ted Stevens e o democrata Daniel Inouye. Costuma-se dizer que esses homens representam o fim de uma raça em extinção, homens que não só amam o Senado, mas são um exemplo de um jeito menos sectário de fazer política. E, de fato, esta é uma das poucas coisas com as quais tanto comentaristas conservadores como liberais concordam, essa ideia de uma época anterior à decadência, uma idade de ouro em Washington, quando, independentemente do partido que estivesse no poder, havia civilidade e o governo funcionava.

Numa recepção, certa noite, puxei conversa com um veterano de Washington que tinha trabalhado dentro do Capitólio e em seus arredores por quase cinquenta anos. Perguntei-lhe qual era, na sua opinião, a causa da diferença entre a atmosfera dos velhos tempos e a de agora.

"É uma coisa de geração", respondeu ele sem hesitar. "Naquele tempo, quase todo mundo com algum poder em Washington tinha servido na Segunda Guerra Mundial. Podíamos brigar como cães e gatos por causa de uma ou outra questão. Vínhamos de famílias diferentes, de bairros diferentes, de filosofias políticas diferentes. Mas, com a guerra, todos nós tínhamos uma coisa em comum. Essa experiência comum fez surgir em nós certa confiança, certo respeito. E isso ajudava a superar diferenças e a conseguir resultados."

Enquanto eu ouvia o velho relembrar Dwight Eisenhower e Sam Rayburn, Dean Acheson e Everett Dirksen, era difícil não me deixar levar pelo turvo quadro que ele pintava, de uma época anterior às notícias 24 horas por dia e à ininterrupta captação de recursos, uma época de homens sérios fazendo um trabalho sério. Eu precisava me esforçar para lembrar que sua afeição por aquele passado distante envolvia uma memória seletiva: com seu aerógrafo, ele cobrira no quadro as imagens da Bancada Sulista denunciando propostas de legislação de direitos civis no plenário do Senado; o poder insidioso do macartismo; a pobreza paralisante para a qual Bob Kennedy ajudaria a chamar nossa atenção antes de morrer; a ausência de mulheres e minorias nos altos escalões do poder.

Percebi também que um conjunto de circunstâncias especiais tinha assegurado a estabilidade do consenso de governo que ele corroborara: não apenas as experiências compartilhadas da guerra, mas a quase unanimidade forjada pela Guerra Fria e pela ameaça soviética e, talvez ainda mais importante, o predomínio incontestável da economia americana nos anos 1950 e 1960, enquanto a Europa e o Japão emergiam dos escombros do pós-guerra.

Apesar disso, não há como negar que a política americana nos anos seguintes à Segunda Guerra Mundial era bem menos ideológica — e o significado da filiação partidária, muito mais vago — do que hoje. A coalizão democrata que controlou o Congresso durante a maior parte daqueles anos era um amálgama de liberais do Norte, como Hubert Humphrey, democratas conservadores do Sul, como James Eastland, e quaisquer outros leais partidários que os aparatos das cidades grandes resolvessem impulsionar. O que sustentava essa coalizão era o populismo econômico do New Deal — um sonho de salários justos e de benefícios, de paternalismo e de obras públicas, de um padrão de vida cada vez mais alto. Além disso, o partido cultivava uma filosofia de tolerância: uma filosofia ancorada na aceitação ou na ativa promoção da opressão racial no Sul; uma filosofia dependente de uma cultura mais ampla, na qual as normas sociais — a natureza da sexualidade, digamos, ou o papel das mulheres —, em grande parte, não eram questionadas; uma cultura que ainda não dispunha de vocabulário para forçar o desconforto, menos ainda a disputa política, em relação a esses assuntos.

Ao longo dos anos 1950 e começo dos anos 1960, o Partido Republicano tolerava igualmente cismas filosóficos de todos os tipos — entre o libertarismo ocidental de Barry Goldwater e o paternalismo oriental de Nelson Rockefeller; entre os que invocavam o republicanismo de Abraham Lincoln e Teddy Roosevelt, com sua adoção de ativismo federal, e os seguidores do conservadorismo de Edmund Burke, que preferiam a tradição à experimentação social. Conciliar essas diferenças regionais e temperamentais no que dizia respeito a direitos civis, regulamentação federal ou mesmo impostos não era fácil. Mas, assim como acontecia com os democratas, em geral eram os interesses econômicos que mantinham unido o Partido Republicano, uma filosofia de livre mercado e contenção fiscal capaz de agradar a todas as partes constituintes, do lojista da Main Street ao gerente corporativo do clube privado. (Os republicanos também devem ter adotado uma versão mais veemente de anticomunismo nos anos 1950 mas, como John F. Kennedy ajudou a demonstrar, nisso os democratas estavam dispostos a apostar alto contra o Partido Republicano sempre que houvesse eleições.)

Foram os anos 1960 que acabaram com esses alinhamentos políticos, por motivos e de formas que têm sido bem analisados por historiadores. Primeiro chegou o movimento pelos direitos civis, um movimento que mesmo em seus primeiros e pacíficos dias desafiou a estrutura social existente, obrigando os americanos a tomarem partido. No fim, Lyndon Johnson escolheu o lado certo da batalha, mas, como filho do Sul, compreendia melhor do que qualquer um o custo dessa escolha: ao assinar a Lei dos Direitos Civis, diria a seu assessor Bill Moyers que, com apenas uma canetada, acabava de entregar o Sul ao Partido Republicano por um bom tempo.

Então vieram os protestos estudantis contra a Guerra do Vietnã e a insinuação de que os Estados Unidos nem sempre estavam certos e nossas ações nem sempre se justificavam — de que uma nova geração não pagaria qualquer preço ou carregaria qualquer fardo que os mais velhos ordenassem.

E então, com as muralhas do status quo rompidas, todos os "forasteiros" passaram pelos portões: feministas, latino-americanos, hippies, Panteras, mães que recebiam auxílio do governo para criar os filhos, gays, todos reivindicando seus direitos, todos em busca de reconhecimento, todos exigindo um lugar à mesa e uma fatia do bolo.

A lógica desses movimentos levaria anos para se desenvolver. A estratégia sulista de Nixon, com seu desafio à dessegregação dos ônibus ordenada pela Justiça e seu apelo à maioria silenciosa, trouxe dividendos eleitorais imediatos. Mas sua filosofia de governo jamais se cristalizou numa ideologia firme — foi Nixon, afinal de contas, que deu início aos primeiros programas federais de ação afirmativa e converteu em lei a criação da Agência de Proteção Ambiental e a Administração de Segurança e Saúde Ocupacional. Jimmy Carter demonstraria ser possível combinar apoio aos direitos civis com uma mensagem democrata mais tradicionalmente conservadora; apesar de deserções de suas fileiras, a maioria dos congressistas democratas do Sul que preferiu continuar no partido preservaria suas cadeiras graças à vantagem de já as ocuparem, ajudando democratas a manter o controle pelo menos da Câmara dos Representantes.

Mas as placas tectônicas do país mudaram. A política já não era apenas uma questão de conta bancária, mas também uma questão moral, sujeita a imperativos e absolutos do mesmo tipo. E a política era decididamente pessoal, insinuando-se em cada interação — fosse entre negros e brancos ou entre homens e mulheres — e afetando qualquer afirmação ou rejeição da autoridade.

Por conseguinte, liberalismo e conservadorismo passaram a ser definidos, no imaginário popular, não tanto por classe mas por atitude — a posição que assumíamos para com a cultura tradicional e a contracultura. O importante não era nossa opinião apenas sobre o direito de greve ou a tributação corporativa, mas também sobre sexo, drogas, rock'n'roll, missa em latim ou cânone ocidental. Para eleitores brancos no Norte e brancos em geral no Sul, esse novo liberalismo fazia pouco sentido. A violência nas ruas e as justificativas para essa violência nos círculos intelectuais, negros se mudando para o mesmo bairro e crianças brancas transportadas de ônibus pela cidade, a queima de bandeiras e as cuspidas em veteranos, tudo isso parecia insultar e diminuir, ou mesmo atacar, coisas que eles consideravam sagradas — família, religião, bandeira, os laços de vizinhança e, pelo menos para alguns, os privilégios dos brancos. E quando, em meio a essa época caótica, na esteira de assassinatos, de incêndios de cidades e da amarga derrota no Vietnã, a expansão econômica deu lugar a filas para abastecer, à inflação, ao fechamento de fábricas, e o melhor que Jimmy Carter pôde sugerir foi baixar a temperatura enquanto um bando de extremistas iranianos agravava a situação calamitosa já criada pela Opep, uma grande parcela da coalizão do New Deal começou a buscar abrigo em outra comunidade.

* * *

Sempre tive uma curiosa relação com os anos 1960. Em certo sentido, sou puro fruto dessa época: sendo filho de um casamento multirracial, minha vida teria sido impossível e minhas oportunidades, inteiramente negadas, sem a convulsão social de então. Mas eu era jovem demais naquela época para compreender por completo a natureza dessas mudanças, estava distante demais — vivendo no Havaí e na Indonésia — para perceber suas reverberações na psique dos Estados Unidos. Boa parte do que absorvi dos anos 1960 era filtrada por minha mãe, que no fim da vida se proclamava com orgulho uma liberal progressista da velha guarda. O movimento de direitos civis, em particular, inspirava-lhe reverência; ela nunca perdia oportunidade de me ensinar o que via de positivo no movimento: tolerância, igualdade, defesa dos menos favorecidos.

Em muitos sentidos, porém, o entendimento que minha mãe tinha dos anos 1960 era limitado, tanto pela distância (ela saíra dos Estados Unidos contíguos em 1960) como por seu incorrigível e gracioso romantismo. Intelectualmente, ela talvez tentasse compreender o Black Power, o Estudantes para uma Sociedade Democrática (sds, na sigla em inglês) ou as amigas dela que pararam de depilar as pernas, mas a raiva, o espírito de antagonismo não faziam parte de sua índole. Emocionalmente, seu liberalismo continuaria sendo produto de uma safra sem dúvida pré-1967, seu coração uma cápsula do tempo repleta de imagens do programa espacial, do Corpo da Paz, dos Viajantes da Liberdade, de Mahalia Jackson e de Joan Baez.

Só mais velho, durante os anos 1970, foi que comecei a entender até que ponto — para os que viveram mais de perto os acontecimentos históricos dos anos 1960 — as coisas deviam parecer fora de controle. Compreendi isso, em parte, por causa das reclamações dos meus avós, democratas de longa data que admitiam ter votado em Nixon em 1968, ato de traição que minha mãe jamais lhes permitiu esquecer. Minha compreensão dos anos 1960 era, principalmente, resultado de pesquisas que eu mesmo fazia quando minha rebeldia adolescente buscava uma justificativa nas mudanças políticas e culturais que àquela altura já começavam a recuar. Na adolescência, fiquei fascinado pela qualidade dionisíaca e de vale-tudo do período e, através de livros, filmes e músicas, assimilei uma visão dos anos 1960 diferente daquela de que minha mãe falava: imagens de Huey Newton, da Convenção Nacional do Partido Democrata em 1968, da saída de Saigon pelo ar, dos Stones em Altamont. No entanto, na falta de motivos imediatos para buscar uma revolução, resolvi que em estilo e em atitude eu também podia ser um rebelde, livre das ideias preconcebidas do pessoal com mais de trinta anos.

Com o tempo, minha rejeição da autoridade evoluiu para hedonismo e autodestruição, e, ao entrar na faculdade, eu já começara a ver que qualquer desafio às convenções traz dentro de si a possibilidade dos próprios excessos e de sua própria ortodoxia. Pus-me a reexaminar convicções e me lembrei dos valores que minha mãe e meus avós haviam me ensinado. No lento e intermitente processo de entender minhas convicções, comecei, silenciosamente, a registrar o momento, nas conversas de dormitório, em que meus amigos da faculdade e eu parávamos de pensar e descambávamos para as frases de efeito: o momento em que as denúncias contra o capitalismo ou o imperialismo americano afloravam com excessiva facilidade, a rejeição às restrições da monogamia ou da religião era proclamada sem uma compreensão genuína de seu valor e o papel de vítima era aceito prontamente como forma de não assumir responsabilidade, de reivindicar direitos ou de alegar superioridade moral sobre os que não tinham sido vitimizados.

Tudo isso talvez explique por que, por mais que estivesse incomodado com a eleição de Ronald Reagan em 1980, e por menos que estivesse convencido da sua pose de John Wayne, de *Papai sabe tudo*, do seu jeito de fazer política contando historinhas e dos seus ataques gratuitos aos pobres, eu entendia seu apelo. Era o mesmo apelo que as bases militares no Havaí exerciam sobre mim quando jovem, com suas ruas arrumadas, suas máquinas bem azeitadas, os uniformes impecáveis, as continências incisivas. Tinha a ver com o prazer que ainda sinto ao assistir a uma boa partida de beisebol ou que minha esposa sente assistindo a reprises de *The Dick Van Dyke Show*. Reagan falava diretamente ao desejo americano de ordem, a nossa necessidade de acreditar que não estamos apenas sujeitos a forças cegas e impessoais, mas que podemos determinar nosso destino pessoal e coletivo, bastando para isso redescobrirmos os valores tradicionais do trabalho, do patriotismo, da responsabilidade pessoal, do otimismo e da fé.

O fato de a mensagem de Ronald Reagan ter encontrado uma plateia tão receptiva era testemunho não apenas de suas habilidades de comunicador, mas também da incapacidade do governo liberal, durante um período de estagnação econômica, de dar a eleitores de classe média a sensação de que defendia seus interesses. Pois a verdade era que o governo, em todos os níveis, se tornara descuidado no uso do dinheiro do contribuinte. Com frequência, burocratas demonstravam indiferença aos custos de suas decisões. Muito da retórica liberal parecia dar mais valor a direitos e reivindicações do que a deveres e responsabilidades. Reagan talvez tenha exagerado os pecados do Estado do bem-estar social, e sem dúvida liberais tinham razão quando reclamavam de que as políticas internas do presidente favoreciam claramente as elites econômicas, com tubarões ganhando um bom dinheiro ao longo dos anos 1980 enquanto sindicatos quebravam e a renda do trabalhador comum ficava estagnada.

Apesar disso, ao prometer tomar o partido dos que trabalhavam duro, obedeciam às leis, cuidavam de suas famílias e amavam o país, Reagan deu aos americanos a sensação de terem um objetivo comum, coisa que os liberais já não pareciam capazes de invocar. E quanto mais seus detratores reclamavam, mais assumiam o papel que ele lhes reservara — o de elites desconectadas que só sabiam aumentar impostos, gastar dinheiro público e culpar em primeiro lugar os Estados Unidos, e politicamente corretas.

O que acho notável não é que a fórmula política desenvolvida por Reagan funcionasse naquela época, mas o quanto a narrativa que ele ajudou a promover tem perdurado. Apesar da diferença de quarenta anos, o tumulto dos anos 1960 e a reação subsequente ainda conduzem nosso discurso político. Em parte, isso mostra a profundidade com que os conflitos dos anos 1970 foram sentidos pelos homens e mulheres que então atingiram a maioridade, e que os argumentos daquele momento eram entendidos não apenas como disputas políticas, mas como escolhas individuais que definiam identidade pessoal e caráter moral.

Imagino que também realce o fato de que questões mais incendiárias dos anos 1960 nunca foram resolvidas por completo. A ferocidade da contracultura talvez tenha se dissipado em consumismo, escolhas de estilo de vida e preferências musicais, e não em compromissos políticos, mas os problemas de raça, guerra, pobreza e relações entre os gêneros não desapareceram.

E talvez isso tenha a ver com o tamanho da geração *baby boom*, uma força demográfica que exerce a mesma atração gravitacional na política e em tudo o mais, do mercado de Viagra ao número de porta-copos que os fabricantes instalam em seus carros.

Seja qual for a explicação, depois de Reagan as linhas divisórias entre republicanos e democratas, liberais e conservadores seriam traçadas em termos mais nitidamente ideológicos. Foi assim, claro, nas sensíveis questões de ação afirmativa, crime, previdência social, aborto e religião nas escolas, todas elas desdobramentos de batalhas mais antigas. Mas agora isso também era verdade para quase todas as questões, grandes ou pequenas, nacionais ou internacionais, que acabaram sendo reduzidas a um cardápio de escolhas do tipo isto ou aquilo, a favor ou contra, que rendiam boas frases de efeito. A política econômica não era mais uma questão de avaliar perdas e ganhos entre objetivos conflitantes de produtividade e justiça distributiva, de fazer o bolo crescer e fatiá-lo. Você era a favor ou da redução de impostos, ou do aumento de impostos; ou do governo pequeno, ou do governo grande. A política ambiental não era mais uma questão de equilibrar o bom gerenciamento de nossos recursos naturais e as demandas de uma economia moderna; ou você apoiava exploração, perfuração, mineração em tiras, e coisas do gênero, ou apoiava a burocracia sufocante, com excesso de regras e formalidades, que asfixiava o crescimento. No governo, talvez na política em geral, a simplicidade era uma virtude.

Às vezes, suspeito que nem mesmo os líderes republicanos que vieram logo depois de Reagan se sentiam completamente à vontade por inteiro com a direção tomada pela política. Na boca de homens como George H. W. Bush e Bob Dole, a retórica polarizadora e a política de ressentimentos sempre pareciam forçadas, um jeito de tirar eleitores da base democrata e não, necessariamente, uma receita de governo.

Mas para uma geração mais nova de conservadores que logo subiriam ao poder, para Newt Gingrich, Karl Rove, Grover Norquist e Ralph Reed, a retórica feroz era mais do que simples estratégia de campanha. Eles eram sectários que acreditavam no que diziam, fosse "nada de novos impostos" ou "somos um país cristão". Na verdade, com suas doutrinas rígidas, seu estilo terra arrasada e sua exagerada percepção de terem sido lesados, esses novos líderes conservadores lembravam de forma assustadora os líderes da Nova Esquerda dos anos 1960. Como acontecia com seus equivalentes de esquerda, essa nova vanguarda da direita via a política como uma disputa não só entre visões políticas antagônicas, mas entre o bem e o mal. Militantes nos dois partidos começaram a preparar provas de fogo, checklists de ortodoxia, deixando o democrata que questionasse o aborto cada vez mais solitário ou qualquer republicano que defendesse o controle de armas de fogo de fato isolado. Nessa luta maniqueísta, acordos passaram a ser vistos como fraqueza a ser castigada ou expurgada. Ou você estava conosco, ou estava contra nós. Tinha que tomar partido.

A contribuição singular de Bill Clinton foi tentar transcender esse impasse ideológico, reconhecendo não apenas que o novo significado dos rótulos "conservador" e "liberal" era vantajoso para os republicanos, mas também que essas categorias eram inadequadas para resolver os problemas de então. Às vezes, durante sua primeira campanha, seus acenos para os democratas reaganianos podiam parecer desajeitados e transparentes (o que houve com Sister Souljah?) ou assustadoramente insensíveis (permitir que fosse levada adiante a execução de um condenado no corredor da morte com deficiência mental, na véspera de eleições primárias importantes). Nos dois primeiros anos de sua presidência, Clinton seria obrigado a abandonar alguns elementos cruciais de sua plataforma — assistência médica universal, investimentos agressivos em educação e instrução — que poderiam ter revertido, de forma decisiva, as tendências que vinham enfraquecendo a posição de famílias trabalhadoras na nova economia.

Apesar disso, ele compreendeu instintivamente a falsidade das escolhas apresentadas ao povo americano. Via que gastos e regulamentações do governo poderiam, se calibrados do jeito certo, servir como ingredientes vitais e não como inibidores do crescimento econômico, e que mercados e disciplina fiscal poderiam ajudar a promover a justiça social. Reconheceu que responsabilidade pessoal, e não só coletiva, era necessária para combater a pobreza. Em sua plataforma — ou até na sua política do dia a dia —, a Terceira Via de Clinton era mais do que chegar a um acordo. Ela fazia uso da atitude pragmática, não ideológica, da maioria dos americanos.

Na verdade, no fim da sua presidência, as medidas de Clinton — reconhecidas como progressistas, ainda que modestas em seus objetivos — já contavam com amplo apoio popular. Politicamente, ele tinha livrado o Partido Democrata de alguns excessos que o impediam de ganhar eleições. O fato de ter sido incapaz, apesar de uma economia próspera, de traduzir políticas populares em uma espécie de coalizão de governo dizia algo sobre as dificuldades demográficas que os democratas enfrentavam (em particular, o crescimento populacional do Sul cada vez mais para o lado republicano) e as vantagens estruturais de que os republicanos desfrutavam no Senado, onde os votos de dois senadores republicanos do Wyoming, com uma população de 493 782, equivaliam aos votos de dois senadores democratas da Califórnia, com uma população de 33 871 648.

Mas o fracasso também demonstrava a destreza com que Gingrich, Rove, Norquist e outros tinham conseguido consolidar e institucionalizar o movimento conservador. Eles utilizaram recursos ilimitados de patrocinadores do mundo empresarial e doadores ricos para criar uma rede de grupos de especialistas e meios de comunicação. Empregaram tecnologia de ponta na tarefa de mobilizar suas bases e concentraram poder na Câmara dos Representantes para aprimorar a disciplina partidária.

E entenderam a ameaça que Clinton representava para a visão deles de uma maioria conservadora de longo prazo, o que ajuda a explicar a veemência com que o perseguiram. Explica também por que investiram tanto tempo atacando a integridade moral de Clinton: se as políticas de Clinton estavam longe de ser radicais, sua biografia (a saga da carta sobre recrutamento, as baforadas de maconha, o intelectualismo Ivy League, a esposa profissional que não assava biscoitos e, acima de tudo, o sexo) era munição perfeita para a base conservadora. Com a repetição constante, o frouxo tratamento dos fatos e, em última análise, as provas inegáveis dos deslizes pessoais do presidente Clinton poderiam ser transformados na personificação dos mesmos traços do liberalismo dos anos 1960 que ajudou a espicaçar o movimento conservador. Clinton pode ter enfrentado o movimento até levar a luta a um empate, mas o movimento sairia fortalecido — e, no primeiro mandato de George W. Bush, assumiria o controle do governo dos Estados Unidos.

Essa história é contada de uma maneira limpa demais, sei disso. Deixa de fora fios essenciais na narrativa histórica — como o declínio industrial e a demissão dos controladores de tráfego aéreo por Reagan feriram de forma grave o movimento trabalhista dos Estados Unidos; a forma como a criação de distritos congressionais do tipo *majority-minority* [com eleitorado composto majoritariamente por minorias raciais ou étnicas] no Sul ao mesmo tempo assegurou o aumento de representantes negros e reduziu o número de cadeiras democratas naquela região; a falta de cooperação que Clinton recebeu dos democratas do Congresso que se haviam acomodado sem perceberem em que luta estavam envolvidos. Além disso, ela não mostra até que ponto avanços na manipulação dos limites de zonas eleitorais paralisaram o Congresso nem a eficácia com que o dinheiro e a propaganda negativa na televisão envenenaram a atmosfera.

No entanto, quando penso no que aquele veterano de Washington me contou aquela noite, quando reflito sobre o trabalho de um George Kennan ou de um George Marshall, quando leio os discursos de um Bob Kennedy ou de um Everett Dirksen, não consigo deixar de sentir que a política hoje padece de desenvolvimento atrofiado. Para esses homens, as questões que os Estados Unidos enfrentavam nunca eram abstratas e, portanto, nunca eram simples. A guerra pode ser um inferno e, apesar disso, o caminho certo. Economias podem entrar em colapso, apesar dos planos mais bem elaborados. Pessoas podem trabalhar muito a vida inteira e perder tudo.

Para a geração de líderes que veio em seguida, criada em relativo conforto, experiências diferentes resultaram em diferentes atitudes para com a política. No cabo de guerra entre Clinton e Gingrich, e nas eleições de 2000 e 2004, eu às vezes me sentia como se estivesse assistindo ao psicodrama da geração *baby boom* — uma história com raízes em velhos rancores e tramas de vingança nascidas em alguns campi de universidade muito tempo atrás — e encenado no palco nacional. As vitórias que a geração dos anos 1960 obteve — a cidadania plena para minorias e mulheres, o fortalecimento de liberdades individuais e a saudável disposição para questionar a autoridade — fizeram dos Estados Unidos um lugar muito melhor para seus cidadãos. Mas o que se perdeu no processo, e ainda não tem substituto, foram os pressupostos comuns — aquela qualidade de confiança e sentimento de camaradagem — que nos unem como americanos.

Onde isso tudo nos trouxe? Teoricamente, o Partido Republicano poderia ter produzido seu próprio Clinton, um líder de centro-direita que tomasse por base o conservadorismo fiscal de Clinton enquanto agia com mais agressividade para reformar uma decrépita burocracia federal e fazer experimentos com soluções de política social baseadas no mercado ou na religião. E na verdade esse líder ainda pode surgir. Nem todas as autoridades republicanas eleitas aceitam os princípios dos conservadores atuais do movimento. Tanto na Câmara quanto no Senado, bem como nas capitais de estado do país, há aqueles que se apegam às virtudes conservadoras mais tradicionais da moderação e da prudência — homens e mulheres que reconhecem que acumular dívida para financiar a redução de impostos para os ricos é uma irresponsabilidade, que a redução do déficit não pode ser jogada nas costas dos pobres, que a separação entre Igreja e Estado protege tanto a Igreja como o Estado, que conservação e conservadorismo não precisam estar em conflito e que a política externa deve basear-se em fatos e não em boas intenções.

Mas não foram esses os republicanos que conduziram o debate nos últimos seis anos. Em vez do "conservadorismo compassivo" prometido por George W. Bush em sua campanha de 2000, o que hoje caracteriza o núcleo do Partido Republicano é o absolutismo, não o conservadorismo. Há o absolutismo do livre mercado, uma ideologia de ausência de impostos, de regulamentação, de rede de proteção — na verdade, nenhum governo além do necessário para proteger a propriedade privada e cuidar da defesa nacional.

Há o absolutismo religioso da direita cristã, movimento que ganhou terreno na questão inegavelmente difícil do aborto, mas que logo se transformou numa coisa mais ampla. Esse movimento insiste não apenas em afirmar que o cristianismo é a religião predominante dos Estados Unidos, mas que uma versão particular, fundamentalista, dessa religião deveria conduzir as políticas públicas, passando por cima de qualquer outra fonte alternativa de entendimento, sejam os escritos de teólogos liberais, as descobertas da Academia Nacional de Ciências ou as palavras de Thomas Jefferson.

E existe a crença absoluta na autoridade da vontade da maioria ou pelo menos daqueles que reivindicam poder em nome da maioria — um desdém pelos contrapesos institucionais (os tribunais, a Constituição, a imprensa, as Convenções de Genebra, as regras do Senado ou as tradições que governam a reconfiguração de distritos eleitorais) que possam retardar a nossa marcha inexorável para a Nova Jerusalém.

Claro, há alguns dentro do Partido Democrata que se inclinam a um fanatismo semelhante. Mas aqueles que jamais chegaram perto de ter o poder de um Robe ou DeLay, o poder de assumir o controle do partido, enchem-no de partidários leais e consagram algumas de suas ideias mais radicais na forma de leis. O predomínio de diferenças regionais, étnicas e econômicas dentro do partido, o mapa eleitoral e a estrutura do Senado, a necessidade de captar recursos das elites econômicas para financiar eleições — todas essas coisas tendem a impedir que os democratas que ocupam o cargo se afastem muito do centro. Na verdade, conheço poucos democratas eleitos que correspondam à caricatura liberal; da última vez que indaguei, John Kerry acreditava na manutenção da superioridade militar dos Estados Unidos, Hillary Clinton acreditava nas virtudes do capitalismo, e praticamente todos os membros da Bancada Congressista Negra acreditavam que Jesus Cristo morreu pelos pecados deles.

Em vez disso, nós, democratas, estamos apenas, digamos, confusos. Há os que ainda são a favor da religião à antiga, defendendo cada programa do New Deal e da Grande Sociedade de ingerência republicana, obtendo índices de 100% de grupos de interesse liberais. Mas esses esforços parecem esgotados, um jogo constante de defesa destituído da energia e das novas ideias necessárias para enfrentar as novas circunstâncias criadas pela globalização ou as periferias teimosamente isoladas. Outros buscam uma abordagem mais "centrista", imaginando que se estão se entendendo com os líderes conservadores é porque agem de forma razoável — sem perceber que, a cada ano que passa, cedem mais e mais terreno. Individualmente, legisladores e candidatos democratas propõem uma legião de ideias sensatas, ainda que discretas, sobre energia e educação, assistência médica e segurança nacional, na esperança de que isso tudo resulte em alguma coisa parecida com filosofia de governo.

No geral, porém, o Partido Democrata tornou-se o partido da reação. Em reação a uma guerra mal inspirada, damos a impressão de desconfiar de toda e qualquer ação militar. Em reação aos que proclamam que o mercado pode curar todos os males, resistimos a esforços para usar princípios de mercado no ataque a problemas prementes. Em reação ao excesso religioso, equiparamos tolerância a secularismo e sacrificamos a linguagem moral que ajudaria a impregnar nossas políticas de um significado maior. Perdemos eleições e esperamos que os tribunais frustrem planos republicanos. Perdemos nos tribunais e esperamos por um escândalo na Casa Branca.

E cada vez mais sentimos a necessidade de igualar a direita republicana em estridência e táticas inflexíveis de negociação. A ideia geral que motiva muitos grupos de interesse e militantes democratas hoje em dia vai mais ou menos nesta linha: o Partido Republicano tem conseguido ganhar eleições consistentemente por meio não do aumento de suas bases mas da difamação de democratas, semeando a discórdia no eleitorado, revigorando sua ala direita e punindo aqueles que se afastam da doutrina partidária. Se os democratas quiserem algum dia voltar ao poder, terão que adotar a mesma abordagem.

Entendo a frustração desses apóstolos. A capacidade dos republicanos de vencerem com base na polarização de campanhas é, de fato, notável. Reconheço os perigos da sutileza e da nuança em face da apaixonada intensidade do movimento conservador.

E, a meu ver, pelo menos, há uma multidão de políticas do governo Bush que justificam indignação moral.

Em última análise, porém, acredito que qualquer tentativa dos democratas de buscarem uma estratégia mais nitidamente partidária e ideológica parte de uma interpretação deficiente do momento que vivemos. Estou convencido de que sempre que exageramos ou demonizamos, sempre que simplificamos ou enfatizamos demais a nossa causa, nós perdemos. Sempre que reduzimos o debate político ao mínimo denominador comum, nós perdemos. Pois a busca da pureza ideológica, a rígida ortodoxia e a total previsibilidade no nosso debate político atual são exatamente aquilo que nos impede de encontrar novas maneiras de lidar com os desafios que enfrentamos como país. São aquilo que nos mantém presos ao pensamento do tipo ou "é isto ou aquilo": a noção de que ou temos um governo grande, ou não temos governo nenhum; a suposição de que ou toleramos a existência de 46 milhões de pessoas sem seguro-saúde, ou adotamos a "medicina socializada".

Esse pensamento doutrinário e esse partidarismo rígido é que fizeram os Estados Unidos se desviarem da política. Isso não é problema para a direita; um eleitorado polarizado — ou que rejeita com facilidade os dois partidos, devido ao tom desagradável e desonesto do debate — funciona perfeitamente bem para aqueles que buscam destruir aos poucos a própria ideia de governo. Afinal de contas, um eleitorado cínico é um eleitorado egoísta.

Para aqueles de nós que acreditamos que o governo tem um papel a desempenhar na promoção de oportunidades e de prosperidade para todos os americanos, porém, um eleitorado polarizado não basta. Conseguir com dificuldade uma simples maioria democrata não basta. O que se faz necessário é uma vasta maioria de americanos — democratas, republicanos e independentes de boa vontade — que voltem a se envolver no projeto de renovação nacional e entendam que seus próprios interesses estão inextricavelmente ligados aos interesses de outros.

Não tenho a ilusão de achar que a tarefa de formar essa maioria ativa será fácil. Mas é o que precisamos fazer, justamente porque a tarefa de resolver os problemas dos Estados Unidos será árdua. Implicará escolhas difíceis e exigirá sacrifícios. A não ser que os líderes políticos estejam abertos a novas ideias, e não só a novas embalagens, jamais convenceremos um número suficiente de eleitores a adotar uma política energética séria ou controlar o déficit. Não teremos apoio popular para elaborar uma política externa que enfrente os desafios da globalização ou do terrorismo sem recorrer ao isolacionismo nem comprometer liberdades individuais. Não teremos um mandato para renovar o sistema de saúde. E não teremos o amplo apoio político nem as estratégias efetivas de que precisamos para tirar nossos compatriotas da pobreza.

Expus esse mesmo argumento numa carta que enviei ao blog de esquerda *Daily Kos* em setembro de 2005, depois que numerosos grupos de interesse e militantes atacaram alguns dos meus colegas democratas por terem votado pela confirmação do presidente da Suprema Corte John Roberts. Minha equipe estava um pouco nervosa com a ideia; como votei contra a confirmação de Roberts, não via motivo para que eu agitasse uma parte tão falante da base democrata. Mas eu já gostava da troca de ideias que o blog proporcionava, e, nos dias seguintes à postagem da minha carta, de forma genuinamente democrática, mais de seiscentas pessoas comentaram. Algumas concordavam comigo. Outras achavam que eu estava sendo idealista demais — que o tipo de política que eu propunha jamais funcionaria para enfrentar a máquina de relações públicas republicana. Um contingente bastante grande achava que eu tinha sido "mandado" por elites de Washington para atenuar a dissidência nas fileiras, e/ou tinha ficado tempo demais em Washington e estava perdendo contato com o povo americano, e/ou era — como um blogueiro diria depois — apenas um "idiota".

Talvez os críticos tivessem razão. Talvez não haja como escapar da nossa grande divisão política, um infindável choque de exércitos, e qualquer tentativa de alterar as regras de engajamento seja inútil. Ou talvez a banalização da política tenha chegado a um ponto sem volta, de modo que a maioria das pessoas a vê apenas como mais uma forma de diversão, um esporte, com os políticos como nossos gladiadores barrigudos e os que quiserem prestar atenção apenas como espectadores aficionados: pintamos o rosto de vermelho ou azul, aplaudimos nosso lado e vaiamos o outro, e tudo bem se for preciso uma trombada ou uma deslealdade para vencer o outro time, pois o que importa é ganhar.

Mas não é nisso que acredito. Eles estão por aí, penso, os cidadãos comuns que cresceram em meio a todas as batalhas políticas e culturais, mas que descobriram um jeito — em sua própria vida, pelo menos — de fazer as pazes com os vizinhos e consigo mesmos. Penso no branco sulista que cresceu ouvindo o pai falar que os negros isso, os negros aquilo, mas que fez amizade com os negros do escritório e tenta educar o filho de forma diferente, que acha a discriminação errada, mas não vê razão para o filho de um médico negro entrar numa faculdade de direito antes do seu. Ou o ex-Pantera Negra que decidiu entrar no ramo imobiliário, comprou alguns prédios no bairro e está tão cansado de ver traficantes de drogas na porta daqueles prédios como dos banqueiros que não lhe concedem um empréstimo para ampliar os negócios. Há a feminista de meia-idade que ainda lamenta seu aborto, e a mulher cristã que pagou pelo aborto da filha adolescente, e os milhões de garçonetes e de secretárias temporárias, de assistentes de enfermagem e de vendedores do Walmart que respiram fundo todo mês na esperança de receber o suficiente para sustentar os filhos que trouxeram ao mundo.

Imagino que estejam à espera de uma política com maturidade para equilibrar idealismo e realismo, distinguir entre as concessões que podem e as que não podem ser feitas, admitir a possibilidade de que o outro lado, às vezes, esteja certo. Nem sempre compreendem as discussões entre direita e esquerda, conservadores e liberais, mas reconhecem a diferença entre dogma e bom senso, responsabilidade e irresponsabilidade, as coisas que duram e as que passam.

Essas pessoas estão por aí, esperando que republicanos e democratas falem com elas.

2. Valores

A primeira vez que vi a Casa Branca foi em 1984. Eu tinha acabado de me formar na faculdade e trabalhava como líder comunitário do campus do City College of New York no Harlem. O presidente Reagan estava propondo uma série de cortes no auxílio financeiro a estudantes, e por isso eu trabalhava com um grupo de líderes estudantis — em sua maioria negros, porto-riquenhos, ou de origem leste-europeia, quase todos os primeiros de suas famílias a chegarem à faculdade — para resumir petições contrárias aos cortes e entregá-las aos deputados e senadores de Nova York.

Foi uma viagem rápida, transcorrida basicamente nos infindáveis corredores do Rayburn Building para conseguir audiências polidas e superficiais com funcionários do Capitólio não muito mais velhos que eu. Mas no fim do dia, os estudantes e eu aproveitávamos para ir até o Mall e o Monumento a Washington, depois passávamos alguns minutos contemplando a Casa Branca. Em pé na Pennsylvania Avenue, a poucos metros de uma guarita dos Fuzileiros Navais na entrada principal, com pedestres zan-

zando nas calçadas e o tráfego barulhento atrás de nós, eu admirava não tanto a elegante vastidão da Casa Branca, mas a constatação de que ela ficava tão exposta à agitação da cidade, de que nos deixavam chegar tão perto do portão e de que podíamos contornar o edifício para olhar o roseiral e a residência. A receptividade da Casa Branca dizia alguma coisa sobre nossa confiança como democracia, pensei. Ela simbolizava a ideia de que nossos líderes não eram tão diferentes de nós; de que continuavam sujeitos às leis e ao consentimento coletivo.

Vinte anos depois, chegar perto da Casa Branca não era tão simples. Postos de controle, guardas armados, vans, espelhos, cães, barricadas retráteis agora isolavam um perímetro de dois quarteirões em torno do edifício. Carros sem autorização já não passavam pela Pennsylvania Avenue. Numa fria tarde de janeiro, na véspera de minha posse no Senado, o Lafayette Park estava quase deserto, e enquanto meu carro passava pelos portões da Casa Branca rumo ao estacionamento, senti uma pontada de tristeza pelo que se perdera.

O interior da Casa Branca não tem a luminosa qualidade que seria de esperar vendo-a na TV ou no cinema; parece bem cuidada, mas gasta, um velho casarão no qual parece entrar um pouco de vento nas noites frias de inverno. Apesar disso, parado no vestíbulo e observando os corredores, era impossível para mim esquecer a história que ali se desenrolara — John e Bobby Kennedy juntos na crise dos mísseis cubanos; FDR fazendo as últimas alterações num discurso para a rádio; Lincoln, sozinho, andando pelos salões e carregando nos ombros o peso de uma nação. (Só sete meses depois eu veria o Quarto de Lincoln, espaço modesto, com móveis antigos, uma cama de dossel, um original do Discurso de Gettysburg discretamente exposto atrás de um vidro — e uma grande TV de tela plana sobre uma das escrivaninhas. Quem, pensei comigo, ligaria o *SportsCenter* enquanto passava a noite no Quarto de Lincoln?)

Fui saudado na mesma hora por um membro da equipe legislativa da Casa Branca e conduzido à Sala Dourada, onde a maioria dos membros recém-chegados à Câmara e ao Senado já estava reunida. Às quatro em ponto, o presidente Bush foi anunciado e entrou, dirigindo-se à tribuna, vigoroso e em boa forma, com aquele passo desenvolto e determinado que sugere que ele tinha o tempo contado e precisava evitar digressões. Durante uns dez minutos, discursou, fez piadas, pedindo união ao país, antes de nos convidar para irmos ao outro lado da Casa Branca fazer um lanche e tirar fotos com ele e a primeira-dama.

Eu estava morrendo de fome e, enquanto a maioria dos legisladores entrava na fila para as fotos, fui ao bufê. Enquanto beliscava uns petiscos e conversava com uma meia dúzia de membros da Câmara, lembrei-me de meus dois contatos anteriores com o presidente, o primeiro deles uma rápida ligação para me cumprimentar depois da eleição, o segundo um café da manhã na Casa Branca comigo e outros senadores recém-chegados. Em ambas as situações, o presidente me pareceu um homem simpático, sagaz e disciplinado, mas com o mesmo jeitão direto que o ajudara a ganhar dois pleitos; era fácil imaginá-lo como dono da concessionária de automóveis da avenida, treinando times da liga infantil e fazendo churrasco no quintal — um desses sujeitos que costumam ser boa companhia, desde que a conversa gire em torno de esportes e dos filhos.

Houvera um momento, porém, durante o encontro no café da manhã, depois dos tapinhas nas costas e do bate-papo, e quando todos estavam sentados, com o vice-presidente Cheney impassível enquanto comia seus ovos benedict e Karl Rove do outro lado da mesa checava seu BlackBerry discretamente, em que vi um outro lado do homem. O presidente tinha começado a falar sobre o programa de governo de seu segundo mandato, quase uma repetição dos tópicos de sua campanha — a importância de continuar a missão no Iraque e de renovar a Lei Patriótica, a necessidade de reformar a previdência social e rever o sistema tributário, a determinação de obter uma votação direta sobre suas nomeações para o Judiciário — e foi como se de repente, nos bastidores, alguém tivesse acionado um interruptor. Os olhos do presidente adquiriram uma expressão fixa; a voz assumiu o tom agitado, rápido, de quem não está habituado a interrupções nem as tolera; sua natural afabilidade deu lugar a uma certeza quase messiânica. Vendo meus colegas de Senado, na maioria republicanos, prestarem atenção a cada palavra de Bush, pensei no isolamento danoso que o poder às vezes cria e agradeci pela sabedoria dos Fundadores, que projetaram um sistema para manter o poder sob controle.

"Senador?"

Ergui os olhos, arrancado da minha memória, e vi um dos homens mais velhos que compunham a maior parte da equipe de garçons da Casa Branca em pé ao meu lado.

"Quer que eu pegue esse prato para o senhor?"

Assenti com a cabeça, tentando engolir um pedaço de frango à la qualquer coisa, e notei que a fila para cumprimentar o presidente tinha desaparecido. Como queria agradecer aos anfitriões, fui ao Salão Azul. À porta, um jovem fuzileiro naval educadamente me informou que a sessão de fotos tinha terminado e que o presidente precisava seguir para seu próximo compromisso. Mas antes que eu me virasse para sair, Bush apareceu à porta e me convidou para entrar.

"Obama!", disse ele, apertando minha mão. "Venha conhecer Laura. Laura, você se lembra de Obama. A gente o viu na televisão na noite da eleição. Linda família. E aquela sua esposa — que mulher impressionante."

"Tivemos mais do que merecíamos, senhor presidente", falei, apertando a mão da primeira-dama e torcendo para ter limpado qualquer farelo do rosto. O presidente virou-se para um assistente, que espremeu uma grande quantidade de álcool gel em sua mão.

"Quer um pouco?", perguntou o presidente. "É muito bom. Evita que a gente pegue resfriados."

Sem querer parecer anti-higiênico, aceitei um pouco.

"Venha comigo um instante", chamou ele, levando-me para um canto da sala. "Olhe", disse, tranquilo, "espero que não me leve a mal por lhe dar um conselho."

"De jeito nenhum, senhor presidente."

Ele fez um aceno com a cabeça. "Você tem um futuro brilhante", disse ele. "Muito brilhante. Mas estou nesta cidade há um bom tempo, e as coisas aqui podem ser bem difíceis. Quando se recebe muita atenção, como você tem recebido, as pessoas começam a olhar com raiva. E isso não virá necessariamente só do meu lado, entende? Do seu lado também. Todo mundo vai ficar esperando que você cometa um deslize, sabe o que quero dizer, não? Portanto, cuide-se."

"Agradeço pelo conselho, senhor presidente."

"Tudo bem. Tenho que ir. Sabe, eu e você temos alguma coisa em comum."

"O quê?"

"Ambos tivemos que debater com Alan Keyes. Esse cara é difícil, não?"

Dei uma risada e, enquanto andávamos em direção à porta, contei-lhe umas poucas histórias da campanha. Só depois que ele saiu da sala foi que percebi que havia posto meu braço por um instante no ombro de Bush enquanto falávamos — um hábito inconsciente, mas que imagino que tenha deixado alguns amigos meus, para não falar nos agentes do Serviço Secreto na sala, um tanto inquietos.

Desde que cheguei ao Senado, fui um crítico constante e por vezes feroz das políticas do governo Bush. Considero as reduções de impostos para os ricos tanto fiscalmente irresponsáveis como moralmente perturbadoras. Critiquei sua administração pela falta de um programa significativo de assistência médica, de uma política energética séria ou de uma estratégia para tornar os Estados Unidos mais competitivos. Ainda em 2002, pouco antes de anunciar minha campanha para o Senado, fiz um discurso num dos primeiros comícios contra a guerra realizados em Chicago pondo em dúvida as provas da existência de armas de destruição em massa e sugerindo que uma invasão do Iraque seria um erro dispendioso. Nada nas notícias mais recentes de Bagdá ou do resto do Oriente Médio alterou essas opiniões.

Portanto, as plateias democratas costumam ficar surpresas quando lhes digo que não considero George W. Bush um mau sujeito e parto do pressuposto de que ele e seus funcionários estejam tentando fazer o que acham que é melhor para o país.

Digo isso não porque esteja seduzido pela proximidade do poder. Vejo em meus convites para a Casa Branca apenas o que eles são — exercícios comuns de cortesia política — e estou bastante ciente da rapidez e ferocidade da reação quando o programa político do governo é seriamente ameaçado. Além disso, sempre que escrevo uma carta para uma família que perdeu um ente querido no Iraque ou leio o e-mail de uma eleitora que teve de abandonar a faculdade porque seu auxílio financeiro foi cortado, lembro que as ações dos que estão no poder têm consequências enormes — um preço que eles próprios quase nunca precisam pagar.

Isso quer dizer que, sem todas as pompas e mordomias do poder — os títulos, os assessores, as escoltas de segurança —, acho o presidente e todos os que o cercam muito parecidos com qualquer outra pessoa, carregando uma mistura de virtudes e vícios, inseguranças e marcas de insultos, como todos nós. Por mais equivocadas que me pareçam suas políticas — e por mais que eu insista em responsabilizá-los pelas respectivas consequências —, ainda acredito ser possível, quando converso com esses homens e mulheres, entender seus motivos e, neles, reconhecer valores que também são meus.

Não é uma postura fácil de se manter em Washington. É tanto em jogo nos debates sobre políticas em Washington — seja despachar nossos jovens e nossas jovens para a guerra, seja permitir a continuidade das pesquisas com célula-tronco — que até mesmo as pequenas diferenças nos pontos de vista ganham maiores proporções. As demandas de lealdade partidária, os imperativos de campanha e a amplificação de conflitos pela mídia — tudo contribui para criar um clima de desconfiança. Além disso, a maioria das pessoas que trabalham em Washington tem formação de advogado ou estrategista político — profissões que tendem a dar mais valor a ganhar discussões do que a resolver problemas. Até entendo que, depois de um certo tempo na capital, sejamos tentados a supor que os que discordam de nós têm valores fundamentalmente diferentes — inclusive, que são movidos pela má-fé e talvez sejam más pessoas.

Fora de Washington, no entanto, os Estados Unidos parecem menos divididos. Illinois, por exemplo, já não é visto como um indicador de tendências. Ao longo de mais de uma década, o estado foi se tornando cada vez mais democrata, em parte devido ao avanço da urbanização, em parte porque o conservadorismo social do Partido Republicano atual não resiste bem na Terra de Lincoln. Mas Illinois continua a ser um microcosmo do país, um grande ensopado de Norte e Sul, Leste e Oeste, urbano e rural, branco, negro e todas as combinações. Chicago talvez tenha toda a sofisticação urbana de Los Angeles ou Nova York, mas do ponto de vista geográfico e cultural a parte sul de Illinois está mais perto de Little Rock ou de Louisville, e grandes porções do estado são consideradas, no jargão político moderno, de um vermelho republicano intenso.

A primeira vez que viajei pelo sul de Illinois foi em 1987. Foi no verão seguinte ao meu primeiro mandato no legislativo estadual, e Michelle e eu ainda não tínhamos filhos. Com as sessões suspensas, nenhuma turma de direito para ensinar e Michelle ocupada com suas coisas, convenci meu assessor legislativo, Dan Shomon, a botar um mapa e alguns tacos de golfe no carro e dar uma volta pelo estado durante uma semana. Dan tinha sido repórter da UPI e coordenador de várias campanhas no sul do estado, portanto conhecia bem a região. Mas, conforme se aproximava a data da partida, ia ficando claro que ele não estava mais tão seguro de que eu seria bem recebido nos condados que planejávamos visitar. Dan repetiu quatro vezes o que eu deveria levar na bagagem — só calças cáqui e camisas polo; nada de calças caras de linho ou camisas de seda. Eu lhe assegurei que não tinha nem calças de linho, nem camisas de seda. Durante a viagem, paramos num TGI Friday's, e eu pedi um cheeseburger. Quando a garçonete trouxe a comida, perguntei se tinha mostarda Dijon. Dan sacudiu a cabeça.

"Ele não vai querer Dijon coisa nenhuma", insistiu ele, dispensando a garçonete. "Aqui está", disse, empurrando um frasco amarelo de mostarda French's na minha direção, "já tem mostarda aqui."

A garçonete ficou confusa.

"Temos Dijon, se o senhor quiser", falou ela, olhando para mim.

"Seria ótimo, obrigado", respondi sorrindo.

Quando ela se afastou, sussurrei para Dan que não havia nenhum fotógrafo por perto.

E seguimos em frente, parando uma vez por dia para jogar uma partida de golfe no calor escaldante, passando por quilômetros e quilômetros de milharais, densas florestas de freixos e carvalhos, e lagos cintilantes rodeados de troncos e de juncos; por

65

cidades grandes como Carbondale e Mount Vernon, com seus shopping centers e suas lojas Walmart, e cidades minúsculas como Sparta e Pinckneyville, o prédio de tijolo do tribunal destacando-se no centro, as ruas de comércio tentando resistir, mas com muitas lojas já fechadas; e por vendedores ocasionais de beira de estrada oferecendo pêssegos ou milho frescos, ou até mesmo, como um casal que vi, "boas ofertas de armas de fogo e espadas".

Paramos numa lanchonete para comer torta e conversar com o prefeito de Chester. Posamos na frente da estátua do Super-Homem, de quatro metros e meio de altura, no centro de Metropolis. Ouvimos muitas histórias de jovens que se mudavam para as cidades grandes porque não havia mais empregos nas fábricas e nas minas de carvão. Ouvimos sobre as chances dos times de futebol americano das escolas locais na temporada seguinte e sobre as grandes distâncias que os veteranos precisavam percorrer para ir à unidade mais próxima do Departamento de Veteranos. Falamos com mulheres que trabalharam como missionárias no Quênia e que me saudaram em suaíle e com agricultores que liam as páginas da seção financeira do *Wall Street Journal* antes de subir em seus tratores. Várias vezes por dia, eu mostrava a Dan homens trajando calças de linho branco ou camisas de seda havaianas. Na pequena sala de jantar de um funcionário do Partido Democrata em Du Quoin, perguntei ao procurador do estado sobre os tipos de crime mais cometidos naquele condado, majoritariamente rural e quase todo branco, esperando que ele mencionasse roubos de carro, direção imprudente ou caça fora da temporada.

"Os Gansgster Disciples", disse ele, mastigando uma cenoura. "Temos um braço dessa gangue aqui, só de brancos — meninos desempregados que vendem drogas e dirigem em alta velocidade."

No fim da semana, eu já estava com pena de voltar. Não só porque tinha feito muitos novos amigos, mas porque, no rosto daquelas pessoas, eu reconhecia partes de mim mesmo. Neles, eu via a franqueza do meu avô, o pragmatismo da minha avó, a bondade da minha mãe. O frango frito, a salada de batata, os pedaços de uva na gelatina — tudo era muito familiar. É essa familiaridade que me afeta sempre que viajo por Illinois. Sinto-a quando estou sentado num restaurante na parte oeste de Chicago. Sinto-a quando vejo latino-americanos jogando futebol enquanto a família aplaude num parque em Pilsen. Sinto-a quando assisto a um casamento indiano num dos subúrbios do norte de Chicago. Não muito abaixo da superfície, acho, estamos nos tornando mais, e não menos, parecidos.

Não quero exagerar nem sugerir que os pesquisadores de opinião estejam errados e que nossas diferenças — raciais, religiosas ou econômicas — sejam insignificantes. Em Illinois, como no resto do país, o aborto incomoda. Em certas partes do estado, mencionar controle de armas de fogo é cometer sacrilégio. Opiniões sobre tudo, de imposto de renda a sexo na TV, divergem demais de um lugar para outro.

Quero apenas ressaltar que em Illinois, e nos Estados Unidos, está acontecendo uma polinização cruzada, uma colisão não inteiramente sistemática, mas em geral pacífica, entre pessoas e culturas. Identidades se embaralham, depois se combinam de novas maneiras. Aos poucos, as convicções escapam do nó da previsibilidade. Expectativas superficiais e explicações simples são subvertidas com frequência. Basta passar um tempo conversando com americanos para descobrir que a maioria dos evangélicos é mais tolerante do que a mídia nos faz crer e a maioria dos não religiosos, mais espiritualizada. A maior parte dos ricos deseja que os pobres sejam bem-sucedidos, e os pobres, em grande parte, são mais críticos de si mesmos e têm aspirações mais altas do que sugere a cultura popular. Quase todos os redutos republicanos têm 40% de democratas, e vice-versa. Os rótulos políticos de liberal e conservador raras vezes levam em conta os atributos pessoais dos indivíduos.

Tudo isso leva a uma pergunta: quais são os valores fundamentais que nós, americanos, compartilhamos? Não é assim que a pergunta costuma ser formulada, claro; nossa cultura política prefere perguntar onde está o embate de nossos valores. Logo depois da eleição de 2004, por exemplo, foi publicado o resultado de uma grande pesquisa nacional de boca de urna na qual eleitores citavam "valores morais" como item determinante na hora de votar. Comentaristas exploraram os dados para afirmar que as questões sociais mais controversas na eleição — em especial o casamento entre pessoas do mesmo sexo — tinham sido decisivas em muitos estados. Conservadores saudaram os números, convencidos de que eles demonstravam o poder crescente da direita cristã.

Quando os votos foram analisados, mais tarde, ficou claro que os especialistas e adivinhos tinham exagerado um pouco. Na verdade, os eleitores tinham considerado segurança nacional a questão mais importante, e, apesar de muitos de fato acharem "valores morais" um fator relevante na escolha do voto, o significado do termo era muito vago, incluindo de aborto a delitos corporativos. Imediatamente, alguns democratas demonstraram alívio, como se a minimização do "fator valores" ajudasse a bandeira liberal; como se a discussão sobre esses valores fosse um desvio perigoso, desnecessário, das preocupações materiais que caracterizavam a plataforma do Partido Democrata.

Acho que os democratas erram quando fogem do debate sobre valores assim como erram os conservadores que veem nos valores apenas um meio de arrancar eleitores da base democrata. É a linguagem dos valores que as pessoas usam para mapear o mundo. É o que pode inspirá-las à ação e tirá-las do isolamento. As pesquisas pós-eleitorais talvez tenham sido mal elaboradas, mas a questão mais ampla dos valores compartilhados — os padrões e princípios que a maioria dos americanos considera importante em sua vida e na vida do país — devia ser o centro de nossa atividade política, a pedra angular de qualquer debate significativo sobre orçamentos e projetos, regulamentações e políticas.

"Consideramos estas verdades autoevidentes: que todos os homens são criados iguais, dotados pelo seu Criador de certos direitos inalienáveis, que entre estes estão a Vida, a Liberdade e a busca da Felicidade."

Essas palavras simples são nosso ponto de partida como americanos; descrevem não apenas a fundação do nosso governo, mas também a substância do nosso credo comum. É possível que nem todos os americanos sejam capazes de recitá-las e que poucos possam responder que a gênese da Declaração de Independência remonta às suas raízes no pensamento liberal e republicano do século XVIII. Mas a ideia essencial por trás da Declaração — a de que nascemos livres neste mundo, todos nós; de que cada um de nós chega com uma série de direitos que não podem ser tomados por nenhuma pessoa, por nenhum Estado, sem justa causa; de que, por nosso próprio esforço, podemos e devemos fazer o que quisermos com a nossa vida —, todo americano entende. Ela nos orienta, define nosso rumo, dia após dia.

Na verdade, o valor da liberdade individual está arraigado com tanta profundidade em nós que tendemos a achar que sempre foi assim. É fácil esquecer que na época da fundação dos Estados Unidos essa ideia era totalmente radical em suas implicações, tão radical quanto as teses coladas na porta da igreja por Martinho Lutero. É uma ideia que boa parte do mundo ainda rejeita — e da qual uma parte ainda maior da humanidade vê poucas provas em sua vida cotidiana.

Na verdade, o valor que atribuo à Declaração de Direitos vem em boa medida do fato de eu ter vivido parte da infância na Indonésia e ainda ter parentes no Quênia, países onde os direitos individuais estão completamente sujeitos ao comedimento de generais ou aos caprichos de burocratas corruptos. Lembro-me da primeira vez que levei Michelle ao Quênia, pouco depois de nos casarmos. Como afro-americana, ela estava animadíssima com a ideia de conhecer o continente dos antepassados, e de fato foi maravilhoso visitar minha avó no interior do país, andar pelas ruas de Nairóbi, acampar no Serengeti, pescar na ilha de Lamu.

No entanto, em nossas andanças Michelle também percebeu — assim como acontecera comigo em minha primeira viagem à África — a terrível sensação que muitos quenianos tinham de não serem donos do próprio destino. Meus primos lhe contaram que era difícil achar emprego ou abrir um negócio sem subornar alguém. Militantes relataram que tinham sido presos por manifestar sua oposição a políticas do governo. Até mesmo em minha própria família, Michelle viu como as demandas de vínculos familiares e tribais podem ser sufocantes, com parentes distantes sempre pedindo favores, tios e tias aparecendo sem avisar. No voo de volta para Chicago, ela admitiu que não via a hora de chegar em casa. "Eu nunca tinha me dado conta de como sou americana", disse. Não tinha se dado conta do quanto era livre — ou de quanto valorizava essa liberdade.

No nível mais elementar, entendemos nossa liberdade num sentido negativo. Como regra geral, acreditamos no direito de ser deixados em paz e desconfiamos daquele — seja o Grande Irmão, seja um vizinho abelhudo — que se mete em nossos assuntos. Mas também compreendemos nossa liberdade num sentido mais positivo, na ideia de ter oportunidades e nos valores subsidiários que ajudam a aproveitá-las — todas essas virtudes caseiras que Benjamin Franklin popularizou em *Almanaque do pobre Ricardo* e que continuam inspirando nosso pacto através das gerações. Os valores da autonomia, do aperfeiçoamento pessoal e da audácia. Os valores da motivação, da disciplina, da moderação e do trabalho. Os valores da frugalidade e da responsabilidade pessoal.

Esses valores estão radicados num otimismo básico sobre a vida e numa crença no livre-arbítrio — na certeza de que, com coragem, suor e inteligência, cada um de nós pode superar as circunstâncias de seu nascimento. Mas esses valores também expressam a certeza maior de que, enquanto homens e mulheres forem livres, individualmente, para buscarem os próprios interesses, a sociedade será beneficiada. Nosso sistema de autonomia e nossa economia de livre mercado dependem de a maioria dos americanos, na esfera individual, aderir a esses valores. A legitimidade do nosso governo e da nossa economia depende do grau em que esses valores são recompensados, e é por isso que oportunidades iguais e não discriminação são valores que complementam nossa liberdade, não a infringem.

Ainda que nós, americanos, sejamos individualistas em essência, ainda que nos irritemos, instintivamente, com um passado de lealdades, tradições, costumes e castas tribais, seria um erro supor que isso é tudo que somos. Nosso individualismo sempre foi limitado por um conjunto de valores comuns, o cimento de que toda sociedade saudável depende. Damos valor aos imperativos de família e aos deveres familiares implícitos por gerações. Damos valor à comunidade, à boa vizinhança que se manifesta na construção do celeiro ou no treinamento do time de futebol. Damos valor ao patriotismo e às obrigações da cidadania, um senso de dever e sacrifício em nome do país. Damos valor à crença em alguma coisa maior do que nós, quer essa coisa se expresse em religião formal ou em preceitos éticos. E valorizamos a constelação de condutas que manifestam o apreço que temos uns pelos outros: honestidade, correção, humildade, bondade, cortesia e compaixão.

Em toda sociedade (e em todo indivíduo), essas duas vertentes — a individualista e a comunal, autonomia e solidariedade — vivem sob tensão, e uma das bênçãos dos Estados Unidos é que as circunstâncias da criação do nosso país nos permitiram administrar essa tensão melhor do que a maioria. Não tivemos que passar por nenhuma das violentas sublevações que a Europa padeceu para se livrar de seu passado feudal. Nossa passagem de sociedade agrícola para sociedade industrial foi facilitada pelo tamanho do continente, pelas vastas extensões de terra e por recursos abundantes que permitiram aos novos imigrantes se reinventarem continuamente.

Mas não podemos evitar por completo essa tensão. Às vezes, nossos valores entram em choque porque, nas mãos dos homens, cada um deles está sujeito a distorções e excessos. Autonomia e independência podem se tornar ganância e desejo histérico de sucesso a qualquer custo. Mais de uma vez em nossa história vimos o patriotismo descambar em jingoísmo, xenofobia, abafamento da dissensão; vimos a fé calcificar-se em hipocrisia, estreiteza mental e crueldade com os outros. Até mesmo o impulso da caridade pode aos poucos transformar-se em um paternalismo sufocante, na relutância em reconhecer a capacidade de os outros cuidarem de si mesmos.

Quando isso acontece — quando a liberdade é invocada em defesa da decisão de uma empresa de jogar toxinas em nossos rios ou quando nosso interesse coletivo de construir um novo shopping center de luxo é usado para justificar a destruição da casa de alguém —, dependemos da força de valores compensatórios para moderar nosso julgamento e manter esses excessos sob controle.

Às vezes, encontrar o ponto de equilíbrio é relativamente fácil. Todos concordamos, por exemplo, que a sociedade tem o direito de restringir a liberdade individual quando essa liberdade ameaça prejudicar os demais. A Primeira Emenda não nos dá o direito de gritar "fogo" num teatro lotado; o direito de praticar nossa religião não inclui o sacrifício humano. Da mesma maneira, todos concordamos que é preciso haver limites para o poder do Estado de controlar nosso comportamento, ainda que seja para nosso próprio bem. Poucos americanos se sentiriam à vontade com um governo que monitorasse o que comemos, não importando quantas mortes e quanto das nossas despesas médicas se devam ao aumento da obesidade.

Mas, em geral, é difícil encontrar o equilíbrio perfeito entre valores contrários. A tensão aumenta não porque erramos o caminho, mas só porque vivemos num mundo complexo e contraditório. Acredito firmemente, por exemplo, que depois do Onze de Setembro temos lidado de forma leviana e irresponsável com nossos princípios constitucionais na luta contra o terrorismo. Mas reconheço que até o presidente mais sensato e o Congresso mais prudente teriam dificuldade para equilibrar as demandas cruciais da nossa segurança coletiva com a necessidade tão forte quanto de preservar as liberdades individuais. Acho que nossas políticas econômicas dão pouca atenção ao deslocamento de operários e à destruição de cidades industriais. Mas não posso fazer desaparecerem as demandas conflitantes da segurança e da competitividade econômicas.

Infelizmente, com frequência, em nossos debates nacionais, não chegamos sequer a avaliar o peso dessas escolhas difíceis. Em vez disso, ou exageramos o grau em que políticas de que não gostamos infringem nossos valores mais sagrados, ou fingimos não perceber quando nossas políticas preferidas entram em conflito com importantes valores contrários. Conservadores, por exemplo, ficam ofendidos quando se menciona interferência do governo no mercado ou em seu direito de portar armas. No entanto, muitos desses conservadores demonstram pouca ou nenhuma preocupação quando se trata de escuta telefônica pelo governo sem ordem da Justiça ou de tentativas governamentais de controlar o comportamento sexual das pessoas. Da mesma forma, é fácil irritar a maioria dos liberais no que diz respeito a restrições do governo à liberdade de imprensa ou à liberdade reprodutiva das mulheres. Mas se mencionarmos a qualquer desses liberais os custos potenciais da regulamentação para o pequeno empresário, o mais comum é ele reagir com um olhar perplexo.

Num país tão diversificado como o nosso, sempre haverá discussões apaixonadas sobre como estabelecer limites a respeito da atuação do governo. É assim que nossa democracia funciona. Mas essa democracia poderia funcionar um pouco melhor se reconhecêssemos que todos nós temos valores dignos de respeito: se os liberais reconhecessem pelo menos que quem caça por lazer sente por sua arma o mesmo que eles sentem pelos livros de suas bibliotecas e se os conservadores reconhecessem que a maioria das mulheres se sente tão zelosa de sua liberdade reprodutiva quanto os evangélicos de seu direito de culto.

Os resultados desse tipo de exercício podem ser surpreendentes. No ano em que os democratas reconquistaram a maioria no senado estadual de Illinois, apresentei um projeto de lei exigindo que os interrogatórios e as confissões em casos de crime punível com a morte fossem registrados em vídeo. Embora as provas me digam que a pena de morte não ajuda muito a combater a criminalidade, acho que há crimes — assassinato em massa, estupro e assassinato de criança — tão hediondos, tão inaceitáveis que a comunidade tem toda a razão de manifestar plenamente sua revolta aplicando a punição definitiva. De outro lado, a forma como os casos puníveis com pena de morte são julgados em Illinois às vezes é tão repleta de erros, de táticas policiais questionáveis, de viés racial e de defesa negligente que treze ocupantes do corredor da morte foram absolvidos e um governador republicano decidiu adiar todas as execuções.

Apesar de o sistema de pena de morte parecer pronto para uma reforma, poucas pessoas deram ao meu projeto de lei muita chance de ser aprovado. Os promotores de justiça do estado e organizações policiais se opuseram de forma ferrenha, alegando que registrar em vídeo seria um procedimento caro e confuso e interferiria em sua capacidade de encerrar casos. Alguns defensores da abolição da pena de morte temiam que quaisquer esforços de reforma prejudicassem sua causa maior. Meus colegas legisladores morriam de medo de parecer lenientes com o crime. E o governador democrata recém-eleito tinha anunciado sua oposição à filmagem de interrogatórios durante a campanha.

Teria sido típico da política de hoje que cada lado traçasse um risco no chão: que os adversários da pena de morte falassem insistente e cansativamente de racismo e má conduta policial, e que os agentes da lei sugerissem que meu projeto protegeria criminosos. Em vez disso, ao longo de semanas, convocávamos, às vezes todos os dias, reuniões entre promotores de justiça, defensores públicos, organizações policiais e oponentes da pena de morte, mantendo nossas negociações tanto quanto possível longe da imprensa.

Em vez de insistir nas sérias divergências em volta da mesa, eu falava dos valores comuns que, a meu ver, todos compartilhavam, não importava a postura de cada um a respeito da pena de morte: quer dizer, os princípios básicos de que nenhum inocente deveria acabar no corredor da morte e de que nenhum culpado de crime punível com a morte ficasse livre. Quando representantes da polícia citavam problemas concretos na concepção do projeto de lei, nós modificávamos o texto. Quando representantes policiais propunham filmar apenas as confissões, nós resistíamos, ressaltando que o objetivo do projeto era inspirar no público a certeza de que as confissões eram obtidas sem coerção. No fim do processo, o projeto contava com o apoio de todas as partes envolvidas. Foi aprovado por unanimidade no senado estadual de Illinois e convertido em lei.

É claro que essa abordagem da formulação de política nem sempre funciona. Às vezes, políticos e grupos de interesse preferem o conflito aberto em sua tentativa de alcançar objetivos ideológicos mais amplos. A maioria dos militantes antiaborto, por exemplo, é contra os legisladores sequer buscarem propostas conciliatórias que teriam reduzido de forma significativa a incidência do procedimento conhecido popularmente como aborto com nascimento parcial, porque a imagem do procedimento na cabeça do público os tem ajudado a conquistar adeptos.

E às vezes nossas predisposições ideológicas são tão rígidas que temos dificuldade para enxergar o óbvio. Certa vez, quando ainda estava no senado de Illinois, ouvi um colega republicano fazer um discurso fervoroso contra um projeto para oferecer café da manhã a crianças da pré-escola. Esse projeto, segundo ele, destruiria seu espírito de autossuficiência. Precisei lembrar-lhe de que não muitas das crianças de cinco anos que eu conhecia eram autossuficientes, e que as crianças que passam tanta fome nesses anos de formação que não conseguem aprender podem muito bem vir a ser um ônus para o estado.

Apesar dos meus esforços, o projeto de lei acabou derrotado; as crianças de pré-escola de Illinois foram temporariamente salvas dos efeitos terríveis de ter cereais com leite no café da manhã (uma versão do projeto seria aprovada mais tarde). Mas o discurso do meu colega legislador ajuda a ressaltar uma das diferenças entre ideologia e valores: enquanto os valores são aplicados com sinceridade aos fatos diante de nós, a ideologia se sobrepõe a quaisquer fatos que possam pôr em dúvida a teoria.

Boa parte da confusão em torno do debate sobre valores vem de uma percepção errônea, da parte tanto dos políticos como do público, de que há uma equivalência entre política e governo. Dizer que um valor é importante não significa que deva estar sujeito a regulamentação ou que mereça uma nova agência. Da mesma forma, só porque um valor não deve ou não pode ser objeto de legislação não significa que não constitua tema pertinente para discussão pública.

Dou muito valor às boas maneiras, por exemplo. Sempre que encontro um jovem que fala com clareza, que me olha nos olhos, que diz "sim, senhor", "obrigado", "por favor" e "com licença", minha esperança no país aumenta. Não acredito que eu seja o único a pensar assim. Não posso legislar sobre boas maneiras. Mas posso encorajá-las sempre que falo para um grupo de jovens.

O mesmo vale para a competência. Nada alegra mais o meu dia do que lidar com alguém, qualquer pessoa, que se orgulhe do trabalho que faz, ou seja especialmente dedicada — um contador, um bombeiro, um general de três estrelas, a pessoa do outro lado da linha que parece de fato querer resolver nosso problema. Meus encontros com esse tipo de competência têm sido mais raros hoje em dia; parece que perco mais tempo na loja procurando alguém para me ajudar ou esperando que o entregador apareça. Outras pessoas também devem notar; isso nos deixa irritados, e nós, que estamos no governo, não menos do que as pessoas do mundo empresarial, ignoramos essa percepção por nossa conta e risco. (Estou convencido, no entanto — apesar de não dispor de estatísticas para comprovar —, de que a resistência aos impostos, ao governo e aos sindicatos aumenta sempre que as pessoas ficam muito tempo na fila de uma repartição pública, com apenas um guichê aberto e três ou quatro funcionários tagarelando à vista de todos.)

Os progressistas, em particular, parecem confusos quanto a esse ponto, e é por isso que, com tanta frequência, apanhamos nas eleições. Há pouco tempo, fiz um discurso na Kaiser Family Foundation, logo depois que a instituição divulgou um estudo mostrando que a quantidade de sexo exibida na televisão dobrou nos últimos anos. Gosto tanto da HBO quanto qualquer um e, de modo geral, não ligo para o que os adultos veem na privacidade de seus lares. No caso das crianças, acho que é sobretudo dever dos pais acompanhar o que elas assistem na televisão e, em meu discurso, sugeri que todos sairíamos ganhando se os pais — que Deus nos acuda — apenas desligassem a TV e tentassem puxar conversa com os filhos.

Dito isso, indiquei que não me agradavam muito os anúncios de remédios para disfunção erétil que aparecem a cada quinze minutos quando estou vendo um jogo de futebol com minhas filhas na sala. Observei que um programa popular voltado para adolescentes, no qual jovens sem meios visíveis de subsistência passam meses se embriagando ou pulando nus em jacuzzis com estranhos, não refletia "o mundo real". Finalizei sugerindo que as indústrias de televisão aberta e a cabo deveriam adotar melhores padrões e melhor tecnologia para ajudar os pais a controlarem o que entra em suas casas.

Dava até para pensar que eu era o próprio Cotton Mather. Em resposta ao meu discurso, um jornal disse num editorial que o governo não devia querer regulamentar a liberdade de expressão, embora não tivesse sido isso que eu propusera. Repórteres sugeriram que eu estava, cinicamente, dando uma guinada para o centro, em preparação para uma disputa nacional. Alguns partidários escreveram para nosso escritório queixando-se de que tinham votado em mim para rechaçar a plataforma de Bush, não para ser a consciência moral da cidade.

Apesar disso, todos os pais que conheço, sejam liberais ou conservadores, reclamam da vulgaridade da cultura, da promoção do materialismo fácil e da satisfação instantânea, da separação da sexualidade da intimidade. Talvez não desejem a censura governamental, mas querem que essas preocupações sejam reconhecidas, que suas experiências sejam legitimadas. Quando, por medo de parecer críticos demais, líderes políticos progressistas não conseguem sequer reconhecer o problema, esses pais começam a ouvir outros líderes que reconheçam — líderes talvez menos sensíveis às restrições constitucionais.

Os conservadores, claro, têm seus próprios pontos cegos quando se trata de resolver problemas na cultura. Veja-se o caso dos salários de executivos. Em 1980, o CEO médio ganhava quarenta vezes mais do que um trabalhador que recebia por hora. Em 2005, a relação subira para 262 vezes. Meios de comunicação conservadores, como os editoriais do *Wall Street Journal*, tentam justificar salários estratosféricos e opção de compra de ações como medidas necessárias para atrair talentos e sugerem que a economia de fato tem melhor desempenho quando os líderes empresariais dos Estados Unidos estão gordos e felizes. Mas a explosão no pagamento de CEOs nada tem a ver com desempenho. Na verdade, alguns dos executivos mais bem pagos do país na última década estiveram à frente de imensas quedas nos ganhos, perdas de valor para os acionistas, demissões em massa e subfinanciamento de fundos de pensão para os trabalhadores.

A explicação para a mudança nos salários dos executivos não está em nenhum imperativo de mercado. É cultural. Numa época em que os trabalhadores em geral recebem pequenos aumentos salariais ou não recebem aumento nenhum, muitos CEOs nos Estados Unidos perderam qualquer pudor de botar a mão em tudo que lhes permitem seus conselhos corporativos, maleáveis e escolhidos a dedo. Os americanos compreendem o dano causado por essa ética da ganância na vida coletiva; numa pesquisa recente, eles mencionaram a corrupção no governo e nas empresas, além da ganância e do materialismo como dois dos três desafios morais mais importantes que o país enfrenta ("criar filhos com os valores certos" foi o número um). Os conservadores podem ter razão quando afirmam que o governo não deveria tentar fixar os salários e benefícios dos executivos. Mas os conservadores deveriam estar pelo menos dispostos a se posicionar contra o comportamento indecoroso nas salas de reuniões das empresas com a mesma força moral, com o mesmo senso de indignação com que atacam as letras sórdidas do rap.

É claro que existem limites para o poder do "púlpito intimidador". Às vezes, só a lei pode confirmar nossos valores, em particular quando estão em jogo os direitos e oportunidades dos que não têm poder na nossa sociedade. Certamente isso foi verdade em nossos esforços para acabar com a discriminação racial; por mais importante que tenha sido a exortação moral para mudar as opiniões e os sentimentos dos brancos americanos durante a era dos direitos civis, o que em última análise pôs fim às leis segregacionistas de Jim Crow e inaugurou uma nova época nas relações raciais foram os casos na Suprema Corte que culminaram com *Brown v. Board of Education*, a Lei dos Direitos Civis de 1964 e a Lei dos Direitos de Voto de 1965. Enquanto essas leis eram debatidas, havia aqueles que diziam que o governo não deveria intervir na sociedade civil, que nenhuma lei poderia forçar brancos a terem relações com os negros. Ao ouvir esses argumentos, o dr. King respondeu: "Pode até ser verdade que a lei não pode fazer um homem gostar de mim, mas ela pode impedi-lo de me linchar, e acho que isso também é muito importante".

Às vezes, precisamos tanto de transformação cultural como de ação do governo — uma mudança de valores e uma mudança de política — para promover a sociedade que desejamos. A situação das nossas escolas nas periferias urbanas é um bom exemplo. Nem todo o dinheiro do mundo vai melhorar o desempenho dos alunos se os pais não fizerem um esforço para incutir nos filhos os valores do trabalho e da satisfação futura. Mas quando nós, como sociedade, fingimos que crianças pobres vão atingir seu potencial em escolas arruinadas, inseguras, com equipamento ultrapassado e professores que não aprenderam os assuntos que ensinam, estamos mentindo para essas crianças e para nós. Estamos traindo nossos valores.

Esta é uma das coisas que fazem de mim um democrata, imagino — a ideia de que nossos valores comuns, nosso senso de responsabilidade recíproca e de solidariedade social deveriam se manifestar não só na igreja, na mesquita ou na sinagoga; não só no quarteirão onde moramos, nos lugares onde trabalhamos ou em nossas famílias; mas também em nosso governo. Como muitos conservadores, acredito no poder da cultura para determinar tanto o sucesso individual como a coesão social e acho que ignoramos os fatores culturais por nossa conta e risco. Mas também acredito que nosso governo pode desempenhar um papel na mudança dessa cultura para melhor — ou para pior.

Costumo indagar a mim mesmo o que é que faz os políticos terem tanta dificuldade para falar sobre valores de um jeito que não soe calculado ou falso. Imagino que, em parte, seja porque nós que participamos da vida pública nos tornamos tão previsíveis, e os gestos de que os candidatos lançam mão para expressar seus valores se tornaram tão padronizados (uma parada numa igreja de negros, a excursão de caça, a visita a uma pista da Nascar, a leitura numa sala de aula de jardim de infância), que é cada vez mais difícil para o público distinguir o que é sentimento honesto do que é encenação política.

E há também o fato de que a prática da política moderna em si parece não ser guiada por nenhum critério de valores. A política (e o comentário político) não só permite, mas em geral recompensa, comportamentos que em geral acharíamos escandalosos: inventar histórias, distorcer o significado do que outras pessoas dizem, insultar ou questionar seus motivos, vasculhar sua vida pessoal em busca de informações comprometedoras.

Durante minha campanha eleitoral para o Senado dos Estados Unidos, por exemplo, meu adversário republicano designou um jovem para acompanhar todas as minhas aparições públicas com uma câmera manual. Isso se tornou um procedimento operacional bastante rotineiro em muitas campanhas, mas seja porque o jovem fosse fanático, seja porque tivesse sido instruído a me provocar, sua presença constante começou a parecer perseguição. Desde a manhã até a noite, ele me seguia para onde eu fosse, quase sempre guardando uma distância de um metro e meio a três metros. Filmava-me pegando o elevador. Filmava-me saindo do banheiro. Filmava-me com meu celular, falando com minha esposa e minhas filhas.

De início, tentei argumentar com ele. Parei para perguntar seu nome, disse-lhe que entendia que ele tinha um serviço a fazer, e sugeri que mantivesse uma distância que me permitisse ter uma conversa sem que ele escutasse. Diante dos meus apelos, ele permaneceu praticamente mudo, dizendo apenas que seu nome era Justin. Sugeri que ele telefonasse para o chefe e perguntasse se era aquilo mesmo que a campanha queria que ele fizesse. Ele me disse que eu poderia ficar à vontade para ligar e me deu o número. Após dois ou três dias, resolvi dar um basta. Com Justin na minha cola, entrei na sala de imprensa do prédio do legislativo estadual e pedi a alguns repórteres que estavam almoçando que se aproximassem.

"Ei, pessoal", falei. "Quero apresentar-lhes o Justin. O Justin, aqui, foi designado pela campanha de Ryan para me perseguir aonde quer que eu vá."

Enquanto eu explicava a situação, Justin permaneceu lá, filmando. Os repórteres voltaram-se para ele e o bombardearam com perguntas.

"Você vai atrás dele no banheiro?"

"Fica perto dele, assim, o tempo todo?"

Logo novas equipes chegaram com suas câmeras para filmar Justin me filmando. Como um prisioneiro de guerra, Justin continuava repetindo seu nome, seu emprego e o número do telefone da sede da campanha do seu candidato. Às seis da tarde, a história de Justin saiu na maioria das emissoras locais. A matéria acabou tomando conta do estado por uma semana — charges, editoriais e conversas radiofônicas de locutores esportivos. Depois de vários dias de desafio, meu adversário cedeu à pressão, pediu a Justin que recuasse alguns passos e divulgou um pedido de desculpas. Apesar disso, o dano à sua campanha estava feito. As pessoas talvez não tivessem compreendido nossas diferenças de opinião sobre o programa de assistência médica Medicare ou diplomacia no Oriente Médio. Mas sabiam que a campanha do meu adversário tinha violado um valor — civilidade — que elas consideravam importante.

A diferença entre o que consideramos comportamento apropriado na vida diária e o que é preciso para vencer uma campanha é só um dos testes a que os valores de um político são submetidos. Poucas outras profissões exigem que avaliemos todos os dias tantas solicitações rivais — entre diferentes grupos de eleitores, entre os interesses do Estado e os interesses do país, entre a lealdade partidária e seu próprio senso de independência, entre o valor do serviço público e suas obrigações familiares. Há um perigo constante, na cacofonia das vozes, de que o político perca a sua bússola moral e seja levado inteiramente pelos ventos da opinião pública.

Talvez isso explique por que buscamos em nossos líderes a mais esquiva das qualidades — a virtude da autenticidade, de ser quem você diz que é, de ter uma veracidade que vai além das palavras. Meu amigo o falecido senador dos Estados Unidos Paul Simon tinha essa qualidade. Pela maior parte da sua carreira, ele confundiu os especialistas conquistando o apoio de pessoas que discordavam, por vezes com vigor, de suas políticas liberais. Ajudava bastante o fato de parecer digno de confiança, como um médico de cidade do interior, com seus óculos, sua gravata-borboleta, seu rosto de basset hound. Mas as pessoas também sentiam que ele vivia em coerência com seus valores: que era honesto, que defendia aquilo em que acreditava e, talvez o mais importante, que se importava com eles e com suas dificuldades.

Esse último aspecto do caráter de Paul — um senso de empatia — é o que valorizo mais à medida que envelheço. Está no âmago do código moral, e é assim que entendo a regra de ouro — não apenas como um chamamento à compaixão ou à caridade, mas como algo que exige mais de nós, um apelo para nos colocarmos no lugar de outra pessoa e olhar através dos seus olhos.

Como quase todos os meus valores, o da empatia, aprendi com minha mãe. Ela desprezava qualquer tipo de crueldade, de falta de consideração, de abuso de poder, quer essas coisas se expressassem na forma de preconceito racial, de intimidação no pátio da escola ou de pagamento insuficiente para os trabalhadores. Quando via em mim qualquer vestígio desse tipo de comportamento, ela me olhava nos olhos e perguntava: "Como acha que isso faria você se sentir?".

Mas foi nas relações com meu avô, acho, que assimilei o verdadeiro sentido da empatia. Como o trabalho de minha mãe a obrigava a viver no exterior, eu costumava passar temporadas com meus avós quando estava no ensino médio, e, sem um pai presente na casa, meu avô era quem mais sofria com minha rebeldia adolescente. Ele mesmo nem sempre era de convívio fácil; era ao mesmo tempo carinhoso e sujeito a acessos de raiva, e, em parte porque não tinha sido particularmente bem-sucedido em sua carreira, era fácil magoá-lo. Lá pelos meus dezesseis anos, víamos discutindo, em geral porque eu resistia a obedecer a um

84

conjunto infinito de regras que me pareciam mesquinhas e arbitrárias — encher o tanque sempre que eu tomava seu carro emprestado, digamos, ou lavar bem a caixinha de leite antes de jogar no lixo.

Com certo talento para a retórica e a convicção dos méritos das minhas opiniões, descobri que quase sempre eu conseguia vencer essas discussões, no sentido estrito de deixar meu avô perturbado, furioso e ilógico. Mas, a certa altura, talvez no último ano do ensino médio, esses triunfos começaram a parecer menos satisfatórios. Pus-me a pensar nas lutas que ele enfrentou e nas decepções que sofreu na vida. Passei a compreender por que ele precisava se sentir respeitado na própria casa. Percebi que aceitar suas regras não me custaria nada, mas seria de grande importância para ele. Reconheci que às vezes ele de fato tinha mesmo razão e que, insistindo em impor meu ponto de vista o tempo todo, sem ligar para seus sentimentos e para suas necessidades, de certa maneira eu me diminuía.

Não há nada de extraordinário nessa tomada de consciência, claro; de uma forma ou de outra todos nós temos de passar por isso se quisermos nos tornar adultos. Apesar disso, estou sempre retornando ao simples preceito de minha mãe — "como acha que isso faria você se sentir" — como uma regra de ouro da minha política.

Não é uma pergunta que nos fazemos o bastante, acho eu; como país, parece que sofremos de déficit de empatia. Não toleraríamos escolas que não ensinam, vivem sem dinheiro, sem funcionários e sem inspiração, se achássemos que as crianças que as frequentam são como nossos filhos. É difícil imaginar o CEO de uma empresa concedendo a si mesmo um bônus de milhões de dólares enquanto corta os planos de saúde para seus empregados se achasse que eles são, em algum sentido, seus semelhantes. E podemos ter certeza de que os que estão no poder pensariam duas vezes, e com mais afinco, antes de iniciar uma guerra se visualizassem seus filhos em situação de perigo.

Acho que um senso de empatia mais forte mudaria a política atual para favorecer as pessoas que lutam nesta sociedade. Afinal de contas, se elas são como nós, suas lutas são nossas também. Se não ajudarmos, nos diminuímos.

Mas isso não significa que os que lutam — ou aqueles que entre nós alegam estar falando em nome dos que lutam — não devam tentar compreender a perspectiva dos mais abonados. Líderes negros precisam compreender os legítimos temores que levam alguns brancos a resistirem à ação afirmativa. Representantes sindicais não podem deixar de levar em conta as pressões da concorrência que seus patrões talvez estejam sofrendo. Sou obrigado a tentar ver o mundo através dos olhos de George W. Bush, por mais que discorde dele. Isso é o que a empatia faz — ela nos exorta a todos, os conservadores e os liberais, os poderosos e os impotentes, os oprimidos e os opressores. Somos todos sacudidos em nossa autossatisfação. Somos todos forçados a ir além da nossa limitada visão.

Ninguém está isento da convocação para encontrar um terreno comum.

Claro, um senso de entendimento mútuo não basta. Afinal de contas, falar não custa nada; como qualquer valor, a empatia precisa ser traduzida em ação. Em meus tempos de liderança comunitária, nos anos 1980, eu costumava desafiar líderes de associações de moradores perguntando onde gastavam seu tempo, sua energia e seu dinheiro. Esses são os verdadeiros testes daquilo que valorizamos, eu lhes dizia, independentemente do que gostamos de dizer a nós mesmos. Se não estivermos dispostos a pagar um preço por nossos valores, se não estivermos dispostos a fazer algum sacrifício para lhes dar realidade, deveríamos nos perguntar se de fato acreditamos neles.

Segundo esses critérios, pelo menos, às vezes parece que os americanos de hoje não dão valor a nada que não seja ser rico, magro, jovem, famoso, protegido e estar sempre ocupado com coisas agradáveis. Afirmamos valorizar o legado que vamos deixar para a próxima geração, mas assim sobrecarregamos essa geração com uma quantidade imensa de dívidas. Afirmamos acreditar em oportunidades iguais para todos, mas ficamos de braços cruzados enquanto milhões de crianças americanas definham na pobreza. Afirmamos dar importância à família, mas estruturamos nossa economia e organizamos nossa vida de tal maneira que cada vez sobra menos tempo para nos dedicarmos às nossas famílias.

E, no entanto, uma parte de nós sabe que isso está errado. Apegamo-nos a nossos valores, mesmo que às vezes pareçam manchados e gastos; mesmo que, como país e em nossa vida, nós os tenhamos traído com grande frequência. O que mais existe para nos guiar? Esses valores são nosso patrimônio, aquilo que faz de nós o que somos como povo. E apesar de reconhecermos que estão sujeitos a contestação, que podem ser cutucados, espicaçados, desacreditados e virados do avesso por intelectuais e críticos da cultura, eles se mostraram ao mesmo tempo surpreendentemente duradouros e surpreendentemente constantes em todas as classes, raças, religiões e gerações. Temos o direito de fazer declarações em seu nome, mas sabendo que nossos valores precisam passar pelo teste dos fatos e da experiência, e lembrando que eles requerem ações, não apenas palavras.

Agir de outra forma seria abrir mão do que temos de melhor.

3. Nossa Constituição

Há um ditado que senadores costumam citar quando precisam descrever seu primeiro ano no Capitólio: "É como beber água de uma mangueira de incêndio".

A comparação é feliz, pois nos meus primeiros meses no Senado tudo parecia chegar de uma vez às minhas mãos. Tive que formar uma equipe e instalar escritórios em Washington e em Illinois. Tive que negociar participações em comitês e me atualizar sobre as questões que aguardavam solução nos comitês. Havia um acúmulo de 10 mil cartas de eleitores recebidas desde o Dia da Eleição, e os trezentos convites para falar que chegavam todas as semanas. Em blocos de meia hora, eu ia e vinha entre o plenário do Senado, as salas de comitê, os saguões de hotel e as estações de rádio, totalmente dependente de funcionários recém-contratados, todos na casa dos vinte e dos trinta, para não me atrasar, para receber a pasta correta de informações, para me avivar a memória sobre a pessoa ou as pessoas com quem ia me encontrar, ou para me conduzir ao banheiro mais próximo.

Depois, à noite, havia a adaptação à vida solitária. Michelle e eu tínhamos decidido manter a família em Chicago, em parte porque gostávamos da ideia de criar as meninas longe do ambiente agitado de Washington, mas também porque esse arranjo dava a Michelle um círculo de apoio — da mãe, do irmão, de outros parentes e dos amigos — para ajudá-la a lidar com as prolongadas ausências que meu emprego exigiria. Para as três noites que eu passava em Washington por semana, aluguei um pequeno apartamento de um quarto perto da Faculdade de Direito de Georgetown, num arranha-céu entre o Capitólio e o centro da cidade.

De início, tentei conviver com minha recente solidão forçando-me a recordar os prazeres da vida de solteiro — pegando cardápios para pedir comida em todos os restaurantes do bairro, assistindo a partidas de basquete ou lendo até tarde da noite, indo à academia para me exercitar à meia-noite, deixando pratos sujos na pia e levantando sem arrumar a cama. Mas não adiantou; depois de treze anos de casado, descobri que estava totalmente domesticado, mole e indefeso. Na minha primeira manhã em Washington, descobri que tinha esquecido de comprar uma cortina para o box e tive que me encolher contra a parede para não inundar o piso do banheiro. Na noite seguinte, assistindo a um jogo e tomando uma cerveja, peguei no sono na metade da partida e acordei no sofá duas horas depois com torcicolo. A comida pronta de restaurante já não era tão saborosa; o silêncio me irritava. Passei a ligar com grande frequência para casa, só para ouvir a voz das minhas filhas, morrendo de saudade do calor dos seus abraços e do cheiro da sua pele.

"Oi, coração!"

"Oi, papai."

"O que você anda fazendo?"

"Desde a última vez que você ligou?"

"Isso."

"Nada. Quer falar com a mamãe?"

Havia um pequeno grupo de senadores que também tinham famílias jovens, e sempre que nos reuníamos a conversa girava sobre os prós e os contras da mudança para Washington, bem como sobre a dificuldade de preservar de funcionários zelosos demais o tempo reservado à família. Mas na grande maioria meus colegas eram bem mais velhos — a idade média era sessenta — e portanto, quando eu fazia a ronda dos seus gabinetes, os conselhos que me davam tinham mais a ver com os assuntos do Senado. Explicavam-me as vantagens de participar de determinados comitês, descrevendo o temperamento de seus presidentes. Davam sugestões de como organizar uma equipe, com quem falar para ampliar o espaço do escritório e como lidar com os pedidos do eleitorado. Na maior parte das vezes, os conselhos eram úteis; vez ou outra, contraditórios. Mas, pelo menos entre os democratas, meus encontros terminavam com uma recomendação consistente: eu deveria marcar um encontro o mais cedo possível, diziam eles, com o senador Byrd — não só por uma questão de cortesia senatorial, mas também porque sua posição elevada no Comitê de Dotações e sua estatura no Senado lhe davam considerável influência.

Aos 87 anos, o senador Robert C. Byrd era não apenas o decano do Senado; passara a ser visto como a personificação da casa, um fragmento vivo, palpitante, de história. Criado pela tia e pelo tio nas árduas e estéreis cidades mineiras da Virgínia Ocidental, ele tinha um talento natural que lhe permitia recitar de memória longos trechos de poesia e tocar rabeca com impressionante habilidade. Como não podia bancar uma faculdade, trabalhou como açougueiro, vendedor de produtos agrícolas e soldador num encouraçado durante a Segunda Guerra Mundial. De volta à Virgínia Ocidental depois da guerra, conquistou uma cadeira no legislativo estadual e foi eleito para o Congresso em 1952.

Em 1958, pulou para o Senado e, ao longo de 47 anos, exerceu quase todos os cargos disponíveis — incluindo seis anos como líder da maioria e seis anos como líder da minoria. Em paralelo, mantinha o impulso populista que o levava a se concentrar na concessão de benefícios tangíveis para homens e mulheres do seu estado: compensações por pulmão negro e proteções sindicais para mineiros; estradas, edifícios e projetos de eletrificação para comunidades desesperadamente pobres. Em dez anos de cursos noturnos enquanto servia no Congresso, formou-se em direito, e seu conhecimento do regulamento do legislativo era lendário. Para coroar tudo isso, escreveu uma história do Senado em quatro volumes que demonstrava não apenas erudição e disciplina, mas também um amor insuperável pela instituição que definira a obra da sua vida. Na verdade, dizia-se que a paixão do senador Byrd pelo Senado só não era maior do que a ternura que sentia pela esposa doente de 68 anos (hoje falecida) — e talvez do que sua reverência pela Constituição, andando sempre com um exemplar no bolso, que costumava tirar e sacudir no ar no meio dos debates.

Eu já havia deixado um recado no gabinete do senador Byrd solicitando uma reunião quando tive a oportunidade de encontrá-lo pessoalmente. Foi no dia da nossa posse, e estávamos na sala do Velho Plenário do Senado, um lugar escuro, cheio de enfeites, dominado por uma grande águia que abre suas asas como uma gárgula sobre a cadeira do presidente no alto de um toldo de veludo vermelho-escuro. O ambiente sombrio era apropriado para a ocasião, pois a bancada democrata estava reunida para se organizar após uma eleição difícil e a perda do seu líder. Uma vez instalada a nova cúpula, o líder da minoria Harry Reid perguntou ao senador Byrd se ele poderia dizer algumas palavras. Devagar, o senador, um homem magro ainda com bastos cabelos brancos, olhos azul-claros e nariz fino, grande, levantou-se. Por um momento, permaneceu calado, equilibrando-se com sua bengala, o rosto virado para cima, os olhos fixos no teto. Então começou a falar, em tom solene, comedido, no qual havia um vago resquício de sotaque da região dos Apalaches, como um grânulo de madeira sob uma superfície envernizada.

Não me lembro de detalhes do discurso, mas me lembro dos temas gerais, jorrando do poço da sala do Velho Plenário do Senado num ritmo ascendente, shakespeariano — o mecanismo de relógio da Constituição e o Senado como a essência das promessas da carta constitucional; a perigosa usurpação, ano após ano, pelo Executivo, da preciosa independência do Senado; a necessidade de cada senador ler e reler os documentos da nossa fundação, para que possamos continuar dedicados e fiéis ao significado da República. Enquanto falava, sua voz ia ganhando força; seu dedo indicador espetava o ar; a sala escura fechava-se sobre ele até quase torná-lo um espectro, o espírito de outras épocas do Senado, seus quase cinquenta anos naquelas salas estendendo-se para tocar nos cinquenta anos anteriores; até chegar aos tempos em que Jefferson, Adams e Madison vagavam pelos corredores do Capitólio e a cidade ainda era mato, fazendas e pântanos.

De volta a uma época em que nem eu, nem os que se pareciam comigo poderíamos ter sentado entre aquelas paredes.

Ouvindo o senador Byrd falar, senti com força todas as contradições essenciais da minha presença naquele novo lugar, com seus bustos de mármore, suas tradições misteriosas, suas lembranças e seus fantasmas. Refleti sobre o fato de que, segundo constava em sua própria autobiografia, o senador Byrd tinha sentido o primeiro gosto do exercício da liderança aos vinte e poucos anos, como membro da Ku Klux Klan do Condado de Raleigh, ligação da qual se retratara muito tempo antes, um erro que atribuía — sem dúvida com razão — à época e ao lugar onde tinha sido criado, mas que continuou reaparecendo, como um problema irremovível, ao longo de sua carreira. Lembrei que ele tinha se juntado a outros gigantes do Senado, como J. William Fulbright, do Arkansas, e Richard Russell, da Geórgia, na resistência sulista à legislação sobre direitos civis. E me perguntava se isso tinha importância para os liberais que agora festejavam o senador Byrd por sua oposição ética à resolução sobre a Guerra do Iraque — para a turma do MoveOn.org, herdeira da contracultura política que o senador passara tanto tempo da sua carreira desdenhando. Eu me perguntava se deveria ter importância. A vida do senador Byrd — como a da maioria de nós — tinha sido um combate entre impulsos contrários, um casamento de treva e de luz. E nesse sentido, percebi que ele de fato era um emblema genuíno do Senado, cujas regras e cujos desígnios refletiam o grande pacto da fundação dos Estados Unidos: a negociação entre estados do Norte e estados do Sul, o papel do Senado como baluarte contra as paixões do momento, como defensor dos direitos das minorias e da soberania dos estados, mas também como ferramenta para proteger os ricos contra a plebe e garantir aos proprietários de escravos a não interferência em sua instituição peculiar. Estava gravada no próprio caráter do Senado, em seu código genético, a mesma disputa entre poder e ética que caracterizava os Estados Unidos em sua totalidade, uma expressão duradoura do grande debate entre alguns homens brilhantes, imperfeitos que desaguara na criação de uma forma de governo única em seu espírito — mas cega para o chicote e a corrente.

O discurso terminou; senadores aplaudiram e cumprimentaram o senador Byrd por sua magnífica oratória. Aproximei-me dele e me apresentei, e ele me apertou calorosamente a mão, dizendo-me que aguardava havia tempos a oportunidade de uma visita. Na volta para o meu gabinete, resolvi que de noite eu desempacotaria meus velhos livros de direito constitucional para reler o próprio documento. Pois o senador Byrd tinha razão. Para entender o que estava acontecendo em Washington em 2005, para compreender meu novo trabalho e para compreender o senador Byrd, eu precisava voltar ao início, aos primeiros debates dos Estados Unidos e aos documentos de fundação, acompanhar seu desenvolvimento no tempo e emitir opiniões à luz da história subsequente.

Se alguém perguntar à minha filha de oito anos o que faço para ganhar a vida, ela talvez responda que eu faço leis. Apesar disso, uma das surpresas de Washington é o tempo que se gasta discutindo não o que a lei deveria ser, mas o que a lei é. O regulamento mais simples — digamos, uma medida exigindo que as empresas concedam folga para ir ao banheiro a funcionários que trabalham por hora — pode se tornar objeto das mais variadas interpretações, dependendo da pessoa com quem se fala: o congressista que propôs a cláusula, o funcionário que a redigiu, o chefe de departamento encarregado de aplicá-la, o advogado cujo cliente a julga inoportuna ou o juiz que pode ser chamado para pô-la em prática.

Parte disso é intencional, como resultado da complexa maquinaria de freios e contrapesos. A difusão do poder entre executivo, legislativo e judiciário, bem como entre os governos federal e estadual, significa que nenhuma lei é definitiva, nenhuma batalha termina de fato; há sempre a oportunidade de fortalecer ou enfraquecer o que parecia estar pronto, enfraquecer um regulamento ou impedir que entre em vigor, tirar poder de uma repartição reduzindo seu orçamento ou assumir o controle de uma questão onde um vazio é criado.

E parte disso é da natureza da própria lei. Com frequência, a lei é bem resolvida e simples. Mas a vida apresenta novos problemas, e advogados, autoridades e cidadãos discutem o significado de termos que anos ou meses antes pareciam claros. Pois, em última análise, leis são apenas palavras numa página — palavras que podem ser maleáveis, opacas, dependentes de contexto e de confiança, assim como acontecem uma história, um poema, uma promessa a alguém, palavras cujo significado está sujeito a erosão, às vezes desabando num piscar de olhos.

No entanto, as controvérsias jurídicas que agitavam Washington em 2005 iam além dos problemas comuns de interpretação. Na verdade, envolviam o problema de saber se as pessoas que estavam no poder eram limitadas por quaisquer normas legais.

Quando o assunto era segurança nacional na era pós-Onze de Setembro, por exemplo, a Casa Branca rechaçava qualquer sugestão de que pudesse ter que dar explicações ao Congresso ou aos tribunais. Durante as audiências para confirmar Condoleezza Rice como secretária de Estado, surgiam discussões acaloradas sobre tudo, do alcance da resolução do Congresso autorizando a guerra no Iraque à disposição de membros do Executivo para prestarem testemunho sob juramento. Durante o debate em torno da confirmação de Alberto Gonzales, analisei memorandos redigidos no gabinete do ministro da Justiça sugerindo que técnicas como privação de sono ou asfixia repetida não causavam "dor forte" do tipo "relacionado a falência de órgãos, inibição das funções fisiológicas, ou mesmo morte"; transcrições que sugeriam que as Convenções de Genebra não se aplicavam a "combatentes inimigos" capturados numa guerra no Afeganistão; pareceres segundo os quais a Quarta Emenda não se aplicava a cidadãos americanos classificados como "combatentes inimigos" e capturados em solo americano.

Essa atitude não se limitava, de forma alguma, à Casa Branca. Lembro que um dia, no começo de março, quando me dirigia ao plenário do Senado, fui parado de repente por um jovem de cabelos escuros. Ele me levou até seus pais e explicou que eles tinham vindo da Flórida numa derradeira tentativa de salvar uma moça — Terri Schiavo — que entrara em coma profundo e cujo marido queria desligar os aparelhos que a mantinham viva. Era uma história comovente, mas eu lhes disse que não havia precedentes de intervenção do Congresso em casos parecidos — sem me dar conta, naquele momento, de que Tom DeLay e Bill Frist criavam seus próprios precedentes.

A extensão do poder presidencial em tempo de guerra. A ética de decisões para pôr fim à vida. Não eram questões fáceis; por mais que eu discordasse de políticas republicanas, achava que elas mereciam um debate sério. Não, o que me incomodava era o processo — ou a ausência de processo — pelo qual a Casa Branca e seus aliados no Congresso rejeitavam opiniões contrárias; era a sensação de que regras de governo já não tinham valor e de que não havia significados ou padrões fixos aos quais pudéssemos recorrer. Era como se os ocupantes do poder tivessem decidido que habeas corpus e separação de poderes eram pormenores que só serviam para atrapalhar, que complicavam aquilo que era óbvio (a necessidade de conter o terrorismo) ou interferiam no que era certo (a santidade da vida) e podiam portanto ser desconsiderados ou pelo menos ceder a vontades fortes.

A ironia, claro, era que essa desatenção às regras e a manipulação da linguagem para alcançar um resultado específico eram as exatas acusações que os conservadores de há muito faziam aos liberais. Elas estavam entre as justificativas do Contrato com a América de Newt Gingrich — a noção de que os barões democratas que então controlavam a Câmara dos Representantes abusavam consistentemente do processo legislativo em proveito próprio. Serviram de base ao processo de impeachment contra Bill Clinton, ao desprezo com que trataram a triste frase "depende do significado da palavra 'é'". Foram a base das tiradas dos conservadores contra acadêmicos liberais, os sumos sacerdotes da correção política que se recusavam, dizia-se, a reconhecer quaisquer verdades eternas ou hierarquias de conhecimento e que inculcavam na juventude dos Estados Unidos um perigoso relativismo moral.

E estavam no âmago do assalto conservador aos tribunais federais.

Assumir o controle dos tribunais em geral, e da Suprema Corte em particular, tornara-se o grande sonho de uma geração de militantes conservadores — e não só porque viam os tribunais como o último bastião de elitismo liberal pró-aborto, pró-ação afirmativa, pró-homossexual, pró-crime, pró-regulamentação e antirreligioso. Segundo esses militantes, os juízes liberais tinham se colocado acima da lei, baseando suas opiniões não na Constituição, mas nos próprios caprichos e nos resultados que buscavam, descobrindo direitos ao aborto ou à sodomia inexistentes no texto, subvertendo o processo democrático e pervertendo a intenção original dos Fundadores. Devolver os tribunais ao seu papel adequado exigia a nomeação de "rigorosos construcionistas" para o judiciário federal, homens e mulheres que entendessem a diferença entre interpretar a lei e fazer a lei, que se ativessem ao significado original das palavras dos Fundadores. Homens e mulheres que seguissem as regras.

A esquerda via a situação de outra maneira. Com republicanos conservadores avançando nas eleições para o Congresso e para a presidência, muitos liberais viam os tribunais como a única coisa capaz de conter o esforço radical para desfazer as conquistas em direitos civis, direitos das mulheres, liberdades individuais, regulamentação ambiental, separação entre Igreja e Estado e todo o legado do New Deal. Durante a nomeação de Bork, grupos de interesses e líderes democratas organizaram sua oposição com uma sofisticação nunca vista numa confirmação para o Judiciário. Quando a nomeação foi derrotada, conservadores perceberam que precisavam construir seu próprio exército nas bases.

Desde então, cada lado tem proclamado avanços (Scalia e Thomas para os conservadores, Ginsburg e Breyer para os liberais) e reveses graduais (para os conservadores, a guinada, amplamente percebida, de O'Connor, Kennedy e em especial Souter para o centro; para os liberais, magistrados indicados por Reagan e Bush tomando conta dos tribunais federais inferiores). Os democratas fizeram barulho para reclamar quando os republicanos usaram o controle do Comitê Judiciário para derrubar 61 candidatos de Clinton a tribunais de apelação e varas federais, e, durante o breve tempo em que foram maioria, os democratas tentaram a mesma tática contra as indicações de George W. Bush.

Mas quando os democratas perderam maioria no Senado em 2002, só lhes restava uma flecha na aljava, uma estratégia que poderia ser resumida numa palavra, o grito de guerra em torno do qual os democratas fiéis cerraram fileiras:

Obstrucionismo!

A Constituição não faz menção ao obstrucionismo; é uma regra do Senado que remonta ao primeiríssimo Congresso. A ideia básica é simples: como todos os assuntos do Senado são conduzidos por consentimento unânime, qualquer senador pode suspender as atividades exercendo seu direito de debate ilimitado e recusando-se a passar para o próximo assunto. Em outras palavras, ele pode falar. Pelo tempo que quiser. Pode falar sobre o conteúdo de um projeto de lei que aguarda decisão. Pode decidir ler as setecentas páginas da Lei de Autorização de Defesa Nacional, linha por linha, para constar dos anais, ou relacionar aspectos do projeto à ascensão e queda do Império Romano, ao voo dos beija-flores ou à lista telefônica de Atlanta. Enquanto ele e colegas que pensam como ele estiverem dispostos a permanecer no plenário e falar, tudo o mais tem que esperar — o que dá a cada senador uma enorme influência, e a determinada minoria efetivo poder de veto sobre qualquer legislação.

A única maneira de sair de uma obstrução é três terços do Senado invocarem uma coisa chamada *cloture*, ou seja, o fim do debate. Na prática, isso significa que toda ação pendente no Senado — todo projeto de lei, resolução ou nomeação — precisa do apoio de sessenta senadores, não de maioria simples. Uma série de regras complexas foi desenvolvida, permitindo que votos de obstrução ou de *cloture* prossigam sem espalhafato: a simples ameaça de uma obstrução costuma bastar para chamar a atenção do líder da maioria, e um voto de *cloture* então é preparado sem que ninguém precise passar as noites dormindo em poltronas e catres. Mas ao longo da história moderna do Senado, o obstrucionismo tem sido uma prerrogativa preciosamente guardada, uma das características distintivas — junto com mandatos de seis anos e a alocação de dois senadores por estado, não importa o tamanho da população — que separam o Senado da Câmara e servem como barreira de proteção contra possíveis excessos da maioria.

Há outra história, mais sombria, sobre o obstrucionismo, que para mim tem especial relevância. Por quase um século, foi a arma preferida do Sul em seus esforços para proteger a lei de Jim Crow contra interferência federal, a barricada legal que efetivamente esvaziou a Décima Quarta e a Décima Quinta Emendas. Década após década, homens educados, eruditos, como o senador Richard B. Russell, da Geórgia (em cuja homenagem a mais elegante suíte de escritórios do Senado foi nomeada), usavam o obstrucionismo para asfixiar qualquer projeto de lei sobre direitos civis que fosse submetido ao Senado, quer votando projetos sobre direitos, projetos sobre oportunidades iguais de emprego ou projetos contra o linchamento. Com palavras, regras, procedimentos e precedentes — com a lei —, senadores sulistas perpetuaram a submissão dos negros de uma forma que a simples violência jamais conseguiria. O obstrucionismo não tinha apenas barrado projetos de lei. Para muitos negros no Sul, essa técnica tinha extinguido a esperança.

Democratas usaram o obstrucionismo com moderação no primeiro mandato de George W. Bush: dos mais de duzentos can-

99

didatos indicados pelo presidente para o Judiciário, apenas dez foram impedidos de chegar ao plenário para uma votação direta. Apesar disso, todos os dez eram indicados para tribunais de recursos, os tribunais que importavam; todos os dez eram porta-bandeiras da causa republicana; e se os democratas mantivessem sua obstrução com relação a esses dez excelentes juristas, afirmavam os conservadores, nada os impediria de impor sua vontade por meio de futuras indicações para a Suprema Corte.

Com isso, o presidente Bush — incentivado por uma maioria republicana mais ampla no Senado e por uma autoridade que ele mesmo proclamava — decidiu, nas primeiras semanas do segundo mandato, voltar a indicar sete juízes antes obstruídos. Como um insulto aos democratas, isso produziu a reação desejada. O líder democrata Harry Reid chamou a indicação de "um grande beijo molhado na extrema direita" e reiterou a ameaça de obstrução. Grupos de interesses de esquerda e de direita correram para suas posições e enviaram sinais de alerta em todas as direções, disparando e-mails e material promocional implorando aos doadores que financiassem as batalhas que viriam pelo rádio e pela televisão. Os republicanos, sentindo que era hora de atacar com todas as forças, anunciaram que se os democratas continuassem a usar o obstrucionismo eles não teriam alternativa senão invocar a temível "opção nuclear", uma nova manobra processual envolvendo o presidente em exercício do Senado (talvez o próprio vice-presidente Cheney), ignorando a opinião do especialista em regulamento do Senado, rompendo com duzentos anos de tradição e decidindo, com uma simples martelada, que o uso do obstrucionismo já não era permitido pelas regras do Senado — pelo menos no tocante a indicações para o Judiciário.

Para mim, a ameaça de eliminar o obstrucionismo nas indicações para o Judiciário era só mais um exemplo da mudança de regras por parte dos republicanos, no meio do jogo. Além do mais, podia-se argumentar que a votação de indicados para o Judiciário era a exata situação em que o obstrucionismo fazia sentido na obtenção da maioria qualificada exigida: como os juízes federais eram nomeados para funções vitalícias e costumavam servir durante mandatos de múltiplos presidentes, cabia ao presidente — em benefício da nossa democracia — encontrar candidatos moderados, capazes de angariar alguma dose de apoio bipartidário. Poucos desses indicados por Bush pertenciam à categoria dos "moderados"; na verdade, em geral demonstravam uma hostilidade aos direitos civis, à privacidade e a restrições ao poder executivo que os colocava à direita até da maioria dos juízes republicanos (um candidato dos mais perturbadores tinha chamado ironicamente a previdência social e outros programas do New Deal de "o triunfo da nossa revolução socialista").

Apesar disso, lembro de abafar uma risada ao ouvir pela primeira vez o termo "opção nuclear". Parecia capturar com perfeição a perda de perspectiva que passara a caracterizar as confirmações do Judiciário, parte do vale-tudo que permitia a grupos de esquerda divulgar anúncios com cenas de *A mulher faz o homem*, com James Stewart, sem mencionar que Strom Thurmond e Jim Eastland tinham representado o sr. Smith na vida real; da descarada mitologização que permitia a republicanos sulistas se levantarem no plenário do Senado e entoarem a cantilena sobre a impropriedade do obstrucionismo, sem admitir nem de longe que foram os políticos de seus estados — seus antepassados políticos diretos — que aperfeiçoaram a arte dessa técnica em defesa de uma causa desprezível.

Não muitos colegas democratas percebiam a ironia. Quando o processo de confirmação para o Judiciário começou a esquentar, tive uma conversa com uma amiga na qual confessei estar preocupado com algumas estratégias que usávamos para desacreditar e barrar nomeações. Eu não tinha dúvida alguma sobre os danos que alguns dos indicados por Bush poderiam causar; eu apoiaria o obstrucionismo no caso de alguns desses juízes, quanto mais não fosse para mandar à Casa Branca um recado sobre a necessidade de moderar nas próximas seleções. Mas em última análise as eleições serviam para alguma coisa, disse eu à minha amiga. Em vez de confiar nos procedimentos do Senado, havia uma maneira de garantir que os juízes indicados refletissem nossos valores, e essa maneira era vencer nas urnas.

Minha amiga sacudiu a cabeça com veemência. "Você acha mesmo que se a situação fosse ao contrário os republicanos teriam algum escrúpulo em recorrer ao obstrucionismo?", perguntou ela.

Eu não achava. Apesar disso, duvidava que nosso uso dessa manobra ajudasse a dissipar a imagem de que os democratas estavam sempre na defensiva — a ideia de que recorríamos aos tribunais, aos advogados e a truques processuais para evitar ter que convencer a opinião pública. Essa percepção não era inteiramente justa: republicanos, não menos do que democratas, com frequência recorriam aos tribunais para derrubar decisões democratas (como as leis de financiamento de campanha) de que não gostavam. Apesar disso, eu me perguntava se, com nossos apelos aos tribunais para defender não só nossos direitos, mas também nossos valores, nós, progressistas, não tínhamos perdido fé na democracia.

Quando os conservadores pareciam ter perdido qualquer senso de que a democracia deve ser mais do que aquilo em que a maioria insiste, lembrei-me de uma tarde, muitos anos antes, em que, como membro do legislativo de Illinois, eu tinha sugerido que uma emenda incluísse uma exceção para a saúde da mãe num projeto de lei republicano para banir o aborto com nascimento parcial. A emenda foi rejeitada numa votação político-partidária, e depois disso saí para o corredor com um colega republicano. Sem a emenda, disse eu, a lei seria derrubada pelos tribunais como inconstitucional. Ele virou-se para mim e disse que não importava muito que a emenda tivesse sido atacada, pois, de qualquer forma, os juízes fariam o que bem entendessem. "É tudo política", disse ele, virando-se para ir embora. "E neste momento nós temos os votos."

Será que alguma dessas lutas tem importância? Para muitos de nós, disputas sobre procedimentos do Senado, separação de poderes, nomeações para o Judiciário e regras de interpretação constitucional parecem esotéricas, distantes das nossas preocupações diárias — só mais um exemplo de brigas partidárias.

Na verdade, elas importam, sim. Não só porque as regras processuais do nosso governo ajudam a definir os resultados — em todos os assuntos, por exemplo, decidir se o governo pode estabelecer regras para poluidores ou grampear nosso telefone —, mas porque definem nossa democracia, tanto quanto as eleições. Nosso sistema de governo é complexo; é através desse sistema e respeitando esse sistema que damos forma aos nossos valores e compartilhamos obrigações.

Claro, sou parcial. Por dez anos antes de vir para Washington, lecionei direito constitucional na Universidade de Chicago. Eu amava as aulas da faculdade de direito: sua natureza essencial, o arriscado trabalho de postar-se diante de uma sala no começo de cada aula munido apenas de uma lousa e giz, os alunos me olhando de alto a baixo, alguns atentos e apreensivos, outros demonstrando tédio, a tensão rompida por minha primeira pergunta — "Este caso é sobre o quê?" — e as mãos levantando tímidas, as respostas iniciais e eu refutando qualquer argumento que aparecesse, até lentamente as palavras serem examinadas e o que poucos minutos antes parecia árido e sem vida de repente ganhava novo vigor, os olhos dos alunos brilhavam, e o texto se tornava para eles parte não só do passado, mas do seu presente e do seu futuro.

Às vezes, eu imaginava que meu trabalho não era muito diferente do trabalho dos professores de teologia que lecionavam noutra parte do campus — pois, como eu achava que acontecia com quem ensinava as Escrituras, descobri que meus alunos muitas vezes supunham conhecer a Constituição sem a terem lido. Estavam acostumados a pegar frases soltas que ouviam e usá-las para dar peso aos seus argumentos imediatos ou a ignorar passagens que pareciam contradizer suas opiniões.

Mas o que eu mais valorizava no ensino de direito constitucional, o que eu queria que meus estudantes valorizassem também, era o quanto os documentos pertinentes continuavam acessíveis dois séculos depois. Meus alunos talvez me usassem como guia, mas não precisavam de intermediário, pois, diferentemente dos livros de Timóteo ou de Lucas, os documentos de fundação — a Declaração de Independência, os Papéis Federalistas e a Constituição — se apresentavam como produto de homens. Temos registro das intenções dos Fundadores, eu dizia a meus alunos, dos seus argumentos e das suas intrigas palacianas. Se nem sempre somos capazes de adivinhar quais eram seus sentimentos mais profundos e sinceros, podemos, pelo menos, através da névoa do tempo, ter alguma ideia dos ideais básicos que motivaram sua obra.

Como então devemos entender nossa Constituição e o que ela nos diz sobre as controvérsias que hoje cercam os tribunais? Para começar, uma leitura cuidadosa dos nossos documentos de fundação nos lembra o quanto nossas atitudes foram influenciadas por eles. Vejamos a ideia dos direitos inalienáveis. Mais de duzentos anos depois que a Declaração de Independência foi escrita e a Declaração de Direitos, ratificada, continuamos a discutir o significado de busca "razoável", se a Segunda Emenda proíbe regulamentação de armas ou se a profanação da bandeira deve ser considerada uma forma de expressão. Debatemos se elementos básicos do direito consuetudinário, como o direito de casar ou de preservar nossa integridade física, são implicitamente, ou mesmo explicitamente, reconhecidos pela Constituição, e se esses direitos abrangem decisões pessoais que envolvem aborto, cuidados de fim de vida ou relacionamento homoafetivo.

E apesar das nossas discórdias, teríamos dificuldade em achar hoje nos Estados Unidos um conservador ou liberal, seja republicano ou democrata, instruído ou leigo, que não concorde com as liberdades individuais básicas identificadas pelos Fundadores e consagradas em nossa Constituição e nosso direito consuetudinário: o direito de expressar com liberdade nossos sentimentos e nossas opiniões; o direito de cultuar uma divindade como e se quisermos; o direito de nos reunir pacificamente para requerer ao governo; o direito de possuir, comprar e vender propriedade e de não a tirarem de nós sem justa indenização; o direito de estar livre de buscas e apreensões despropositadas; o direito de não ser detido pelo Estado sem o devido processo legal; o direito a julgamento justo e rápido; e o direito de tomar nossas próprias decisões, com o mínimo de restrições, relativas à vida familiar e ao jeito de criar nossos filhos.

Consideramos que esses direitos são universais, uma codificação do significado da liberdade, restringindo todos os níveis de governo e aplicáveis a todos dentro dos limites da nossa comunidade política. Além do mais, reconhecemos que a própria ideia desses direitos universais pressupõe o valor igual de cada indivíduo. Nesse sentido, onde quer que nos situemos no espectro político, todos concordamos com os ensinamentos dos Fundadores.

Também compreendemos que uma declaração não é um governo; um credo não basta. Os Fundadores reconheceram que havia sementes de anarquia na ideia de liberdade individual, um perigo inebriante na ideia de igualdade, pois se todos fossem verdadeiramente livres, sem os condicionamentos de nascimento e posição ou uma ordem social herdada — se minha noção de fé não é melhor ou pior do que a de ninguém e se minhas noções de verdade, bondade e beleza são tão verdadeiras, boas e belas como as de qualquer outro —, como ter esperança de formar uma sociedade que forme um todo? Pensadores iluministas como Hobbes e Locke sugeriram que homens livres formassem governos como uma permuta para garantir que a liberdade de um não se tornasse a tirania de outro; que eles deveriam sacrificar a liberdade individual excessiva para preservar a liberdade. E, partindo desse conceito, teóricos políticos pré-Revolução Americana concluíram que só uma democracia poderia satisfazer a necessidade de liberdade e ordem — uma forma de governo na qual os governados dão seu consentimento, e as leis que restringem as liberdades são uniformes, previsíveis e transparentes, aplicando-se tanto a governantes como a governados.

Os Fundadores estavam impregnados dessas teorias e, apesar disso, estavam diante de um fato desanimador: na história do mundo até aquela altura, havia poucos exemplos de democracias bem-sucedidas, e nenhuma dessas democracias era maior do que as cidades-estados da Grécia antiga. Com treze estados remotos e uma população diversificada de 3 ou 4 milhões, um modelo ateniense de democracia estava fora de questão; a democracia direta da Nova Inglaterra, com eleitores reunidos para tomar decisões, era impensável. Uma forma republicana de governo, na qual o povo elegesse representantes, parecia mais promissora, mas até os republicanos mais otimistas estavam convencidos de que esse sistema só funcionaria numa comunidade politicamente homogênea e geograficamente compacta — uma comunidade na qual uma cultura comum, uma religião comum e um conjunto bem desenvolvido de virtudes cívicas da parte de cada cidadão limitassem a discórdia e as brigas.

A solução que os Fundadores encontraram, depois de debates acalorados e múltiplos rascunhos, revelou-se uma singular contribuição para o mundo. As linhas gerais da arquitetura constitucional de Madison são tão conhecidas que até alunos dos primeiros anos são capazes de recitá-las: não só o império da lei e o governo representativo, não só a declaração de direitos, mas também a separação do governo nacional em três poderes equivalentes, um Congresso bicameral e um conceito de federalismo que preservava autoridade nos governos estaduais, com o objetivo geral de difundir o poder, manter facções sob controle, equilibrar interesses e impedir a tirania, quer de poucos ou de muitos. Além disso, nossa história tem endossado um dos principais insights dos Fundadores: o de que o governo republicano autônomo funcionaria melhor numa sociedade grande e diversificada, na qual, nas palavras de Hamilton, "o confronto de partidos" e as diferenças de opinião poderiam "incentivar a deliberação e a prudência". Como no caso do entendimento da Declaração, nós discutimos os detalhes da construção constitucional; podemos desaprovar o abuso, pelo Congresso, do poder ampliado da cláusula de comércio em detrimento dos estados ou a erosão do poder do Congresso de declarar guerra. Mas confiamos na solidez fundamental do projeto dos Fundadores e da casa democrática que dele resulta. Conservadores ou liberais, somos todos constitucionalistas.

Se todos acreditamos em liberdade individual e se todos acreditamos nessas regras de democracia, qual é mesmo a razão da disputa moderna entre conservadores e liberais? Se formos honestos conosco, temos que admitir que passamos boa parte do tempo discutindo resultados — as decisões concretas tomadas pelos tribunais e pelo legislativo sobre as questões profundas e difíceis que ajudam a definir nossa vida. Devemos permitir que professores rezem com nossos filhos, deixando aberta a possibilidade de que as religiões minoritárias de algumas crianças sejam depreciadas? Ou proibimos as preces e obrigamos pais religiosos a deixarem seus filhos num mundo secular oito horas por dia? A universidade está sendo justa quando leva em conta a história de discriminação e exclusão racial ao preencher o limitado número de vagas da sua faculdade de medicina? Ou a imparcialidade exige que as universidades ignorem questões de cor no tratamento dos candidatos? Com grande frequência, se uma regra processual — o direito ao obstrucionismo, digamos, ou a interpretação constitucional adotada pela Suprema Corte — nos ajuda a ganhar uma disputa e traz o resultado que queremos, então, pelo menos por enquanto, achamos que a regra é boa. Se não nos ajuda a ganhar, nossa tendência é não gostar muito dela.

Nesse sentido, minha colega do legislativo de Illinois estava certa quando disse que as disputas constitucionais de hoje não podem ser separadas da política. Mas há mais coisas em jogo do que só resultados nos nossos debates sobre a Constituição e qual deve ser a função dos tribunais. Discutimos também como discutir — os meios, numa democracia grande, barulhenta, populosa, de resolver nossas disputas pacificamente. Queremos que seja do nosso jeito, mas a maioria de nós também reconhece a necessidade de consistência, previsibilidade e coerência. Queremos que as regras que governam a nossa democracia sejam justas.

Por essa razão, quando entramos num debate sobre aborto ou queima da bandeira, apelamos a uma autoridade mais alta — os Fundadores e os signatários da Constituição — para que nos dê mais instruções. Alguns, como o juiz Scalia, concluem que o entendimento original tem que ser respeitado e que, se obedecermos de forma estrita a essa regra, a democracia será respeitada.

Outros, como o juiz Breyer, não discordam da importância do significado original das disposições constitucionais. Mas sustentam que, às vezes, o entendimento original é só o começo — que nos casos verdadeiramente difíceis, nas disputas verdadeiramente grandes, precisamos levar em conta o contexto, a história e os resultados práticos de uma decisão. Segundo essa opinião, os

Fundadores e os signatários originais nos indicaram *como* pensar, mas já não estão conosco para nos dizer *o que* pensar. Estamos sozinhos nisso e contamos apenas com nossa razão e nosso discernimento.

Quem tem razão? Não sou contra a posição do juiz Scalia; afinal de contas, em muitos casos a linguagem da Constituição é clara e pode ser aplicada de forma direta. Não precisamos interpretar com que frequência as eleições são realizadas, por exemplo, ou que idade o presidente deve ter, e sempre que possível juízes deveriam ater-se o mais estritamente possível ao claro significado do texto.

Além disso, compreendo a reverência dos construcionistas rigorosos para com os Fundadores; na verdade, costumo me perguntar se os Fundadores reconheceram na época o alcance do que fizeram. Eles não se limitaram a projetar a Constituição logo depois da revolução; escreveram o Federalista para dar-lhe suporte; cuidaram do documento até sua ratificação e o emendaram com a Declaração de Direitos — tudo isso num período de poucos anos. Quando lemos esses documentos, eles nos parecem tão incrivelmente certos que é fácil acreditar que resultam de uma lei natural ou mesmo de inspiração divina. Por isso entendo a tentação da parte do juiz Scalia e de outros quando afirmam que nossa democracia deveria ser tratada como fixa e inabalável; a crença fundamentalista de que, se o entendimento original da Constituição for seguido sem discussão ou desvios e se nos mantivermos fiéis às regras que os Fundadores estabeleceram, como pretendiam, seremos recompensados e haverá boa vontade.

No fim das contas, porém, tenho que ficar com a opinião do juiz Breyer sobre a Constituição — de que ela não é um documento estático, mas vivo, e deve ser lido no contexto de um mundo em permanente mudança.

Como poderia ser de outra forma? O texto constitucional nos fornece o princípio geral de que não estamos sujeitos a buscas desproporcionais da parte do governo. Ele não pode nos afirmar quais eram as opiniões específicas dos Fundadores sobre a razoabilidade de uma operação de mineração de dados de um computador da Agência de Segurança Nacional. O texto constitucional nos diz que a liberdade de expressão tem que ser protegida, mas não nos diz o que essa liberdade significa no contexto da internet.

Além disso, embora boa parte da linguagem da Constituição seja clara e possa ser diretamente aplicada, nosso entendimento de suas disposições mais importantes — como a cláusula do devido processo e a cláusula da igual proteção — tem evoluído muito ao longo do tempo. O entendimento original da Décima Quarta Emenda, por exemplo, com certeza permitiria discriminação sexual e talvez até segregação racial — um entendimento de igualdade que poucos de nós gostariam de retomar.

Por fim, qualquer pessoa que busque resolver nossas disputas constitucionais modernas por meio de uma interpretação rigorosa terá mais um problema: os Fundadores e signatários discordavam profundamente, veementemente, quanto ao significado de sua obra-prima. Antes que a tinta secasse no pergaminho, surgiram as primeiras disputas não apenas sobre disposições menores, mas também sobre princípios básicos, não só entre figuras periféricas, mas dentro do próprio núcleo da Revolução. Eles discutiam sobre até onde ia o poder do governo nacional — para regulamentar a economia, para prevalecer sobre as leis estaduais, para formar um exército permanente ou para assumir dívidas. Discutiam sobre o papel do presidente no estabelecimento de tratados com potências estrangeiras e sobre o papel da Suprema Corte na determinação das leis. Discutiam sobre o significado de direitos fundamentais, como liberdade de expressão e liberdade de reunião, e, em diversas ocasiões, quando o frágil estado parecia ameaçado, não hesitavam em ignorar por completo esses direitos. Levando em conta o que sabemos desse melê, com suas fluidas alianças e até mesmo suas táticas desonestas, é pouco realista supor que um juiz, duzentos anos depois, possa de alguma maneira descobrir qual era a intenção original dos Fundadores ou dos signatários.

Alguns historiadores e juristas levam o argumento contra a interpretação estrita um pouco além. Concluem que a própria Constituição foi basicamente um acaso feliz, um documento produzido às pressas não como resultado de princípios, mas de poder e paixão; que não podemos jamais esperar apreender as "intenções originais" dos Fundadores, uma vez que as intenções de Jefferson nunca foram as de Hamilton, e as de Hamilton divergiam demais das de Adams; que, por estarem as "regras" da Constituição sujeitas a circunstâncias de tempo e lugar, e das ambições dos homens que a redigiram, nossa interpretação delas sempre refletirá as mesmas circunstâncias, a mesma rude competição, os mesmos imperativos — encobertos por um fraseado virtuoso — das facções que acabaram se impondo. E, assim como reconheço o consolo oferecido pelos construcionistas estritos, vejo certo apelo nessa destruição de mito, nessa tentação de acreditar que o texto constitucional não nos restringe nem um pouco e que, portanto, estamos livres para afirmar nossos próprios valores, sem limitações impostas pela fidelidade a tediosas tradições de um passado distante. É a liberdade do relativista, do transgressor, do adolescente que descobriu que os pais são imperfeitos e aprendeu a jogar um contra o outro — a liberdade do apóstata.

E apesar disso, em última análise, essa apostasia também me deixa insatisfeito. Talvez eu esteja impregnado demais do mito da fundação para rejeitá-lo. Talvez, como aqueles que rejeitam Darwin em nome do desígnio inteligente, eu prefira achar que existe alguém no comando. No fim, a pergunta que faço sempre a mim mesmo é: por que, se a Constituição diz respeito apenas a poder e não a princípios, e se tudo que fazemos é inventá-la à medida que avançamos, nossa república não apenas sobreviveu como tem servido de modelo bruto para tantas sociedades bem-sucedidas do mundo?

A resposta que escolho — que não é de forma alguma original — exige outra metáfora, uma que veja nossa democracia não como uma casa a ser construída, mas como uma conversa a ser desenvolvida. Segundo essa concepção, o gênio do projeto de Madison não está no fato de ele nos oferecer um plano de ação fixo, como um projetista traçando a construção de um prédio. Ele nos fornece uma estrutura com regras, mas a fidelidade a essas regras não garante uma sociedade justa ou um acordo sobre o que é certo. Não nos diz se aborto é bom ou ruim, se é uma decisão a ser tomada pela mulher ou pelo legislativo. Nem nos diz se rezar na escola é melhor do que não o fazer.

O que o arcabouço da nossa Constituição pode fazer é organizar a forma de discutirmos nosso futuro. Toda a sua complexa maquinaria — sua separação de poderes, seus freios e contrapesos, seus princípios federalistas e sua Declaração de Direitos — é projetada para nos obrigar a manter uma conversa, uma "democracia deliberativa" na qual se exige que todos os cidadãos participem do processo de testar suas ideias numa realidade externa, convencer outros do seu ponto de vista e construir alianças de consentimento fluidas. Como o poder em nosso governo é difuso, o processo de fazer leis nos Estados Unidos nos obriga a admitir a possibilidade de não estarmos sempre certos e de às vezes mudarmos de ideia; ele nos convida a examinar a todo momento nossos motivos e interesses, e sugere que nossos julgamentos, sejam individuais ou coletivos, são ao mesmo tempo legítimos e altamente falíveis.

Os fatos históricos apoiam essa visão. Afinal, se houve um impulso compartilhado por todos os Fundadores foi a rejeição de todas as formas de autoridade absoluta, fosse do rei, do teocrata, do general, do oligarca, do ditador, da maioria ou de quem quer que alegue decidir em nosso nome. George Washington recusou a coroa de César graças a esse impulso e deixou o cargo após dois mandatos. Os planos de Hamilton de liderar um Novo Exército fracassaram, e a reputação de Adams depois da Lei Contra Sedição e Estrangeiros foi manchada por infidelidade a esse impulso. Foi Jefferson, e não um juiz liberal qualquer dos anos 1960, que recomendou que houvesse um muro entre Igreja e Estado — e, se rejeitamos o conselho de Jefferson de fazer uma revolução a cada duas ou três gerações, foi justamente porque a Constituição se revelou uma defesa suficiente contra a tirania.

Não foi só o poder absoluto que os Fundadores buscaram impedir. Implícita em sua estrutura, na própria ideia de liberdade ordeira, estava a rejeição da verdade absoluta, da infalibilidade de qualquer ideia, de qualquer ideologia, de qualquer teologia, de qualquer "ismo", de qualquer consistência tirânica que pudesse obrigar futuras gerações a seguir um único e inalterável curso ou levar tanto as maiorias como as minorias às crueldades da Inquisição, do pogrom, do gulag ou do jihad. Os Fundadores talvez confiassem em Deus, mas, fiéis ao espírito do Iluminismo, também confiavam na mente e nos sentidos que Deus lhes deu. Desconfiavam de abstrações e gostavam de fazer perguntas, e foi por isso que em todos os momentos da nossa história inicial a teoria cedeu aos fatos e à necessidade. Jefferson ajudou a consolidar o poder do governo nacional mesmo quando lamentava e rejeitava esse poder. O ideal de Adams de uma política radicada apenas no interesse público — uma política sem política — mostrou-se obsoleto no momento em que Washington deixou o cargo. Talvez a visão dos Fundadores nos inspire, mas foi seu realismo, sua praticidade, sua flexibilidade e sua curiosidade que asseguraram a sobrevivência da União.

Confesso que há uma humildade fundamental nessa interpretação da Constituição e do nosso processo democrático. Ela parece apregoar o acordo, a modéstia e o "dar um jeito"; justificar a troca de favores, a negociata, o egoísmo, as emendas parlamentares oportunistas, a paralisia, a ineficiência — todo esse processo de fazer salsicha que ninguém quer ver e que os editorialistas ao longo da nossa história costumam rotular de corrupto. E apesar disso acho que estamos errados quando supomos que a deliberação democrática requer o abandono dos nossos ideais mais elevados ou do compromisso com o bem comum. Afinal, a Constituição nos garante a liberdade de expressão, não só para que possamos gritar uns com os outros o mais alto que quisermos, surdos para o que os outros possam dizer (embora tenhamos esse direito). Ela também nos oferece a possibilidade de um genuíno mercado de ideias, no qual o "confronto de partidos" funcione a favor da "deliberação e prudência"; um mercado no qual, pelo debate e pela concorrência, possamos ampliar nossas perspectivas, mudar de ideia e chegar, quem sabe, não apenas a acordos em geral, mas a acordos sólidos e justos.

O sistema de freios e contrapesos, de separação de poderes e de federalismo da Constituição pode muitas vezes fazer com que grupos de interesses briguem e tentem conseguir pequenas vantagens, mas não precisa ser assim. Essa difusão de poder também pode forçar grupos a levarem em conta outros interesses e, na verdade, até modificar, com o tempo, o modo como esses grupos pensam e sentem-se sobre seus próprios interesses.

A rejeição do absolutismo implícita em nossa estrutura constitucional pode, às vezes, fazer nossa política parecer antiética. Mas, pela maior parte da nossa história, ela tem estimulado o processo de coleta de informações, análise e discussão que nos permite fazer escolhas melhores, mesmo que imperfeitas, a respeito não só dos meios para atingir nossos fins, mas também dos próprios fins. Sejamos a favor ou contra a ação afirmativa, a favor ou contra preces na escola, o fato é que precisamos testar nossos ideais, nossa visão e nossos valores submetendo-os às realidades da vida diária, para que, com o tempo, sejam refinados, descartados ou substituídos por novos ideais, por perspectivas mais claras, por valores mais profundos. Na verdade, esse processo, segundo Madison, é que produziu a própria Constituição, mediante uma convenção segundo a qual "nenhum homem se sentia obrigado a manter suas opiniões se já não estivesse satisfeito com sua correção e sua verdade, e continuava aberto à força dos argumentos".

Em suma, a Constituição visualiza um plano para casarmos paixão com razão, o ideal de liberdade individual com as demandas da comunidade. E o incrível disso é que tem funcionado. Através dos primeiros dias da União, das depressões e das guerras mundiais, das múltiplas transformações da economia, da expansão para o Oeste e da chegada de milhões de imigrantes à nossa costa, nossa democracia não apenas sobreviveu como prosperou. Foi posta à prova, claro, em tempos de guerra e de medo, e sem dúvida voltará a ser posta à prova no futuro.

Mas só uma vez a conversa foi totalmente interrompida, e foi a respeito do único assunto sobre o qual os Fundadores se recusaram a discutir.

A Declaração de Independência pode até ter sido, nas palavras do historiador Joseph Ellis, "um momento transformador na história mundial, quando todas as leis e todas as relações humanas oriundas da coerção seriam descartadas para sempre". Mas esse espírito de liberdade não se estendia, na cabeça dos Fundadores, aos escravos que lavravam seus campos, arrumavam suas camas e cuidavam dos seus filhos.

A requintada maquinaria da Constituição garantiria os direitos dos cidadãos, aqueles que eram considerados membros da comunidade política dos Estados Unidos. Mas não oferecia proteção alguma para quem estivesse fora do círculo constitucional — os povos nativos dos Estados Unidos cujos tratados não tinham significado algum para os tribunais dos conquistadores ou o negro Dred Scott, que entraria na Suprema Corte como homem livre e sairia como escravo.

A deliberação democrática pode ter sido suficiente para estender o direito de voto a homens brancos sem propriedade e, finalmente, às mulheres; a razão, o argumento e o pragmatismo americanos podem ter aliviado as dores do crescimento econômico de um grande país e ajudado a diminuir a tensão religiosa e a tensão entre as classes que afligiriam outros países. Mas a deliberação, por si só, não daria ao escravo sua liberdade nem purgaria os Estados Unidos do seu pecado original. No fim, foi a espada que cortou seus grilhões.

O que isso diz sobre a nossa democracia? Há uma corrente de pensamento que vê os Fundadores apenas como hipócritas, e a Constituição apenas como a traição dos grandes ideais anunciados pela Declaração de Independência; que concorda com o entendimento dos primeiros abolicionistas de que o Grande Acordo entre o Norte e o Sul foi um pacto com o diabo. Outros, representando o julgamento mais seguro e convencional, afirmam que todo o acordo constitucional sobre a escravidão — a omissão de sentimentos abolicionistas na redação original da Declaração, a cláusula dos três quintos, a cláusula do escravo fugitivo, a cláusula de importação e a regra da mordaça que o 24º Congresso impôs a si mesmo com relação a todos os debates sobre a questão da escravidão, a própria estrutura do federalismo e o Senado — foi requisito necessário, embora lamentável, para a formação da União; que em seu silêncio os Fundadores quiseram apenas adiar o que para eles seria o desaparecimento certo e definitivo da escravidão; que esse simples lapso não pode diminuir a genialidade da Constituição, que garantiu espaço para os abolicionistas se reagruparem e para o debate prosseguir, e forneceu o arcabouço para que, depois que a Guerra Civil foi travada, a 13ª, a 14ª e a 15ª Emenda fossem aprovadas e a União, finalmente aperfeiçoada.

Como posso eu, um americano com sangue da África correndo nas veias, tomar partido numa disputa como essa? Não posso. Amo demais os Estados Unidos, estou comprometido demais com o que este país se tornou, sou leal demais a suas instituições, sua beleza e até mesmo sua feiura para me concentrar inteiramente nas circunstâncias do seu nascimento. Mas não posso ignorar a magnitude da injustiça cometida, apagar os fantasmas de gerações passadas ou deixar de perceber a ferida aberta, o espírito dolorido, que ainda aflige este país.

O máximo que posso fazer em face da nossa história é lembrar a mim mesmo que nem sempre foi o pragmático, a voz da razão ou a força do acordo quem criou as condições para a liberdade. Os fatos duros e frios me lembram que foram idealistas irredutíveis como William Lloyd Garrison os primeiros a proclamarem a necessidade de justiça; que foram escravos e ex-escravos, homens como Denmark Vesey e Frederick Douglass e mulheres como Harriet Tubman, que reconheceram que o poder não faria concessão alguma sem luta. Foram as quixotescas profecias de John Brown, sua prontidão para derramar sangue e não apenas palavras em nome de suas opiniões, que ajudaram a forçar uma decisão sobre um país metade escravo e metade livre. Sou levado a reconhecer que a deliberação e a ordem constitucional às vezes podem ser um luxo dos poderosos e que às vezes os petulantes, os fanáticos, os profetas, os agitadores e os imoderados — em outras palavras, os absolutistas — é que lutaram por uma nova ordem. Sabedor disso, não posso ignorar os que hoje estão possuídos de certeza parecida — o militante antiaborto que interrompe meu encontro com eleitores ou o militante de direitos dos animais que invade um laboratório — por mais que eu discorde das suas opiniões. Sou privado até mesmo da certeza da incerteza — pois às vezes as verdades absolutas podem muito bem ser absolutas.

Resta-me, então, Lincoln, que como nenhum homem antes ou depois compreendeu tão bem a função deliberativa da nossa democracia e os limites dessa deliberação. Lembramo-nos dele pela firmeza e profundidade de suas convicções — sua oposição inflexível à escravidão e sua determinação de que uma casa dividida não poderia ficar em pé. Mas sua presidência foi guiada por uma praticidade que hoje nos causaria desconforto, uma praticidade que o levou a testar vários acordos com o Sul para preservar a União sem travar uma guerra; a nomear e dispensar general após general, estratégia após estratégia quando a guerra começou; a estender a Constituição até onde podia para levar a guerra a uma conclusão bem-sucedida. Prefiro acreditar que, para Lincoln, nunca se tratou de abandonar convicções em nome da conveniência. Na verdade, tratava-se de manter dentro de si mesmo o equilíbrio entre duas ideias contraditórias — a de que precisamos conversar e buscar um entendimento, justamente porque todos somos imperfeitos e jamais poderemos agir com a certeza de que Deus está do nosso lado; e a de que apesar disso às vezes precisamos agir como se tivéssemos certeza, protegidos do erro apenas pela providência.

Essa consciência, essa humildade, levaram Lincoln a insistir em defender seus princípios através do arcabouço da nossa democracia, através de discursos e debates, através de argumentos convincentes que pudessem ter apelo para os bons anjos da nossa natureza. Foi essa mesma humildade que lhe permitiu, quando a conversa entre o Norte e o Sul foi interrompida e a guerra se tornou inevitável, resistir à tentação de demonizar os pais e filhos que combatiam do outro lado ou de minimizar os horrores da guerra, por mais justa que fosse. O sangue de escravos nos lembra de que nosso pragmatismo às vezes pode ser covardia moral. Lincoln e os que estão sepultados em Gettysburg nos lembram que só devemos perseguir nossas verdades absolutas se reconhecermos que pode haver um preço terrível a pagar.

Essas meditações de fim de noite acabaram sendo desnecessárias para minha decisão imediata sobre as nomeações de George W. Bush para o tribunal federal de recursos. No fim das contas, a crise no Senado foi contornada, ou pelo menos adiada: sete senadores democratas concordaram em não usar de obstrucionismo contra três das cinco nomeações mais polêmicas de Bush, comprometendo-se a reservar essa estratégia para "circunstâncias extraordinárias". Em troca, sete republicanos concordaram em votar contra uma "opção nuclear" que eliminasse de vez o obstrucionismo — também com a ressalva de que poderiam mudar de ideia em "circunstâncias extraordinárias". O que seriam essas "circunstâncias extraordinárias" ninguém soube dizer, e militantes, tanto democratas como republicanos, impacientes por uma boa briga, queixaram-se amargamente do que lhes pareceu uma capitulação do seu partido.

Recusei-me a fazer parte do que viria a ser chamado de Gangue dos Catorze; diante do perfil de alguns juízes envolvidos, era difícil imaginar que indicados para o Judiciário poderiam ser tão piores a ponto de constituírem uma "circunstância extraordinária" digna de obstrucionismo. Entretanto, não pude culpar meus colegas por seus esforços. Os democratas envolvidos tinham tomado uma decisão prática — sem o acordo, era provável que a "opção nuclear" tivesse passado.

Ninguém ficou mais eufórico com essa reviravolta do que o senador Byrd. No dia em que o acordo foi anunciado, ele passeou triunfante pelos corredores do Capitólio em companhia do republicano John Warner, da Virgínia, com os membros mais jovens da Gangue seguindo os velhos leões. "Preservamos a República", anunciou o senador Byrd a um grupo de repórteres, e sorri comigo mesmo, pensando no encontro que nós dois tínhamos enfim conseguido arranjar poucos meses antes.

Foi no refúgio do senador Byrd, no primeiro andar do Capitólio, escondido no meio de umas salas pequenas, belamente pintadas, onde os comitês do Senado se reuniam com regularidade. O secretário me levara até seu escritório privado, repleto de livros e do que me pareceram manuscritos antigos, com paredes cobertas de velhas fotografias e lembranças de campanha. O senador Byrd perguntou se poderíamos tirar algumas fotos juntos, e apertamos as mãos e sorrimos para o fotógrafo presente. Depois que o secretário e o fotógrafo saíram, sentamo-nos em cadeiras bastante gastas. Indaguei sobre sua esposa, que segundo eu soubera tinha piorado, e sobre algumas das figuras nas fotos. Finalmente, perguntei-lhe que conselho me daria como recém-chegado ao Senado.

"Aprenda as regras", disse ele. "Não apenas as regras, mas os precedentes também." Apontou para uma série de pastas atrás de si, cada uma identificada com uma etiqueta escrita à mão. "Não são muitos os que se dão ao trabalho de aprendê-las hoje em dia. Tudo é tão corrido, tanta coisa toma o tempo dos senadores. Mas essas regras liberam o poder do Senado. São as chaves do reino."

Falamos sobre a história do Senado, os presidentes que ele tinha conhecido, os projetos de lei que conduzira. Ele me disse que eu me sairia bem no Senado, mas que eu não deveria ter muita pressa — muitos senadores se preocupam demais com a Casa Branca, sem entender que no projeto constitucional o Senado é que era o mais importante, o coração e a alma da República.

"Poucos leem a Constituição hoje em dia", disse o senador Byrd, tirando seu exemplar do bolso de dentro do paletó. "Eu sempre digo, este documento e a Bíblia Sagrada são toda a orientação de que preciso."

Antes de sair, ele insistiu comigo para permitir que seu secretário fosse buscar suas histórias do Senado para me dar. Enquanto, devagar, colocava os livros belamente encadernados sobre a mesa e procurava uma caneta, comentei que era notável que ele encontrasse tempo para escrever.

"Ah, tive muita sorte", disse ele, com um aceno de cabeça. "Tenho muito a agradecer. Não há muita coisa que eu não fizesse de novo." De repente, fez uma pausa e olhou-me nos olhos. "Só me arrependo de uma coisa. As tolices de juventude..."

Ficamos sentados por um momento, pensando na diferença de anos e de experiências entre nós dois.

"Todos temos nossos arrependimentos, senador", disse eu, por fim. "Só esperemos que no fim a graça de Deus esteja conosco."

Ele examinou meu rosto por um instante, depois fez um aceno de cabeça, com o mais leve dos sorrisos, e abriu a capa de um dos livros: "A graça de Deus. Sim, isso mesmo. Deixe-me assinar isto para você", falou e, usando uma mão para firmar a outra, lentamente rabiscou seu nome no meu presente.

4. Política

Uma das coisas de que mais gosto como senador é poder realizar reuniões comunitárias com eleitores. Em meu primeiro ano no Senado, fiz 39 reuniões em todo o estado de Illinois, em minúsculos povoados rurais, como Anna, e em prósperos subúrbios, como Naperville, em igrejas negras na parte sul de Chicago e numa faculdade em Rock Island. Não há muita pompa nessas ocasiões. Minha equipe liga para a escola de ensino médio, para a biblioteca ou para a faculdade comunitária e pergunta se têm interesse em sediar o encontro. Uma semana antes, colocamos anúncios no jornal local, nos quadros de avisos das igrejas e na emissora de rádio local. No dia da reunião, chego meia hora antes para conversar com líderes sobre questões locais, talvez uma estrada que precise de asfalto novo ou planos para um novo centro de idosos. Depois de tirar fotografias, entramos na sala onde o público nos espera. Aperto mãos a caminho do palco, no qual costuma haver apenas um pódio, um microfone, uma garrafa de água e uma bandeira americana hasteada. E então, por mais ou menos duas horas, presto contas às pessoas que me mandaram para Washington.

O comparecimento a essas reuniões varia: algumas atraíram apenas cinquenta pessoas; outras, 2 mil. Mas independentemente do tamanho da plateia, ver aquelas pessoas me deixa feliz. São uma amostra representativa dos condados que visitamos: republicanos e democratas, velhos e jovens, gordos e magros, caminhoneiros, professores universitários, donas de casa, veteranos, professores, corretores de seguros, contadores, secretários, médicos e assistentes sociais. Em geral, são pessoas educadas e atentas, mesmo quando discordam de mim (ou entre si). Fazem perguntas sobre remédios controlados, o déficit, direitos humanos em Mianmar, etanol, gripe aviária, financiamento escolar e o programa espacial. Com frequência, me surpreendem: uma jovem loura que vive numa região agrícola faz um apelo apaixonado por intervenção em Darfur ou um senhor negro de um bairro pobre do centro da cidade me pergunta sobre conservação do solo.

E, quando olho para a plateia, me sinto animado. Em sua atitude, vejo trabalho duro. No seu jeito de criar os filhos, vejo esperança. O tempo que passo com aquela gente é como um mergulho num riacho frio. Saio me sentindo limpo, satisfeito com o trabalho que escolhi.

No fim da reunião, as pessoas costumam se aproximar para apertar minha mão, tirar fotos, cutucar os filhos para que peçam um autógrafo. Entregam-me coisas — artigos, cartões de visitas, bilhetes, distintivos das forças armadas, pequenos objetos religiosos, amuletos. E às vezes alguém me segura pela mão e me diz que espera muito de mim, mas teme que Washington me mude e que eu acabe igual ao resto das pessoas que estão no poder.

Por favor, continue sendo quem é, me dizem.

Por favor, não nos decepcione.

É uma tradição americana atribuir os problemas da nossa política à qualidade dos nossos políticos. Às vezes, isso é expresso em termos bem específicos: o presidente é um débil mental ou o congressista Fulano de Tal é um vagabundo. Outras vezes, a acusação é mais geral, como "estão todos vendidos para os grupos de interesse". A maioria dos eleitores acha que todos em Washington estão apenas "brincando de política", querendo dizer que votam ou adotam posições contrárias à sua consciência, que esses votos e essas posições se baseiam nas contribuições que recebem para suas campanhas, ou nas pesquisas de opinião, ou na lealdade ao partido, e não no que eles acham correto. Em geral, as críticas mais ferinas são dirigidas a políticos do próprio partido, o democrata que "não representa nada" ou o "republicano só no nome". A conclusão disso tudo é que se quisermos mudar alguma coisa em Washington teremos que expulsar de lá toda essa canalha.

Apesar disso, ano após ano mantemos a canalha exatamente onde ela está, com o índice de reeleição para membros da Câmara dos Representantes girando em torno de 96%.

Cientistas políticos podem enumerar as razões desse fenômeno. No mundo interligado de hoje, é difícil penetrar na consciência de um eleitorado ocupado e distraído. Em consequência, vencer na política acaba sendo uma questão simples de reconhecimento de nome, motivo pelo qual a maioria dos congressistas passa uma quantidade absurda de tempo entre as eleições tomando providências para que seus nomes sejam repetidos infinitamente, em cerimônias de abertura dos desfiles do Quatro de Julho ou no circuito dos programas de entrevista das manhãs de domingo. É conhecida a vantagem dos ocupantes de cargos para angariar fundos, pois os grupos de interesse — sejam de esquerda ou de direita — levam em conta as probabilidades de êxito para fazer suas contribuições políticas. E há o papel da manipulação dos limites das zonas eleitorais na proteção de membros da Câmara contra qualquer desafio sério: hoje em dia, todas as zonas eleitorais da Câmara dos Representantes são traçadas pelo partido dominante com precisão de computador, para que uma clara maioria de democratas ou republicanos resida dentro das suas fronteiras. Na verdade, não seria exagero dizer que a maioria dos eleitores já não elege seus representantes; em vez disso, os representantes é que escolhem seus eleitores.

Há outro fator importante, porém, que raras vezes é mencionado, mas que ajuda a explicar por que as pesquisas de opinião mostram consistentemente que os eleitores odeiam o Congresso, mas gostam dos congressistas. Ainda que seja difícil acreditar, os políticos são, na maioria, pessoas simpáticas.

Com certeza, isso é verdade no caso de meus colegas do Senado. Nos encontros individuais, são ótima companhia — eu teria dificuldade em citar alguém que saiba contar uma história melhor do que Ted Kennedy ou Trent Lott, que seja mais sagaz do que Kent Conrad ou Richard Shelby, ou mais caloroso do que Debbie Stabenow ou Mel Martinez. Em regra, são inteligentes, atenciosos e trabalhadores, dispostos a dedicar longas horas de atenção a questões que afetam seus estados. Claro, há aqueles que correspondem exatamente ao estereótipo, que falam sem parar ou intimidam seus assessores; e, com mais frequência, identifico em cada senador os defeitos de que todos padecemos, em graus variados — um mau humor aqui, uma profunda teimosia ou insaciável vaidade ali. De modo geral, porém, o cociente desses atributos no Senado não parece maior do que em qualquer fatia da população. Mesmo em conversa com os colegas de quem mais discordo, sempre me impressiona sua sinceridade — o desejo de acertar e tornar o país melhor e mais forte; o desejo de representar os eleitores e seus valores com tanta fidelidade quanto as circunstâncias permitam.

Então, o que é que faz esses homens e mulheres parecerem os personagens tão terríveis, intratáveis, insinceros e ocasionalmente mesquinhos que povoam os noticiários noturnos? O que há no processo que impede pessoas razoáveis e conscientes de cuidarem dos assuntos do país? Quanto mais tempo eu servia em Washington, mais percebia que os amigos examinavam meu rosto em busca de sinais de mudança, sondando-me para identificar uma nova pretensão, procurando sinais de belicosidade ou cautela. Comecei a me examinar com o mesmo rigor; passei a ver certas características que eu tinha em comum com meus novos colegas e a me perguntar o que poderia impedir minha transformação no político típico dos filmes ruins de TV.

Um bom jeito de iniciar minha investigação era compreender a natureza da ambição, pois pelo menos nesse particular cenário senadores são diferentes. Poucos se tornam senadores dos Estados Unidos por acaso; no mínimo, isso exige certa megalomania, a convicção de que entre todas as pessoas talentosas do seu estado você, de alguma forma, tem mais qualificação para falar em nome delas; uma convicção forte o suficiente para que se disponha a aguentar o processo às vezes inspirador, às vezes angustiante, mas sempre vagamente ridículo que chamamos campanha.

Além disso, só ambição não basta. Sejam quais forem os motivos, tanto sacros como profanos, que levam alguém a desejar ser senador, os que o conseguem precisam ter uma obstinação quase fanática, em geral descuidando da saúde, das relações pessoais, do equilíbrio mental e da dignidade. Quando minha campanha nas eleições primárias terminou, lembro-me de ter olhado para meu calendário de atividades e percebido que em mais de um ano e meio eu tinha tirado exatamente sete dias de folga. No resto do tempo eu costumava trabalhar de doze a dezesseis horas por dia. Não era coisa de que eu me orgulhasse em especial. Como Michelle me dizia várias vezes por semana durante a campanha, não era normal.

Nem ambição, nem obsessão explicam por inteiro o comportamento de políticos, entretanto. Há uma emoção associada, talvez mais universal e com certeza mais destruidora, uma emoção que, depois da vertigem do anúncio oficial da nossa candidatura, rapidamente nos segura em suas garras e só nos larga no Dia da Eleição. Essa emoção é o medo. Não apenas o medo de perder — mas o medo de uma total e absoluta humilhação.

Ainda me consome, por exemplo, o pensamento da minha única derrota na política, uma surra que levei em 2000 nas mãos do congressista democrata Bobby Rush, que então ocupava o cargo. Foi uma disputa na qual tudo que poderia dar errado deu errado, na qual meus próprios erros eram uma mistura de tragédia e farsa. Duas semanas depois de anunciar minha candidatura, com uns poucos milhares de dólares captados, encomendei minha primeira pesquisa e descobri que o nome de Rush era reconhecido por mais ou menos 90% do eleitorado, enquanto o meu era reconhecido por 11%. Seu índice de aprovação girava em torno dos 70% — o meu era de 8%. Foi assim que aprendi uma das regras básicas da política moderna: faça a pesquisa antes de anunciar.

As coisas só pioraram a partir de então. Em outubro, a caminho de uma reunião para conseguir o apoio de um dos poucos funcionários do partido que ainda não se comprometera com meu adversário, ouvi no rádio a notícia de que o filho adulto do congressista Rush tinha sido baleado e morto por dois traficantes de drogas na frente de sua casa. Fiquei chocado e triste, e suspendi minha campanha por um mês.

Então, nos feriados do Natal, depois de uma curta viagem de cinco dias ao Havaí para visitar minha avó e reencontrar-me com Michelle e Malia, então com dezoito meses, o legislativo estadual foi convocado para votar em sessão especial um projeto de lei sobre controle de armas de fogo. Com Malia doente e impossibilitada de viajar de avião, perdi a votação, e o projeto de lei fracassou. Dois dias depois, saltei do voo noturno no Aeroporto O'Hare com uma bebê chorona e Michelle sem falar comigo, e fui recebido por uma reportagem de primeira página no *Chicago Tribune* indicando que o projeto de lei sobre controle de armas tinha fracassado por falta de poucos votos e que Obama, o senador do estado e candidato ao Congresso, "tinha resolvido continuar de férias" no Havaí. O chefe da minha campanha ligou, mencionando um provável anúncio que o congressista poderia publicar dentro em breve — palmeiras, um homem sentado numa cadeira de praia, com chapéu de palha, bebendo um mai tai, uma guitarra havaiana tocando suavemente ao fundo e uma voz explicando: "Enquanto Chicago sofria o índice de assassinatos mais alto de sua história, Barack Obama...".

Eu o interrompi, pois tinha entendido a ideia.

E assim, faltando mais da metade da campanha, tive certeza de que ia perder. Todas as manhãs, a partir de então, eu acordava com uma vaga sensação de medo, sabendo que teria que passar o dia sorrindo e apertando mãos, fingindo que tudo estava saindo como planejado. Nas semanas que antecederam as primárias, minha campanha se recuperou um pouco: fui bem em debates aos quais a imprensa deu pouca atenção, recebi alguma cobertura positiva por causa das minhas propostas sobre saúde e educação, conseguindo até o apoio oficial do *Tribune*. Mas era pouco, e veio tarde demais. Cheguei à minha festa da vitória para descobrir que a disputa tinha terminado e que eu perdera por 31 pontos percentuais.

Não estou sugerindo que só os políticos sofrem essas decepções. É que, ao contrário da maioria das pessoas, que têm o luxo de lamber as próprias feridas em particular, as perdas dos políticos sempre ocorrem à vista de todos. Há o bem-humorado discurso de concessão da derrota, que é preciso proferir diante de um salão de festas meio vazio, a expressão de serenidade adotada para consolar seus colaboradores e partidários, as ligações para agradecer aos que ajudaram e os incômodos pedidos de mais ajuda para pagar dívidas. Você se desincumbe dessas obrigações da melhor forma possível e, por mais que diga o contrário para si mesmo — por mais que atribua a perda ao momento inadequado, ao azar ou à falta de dinheiro —, é impossível não sentir, lá no fundo, que você foi pessoalmente rejeitado por toda a comunidade, que não tem o que precisaria ter para ser bem-sucedido e que onde quer que vá a palavra "derrotado" passa pela cabeça das pessoas. São sentimentos do tipo que a maioria das pessoas não experimenta desde o ensino médio, quando a menina de que gostamos nos rejeita zombando de nós diante das amigas ou quando deixamos de marcar pontos em dois arremessos livres na grande partida decisiva — sentimentos que a maioria dos adultos faz tudo para evitar.

Imagine então o impacto dessas mesmas emoções no político importante que (diferente de mim) sofreu raras derrotas na vida — que foi o *quarterback* da equipe de futebol americano de sua escola ou o orador oficial da turma, cujo pai era senador ou almirante e que escuta desde menino que estava destinado a fazer grandes coisas. Lembro de uma conversa que tive com um executivo de uma grande empresa que tinha sido partidário entusiástico do vice-presidente Al Gore durante a campanha presidencial de 2000. Estávamos num escritório devidamente luxuoso com vista para o centro de Manhattan, e ele começou a descrever uma reunião realizada seis meses depois da eleição, quando Gore buscava investidores para seu incipiente empreendimento televisivo.

"Foi estranho", disse o executivo. "Ali estava ele, um ex-vice-presidente, um homem que poucos meses antes quase se tornara o homem mais poderoso do planeta. Durante a campanha, eu recebia suas ligações a qualquer hora do dia, reorganizava minha agenda sempre que ele quisesse um encontro. Mas de repente, depois da eleição, quando ele entrou, não consegui evitar a sensação de que a reunião era uma chatice. Odeio dizer isso, porque eu gostava mesmo dele. Mas de certa maneira ele não era Al Gore, o vice-presidente. Era só mais uma das cem pessoas que me procuram todos os dias para pedir dinheiro. Isso me fez perceber como é alto e íngreme o lugar onde vocês estão."

Um penhasco alto e íngreme, uma queda vertical. Nos últimos cinco anos, Al Gore mostrou as satisfações e a influência que a vida depois da política pode trazer, e desconfio que o executivo tenha voltado a aceitar ansiosamente as ligações do ex-vice-presidente. Apesar disso, em consequência da derrota de 2000, imagino que Gore deva ter percebido uma mudança em seu amigo. Ali sentado, tentando vender sua ideia televisiva, tentando tirar o máximo proveito de uma situação ruim, deve ter pensado sobre como eram ridículas as circunstâncias em que se achava e sobre como, depois de uma vida de trabalho árduo, podia ter perdido tudo por causa de uma cédula-borboleta mal concebida, enquanto seu amigo executivo, sentado na sua frente com um sorriso de superioridade, podia se dar ao luxo de ser o segundo em seu negócio ano após ano, talvez até de ver as ações de sua empresa se desvalorizarem ou de fazer um mau investimento, e ainda assim ser considerado homem de sucesso, ainda assim sentir-se orgulhoso de suas realizações, do salário polpudo, do exercício do poder. Não era justo, mas isso não fazia diferença para o ex-vice-presidente. Como a maioria daqueles que optam pela vida pública, Gore sabia onde estava se metendo quando resolveu se candidatar. Na política, pode haver segundo ato, mas não há segundo lugar.

Quase todos os outros pecados da política decorrem deste pecado maior — a necessidade de ganhar, e também a necessidade de não perder. Sem dúvida a caça ao dinheiro é por causa disso. Houve uma época, antes das leis de financiamento de campanha e dos jornalistas bisbilhoteiros, em que o dinheiro influenciava a política por meio do suborno direto; em que o político podia tratar seu fundo de campanha como se fosse uma conta bancária pessoal e aceitar viagens caras pagas com dinheiro público; em que grandes honorários pagos por aqueles que buscavam influência eram comuns e a legislação atendia aos interesses de quem pagasse mais. Se notícias recentes corresponderem aos fatos, essas formas mais patentes de corrupção não desapareceram de todo; ao que tudo indica, ainda há em Washington quem veja a política como um meio de enriquecer e quem, embora nem sempre seja estúpido o suficiente para aceitar malas de dinheiro, esteja perfeitamente preparado para cuidar dos doadores e ir fazendo seu pé de meia até chegar a hora de entrar na lucrativa prática de fazer lobby em nome daqueles cujas atividades eles um dia regulamentaram.

Mais comumente, porém, não é assim que o dinheiro influencia a política. Poucos lobistas propõem uma explícita troca de favores a autoridades eleitas. Não precisam. Sua influência vem apenas do fato de terem mais acesso a essas autoridades do que o eleitor comum, de terem melhores informações do que o eleitor comum e de serem mais persistentes quando se trata de promover uma cláusula obscura do código tributário que significa bilhões de dólares para seus clientes e à qual ninguém mais dá importância.

Já para a maioria dos políticos, dinheiro não serve para ficar rico. No Senado, pelo menos, a maioria dos membros já é rica. Serve para manter o status e o poder; serve para assustar os que querem seu lugar e para afugentar o medo. O dinheiro não pode garantir a vitória — não pode comprar paixão, carisma, ou a capacidade de contar uma história. Mas sem dinheiro, e sem os anúncios de televisão que consomem todo o dinheiro, a derrota é quase certa.

As quantidades de dinheiro envolvidas são assombrosas, em particular nas disputas nos grandes estados, com múltiplos mercados de mídia. Quando eu estava no legislativo estadual, jamais precisei gastar mais de 100 mil dólares numa disputa; na verdade, adquiri a reputação de ser uma espécie de fóssil no que dizia respeito a arrecadação de fundos, sendo coautor da primeira lei de financiamento de campanha aprovada em 25 anos, recusando-me a almoçar ou jantar com lobistas, rejeitando cheques de donos e senhores do jogo ou do tabaco. Quando resolvi concorrer ao Senado dos Estados Unidos, meu consultor de mídia, David Axelrod, teve que me explicar como funcionavam as coisas na vida real. Nosso plano de campanha dispunha de um orçamento básico e dependia muito de apoio das bases e de "espaço conquistado na mídia" — ou seja, da capacidade de criar nossas próprias notícias. Mesmo assim, David me informou que uma semana de anúncios na televisão no mercado de mídia de Chicago custava mais ou menos meio milhão de dólares. Cobrir o resto do estado durante uma semana chegaria a 250 mil. Calculando-se quatro semanas de TV e todos os custos operacionais e de pessoal de uma campanha daquele porte, o orçamento final para as primárias seria de uns 5 milhões de dólares. Supondo-se que vencesse as primárias, eu precisaria levantar outros 10 ou 15 milhões de dólares para as eleições gerais.

Fui para casa aquela noite e, em colunas bem-arrumadas, comecei a escrever os nomes de todo mundo que eu conhecia que pudesse me dar uma contribuição. Ao lado de cada nome, escrevi o valor máximo que eu me sentiria à vontade para pedir.

A soma de tudo deu 500 mil dólares.

Na falta de uma grande fortuna pessoal, só existe basicamente uma maneira de levantar o dinheiro envolvido na briga por uma cadeira no Senado dos Estados Unidos. É preciso pedir aos ricos. Nos três primeiros meses da minha campanha, eu me trancava numa sala com os colaboradores encarregados de arrecadar fundos e tomava a iniciativa de ligar para democratas que já tinham feito doações. Não era nada divertido. Às vezes, os interlocutores interrompiam a conversa de forma brusca, desligando o telefone. A reação mais comum era a secretária anotar o recado, eu não receber retorno e ligar de novo duas ou três vezes, até desistir ou a pessoa com quem eu tentava falar enfim telefonar e me conceder a gentileza de uma recusa pessoal. Comecei a desenvolver elaborados planos de fuga nas horas que deveria dedicar às chamadas — frequentes idas ao banheiro, longas pausas para o café, sugestões a meus colaboradores políticos para que fizéssemos ajustes num discurso sobre educação pela terceira ou quarta vez. Às vezes, durante essas sessões, eu pensava em meu avô, que a certa altura tinha vendido seguros de vida, atividade em que não se saía muito bem. Eu recordava sua angústia sempre que tentava marcar encontros com pessoas que prefeririam fazer um tratamento de canal a conversar com um corretor de seguros, bem como os olhares de desaprovação da minha avó, que, pela maior parte do casamento, ganhava mais do que ele.

Compreendi então, mais que nunca, como meu avô se sentia.

Ao fim de três meses, nossa campanha tinha arrecadado apenas 250 mil dólares — bem abaixo do patamar necessário para que se tornasse viável. Para piorar, minha disputa ostentava aquilo que muitos políticos consideram o pior de todos os pesadelos: um candidato que financiava a si mesmo e dispunha de reservas ilimitadas de dinheiro. Seu nome era Blair Hull, e ele tinha vendido seu negócio de compra e venda de instrumentos financeiros para a Goldman Sachs poucos anos antes por 531 milhões de dólares. Não havia dúvida de que ele tinha um desejo de servir genuíno, apesar de indefinido, e, pelo que todos diziam, era um

133

homem brilhante. Mas na campanha eleitoral era quase patologicamente tímido, com o jeito peculiar e introspectivo de alguém que passou a maior parte da vida sozinho em frente a uma tela de computador. Desconfio que ele, como tanta gente, achava que ser político — diferente de ser médico, piloto de avião ou encanador — não exigia expertise especial em nada que fosse útil e que um empresário como ele se sairia tão bem quanto, ou provavelmente melhor do que, qualquer dos políticos profissionais que ele via na TV. Na verdade, Hull considerava sua facilidade com números uma vantagem inestimável: a certa altura da campanha, entregou a um repórter uma fórmula matemática que tinha desenvolvido para vencer eleições, um algoritmo que começava assim

Probabilidade = 1/(1+exp(-1x(-3,9659056+
(Peso das Eleições Gerais × 1,92380219)...

e terminava vários indecifráveis fatores depois.

Com isso, era fácil depreciar Hull como adversário — até uma manhã de abril ou maio quando, ao sair da garagem circular do meu condomínio para ir ao escritório, fui saudado por fileiras e mais fileiras de grandes placas em vermelho, branco e azul espalhadas por toda a quadra. BLAIR HULL PARA O SENADO DOS ESTADOS UNIDOS, dizia a placa, e por oito quilômetros eu a vi em todas as ruas, ao longo das principais vias, em todas as direções e em todos os cantos, em janelas de barbearia e em prédios abandonados, em pontos de ônibus e atrás de balcões de mercearia — placas de Hull pontilhavam a paisagem como margaridas na primavera.

Há um ditado na política de Illinois segundo o qual "placas não votam", indicando que não se pode julgar uma disputa eleitoral pelo número de placas de um candidato. Mas ninguém em Illinois jamais tinha visto, ao longo de uma campanha, o número de placas e outdoors que Hull ostentara num único dia, muito menos a assustadora eficiência com que suas equipes de operários arrancaram outras placas e as substituíram por placas de Hull em apenas uma noite. Começamos a ler a respeito de certos líderes de associações de moradores na comunidade negra que de repente decidiram que Hull era um defensor das periferias urbanas, certos líderes do sul do estado que enalteciam o apoio de Hull à agricultura familiar. E então vieram os anúncios de TV, durante seis meses, em toda parte, até o Dia da Eleição, em todas as estações, no estado inteiro, o tempo todo — Blair Hull com idosos, Blair Hull com crianças, Blair Hull disposto a livrar Washington das garras dos grupos de pressão. Em janeiro de 2004, Hull alcançara o primeiro lugar nas pesquisas e meus apoiadores começaram a me sufocar com ligações, dizendo que eu precisava fazer alguma coisa, insistindo para que eu aparecesse imediatamente na TV ou tudo estaria perdido.

O que eu poderia fazer? Explicava que, ao contrário de Hull, a minha fortuna era quase negativa. Na melhor das hipóteses, nossa campanha teria dinheiro exatamente para quatro semanas de anúncios de TV e, levando isso em conta, para nós não fazia sentido explodir todo o orçamento da campanha em agosto. Precisamos ser pacientes, dizia eu aos apoiadores. Mantenham a confiança. Não entrem em pânico. Eu desligava o telefone, olhava pela janela, avistava o *motor home* no qual Hull percorria o estado, que era do tamanho de um transatlântico e, segundo se dizia, tão bem equipado quanto, e então pensava comigo mesmo que talvez fosse hora de entrar em pânico, afinal.

Em muitos sentidos, tive mais sorte do que a maioria dos candidatos em circunstâncias parecidas. Por uma razão qualquer, a certa altura minha campanha começou a gerar a misteriosa e esquiva qualidade chamada ímpeto ou *buzz*; tornou-se de bom gosto, entre doadores ricos, promover a minha causa, e pequenos doadores do estado começaram a mandar cheques pela internet num ritmo que jamais poderíamos ter previsto. Ironicamente, meu status de azarão me protegia de algumas das arapucas mais perigosas da arrecadação de fundos: a maioria dos comitês de ação política das empresas me evitava, por isso eu não lhes devia nada; o pequeno grupo de comitês de ação política que deram dinheiro, como a Liga dos Eleitores Conservadores, em geral representava causas nas quais eu acreditava e pelas quais vinha lutando. Mesmo assim, Hull acabou gastando seis vezes mais do que eu. Mas, para seu crédito (e talvez para arrependimento), ele jamais divulgou um anúncio de TV negativo contra mim. Meus números nas pesquisas continuavam bem perto dos dele, e nas últimas semanas da campanha, bem no momento em que meus anúncios de TV começavam a aparecer e meus números avançavam, sua campanha implodiu quando vieram à tona alegações de que ele tinha tido brigas feias com uma ex-esposa.

Para mim, pelo menos, a falta de fortuna pessoal ou de apoio empresarial significativo não representou um obstáculo para a vitória. Apesar disso, não posso supor que a caça ao dinheiro não tenha me mudado de alguma forma. Com certeza acabou com a vergonha que eu tinha de pedir grandes quantias a estranhos. No fim da campanha, os gracejos e a conversa fiada que faziam parte das minhas solicitações tinham sido eliminados. Eu ia direto ao assunto e tentava não aceitar recusas.

Mas eu temia que houvesse outra mudança em andamento. Dei-me conta de que passava cada vez mais tempo com gente de dinheiro — sócios de escritórios de advocacia e banqueiros de investimento, administradores de *hedge funds* e investidores de capital de risco. Em geral, eram pessoas espertas, interessantes, versadas em políticas públicas, liberais em política, desejosas apenas de poderem expor suas opiniões em troca de seus cheques. Mas refletiam, quase no todo, as perspectivas de sua classe: o 1%

do topo, na escala de rendimentos, que tem condições de enviar um cheque de 2 mil dólares para um candidato político. Acreditavam no livre mercado e em meritocracia na educação; achavam difícil imaginar um problema social que não pudesse ser resolvido com uma boa nota nas provas para admissão na faculdade. Não toleravam o protecionismo, achavam os sindicatos incômodos e não expressavam nenhuma simpatia especial por aqueles que tinham sua vida perturbada pelos movimentos do capital global. A maioria era irredutivelmente a favor do aborto legalizado e contra armas de fogo, e desconfiava de forma vaga de sentimentos religiosos profundos.

E embora minha visão de mundo coincidisse com a deles em muitos sentidos — afinal, eu frequentara as mesmas escolas, lera os mesmos livros e tinha em relação a minhas filhas mais ou menos as mesmas preocupações —, em nossas conversas eu evitava certos assuntos, ocultando possíveis diferenças, prevendo suas expectativas. Em questões essenciais, eu era franco; não tinha a menor dificuldade em dizer a apoiadores abastados que as reduções de impostos que George W. Bush lhes concedera precisavam ser revogadas. Sempre que possível, eu tentava dividir com eles algumas das perspectivas que ouvia de outros setores do eleitorado: o papel legítimo da fé na política, digamos, ou o profundo significado cultural das armas em áreas rurais do estado.

Apesar disso, eu sabia que, como resultado da atividade de arrecadação de fundos, fiquei mais parecido com os doadores ricos que conheci, no sentido muito particular de que eu passava mais e mais tempo longe do debate, fora do mundo da fome, da decepção, do medo, da irracionalidade e das dificuldades frequentes dos outros 99% da população — ou seja, das pessoas que eu entrara na vida pública para servir. E, de uma forma ou de outra, desconfio que isso é verdade para todo e qualquer senador: quanto mais tempo você é senador, mais estreito é o âmbito de suas interações. Você pode lutar contra isso, participando de reuniões comunitárias com eleitores, de turnês para conversar e obter informações, de paradas no seu velho bairro. Mas seus compromissos ordenam que você circule numa órbita diferente da maioria das pessoas que você representa.

E talvez, com a aproximação da próxima disputa eleitoral, uma voz dentro de nós nos diga que não é preciso passar mais uma vez pelo miserável processo de arrecadar todo esse dinheiro em pequenas parcelas. Você percebe que não tem mais o prestígio que tinha como o recém-chegado, o rosto novo; você não mudou Washington e deixou muita gente insatisfeita com votos difíceis. O caminho mais fácil — o das arrecadações de fundos organizadas pelos grupos de pressão, dos comitês de ação política das empresas e das principais firmas de lobby — começa a parecer terrivelmente tentador, e se as opiniões dessas pessoas não estão de total acordo com as que você costumava ter, você aprende a racionalizar as mudanças, alegando que é uma questão de ser realista, de fazer concessões, de aprender o caminho das pedras. Os problemas das pessoas comuns, as vozes das cidades do Cinturão de Ferrugem ou do centro do país tornam-se um eco distante mais do que uma realidade palpável, abstrações a serem administradas mais do que batalhas a serem travadas.

Há outras forças que atuam num senador. Por mais importante que o dinheiro seja para as campanhas, não é só a arrecadação de fundos que garante o sucesso de um candidato. Se você quiser vencer na política — se não quiser perder —, grupos organizados podem ser tão importantes quanto dinheiro, particularmente em primárias de baixo comparecimento que, no mundo do mapa político com fronteiras de distritos eleitorais manipuladas e eleitorados divididos, costumam ser a disputa mais significativa na trajetória de um candidato. Poucas pessoas hoje em dia têm tempo ou predisposição para trabalhar como voluntárias numa campanha política, em especial porque as tarefas diárias de uma campanha costumam envolver fechar envelopes e bater à porta de alguém, não redigir discursos e ter grandes ideias. Com isso, se for um candidato que precisa de comissários políticos ou de listas de eleitores, você vai onde as pessoas já estão organizadas. Para os democratas, isso significa sindicatos, grupos ambientalistas e grupos a favor do aborto legalizado. Para os republicanos, significa a direita religiosa, as câmaras de comércio, a National Rifle Association e organizações contra impostos.

Nunca me senti bem à vontade com o termo *"special interests"*, que abrange ExxonMobil e pedreiros, o lobby da indústria farmacêutica e os pais de crianças com necessidades especiais. A maioria dos cientistas políticos discordaria de mim, mas, a meu ver, há uma diferença entre o lobby de empresas, cuja influência vem exclusivamente do dinheiro, e um grupo de indivíduos que pensam da mesma forma — sejam operários da indústria têxtil, entusiastas de armas de fogo, veteranos, ou defensores da agricultura familiar — e se juntam para promover seus interesses; entre os que usam seu poder econômico para aumentar a influência política muito além daquilo que seu número poderia justificar e aqueles que apenas procuram juntar as vozes para influenciar seus representantes. Os primeiros subvertem a própria ideia de democracia. Os últimos são a sua essência.

Apesar disso, o impacto dos grupos de pressão sobre os candidatos a cargos públicos nem sempre é bom. Para manter uma filiação ativa, garantir o fluxo de doações e ser ouvidos em meio à barulheira, os grupos que causam impacto na política não têm por objetivo promover o interesse público. Não estão em busca de apoiar o candidato mais cheio de ideias, mais qualificado, mais tolerante. Em vez disso, limitam-se a uma série bem restrita de preocupações — suas pensões, apoio para suas colheitas, sua causa. Em outras palavras, têm assuntos particulares para resolver. E querem que você, o funcionário eleito, ajude-os a resolvê-los.

Durante a minha campanha para as primárias, por exemplo, devo ter preenchido pelo menos cinquenta questionários. Não havia neles nada de sutil. A maior parte trazia uma lista de dez ou doze perguntas, redigidas mais ou menos assim: "Se eleito, você se compromete solenemente a repudiar a Scrooge Law, que tem jogado viúvas e órfãos na rua da amargura?".

A falta de tempo exigia que eu só preenchesse os questionários enviados por organizações que pudessem, de fato, me apoiar (levando em conta meu histórico, a National Rifle Association e a National Right to Life, por exemplo, estavam excluídas), portanto, em geral dava para responder "sim" à maioria das perguntas sem grande desconforto. Mas com frequência uma pergunta me fazia hesitar. Eu podia concordar com um sindicato quanto à necessidade de impor padrões trabalhistas e ambientalistas a nossas leis de comércio, mas será que o Nafta deveria mesmo ser rechaçado? Eu podia pensar também que a assistência médica universal deveria ser uma das mais altas prioridades do país, mas seria uma emenda constitucional a melhor maneira de atingir esse objetivo? Eu me sentia dividido diante de perguntas desse tipo, escrevendo nas margens, explicando as difíceis escolhas políticas envolvidas. Meus colaboradores sacudiam a cabeça. Uma resposta errada, explicavam, e o apoio, os funcionários e a mala direta vão todos para o outro candidato. Respondendo certo a todas elas, eu pensava comigo, você ficará preso ao padrão de disputas partidárias, por reflexo, contra o qual prometeu lutar.

Diga uma coisa durante a campanha e faça outra coisa quando estiver no cargo, e você será um político igual aos outros, de duas caras.

Perdi alguns apoios por não ter dado a resposta certa. Por duas vezes, um grupo nos surpreendeu, e nos ofereceu apoio apesar de uma resposta errada.

E às vezes não importava muito a maneira como você preenchia os questionários. Além de Hull, meu adversário mais temível nas primárias do Partido Democrata para o Senado dos Estados Unidos era o controlador do estado, Dan Hynes, ótima pessoa e servidor público competente, cujo pai, Tom Hynes, era ex-presidente do senado estadual, assessor do Condado de Cook, membro do comitê distrital, membro do Comitê Nacional Democrata e umas das figuras políticas mais bem relacionadas do estado. Antes mesmo de entrar na disputa, Dan já tinha costurado o apoio de 85 dos 102 presidentes dos comitês executivos dos condados democratas do estado, da maioria dos meus colegas no legislativo estadual e de Mike Madigan, que servia como presidente da Câmara e do Partido Democrata em Illinois. Examinar a lista de apoios no site de Dan era como assistir aos créditos finais de um filme — você saía antes de chegar ao fim.

Apesar disso, eu alimentava a esperança de receber alguns apoios, em particular dos trabalhadores sindicalizados. Durante sete anos, eu tinha sido seu aliado no legislativo estadual, apresentando muitos dos seus projetos de lei e falando em seu nome no plenário. Eu sabia que, tradicionalmente, a Federação Americana do Trabalho e Congresso de Organizações Industriais (AFL-CIO, na sigla em inglês) apoiava aqueles com forte histórico de votos a seu favor. Mas quando a campanha começou, coisas estranhas aconteceram. O sindicato dos caminhoneiros realizou a sessão para declarar seu apoio em Chicago, num dia em que eu tinha que estar em Springfield para uma votação; eles se recusaram a remarcar a data, e Hynes conseguiu seu apoio sem que eles nem conversassem comigo. Numa recepção trabalhista durante a Feira Estadual de Illinois, fomos informados de que nenhuma propaganda de campanha seria permitida; ao chegar, meus colaboradores e eu vimos que as paredes da sala estavam cobertas de cartazes de Hynes. Na noite da sessão de endosso da AFL-CIO, notei que muitos amigos trabalhistas evitaram me olhar quando percorri o salão. Um sujeito mais velho, que chefiava uma das maiores entidades locais, aproximou-se e me deu tapinhas nas costas.

"Nada pessoal, Barack", disse ele, com um sorriso contrito. "Tom Hynes e eu nos conhecemos há cinquenta anos. Crescemos no mesmo bairro. Pertencíamos à mesma freguesia. Caramba, vi Danny crescer."

Eu lhe disse que compreendia.

"Talvez você possa concorrer à vaga de Danny quando ele for para o Senado. O que acha? Você seria um ótimo controlador."

Procurei meu pessoal e disse que não íamos conseguir o apoio da AFL-CIO.

Mais uma vez, as coisas se resolveram. Os líderes de alguns dos maiores sindicatos de trabalhadores do setor de serviços — a Federação de Professores de Illinois, SEIU, AFSCME e UNITE Here, representando trabalhadores das indústrias têxtil, de hotelaria e de preparação de alimentos — desobedeceram e preferiram me apoiar, em vez de Hynes, apoio que se revelou decisivo para dar à minha campanha uma aparência de força. Foi uma manobra arriscada da parte deles; se eu tivesse perdido, aqueles sindicatos talvez tivessem criado muitas dificuldades nas relações com seus membros, em termos de acesso, apoio e credibilidade.

Por isso, tenho uma dívida com esses sindicatos. Quando seus líderes ligam, faço o possível para retornar na mesma hora. Não acho que isso de alguma maneira esteja me corrompendo; não me importo de sentir que tenho uma dívida com trabalhadores que prestam assistência médica em casa e limpam comadres todos os dias para ganhar pouco mais de um salário mínimo ou com professores que lecionam em algumas das escolas mais violentas do país, muitos dos quais têm que enfiar a mão no próprio bolso no início de cada ano escolar e comprar giz de cera e livros para seus alunos. Entrei na política para lutar por essa gente e acho ótimo que haja um sindicato para me lembrar de suas lutas. Mas compreendo também que há momentos em que essas obrigações entram em choque com outras obrigações — as obrigações para com as crianças das periferias que não sabem ler, digamos, ou para com crianças ainda não nascidas que estamos sobrecarregando de dívidas. Já houve alguma tensão — propus experiências de pagamento por mérito para professores, por exemplo, e pedi mais rigor nos padrões de rendimento energético, apesar da oposição dos meus amigos do sindicato United Auto Workers. Gosto de pensar que continuarei a avaliar com cuidado o mérito dessas questões — assim como espero que meu homólogo republicano avalie a promessa de não criar novos impostos ou de opor-se a pesquisas com células-tronco que fez antes da eleição à luz do que for melhor para todo o país, independentemente das demandas do seu eleitorado. Espero que eu possa sempre procurar meus amigos sindicalistas e explicar por que minha posição faz sentido e é compatível ao mesmo tempo com meus valores e com seus interesses de longo prazo.

Mas desconfio que os líderes sindicalistas nem sempre veem as coisas dessa maneira. Haverá momentos em que vão achar que é traição. Podem até alertar seus membros, dizendo-lhes que eu os traí. Talvez eu receba telefonemas e cartas furiosos. E pode ser que me neguem seu apoio da próxima vez.

E talvez, se isso acontecer um número suficiente de vezes, de modo que você quase venha a perder uma disputa eleitoral porque um setor essencial do eleitorado está furioso, ou se tiver que enfrentar nas primárias um oponente que o chame de traidor, você comece a perder o ânimo para o confronto. Você se pergunta o que é mesmo que a consciência manda fazer: que você evite ser capturado por *"special interests"* ou que evite tratar mal seus amigos? A resposta não é óbvia. Então, você começa a votar como se estivesse preenchendo um questionário. Não reflete sobre suas posições com suficiente profundidade. Preenche várias vezes os quadradinhos com a resposta "sim".

Políticos que ficam cativos de doadores ricos ou que sucumbem às pressões de grupos de interesse — este é o café com leite do noticiário político moderno, o enredo que figura em quase qualquer análise do que há de errado com nossa democracia. Mas, para o político preocupado em preservar o cargo, há uma terceira força que o empurra e puxa, que determina a natureza do debate político e define o alcance do que ele sente que pode e não pode fazer, as posições que pode e que não pode assumir. Quarenta ou cinquenta anos atrás, essa força seria o aparelho partidário: os caciques das grandes cidades, os mediadores de conflitos, os traficantes de influência em Washington que decidiam o êxito ou fracasso de uma carreira. Hoje, essa força é a mídia.

Cabe aqui uma advertência: num período de três anos, do momento em que anunciei minha candidatura para o Senado até o fim do meu primeiro ano como senador, fui beneficiado por uma cobertura de imprensa inusitadamente — e às vezes imerecidamente — positiva. Não há dúvida de que isso tinha a ver com minha condição de azarão nas primárias para o Senado e também com a novidade que eu representava como candidato negro com exóticos antecedentes familiares. Talvez tivesse a ver também como meu jeito de me comunicar, que tende a ser digressivo, hesitante e palavroso (tanto meus colaboradores como Michelle vivem chamando a minha atenção para isso), mas que talvez conte com a simpatia da classe literária.

Além disso, mesmo quando fui alvo de matérias negativas, os repórteres políticos com quem lidei eram, em geral, pessoas honestas e francas. Gravavam nossas conversas, tentavam contextualizar minhas declarações e me ligavam para saber qual era minha reação sempre que eu era criticado. De minha parte, portanto, não tenho motivos de queixa. Isso não significa, porém, que eu possa me dar ao luxo de ignorar a imprensa. Justamente porque ela me pintou de uma forma tão positiva que pode ser difícil corresponder, estou ciente da rapidez com que o processo pode ser invertido.

A aritmética conta a história. Nas 39 reuniões comunitárias com eleitores que realizei no meu primeiro ano no cargo, a média de comparecimento em cada uma era de quatrocentas a quinhentas pessoas, o que significa que me reuni talvez com 15 mil ou 20 mil pessoas. Mantendo esse ritmo pelo resto do meu mandato, terei tido contato direto, pessoal, talvez com 95 mil ou 100 mil eleitores até o Dia da Eleição.

Só para efeitos de comparação, uma reportagem de três minutos no noticiário local com um dos índices de audiência mais baixos do mercado da mídia de Chicago pode atingir 200 mil pessoas. Em outras palavras, eu, como qualquer político no nível federal, dependo quase por completo da mídia para alcançar meus eleitores. É um filtro segundo o qual meus votos são interpretados; minhas declarações, analisadas; minhas convicções, examinadas. Para o público em geral, pelo menos, sou quem a mídia diz que sou. Digo o que ela diz que eu digo. Torno-me aquilo que ela diz que eu me torno.

A influência da mídia em nossa política ocorre de muitas maneiras. O que chama mais atenção hoje é o crescimento de uma imprensa descaradamente partidária: programas de rádio com participação de ouvintes, Fox News, editorialistas de jornal, o circuito de entrevistas da TV a cabo e, mais recentemente, os blogueiros, todos trocando insultos, acusações, fofocas e insinuações 24 horas por dia, sete dias por semana. Como outros já notaram, esse estilo de jornalismo de opinião não é novo; em certo sentido, assinala o retorno a uma tradição dominante de jornalismo americano, uma abordagem das notícias estimulada por editores como William Randolph Hearst e o coronel McCormick antes que uma noção mais antisséptica de jornalismo objetivo surgisse depois da Segunda Guerra Mundial.

Apesar disso, é difícil negar que todo o barulho, toda a fúria, ampliados pela televisão e pela internet, embruteçam a cultura política. Fazem os ânimos se exaltarem, ajudam a semear a desconfiança. E, quer os políticos gostem ou não de admitir, o veneno constante pode desgastar o espírito. Curiosamente, não ligamos muito para as críticas mais rudes; se os ouvintes de Rush Limbaugh adoram ouvi-lo chamar-me de "Osama Obama", minha reação é deixar que eles se divirtam. São os profissionais mais sofisticados que podem machucar, em parte porque têm mais credibilidade junto ao grande público, em parte pela habilidade com que criticam nossas palavras e nos fazem parecer uns babacas.

Em abril de 2005, por exemplo, apareci no programa de inauguração da nova Biblioteca Presidencial Lincoln em Springfield. Foi um discurso de cinco minutos, no qual sugeri que a humanidade de Abraham Lincoln, suas imperfeições, era a qualidade que o tornava tão cativante. "Em sua ascensão da pobreza", disse eu a certa altura dos meus comentários, "seu autodidatismo e seu domínio final da língua e do direito, em sua capacidade de superar perdas pessoais e continuar decidido em face de repetidas derrotas — em tudo isso, vemos um elemento fundamental do caráter americano, a convicção de que podemos constantemente nos reinventar visando aos nossos sonhos maiores."

Poucos meses depois, a revista *Time* me perguntou se eu estaria interessado em escrever um artigo para uma edição especial sobre Lincoln. Não tinha tempo para escrever nada novo, portanto perguntei aos editores da revista se meu discurso seria aceitável. Eles responderam que era, mas sugeriram que eu o tornasse um pouco mais pessoal — dissesse alguma coisa sobre o impacto de Lincoln em minha vida. Entre uma e outra reunião, redigi algumas mudanças às pressas. Uma dessas alterações foi no trecho citado acima, que ficou assim: "Na ascensão de Lincoln da pobreza, no domínio da língua e do direito que enfim adquiriu, na capacidade de superar perdas pessoais e continuar decidido em face de repetidas derrotas — em tudo isso, ele me lembrava não apenas das minhas próprias lutas".

Mal o artigo foi publicado, Peggy Noonan, ex-redatora de discursos de Reagan, e colunista do *Wall Street Journal*, resolveu dar seu pitaco. Sob o título "Presunção de governo", ela escreveu: "Esta semana vem o até então cuidadoso senador Barack Obama, batendo asas na revista *Time* e explicando que ele é muito parecido com Abraham Lincoln, só que melhor". E continuava: "Não há nada de errado com o currículo de Barack Obama, mas nele não existe chalé de madeira. Até agora, nele também não existe grandeza. Se ele continuar falando assim de si mesmo, nunca existirá".

Ai!

É difícil dizer, claro, se Noonan achava mesmo que eu estava me comparando com Lincoln ou se ela apenas sentiu prazer em me tirar o couro com tanta elegância. Como crítica sem fundamento feita pela imprensa, até que é suave — e não inteiramente desmerecida.

Ainda assim, isso chamou a atenção para aquilo que colegas veteranos estavam cansados de saber — que toda declaração que eu fizesse estaria sujeita a exame cuidadoso, seria dissecada pelos mais variados comentaristas, interpretada de formas sobre as quais eu não teria controle algum e vasculhada em busca de erros, distorções, omissões ou contradições que pudessem ser anotadas pelo partido de oposição para aparecer num desagradável anúncio de TV mais adiante. Num ambiente em que um único comentário irrefletido pode gerar mais publicidade negativa do que anos de políticas irrefletidas, não deveria ter sido surpresa para mim o fato de que, no Capitólio, piadas eram analisadas, a ironia se tornava suspeita, a espontaneidade era desestimulada e a paixão era tida como francamente perigosa. Comecei a me perguntar quanto tempo levaria para que um político internalizasse tudo isso; quanto tempo para que um comitê de amanuenses, editores e censores se instalasse em sua cabeça; quanto tempo para que até mesmo os momentos "de sinceridade" seguissem um roteiro, e ele sufocasse indignação ou só a expressasse no momento certo.

Quanto tempo para que ficasse parecido com um político?

Havia outra lição a ser aprendida: mal saiu, a coluna de Noonan espalhou-se pela internet, aparecendo em todos os sites de direita como prova do idiota arrogante e vazio que eu era (só a citação selecionada por ela, e não o próprio artigo, costumava aparecer nesses sites). Nesse sentido, o episódio deixava entrever um aspecto mais sutil e corrosivo da mídia moderna — como determinada narrativa, repetida infinitamente e percorrendo o ciberespaço na velocidade da luz, acaba se tornando uma partícula dura da realidade; como caricaturas políticas e pérolas de lugar-comum se alojam em nosso cérebro sem jamais dedicarmos um tempinho para examiná-las.

Por exemplo, é difícil encontrar qualquer menção aos democratas, nos dias atuais, que não sugira que são "fracos" e não "representam nada". Já os republicanos, ao contrário, são "fortes" (apesar de um tanto maus), e Bush é "decidido", por mais que mude de ideia. Um voto ou um discurso de Hillary Clinton que não corresponda ao clichê é rotulado de calculista na hora; a mesma ação tomada por John McCain reforça suas credenciais como independente. "Obrigatoriamente", de acordo com um observador sarcástico, meu nome, em qualquer artigo, era precedido pelas palavras "estrela em ascensão" — embora o artigo de Noonan tenha lançado os alicerces para um enredo diferente, se bem que familiar: a história que ilustra os perigos de um jovem que chega a Washington, perde a cabeça com toda aquela publicidade e acaba se tornando calculista ou sectário (a não ser que consiga passar para o campo dos independentes).

A máquina de relações públicas dos políticos e seus partidos, claro, ajuda a alimentar essas narrativas e, nas últimas rodadas de eleições, pelo menos, os republicanos foram muito melhores do que os democratas nessas "mensagens" (um clichê que, infelizmente para nós, democratas, é mesmo verdadeiro). O *spin*, a notícia distorcida conforme a conveniência, funciona, porém, justamente porque a mídia aceita bem o *spin*. Todo repórter em Washington trabalha sob pressão de editores e produtores, que por sua vez estão subordinados a editores e executivos de redes, que por sua vez vivem debruçados sobre os índices de audiência da última semana ou os números de circulação do último ano e tentam sobreviver à preferência cada vez maior por PlayStation e *reality shows*. Para cumprir os prazos, preservar sua fatia de mercado e alimentar a fera dos canais de notícias da TV a cabo, repórteres passam a movimentar-se em bloco, utilizando-se dos mesmos releases, das mesmas falas preparadas com cuidado, dos mesmos números desgastados. Enquanto isso, para consumidores ocupados e portanto indiferentes, uma narrativa surrada não é de todo ruim. Exige muito pouco da nossa atenção e do nosso tempo, é rápida e fácil de digerir. Aceitar *spins* é conveniente para todos.

Esse elemento de conveniência também ajuda a explicar por que, mesmo entre os repórteres mais escrupulosos, objetividade quase sempre significa publicar os tópicos de discussão dos diferentes lados de um debate sem qualquer indicação de qual dos lados pode estar certo. Uma reportagem típica começa assim: "A Casa Branca informou hoje que, apesar da última rodada de redução de impostos, o déficit está projetado para cair pela metade até 2010". Essa abertura é seguida pela declaração de um analista liberal criticando os números da Casa Branca e pela declaração de um analista conservador defendendo os números da Casa Branca. Um analista tem mais credibilidade do que o outro? Há um analista independente que possa nos ajudar a entender os números? Quem sabe? Raramente o repórter tem tempo para esses detalhes; a reportagem na verdade não é sobre os méritos da redução de impostos ou sobre os perigos do déficit, mas sobre a disputa entre os partidos. Depois de alguns parágrafos, o leitor conclui que republicanos e democratas continuam brigando e vai para a página de esportes, onde o enredo é menos previsível e a pontuação nos diz quem ganhou.

Na verdade, parte do que torna a comparação de releases rivais tão irresistível para os repórteres é que ela alimenta a velha arma de reserva jornalística — o conflito pessoal. É difícil negar que a cortesia política decaiu muito na última década e que os partidos divergem frontalmente a respeito das principais questões políticas. Mas pelo menos parte da deterioração da cortesia vem do fato de que, do ponto de vista da imprensa, cortesia é uma chatice. Sua declaração não vai ser publicada se você disser: "Entendo o ponto de vista dele" ou "o problema é bastante complicado". Mas, se partir para o ataque, você vai ter dificuldade para se livrar de tantas câmeras. Em geral, os repórteres fazem o possível para agitar, com perguntas especialmente formuladas para provocar respostas intempestivas. Um repórter de TV de Chicago era tão notório pela habilidade para arrancar a declaração que desejava que suas entrevistas lembrassem cenas de *O gordo e o magro*.

"O senhor se sente traído pela decisão de ontem do governador?", ele me perguntava.

"Não. Conversei com o governador e tenho certeza de que vamos resolver nossas diferenças antes do fim da sessão."

"Entendo... Mas o senhor acha que foi traído pelo governador?"

"Eu não usaria esta palavra. A opinião dele é que..."

"Mas não é uma traição da parte do governador?"

O *spin*, a ampliação do conflito, a busca indiscriminada do escândalo e da mancada — o impacto cumulativo de tudo isso é corroer quaisquer padrões estipulados de julgamento da verdade. Há uma história maravilhosa, talvez falsa, que as pessoas contam sobre Daniel Patrick Moynihan, o brilhante, irritadiço e iconoclasta senador de Nova York, já falecido. Aparentemente, Moynihan travava uma discussão acirrada com um dos seus colegas em torno de um problema qualquer, e o outro senador, sentindo que ia perder, deixou escapar: "Você pode discordar de mim, Pat, mas tenho o direito de ter minha própria opinião". Ao que Moynihan respondeu com frieza: "Você tem o direito de ter sua própria opinião, mas não o de ter seus próprios fatos".

O que Moynihan disse já não vale. Não temos nenhuma figura confiável, nenhum Walter Cronkite ou Edward R. Murrow, que todos escutem e em quem confiem para corrigir afirmações contraditórias. Em vez disso, a mídia está estilhaçada em milhares de fragmentos, cada um com sua própria versão da realidade, cada um reivindicando a lealdade de um país estilhaçado. Dependendo de quem você prefere ouvir, as mudanças climáticas globais estão ou não estão acelerando perigosamente; o déficit orçamentário está aumentando ou diminuindo.

E o fenômeno não está restrito às questões complicadas. No começo de 2005, a *Newsweek* publicou alegações de que guardas e interrogadores americanos no centro de detenção da Baía de Guantánamo tinham provocado prisioneiros com insultos como jogar o Alcorão no vaso e dar descarga. A Casa Branca afirmou que a reportagem era totalmente inverídica. Sem documentos para comprovar e em consequência de violentos protestos no Paquistão por causa da matéria, a *Newsweek* foi obrigada a publicar uma retratação suicida. Meses depois, o Pentágono divulgou um relatório indicando que alguns militares americanos em Guantánamo se envolveram de fato em múltiplos casos de atividade imprópria — incluindo casos em que militares americanas fingiam esfregar sangue menstrual em detidos durante interrogatório e pelo menos um caso em que um guarda salpicou urina num exemplar do Alcorão e num prisioneiro. A Fox News rastejou naquela tarde: "O Pentágono não encontra provas de que o Alcorão foi jogado no vaso".

Entendo que os fatos, por si, nem sempre são capazes de resolver nossas disputas políticas. Nossas opiniões sobre aborto não são determinadas pela ciência do desenvolvimento fetal, e nosso julgamento sobre se e quando tirar tropas do Iraque tem que ser baseado em probabilidades. Mas às vezes há respostas mais precisas e respostas menos precisas; às vezes há fatos que não podem ser distorcidos convenientemente, assim como se pode resolver uma discussão sobre se está chovendo apenas indo lá fora. A ausência de uma concordância, por mais genérico que seja, sobre fatos coloca todas as opiniões em pé de igualdade e elimina as bases para um acordo bem pensado. Ela recompensa não os que estão certos, mas — como a assessoria de imprensa da Casa Branca — aqueles que podem apresentar seus argumentos falando mais alto, com mais frequência e mais obstinação, e com o melhor pano de fundo.

O político de hoje compreende isso. Ele pode não mentir, mas entende que não há grande recompensa para aqueles que dizem a verdade, em especial se a verdade for complicada. A verdade pode causar consternação; a verdade será atacada; a mídia não terá paciência para separar todos os fatos, e com isso o público talvez não venha a saber a diferença entre verdade e mentira. O que adquire importância, então, é posicionamento — a declaração sobre um assunto que evite controvérsia ou gere a publicidade necessária, a postura que corresponda à imagem que seus assessores de imprensa construíram para ele e também a uma das narrativas que a mídia criou para os políticos em geral. O político ainda pode insistir, por uma questão de integridade pessoal, em dizer a verdade como ele a vê. Mas faz isso sabendo que acreditar em suas posições é menos importante do que parecer que acredita; que falar honestamente importa menos do que parecer na TV que está falando honestamente.

Pelo que pude observar, há incontáveis políticos que enfrentaram esses obstáculos e mantiveram intacta sua integridade, homens e mulheres que levantam fundos para suas campanhas sem se corromper, conquistam apoio sem se tornar cativos de grupos de interesses e conseguem espaço na mídia sem perder o senso de identidade. Mas há um último obstáculo que, uma vez instalado em Washington, você não consegue superar por completo, um obstáculo que fará pelo menos uma parte considerável do seu eleitorado pensar mal a seu respeito — e que é a natureza totalmente insatisfatória do processo legislativo.

Não conheço um único legislador que não sofra com regularidade por causa dos votos que precisa declarar. Há momentos em que se sente que um projeto de lei é tão obviamente correto que precisa de pouco debate interno (a emenda de John McCain proibindo a tortura pelo governo dos Estados Unidos me vem logo à cabeça). Há outros momentos em que um projeto de lei submetido ao plenário é tão flagrantemente parcial ou tão mal elaborado que parece incrível que seu autor seja capaz de manter uma expressão séria no rosto durante o debate.

Mas, na maior parte do tempo, fazer leis é uma fermentação turva, produto de uma centena de concessões grandes e pequenas, uma mistura de legítimos objetivos políticos, exibicionismo político, maquinações regulatórias improvisadas e apropriação de recursos federais à moda antiga. Com frequência, ao ler os projetos de lei submetidos ao plenário em meus primeiros meses no Senado, eu me via diante do fato de que a posição ética era menos clara do que eu imaginava; de que votar a favor ou votar contra deixaria em mim algum traço de remorso. Devo votar a favor de um projeto de lei sobre energia que inclui minha cláusula para incentivar a produção de fontes alternativas e melhora o status quo, mas que é inteiramente inadequado para diminuir a submissão americana ao petróleo estrangeiro? Devo votar contra uma mudança na Lei do Ar Limpo que enfraquecerá a regulamentação em algumas áreas, mas fortalecerá em outras e criará um sistema mais previsível para que as empresas possam obedecer? E se o projeto de lei aumenta a poluição, mas financia tecnologia de carvão limpa que pode trazer empregos para uma parte empobrecida de Illinois?

Estou sempre me debruçando sobre as provas, pró e contra, o melhor que posso no pouco tempo disponível. Minha equipe me informa que as cartas e os telefonemas estão divididos por igual e que grupos de interesse dos dois lados estão contando. Quando a hora de declarar o meu voto vai se aproximando, costumo recordar uma coisa que John F. Kennedy escreveu cinquenta anos atrás em seu livro *Perfis de coragem*:

> Poucas pessoas, se é que alguma, enfrentam a terrível irreversibilidade de decisão do senador que vai ser chamado para dar o seu voto numa questão importante. Ele pode querer mais tempo para decidir — pode achar que há bons argumentos dos dois lados — pode achar que um pequeno ajuste resolveria todas as dificuldades —, mas, quando a chamada é feita, ele não tem como se esconder, não tem como sofismar, não tem como adiar — e sente que

seu eleitorado, como o Corvo no poema de Poe, está empoleirado em sua mesa do Senado resmungando "nunca mais" enquanto ele dá o voto que põe em risco seu futuro político.

Talvez não seja assim tão dramático, mas nenhum legislador, seja estadual ou federal, escapa desses momentos difíceis — que são sempre muito piores para o partido que não está no poder. Como membro da maioria, você contribui de alguma forma para qualquer projeto de lei que seja importante para você, antes de ser submetido ao plenário. Pode pedir ao presidente do comitê que inclua uma linguagem que ajude seus eleitores ou elimine uma linguagem que possa prejudicá-los. Pode até pedir ao líder da maioria ou ao principal responsável que segure o projeto até que haja um acordo mais satisfatório.

Se pertence ao partido minoritário, você não tem essa proteção. Deve dizer "sim" ou "não" para qualquer projeto de lei que apareça, sabendo que é improvável que se chegue a um acordo que você e seus apoiadores considerem imparcial ou justo. Numa época de indiscriminada troca de favores e de gigantescos projetos gerais de apropriação orçamentária, você pode ter certeza de que, independentemente da quantidade de cláusulas ruins existentes no projeto, haverá sempre alguma coisa boa — dinheiro para a compra de coletes à prova de bala para nossas tropas, digamos, ou um modesto aumento nos benefícios para veteranos — o que torna penoso ser contra.

Em seu primeiro mandato, pelo menos, a Casa Branca de Bush era mestra nessa arte de vencer os embates legislativos. Há uma história instrutiva sobre as negociações em torno da primeira rodada de redução de impostos de Bush, quando Karl Rove convidou um senador democrata à Casa Branca para conversar sobre seu apoio potencial ao pacote do presidente. Bush tinha vencido com facilidade no estado do senador na eleição anterior

— em parte graças a uma plataforma de redução de impostos —, e o senador em geral apoiava taxas marginais menores. Ainda assim, incomodado com quanto as reduções de impostos propostas favoreciam os ricos, ele sugeriu algumas mudanças que atenuassem o impacto do pacote.

"Façam essas mudanças", disse o senador a Rove, "e eu não só voto a favor do projeto, mas garanto que vocês vão conseguir setenta votos no Senado."

"Não queremos setenta votos", teria respondido Rove. "Queremos 51."

Rove talvez achasse o projeto de lei da Casa Branca boa política, talvez não, mas sabia reconhecer um vencedor político. O senador votava "sim" e ajudava a aprovar o programa do presidente ou votava "não" e tornava-se alvo fácil na eleição seguinte.

No fim, o senador — como muitos senadores de estados democratas — votou "sim", o que sem dúvida refletia o sentimento predominante sobre redução de impostos em seu estado natal. Apesar disso, histórias como essa ilustram algumas das dificuldades que qualquer partido minoritário enfrenta nos "acordos bipartidários". Todos gostam da ideia da "cooperação bipartidária". A mídia, em especial, é apaixonada pelo termo, que contrasta nitidamente com a "disputa bipartidária" que é o enredo dominante na cobertura jornalística do Capitólio.

A cooperação bipartidária genuína, no entanto, pressupõe que haja um processo honesto de intercâmbio e que a qualidade do acordo seja avaliada pela sua contribuição para um objetivo mútuo, quer se trate de escolas melhores ou de déficits menores. Isso, por sua vez, pressupõe que a maioria seja obrigada — por uma imprensa exigente e, em última análise, por um eleitorado esclarecido — a negociar com lisura. Se essas condições não existirem — se ninguém fora de Washington estiver de fato prestando atenção no conteúdo do projeto de lei, se os verdadeiros custos da redução de impostos forem ocultados por uma contabilidade fraudulenta e minimizados em 1 trilhão de dólares ou coisa parecida —, o partido majoritário pode começar qualquer negociação exigindo 100% do que deseja, depois abrir mão de 10% e então acusar de "obstrucionismo" qualquer membro do partido minoritário que não apoie esse "acordo". Para o partido minoritário nessa situação, "cooperação bipartidária" passa a significar ser cronicamente aniquilado, embora alguns senadores individuais possam obter certas recompensas políticas se votarem sempre com a maioria e, por isso, adquirir a reputação de "moderado" ou "centrista".

Previsivelmente, há militantes hoje que acham que os senadores democratas deveriam resistir firme a qualquer iniciativa republicana — mesmo iniciativas com algum mérito — como uma questão de princípio. É provável que nenhum desses indivíduos jamais tenha concorrido a cargo público como democrata num estado predominantemente republicano, nem jamais tenha sido alvo de uma campanha de milhões de dólares em anúncios negativos de TV. O que todo senador entende é que, embora seja fácil fazer um voto sobre um projeto de lei complicado parecer ruim e perverso num comercial de TV de trinta segundos, é muito difícil explicar a sensatez desse mesmo voto em menos de vinte minutos. O que todo senador também sabe é que, no decorrer de um único mandato, terá que declarar milhares de votos. É muita explicação a dar na época da eleição.

Talvez minha grande sorte, durante minha própria campanha para o Senado, tenha sido o fato de que nenhum candidato divulgou sequer uma propaganda negativa a meu respeito na TV. Isso se devia inteiramente às curiosas circunstâncias da minha candidatura ao Senado, não à falta de material para explorar. Afinal, eu já estava no legislativo estadual havia sete anos quando me candidatei, fora membro da minoria por seis e declarara milhares de votos, às vezes difíceis. Como é de praxe hoje em dia, o Comitê Nacional Senatorial Republicano tinha preparado um gordo dossiê de pesquisa de oposição a meu respeito bem antes de eu ser indicado, e minha própria equipe de pesquisa passou muitas horas vasculhando meu histórico num esforço para prever que anúncios negativos os republicanos poderiam tirar das mangas.

Não acharam muita coisa, mas acharam o suficiente para o que queriam — uns dez votos que, descritos fora de contexto, poderiam parecer assustadores. Quando meu consultor de mídia, David Axelrod, testou-os numa pesquisa de opinião, meus índices de aprovação imediatamente despencaram dez pontos. Havia um projeto de lei de direito penal que pretendia reprimir o tráfico de drogas nas escolas, mas que tinha sido tão mal elaborado que na minha opinião era ao mesmo tempo ineficaz e inconstitucional — "Obama votou para abrandar as penas contra criminosos que vendem drogas nas escolas", foi como os entrevistados a descreveram. Outro projeto de lei foi apresentado por militantes antiaborto e, à primeira vista, parecia razoável — determinava medidas de salvamento para bebês prematuros (sem mencionar que essas medidas já eram lei) —, mas também ampliava o conceito de "pessoa" a fetos inviáveis, revogando, portanto, a decisão do caso *Row v. Wade*; na pesquisa de opinião, dizia-se que eu tinha "votado para negar tratamento de salvamento para bebês nascidos vivos". Percorrendo a lista, deparei com uma afirmação de que no legislativo estadual eu tinha votado contra um projeto de lei para "proteger nossas crianças de agressores sexuais".

"Calma aí", disse eu, tirando a folha de papel das mãos de David. "Eu apertei sem querer o botão errado nesse projeto. Eu queria votar 'sim' e mandei corrigir imediatamente nos anais."

David sorriu. "Por alguma razão, acho que esse trecho dos anais não vai aparecer num anúncio republicano." Ele recuperou com suavidade a pesquisa das minhas mãos. "Seja como for, anime-se", acrescentou ele, dando-me um tapinha nas costas. "Tenho certeza de que isso vai ajudar a atrair o voto dos agressores sexuais."

Às vezes, eu me pergunto o que teria acontecido se aqueles anúncios fossem divulgados. Não é tanto saber se eu teria ganhado ou perdido — quando as primárias terminaram, minha vantagem sobre o adversário republicano era de 21 pontos —, mas o que os eleitores teriam achado de mim e se, entrando no Senado, eu teria contado com menos boa vontade. Pois é assim que a maioria dos meus colegas, republicanos e democratas, entra, com seus erros proclamados aos quatro ventos, suas palavras distorcidas e seus motivos postos em dúvida. Eles passam por esse batismo de fogo, que os persegue toda vez que declaram um voto, toda vez que divulgam um comunicado à imprensa ou fazem uma declaração, um medo de perder não só uma disputa política, mas a estima daqueles que os mandaram para Washington — aquelas pessoas que em algum momento lhes disseram: "Esperamos muito do senhor. Por favor, não nos decepcione".

Claro, há soluções técnicas para a nossa democracia que poderiam atenuar essa pressão dos políticos, mudanças estruturais que poderiam fortalecer o vínculo entre eleitores e seus representantes. Uma divisão distrital não partidária, registros no mesmo dia e eleições no fim de semana aumentariam a competitividade das disputas e poderiam incentivar maior participação do eleitorado — e quanto mais os eleitores prestam atenção, mais a integridade é recompensada. O financiamento público de campanhas ou tempo livre na televisão e no rádio poderiam reduzir drasticamente as constantes súplicas por dinheiro e a influência dos grupos de pressão. Mudanças das regras na Câmara dos Representantes e no Senado poderiam dar mais força aos legisladores do partido minoritário, aumentar a transparência do processo e estimular mais reportagens investigativas.

Mas nenhuma dessas mudanças ocorrerá sozinha. Cada uma delas exigiria uma mudança de atitude da parte dos que estão no poder. Cada uma delas exigiria que políticos contestassem, individualmente, a ordem existente; afrouxassem um pouco o controle dos cargos que ocupam; lutassem ao lado dos amigos, e também dos inimigos, em nome de ideias abstratas pelas quais o público parece ter pouco interesse. Cada uma delas exigiria de homens e mulheres a disposição de arriscar o que já têm.

No fim, portanto, estamos de volta àquela qualidade que JFK tentou definir no começo de sua carreira, quando se recuperava de uma cirurgia, consciente do seu heroísmo na guerra mas talvez refletindo sobre os desafios mais incertos que tinha pela frente — a qualidade da coragem. Em certo sentido, quanto mais tempo se tem de vida política, mais fácil deveria ser reunir essa coragem, pois há certa libertação na consciência de que, não importa o que se faça, alguém vai ficar furioso, que os ataques políticos virão por mais cauteloso que se seja em suas votações, que bom senso pode ser tido como covardia e que a própria coragem pode ser vista como cálculo. Consola-me o fato de que quanto mais tempo eu tenho de vida política, menos nutritiva se torna a popularidade, de que a luta pelo poder, pelo status e pela fama parece trair certa pobreza de ambição, e que o que mais importa é estar em paz diante do olhar firme da minha própria consciência.

E diante do meu eleitorado. Depois de uma reunião comunitária com eleitores em Godfrey, um senhor de idade se aproximou de mim e manifestou sua indignação com o fato de que, apesar de ter sido contra a guerra no Iraque, eu ainda não tinha insistido numa retirada total de tropas. Tivemos uma rápida e agradável discussão, na qual expliquei o meu temor de que uma retirada muito precipitada pudesse levar a uma guerra total no país e do potencial de ampliação do conflito em todo o Oriente Médio. No fim da nossa conversa, trocamos um aperto de mãos.

"Ainda acho que o senhor está errado", disse ele, "mas pelo menos parece que pensou sobre o assunto. Aliás, o senhor provavelmente me decepcionaria se concordasse comigo em tudo."

"Obrigado", respondi. Quando ele se afastava, eu me lembrei de uma coisa que o juiz Louis Brandeis disse certa vez: que, na democracia, o cargo mais importante é o de cidadão.

5. Oportunidade

Um fato sobre ser senador dos Estados Unidos — voa-se muito. Há voos de ida e volta a Washington pelo menos uma vez por semana. Há as viagens a outros estados para fazer um discurso, angariar fundos ou fazer campanha para colegas. Se você representa um estado grande, como Illinois, há voos para o norte e para o sul, para comparecer a reuniões comunitárias com eleitores ou a cerimônias de inauguração e para que as pessoas não pensem que você as esqueceu.

A maior parte do tempo, voo em aviões comerciais na classe econômica, esperando conseguir um lugar na janela ou no corredor e cruzando os dedos para que a pessoa instalada na minha frente não queira reclinar o encosto.

Mas às vezes, quando tenho que fazer múltiplas escalas num giro pela Costa Oeste, digamos, ou preciso chegar a outra cidade depois do último voo comercial, pego um jatinho particular. De início, ignorei essa opção, imaginando que o custo seria proibitivo. Mas durante a campanha meus colaboradores me explicaram que pelas regras do Senado um senador ou candidato podia voar no jatinho particular de alguém e pagar apenas o equivalente a uma passagem de primeira classe. Depois de examinar minha agenda de campanha e pensar no tempo que eu ganharia, decidi experimentar.

A experiência de voar acaba sendo bem diferente num jatinho particular. Jatinhos particulares decolam de terminais de propriedade privada, operados por companhias privadas, com grandes e macios sofás e TVs de tela grande nas salas de espera e antigas fotos de aviação nas paredes. Os banheiros geralmente são vazios e imaculados, dispõem dessas máquinas de engraxar e polir sapatos e têm desinfetantes bucais e balas de hortelã numa tigela. Não há nenhuma impressão de pressa nesses terminais; o avião está esperando se chegarmos atrasados e pronto para decolar se chegarmos cedo. Muitas vezes, pode-se pular a sala de espera e ir de carro direto para a pista. Ou os pilotos nos recebem no terminal, pegam nossas malas e nos levam até o avião.

E os aviões — bem, os aviões são ótimos. A primeira vez que fiz um voo desses, eu estava num Citation X, uma máquina lustrosa, compacta, com forro de madeira e poltronas de couro, que podiam ser juntadas para formar uma cama quando se quisesse tirar um cochilo. Uma salada de camarão e um prato de queijos estavam no assento na minha frente; mais adiante, o frigobar estava totalmente abastecido. Os pilotos penduraram meu casaco, ofereceram-me jornais para escolher e perguntaram se eu estava confortável. Eu estava.

Então o avião decolou, seus motores Rolls-Royce apoiando-se com firmeza no ar como um carro esportivo bem-feito se apoia com firmeza na estrada. Atravessando as nuvens, liguei o pequeno monitor de TV em frente à minha poltrona. Apareceu um mapa dos Estados Unidos, com a imagem do nosso avião seguindo para oeste, além de nossa velocidade, nossa altitude, o tempo de voo e a temperatura externa. A 40 mil pés de altura, o avião se estabilizou e eu olhei para a curva do horizonte lá embaixo, para as nuvens espalhadas, para a geografia da terra desdobrada diante de mim — primeiro os campos planos, como tabuleiro de xadrez, do oeste de Illinois, depois as curvas de serpente do Mississippi, em seguida mais terras cultivadas e fazendas de criação de gado e, por fim, as Rochosas pontiagudas, com os picos ainda cobertos de neve, até o sol baixar e o céu alaranjado reduzir-se a uma estreita linha vermelha, finalmente consumida pela noite, pelas estrelas e pela lua.

Entendi por que as pessoas acabam se acostumando a isso.

O objetivo dessa viagem específica era arrecadar fundos — em preparação para minha campanha nas eleições gerais, vários amigos e apoiadores organizaram eventos para mim em Los Angeles, San Diego e São Francisco. Mas a parte mais memorável da viagem foi uma visita que fiz à cidade de Mountain View, Califórnia, poucos quilômetros ao sul da Universidade de Stanford e Palo Alto, no coração do Vale do Silício, onde o Google, empresa de mecanismo de busca, tem a sua sede.

O Google já tinha alcançado status de ícone em meados de 2004, símbolo não apenas do poder crescente da internet, mas da rápida transformação da economia global. Na viagem de volta de San Francisco, repassei a história da empresa: como dois alunos de pós-graduação em ciência da computação de Stanford, Larry Page e Sergey Brin, tinham trabalhado juntos num quarto de dormitório para desenvolver uma forma melhor de fazer pesquisas na web; como, em 1998, com 1 milhão de dólares angariados de diversas fontes, eles tinham criado o Google, com três empregados trabalhando numa garagem; como o Google concebeu um modelo de publicidade — baseado em anúncios de texto não invasivos e relevantes para a busca do usuário — que tornou a empresa lucrativa mesmo quando a bolha das pontocom explodiu; e como, seis anos depois da fundação da empresa, o Google estava pronto para fazer sua oferta pública inicial de ações, com preços que fariam de Page e Brin duas das pessoas mais ricas da terra.

Mountain View parecia uma comunidade suburbana típica da Califórnia — ruas tranquilas, novíssimos conjuntos de edifícios de escritórios em áreas com belo tratamento paisagístico e modestas residências que, em razão do poder aquisitivo incomparável dos moradores do Vale do Silício, provavelmente custavam 1 milhão ou mais. Paramos em frente a um conjunto de modernos edifícios modulares e fomos recebidos pelo diretor jurídico do Google, David Drummond, um afro-americano mais ou menos da minha idade que organizara minha visita.

"Quando Larry e Sergey vieram a mim pensando em constituir uma empresa, imaginei que eles fossem apenas dois meninos muito inteligentes com mais uma ideia para startup", disse David. "Não posso dizer que esperava tudo isso."

Ele me levou para uma volta pelo prédio principal, que mais parecia um centro de estudantes de faculdade do que um escritório — uma lanchonete no térreo, onde o antigo chefe do Grateful Dead supervisionava a preparação de boas comidas para toda a equipe; videogames e uma mesa de pingue-pongue e uma academia totalmente equipada. ("O pessoal passa muito tempo aqui, e queremos que todos se sintam satisfeitos.") No segundo andar, passamos por grupos de homens e mulheres de jeans e camiseta, todos na faixa dos vinte anos, trabalhando com atenção diante de suas telas de computador ou espalhados por sofás e grandes bolas de borracha para exercícios, envolvidos em animadas conversas.

A certo ponto, encontramos Larry Page, que conversava com um engenheiro sobre um problema de software. Vestia-se como os empregados e, a não ser por alguns precoces fios de cabelo branco, não parecia mais velho do que eles. Falamos sobre a missão do Google — organizar todas as informações do mundo de uma forma acessível, não filtrada e utilizável — e o índice do site, que já incluía mais de 6 bilhões de páginas da web. A empresa tinha acabado de lançar um novo sistema de e-mail com uma função de pesquisa embutida; estava trabalhando numa tecnologia que permitisse iniciar uma pesquisa por comando de voz pelo telefone; e já tinha começado o Book Project, cujo objetivo era escanear todos os livros já publicados num formato acessível, criando uma biblioteca virtual que contenha todo o conhecimento humano.

No fim do passeio, Larry me levou até uma sala onde uma imagem tridimensional da Terra girava num grande monitor de tela plana. Larry pediu ao jovem engenheiro indiano-americano que trabalhava ali perto para explicar o que era aquilo que estávamos vendo.

"Essas luzes representam todas as pesquisas que estão sendo realizadas neste momento", disse o engenheiro. "Cada cor é uma língua diferente. Movendo esse botão *toggle* assim", e ele fez a tela se alterar, "você pode ver os padrões de tráfego de todo o sistema da internet."

A imagem era hipnótica, mais orgânica do que mecânica, como se eu estivesse vislumbrando as primeiras etapas de um processo evolutivo em aceleração, no qual todas as fronteiras entre os homens — nacionalidade, raça, religião, riqueza — se tornassem invisíveis e irrelevantes, de tal maneira que o físico em Cambridge, o negociador de títulos em Tóquio, o estudante num remoto vilarejo indiano e o gerente de uma loja de departamento na Cidade do México se juntavam para participar de uma conversa única, contínua, rumorejante, o tempo e o espaço cedendo a vez a um mundo tecido inteiro feito de luz. Então, notei as largas faixas de escuridão, enquanto o globo girava em seu eixo — a maior parte da África, pedaços do Sul da Ásia, até mesmo porções dos Estados Unidos, onde as grossas cordas de luz se dissolviam em alguns fios discretos.

Meu devaneio foi interrompido pela aparição de Sergey, um homem robusto, talvez alguns anos mais novo do que Larry. Ele sugeriu que eu os acompanhasse em sua reunião das sextas-feiras, tradição que vinha dos primeiros tempos da empresa, quando todos os funcionários do Google se juntavam para tomar cerveja, comer e conversar sobre qualquer assunto que quisessem. Quando entramos num vasto salão, já havia multidões de jovens sentados, alguns bebendo e rindo, outros ainda digitando em seus Palm Pilots ou em seus laptops, um zumbido de animação no ar. Havia um grupo de talvez cinquenta pessoas que parecia mais alerta, e David explicou que eram os novos contratados, recém-saídos dos cursos de doutorado; naquele dia, estavam sendo admitidos na equipe da empresa. Um por um, os novos funcionários foram apresentados, seus rostos lampejando numa grande tela junto com informações sobre grau de instrução, hobbies e outros interesses. Pelo menos metade do grupo parecia asiática; uma grande porcentagem dos brancos tinha nomes da Europa Oriental. Pelo que pude ver, não havia negros nem latino-americanos. Mais tarde, na caminhada de volta para o meu carro, toquei no assunto com David, e ele concordou com um aceno de cabeça.

"Sabemos que isso é um problema", disse ele, e mencionou esforços do Google para fornecer bolsas e ampliar o pool de minorias e alunas de matemática e ciências. Nesse meio-tempo, o Google precisava continuar competitivo, o que significava contratar os melhores pós-graduados dos melhores programas de matemática, engenharia e ciência da computação do país — MIT, Caltech, Stanford, Berkeley. Dá para contar nos dedos das mãos o número de alunos negros e latino-americanos nesses programas.

Na verdade, segundo David, encontrar engenheiros nascidos nos Estados Unidos, de qualquer raça, era cada vez mais difícil — razão pela qual todas as empresas do Vale do Silício se tornaram tão dependentes de estudantes estrangeiros. Ultimamente, empregadores de alta tecnologia estavam tendo que lidar com novas preocupações: depois do Onze de Setembro, muitos jovens estrangeiros começaram a ter dúvidas sobre se valia a pena estudar nos Estados Unidos, por causa da dificuldade de conseguir visto. Engenheiros e designers de software de primeira linha já não precisavam ir ao Vale do Silício em busca de emprego ou financiamento para uma startup. Empresas de tecnologia começavam a operar na Índia e na China, em ritmo acelerado, e fundos de capital de risco tinham se tornado globais; estavam prontos para investir tanto na Califórnia como em Mumbai ou Xangai. A longo prazo, explicou David, isso poderia se tornar um problema para a economia dos Estados Unidos.

"Vamos continuar atraindo talentos", disse ele, "porque somos uma marca boa. Mas para as startups, algumas das empresas menos estabelecidas, o próximo Google, como saber? Só espero que alguém em Washington compreenda que as coisas se tornaram muito competitivas. Nosso predomínio não é inevitável."

Mais ou menos na mesma época em que visitei o Google, fiz outra viagem que me levou a pensar sobre o que estava acontecendo com a economia. Essa não foi de jatinho, mas de carro, percorrendo quilômetros e quilômetros de estradas desertas até uma cidade chamada Galesburg, a 45 minutos da divisa do Iowa, no oeste de Illinois.

Fundada em 1836, Galesburg tinha começado como cidade universitária quando um grupo de pastores das igrejas presbiteriana e congregacional em Nova York resolveu levar sua combinação de reforma social e educação prática para a fronteira ocidental. A escola disso resultante, Knox College, tornou-se um viveiro de atividade abolicionista antes da Guerra Civil — um ramo da Underground Railroad [ferrovia subterrânea] passava por Galesburg, e Hiram Revels, primeiro senador negro dos Estados Unidos, foi aluno do curso preparatório da faculdade antes de voltar para o Mississippi. Em 1854, a ferrovia Chicago, Burlington & Quincy foi concluída até Galesburg, inaugurando um período de grande prosperidade comercial na região. E quatro anos depois, cerca de 10 mil pessoas se reuniram para assistir ao quinto debate entre Lincoln e Douglas, durante o qual Lincoln formulou sua oposição à escravidão como uma questão moral.

Não foi essa rica história, porém, que me levou a Galesburg. Na verdade, fui lá para um encontro com um grupo de líderes sindicais da fábrica da Maytag, pois a empresa tinha anunciado planos para demitir 1600 empregados e transferir suas operações para o México. Como tantas cidades do centro e do oeste de Illinois, Galesburg tinha sido atingida com força pela transferência de fábricas para o exterior. Nos anos anteriores, perdera fabricantes de peças industriais e um fabricante de mangueiras de borracha; passava na época pelo processo de ver a Butler Manufacturing, siderúrgica recentemente comprada por australianos, fechar suas portas. A taxa de desemprego em Galesburg já rondava os 8%. Com o fechamento da fábrica da Maytag, a cidade ia perder mais 5% ou 10% de todas as suas vagas de emprego.

Dentro da sala do sindicato dos mecânicos, sete ou oito homens e duas ou três mulheres estavam sentados em cadeiras dobráveis de metal, falando em voz baixa, alguns fumando cigarros, a maioria na faixa dos quarenta e muitos e dos cinquenta e poucos anos, todos de jeans ou cáqui, camiseta ou camisa xadrez. O presidente do sindicato, Dave Bevard, era um homem grande, forte, de talvez 55 anos, com barba negra e óculos escuros, e um chapéu que o tornava parecido com um membro da banda ZZ Top. Ele explicou que o sindicato tinha usado todas as táticas possíveis para fazer a Maytag mudar de ideia — falar com a imprensa, entrar em contato com acionistas, pedir apoio de autoridades locais e estaduais. A administração da Maytag não se comoveu.

"Não é que esses caras não estejam ganhando dinheiro", disse Dave. "E, se você perguntar, eles vão dizer que nós somos uma das fábricas mais produtivas da empresa. Mão de obra de qualidade. Baixos índices de erros. Aceitamos cortes de salário, cortes de benefícios, demissões. O estado e a cidade concederam à Maytag pelo menos 10 milhões de dólares em isenção fiscal nos últimos oito anos, com base em sua promessa de ficar aqui. Mas nunca é suficiente. Algum CEO, que já recebe milhões de dólares, decide que precisa aumentar o valor das ações da empresa para que possa ganhar muito dinheiro com suas opções, e a maneira mais fácil de fazer isso é mandar o serviço para o México e pagar aos empregados lá um sexto do que ganhamos aqui."

Perguntei que medidas as agências estaduais ou federais estavam tomando para reciclar empregados, e a reação de todos foi uma risada irônica. "Reciclagem é uma piada", disse o vice-presidente do sindicato, Doug Dennison. "Reciclar para quê, se não há empregos lá fora?" Disse que um orientador de carreiras sugeriu que ele tentasse tornar-se auxiliar de enfermagem, com um salário não muito mais alto do que a Walmart pagava para seus vendedores. Um dos mais jovens do grupo me contou uma história particularmente cruel: ele tinha resolvido estudar para ser técnico de computação, mas, uma semana depois de iniciar o curso de reciclagem, a Maytag o chamou de volta. A vaga na Maytag era temporária, mas, pelas regras, se recusasse a oferta da empresa, esse homem perderia o direito de receber dinheiro para o curso de reciclagem. Por outro lado, se voltasse para a Maytag e largasse o curso que já estava fazendo, a agência federal entenderia que ele tinha usado sua única oportunidade de reciclagem e não pagaria por qualquer curso de reciclagem no futuro.

Eu disse ao grupo que contaria sua história durante a campanha e apresentei algumas propostas que meus colaboradores tinham preparado — rever o código tributário a fim de eliminar isenções fiscais concedidas a empresas que transferem suas operações para fora do país; modernizar e financiar melhor os programas federais de reciclagem. Quando eu me preparava para ir embora, um homem grande e robusto de boné de beisebol resolveu falar. Disse que seu nome era Tim Wheeler e que tinha sido chefe do sindicato da fábrica da Butler nas proximidades. Lá, os empregados já estavam recebendo seus avisos de demissão, e Tim vivia do seguro-desemprego enquanto tentava descobrir o que fazer. Sua maior preocupação era com plano de saúde.

"Meu filho Mark precisa de um transplante de fígado", disse ele, sombrio. "Estamos na lista de espera de um doador, mas com meus benefícios de assistência médica esgotados, tentamos descobrir se o Medicaid cobriria os gastos. Ninguém me dá uma resposta direta, e, sabe como é, eu venderia tudo que tenho pelo Mark, contrairia dívidas, mas, mesmo assim..." A voz de Tim começou a falhar; sua mulher, sentada atrás dele, enfiou o rosto nas mãos. Tentei tranquilizá-los, dizendo que íamos descobrir exatamente o que o Medicaid poderia cobrir. Tim acenou com a cabeça, colocando o braço no ombro da esposa.

Na viagem de volta para Chicago, tentei imaginar o desespero de Tim: sem emprego, um filho doente, as economias acabando.

Essas eram as histórias que não se ouvia num jatinho particular voando a 40 mil pés de altura.

Ouvimos poucas objeções hoje em dia, seja da esquerda ou da direita, contra a noção de que estamos passando por uma transformação econômica fundamental. Progressos em tecnologia digital, fibra ótica, a internet, satélites e transportes efetivamente derrubaram as barreiras econômicas entre países e continentes. Pools de capitais vasculham a terra em busca dos melhores retornos financeiros, com trilhões de dólares atravessando fronteiras ao apertar de algumas teclas. O colapso da União Soviética, a instituição de reformas baseadas no mercado na Índia e na China, a redução das barreiras comerciais e o advento de grandes lojas varejistas, como o Walmart, fizeram bilhões de pessoas entrarem em concorrência direta com empresas americanas e trabalhadores americanos. Não se sabe se o mundo já é plano, como diz o colunista e escritor Thomas Friedman, mas o certo é que fica cada dia mais plano.

Não há dúvida de que a globalização trouxe benefícios significativos para os consumidores americanos. Reduziu os preços de bens que já foram considerados de luxo, como televisores de tela grande ou pêssegos no inverno e aumentou o poder aquisitivo de americanos de baixa renda. Ajudou a manter a inflação sob controle, melhorou os rendimentos de milhões de americanos que agora investem na bolsa de valores, abriu novos mercados para bens e serviços americanos e permitiu que países como China e Índia reduzissem drasticamente a pobreza, o que, a longo prazo, abre caminho para um mundo mais estável.

Mas também não há como negar que a globalização agravou a instabilidade econômica de milhões de americanos. Para continuar competitivas e agradar aos investidores no mercado global, empresas sediadas nos Estados Unidos se automatizaram, diminuíram de tamanho, terceirizaram e transferiram-se para outros países. Não cederam a pressões para aumentar salários e substituíram planos de saúde e aposentadoria com benefício definido por planos de aposentadoria 401(k) e Contas Poupança-Saúde (HSA) que repassam mais riscos e custos para os trabalhadores.

O resultado tem sido a emergência do que alguns chamam de economia "o vencedor leva tudo", na qual, quando a maré sobe, nem todos os barcos sobem também. Na última década, vimos robusto crescimento econômico, mas anêmico crescimento da oferta de empregos; grande salto de produtividade, mas achatamento salarial; vultosos lucros empresariais, mas uma fatia cada vez menor desses lucros para os trabalhadores. Para pessoas como Larry Page e Sergey Brin, para as que têm habilidades e talentos excepcionais e para os trabalhadores do conhecimento — engenheiros, advogados, consultores e profissionais de marketing — que possibilitam o trabalho delas, as recompensas potenciais de um mercado global nunca foram tão grandes. Mas para pessoas como as que trabalham na Maytag, cuja expertise pode ser automatizada, digitalizada ou transferida para outros países com salários mais baixos, os efeitos podem ser terríveis — um futuro num pool cada vez maior de mão de obra barata, com poucos benefícios, o risco de ruína financeira em caso de doença e a incapacidade de poupar para a aposentadoria ou para dar instrução superior aos filhos.

A questão é como enfrentar isso. Desde o início dos anos 1990, quando essas tendências começaram a aparecer, uma ala do Partido Democrata — encabeçada por Bill Clinton — adotou a nova economia, promovendo o livre-comércio, a disciplina fiscal e reformas em educação e treinamento que ajudem os trabalhadores a competir pelos empregos mais valorizados e bem pagos do futuro. Mas uma porção considerável da base do Partido Democrata — particularmente sindicalistas como Dave Bevard — resiste a esse plano. No que lhes diz respeito, o livre-comércio é bom para Wall Street, mas nada fez para conter a hemorragia de empregos americanos bem pagos.

O Partido Republicano não está imune a essa tensão. Com o alvoroço recente sobre imigração ilegal, por exemplo, a corrente do conservadorismo, defendida por Pat Buchanan, que coloca em primeiro lugar os interesses dos Estados Unidos pode voltar a crescer dentro do partido, o que representaria um desafio às políticas de livre-comércio do governo Bush. E em sua campanha de 2000 e no começo do primeiro mandato, George W. Bush sugeriu um papel legítimo para o governo, um "conservadorismo compassivo" que, segundo a Casa Branca, se manifesta no programa de medicamentos controlados do Medicare e na iniciativa de reforma educacional conhecida como Nenhuma Criança Deixada para Trás — e que tem causado indigestão aos conservadores adeptos do Estado mínimo.

De modo geral, porém, o plano econômico republicano do presidente Bush tem se dedicado a cortar impostos, reduzir regulamentação, privatizar serviços governamentais — e cortar mais impostos. Funcionários do seu governo dão a isso o nome de Sociedade Proprietária, mas a maior parte desses dogmas faz parte da doutrina da economia do laissez-faire pelo menos desde os anos 1930: a convicção de que uma redução acentuada — ou, em alguns casos, a eliminação — de impostos sobre renda, grandes propriedades, ganhos de capital e dividendos incentivaria a formação de capital, índices de poupança mais altos, mais investimentos nos negócios e maior crescimento econômico; a convicção de que as regulamentações governamentais inibem e distorcem o trabalho eficiente do mercado; e a convicção de que programas de benefícios governamentais são por natureza ineficientes, geram dependência e reduzem a responsabilidade, a iniciativa e as escolhas individuais.

Ou, como resumiu Ronald Reagan: "Governo não é a solução para os nossos problemas; governo é o problema".

Até agora, o governo Bush só resolveu metade da equação: o Congresso controlado pelos republicanos forçou a aprovação de sucessivas rodadas de cortes de impostos, mas se recusa a adotar medidas duras de controle dos gastos — as apropriações de verbas por grupos privados, também conhecidas como *earmarks*, aumentaram 64% desde que Bush assumiu o cargo. Enquanto isso, legisladores democratas (e o público em geral) resistem a cortes drásticos em investimentos vitais — rejeitando completamente a proposta do governo de privatizar a previdência social. Não está claro se a administração Bush de fato não dá a mínima para os déficits nas contas do governo e para a disparada da dívida pública disso resultantes. O que está claro é que o mar de tinta vermelha tornou mais difícil para governos futuros criar novos investimentos para enfrentar os desafios econômicos da globalização ou para fortalecer a rede de proteção social dos Estados Unidos.

Não quero exagerar as consequências desse impasse. Uma estratégia de não fazer coisa alguma e deixar que a globalização funcione sem interferência não significará o colapso iminente da economia americana. O PIB dos Estados Unidos continua maior do que a soma dos PIBs da China e da Índia. Por ora, pelo menos, empresas sediadas nos Estados Unidos continuam tendo uma vantagem em setores baseados no conhecimento, como design de software e pesquisa farmacêutica, e nossa rede de universidades e faculdades continua fazendo inveja ao resto do mundo.

Mas, a longo prazo, é provável que não fazer coisa alguma signifique um país bem diferente daquele em que a maioria de nós cresceu. Significará um país ainda mais estratificado econômica e socialmente do que hoje: um país no qual uma classe detentora de conhecimentos cada vez mais próspera, vivendo em bolsões exclusivos, será capaz de comprar tudo que quiser no mercado — escolas particulares, planos de saúde privados, segurança privada e jatinhos privados — enquanto compatriotas seus, em números cada vez maiores, estarão condenados a empregos mal pagos no setor de serviços, vulneráveis a rupturas, pressionados a trabalharem mais horas, dependentes, em assistência médica, aposentadoria e educação dos filhos, de um setor público subfinanciado, sobrecarregado e de baixo desempenho.

Significará um país no qual continuamos hipotecando nossos ativos para agiotas estrangeiros e nos expondo aos caprichos de produtores de petróleo; um país no qual investimos pouco na pesquisa científica básica e em treinamento da mão de obra que determinará nossas perspectivas econômicas de longo prazo e descuidamos de prováveis crises ambientais. Significará um país mais polarizado e mais instável politicamente, com a frustração econômica se intensificando e levando as pessoas a se voltarem umas contra as outras.

Pior ainda, significará menos oportunidades para os jovens americanos, um declínio na mobilidade social ascendente que está no coração das promessas deste país desde a sua fundação.

Esse não é o país que queremos para nós ou para os nossos filhos. E tenho certeza de que temos o talento e os recursos para criar um futuro melhor, um futuro no qual a economia cresça e a prosperidade seja compartilhada. O que nos impede de preparar esse futuro não é a ausência de boas ideias. É a ausência de um compromisso nacional para tomar as duras medidas necessárias para tornar os Estados Unidos mais competitivos — e a ausência de um novo consenso em torno do papel adequado do governo no mercado.

Para formar esse consenso, precisamos ver como foi o desenvolvimento do nosso sistema de mercado ao longo do tempo. Calvin Coolidge disse certa vez que "o principal negócio do povo americano são os negócios", e, de fato, seria difícil encontrar um país na terra que acolha com mais consistência a lógica do mercado. Nossa Constituição coloca a posse da propriedade privada no coração do nosso sistema de liberdade. Nossas tradições religiosas celebram o valor do trabalho e manifestam a convicção de que uma vida virtuosa trará recompensas materiais. Em vez de difamar os ricos, nós os vemos como bons exemplos, e nossa mitologia está repleta de histórias de homens ambiciosos — o imigrante que vem para esse país de mãos vazias e alcança sucesso extraordinário, o jovem que vai para o Oeste em busca de riqueza. Como disse Ted Turner numa frase célebre, nos Estados Unidos, o dinheiro é como nós marcamos os pontos.

O resultado dessa cultura dos negócios tem sido uma prosperidade sem igual na história humana. É preciso fazer uma viagem ao exterior para perceber como a situação dos americanos é favorável; até os pobres contam com bens e serviços — eletricidade, água limpa, tubulação interna, telefones, televisões e eletrodomésticos — ainda fora do alcance da maior parte do mundo. Os Estados Unidos talvez tenham sido abençoados com alguns dos melhores pedaços de terra do planeta, mas obviamente não são apenas os recursos naturais que explicam nosso sucesso econômico. Nosso maior patrimônio tem sido o sistema de organização social, um sistema que, ao longo de gerações, tem incentivado a inovação constante, a iniciativa individual e a alocação eficiente de recursos.

Não deveria ser surpresa para ninguém, portanto, o fato de termos uma tendência a considerar o nosso sistema de livre mercado como coisa dada, a supor que ele seja decorrência natural das leis de oferta e procura e da mão invisível de Adam Smith. E partindo desse pressuposto não é preciso nenhum grande esforço para achar que qualquer intromissão do governo no funcionamento mágico do mercado — seja através de tributação, de regulamentação, de ações judiciais, de tarifas, de proteções trabalhistas ou de gastos com prerrogativas — necessariamente debilita a iniciativa privada e inibe o crescimento econômico. A falência do comunismo e do socialismo como forma alternativa de organização econômica reforçou essa crença. Em nossos manuais de economia e em nossos debates políticos modernos, o laissez-faire é a regra predefinida; qualquer um que o conteste estará nadando contra a corrente.

É importante, portanto, nos lembrarmos de que nosso sistema de livre mercado não resulta nem de lei natural, nem da providência divina. Na verdade, ele surgiu através de um processo doloroso de tentativa e erro, uma série de difíceis escolhas entre eficiência e imparcialidade, estabilidade e mudança. E, apesar de os benefícios do nossos sistema de livre mercado terem decorrido basicamente dos esforços individuais de gerações de homens e mulheres buscando sua própria visão da felicidade, em cada período de grande convulsão e transição econômica dependemos da ação do governo para criar oportunidades, incentivar a competição e fazer o mercado trabalhar melhor.

Em linhas gerais, a ação do governo assumiu três formas. Em primeiro lugar, o governo tem sido convocado ao longo da nossa história para construir a infraestrutura, treinar a força de trabalho e, fora isso, lançar os alicerces necessários para o crescimento econômico. Todos os Fundadores reconheceram a ligação entre propriedade privada e liberdade, mas Alexander Hamilton viu, além disso, o vasto potencial de uma economia nacional — uma economia baseada não no passado agrário dos Estados Unidos, mas num futuro comercial e industrial. Para transformar esse potencial em realidade, afirmava Hamilton, os Estados Unidos precisavam de um governo nacional forte e ativo, e, como primeiro secretário do Tesouro dos Estados Unidos, ele começou a pôr em prática suas ideias. Nacionalizou a dívida da Guerra Revolucionária, o que não só criou as economias dos estados individuais mas também ajudou a estimular um sistema nacional de crédito e mercados de capital fluidos. Promoveu políticas — de fortes leis de propriedade intelectual a altas tarifas — para incentivar a produção industrial americana e propôs investimentos nas estradas e nas pontes necessárias para levar produtos aos mercados.

Hamilton encontrou feroz resistência da parte de Thomas Jefferson, que temia que um governo nacional forte vinculado a grupos comerciais ricos enfraquecesse sua visão de uma democracia igualitária vinculada à terra. Mas Hamilton entendia que só libertando o capital de grupos de proprietários de terras locais os Estados Unidos teriam acesso ao seu recurso mais poderoso — isto é, a energia e o empreendedorismo do povo americano. Essa ideia de mobilidade social foi um dos grandes arranjos iniciais do capitalismo americano; o capitalismo industrial e comercial poderia causar maior instabilidade, mas seria um sistema dinâmico no qual qualquer um, com energia e talento suficientes, seria capaz de chegar ao topo. E nisso, pelo menos, Jefferson estava de acordo — foi por acreditar na meritocracia, e não na aristocracia hereditária, que Jefferson batalhou pela criação de uma universidade nacional, financiada pelo governo, que pudesse educar e treinar os talentos do novo país, e que considerava a fundação da Universidade da Virgínia uma das suas maiores realizações.

Essa tradição, de investimento do governo dos Estados Unidos na infraestrutura física e em seu povo, foi adotada com entusiasmo por Abraham Lincoln e pelo Partido Republicano em seus primórdios. Para Lincoln, a essência dos Estados Unidos era a oportunidade, a capacidade de avançar na vida pelo "trabalho livre". Lincoln considerava o capitalismo a melhor maneira de criar essa oportunidade, mas via também que a transição de uma sociedade agrícola para uma sociedade industrial abalava vidas e destruía comunidades.

Assim sendo, no meio da guerra civil, Lincoln adotou uma série de políticas que não só lançaram as bases de uma economia nacional plenamente integrada, mas permitiram a mais e mais pessoas galgarem as escadas da oportunidade. Insistiu na construção da primeira ferrovia transcontinental. Constituiu a Academia Nacional de Ciências, para estimular a pesquisa de base e descobertas científicas que levassem a novas tecnologias e a suas aplicações comerciais. Aprovou a Lei da Propriedade Rural de

1862, que transferia vastas quantidades de terras públicas no Oeste dos Estados Unidos para colonos do Leste e imigrantes do mundo inteiro, a fim de que eles também pudessem ter direito a sua parte na economia do país. Em seguida, em vez de deixar esses proprietários rurais entregues à própria sorte, criou um sistema de concessão de terras para faculdades, para que agricultores pudessem se instruir sobre as técnicas agrícolas mais recentes e recebessem a instrução liberal que lhes possibilitasse sonhar para além dos horizontes da vida na fazenda.

A intuição básica de Hamilton e Lincoln — de que os recursos e o poder do governo nacional podem ajudar, em vez de suplantar, um mercado vibrante — continuou a ser uma das pedras angulares de políticas tanto democratas como republicanas em todos os estágios do desenvolvimento dos Estados Unidos. A Represa Hoover, a Administração do Vale do Tennessee, o sistema interestadual de autoestradas, a internet, o Projeto Genoma Humano — vezes sem conta, investimentos do governo ajudaram a abrir caminho para uma explosão de atividade econômica privada. E pela criação de um sistema de escolas e instituições públicas de ensino superior, além de programas como a Lei dos Soldados que deram a milhões de americanos acesso à universidade, o governo ajudou a oferecer ferramentas para que indivíduos se adaptem e inovem num clima de constante mudança tecnológica.

Além de fazer investimentos necessários, que a iniciativa privada não pode ou não quer fazer por sua própria conta, um governo nacional ativo tem sido indispensável também para lidar com os fracassos do mercado — esses inesperados e recorrentes obstáculos comuns a qualquer sistema capitalista que inibem o funcionamento eficiente do mercado ou que resultam em prejuízo para o público. Teddy Roosevelt reconheceu que o poder dos monopólios poderia restringir a competição, e tornou a "caça ao truste" uma prioridade da sua administração. Woodrow Wilson instituiu o Federal Reserve Bank (Banco Central) para administrar o suprimento de dinheiro e inibir as periódicas crises de pânico dos mercados financeiros. O governo federal e os governos estaduais estabeleceram as primeiras leis dos consumidores — a Lei de Alimentos e Medicamentos Puros, a Lei de Inspeção de Carnes — para proteger os americanos contra produtos prejudiciais. Mas foi durante a quebra da bolsa de valores de 1929 e a Depressão subsequente que a função vital do governo na regulamentação do mercado ficou mais evidente. Com a confiança dos investidores destruída, a corrida aos bancos ameaçando provocar o colapso do sistema financeiro e a espiral descendente na demanda de consumo e em investimentos comerciais, FDR arquitetou uma série de intervenções governamentais que puseram fim à contração econômica. Pelos oito anos seguintes, a administração New Deal testou políticas para recuperar a economia, e essas intervenções, apesar de nem todas produzirem os resultados desejados, deixaram atrás de si uma estrutura regulatória que ajudou a reduzir o risco de crise econômica: uma Comissão de Valores Mobiliários para dar transparência aos mercados financeiros e proteger investidores menores contra fraudes e manipulações; garantia da Corporação Federal de Seguro de Depósitos (FDIC) para dar segurança aos correntistas bancários; e políticas fiscais e monetárias anticíclicas, na forma de redução de impostos, aumento de liquidez ou gastos públicos diretos para estimular a demanda quando empresas e consumidores se retirassem do mercado.

Por fim — e provocando mais controvérsias —, o governo ajudou a estruturar o pacto social entre as empresas e o trabalhador americano. Nos primeiros 150 anos dos Estados Unidos, com o capital concentrado em trustes e sociedades de responsabilidade limitada, os trabalhadores eram impedidos pela lei e pela violência de formar sindicatos que aumentassem seu poder de barganha. Os operários praticamente não tinham proteção alguma contra condições de trabalho perigosas e desumanas, fosse nas chamadas *sweatshops*, fosse nos frigoríficos. E a cultura americana não tinha muita simpatia pelos operários que os periódicos vendavais de "destruição criadora" do capitalismo empobreciam — a receita para o sucesso individual era mais trabalho duro e não mimos do Estado. As redes de proteção, quando existiam, vinham dos recursos parcos e irregulares das instituições de caridade.

Mais uma vez, foi preciso o choque da Grande Depressão, com um terço das pessoas sem emprego, morando mal, vestindo-se mal e alimentando-se mal, para que o governo corrigisse esse desequilíbrio. Em seu segundo ano no cargo, FDR conseguiu aprovar no Congresso a Lei da Previdência Social de 1935, peça-chave do novo Estado de bem-estar social, uma rede de proteção que tiraria da pobreza quase metade dos cidadãos idosos, garantiria seguro-desemprego para os que perderam o emprego e concederia modestos pagamentos da previdência aos inválidos e aos idosos pobres. FDR também introduziu leis que mudaram fundamentalmente as relações entre capital e trabalho: a semana de quarenta horas, leis sobre o trabalho infantil e sobre salário mínimo, e a Lei Nacional de Relações de Trabalho, que tornou possível a organização de sindicatos industriais de ampla base e obrigava os empregadores a negociar de boa-fé.

Parte das razões de FDR para aprovar essas leis vinha diretamente da economia keynesiana. Uma cura para a depressão econômica consistia em colocar mais renda disponível no bolso dos trabalhadores americanos. Mas FDR também entendia que o capitalismo numa democracia exigia o consentimento do povo e que, dando aos trabalhadores uma fatia maior do bolo econômico, suas reformas reduziriam o apelo potencial de sistemas de comando e controle administrados pelo governo — fossem fascistas, socialistas ou comunistas — que conquistavam apoio em toda a Europa. Como explicaria em 1944, "pessoas famintas, pessoas sem emprego são a matéria com a qual se fazem as ditaduras".

Por um tempo, pareceu que a história acabava assim — com FDR salvando o capitalismo por meio de um governo federal ativo que investe em seu povo e em infraestrutura, regula o mercado e protege o trabalho contra a privação crônica. E, de fato, pelos 25 anos seguintes, através de administrações republicanas e democratas, esse modelo de Estado de bem-estar social americano desfrutou de amplo consenso. Havia quem, na direita, se queixasse de socialismo progressivo e quem, na esquerda, achasse que FDR não tinha ido longe o suficiente. Mas o enorme crescimento da economia americana de produção em massa e a enorme distância em capacidade produtiva entre os Estados Unidos e as economias arrasadas da Europa e da Ásia abafavam a maioria das batalhas ideológicas. Sem rivais sérios, as empresas americanas eram capazes de repassar, regularmente, altos custos trabalhistas e regulatórios para os consumidores. O pleno emprego permitia que operários de fábrica sindicalizados passassem para a classe média, sustentassem a família com uma única fonte de renda e desfrutassem da estabilidade de segurança na saúde e na aposentadoria. E nesse ambiente de constantes lucros empresariais e de salários em alta, os formuladores políticos encontravam apenas uma resistência modesta ao aumento de impostos e a mais regulamentação para enfrentar problemas sociais prementes — daí a criação dos programas da Grande Sociedade, incluindo Medicare, Medicaid e previdência social, no governo Johnson; e a criação da Agência de Proteção Ambiental e da Administração de Saúde e Segurança Ocupacional, no governo Nixon.

Havia apenas um problema com esse triunfo liberal — o capitalismo não ficaria parado. Pelos anos 1970, o crescimento da produtividade americana, locomotiva da economia do pós-guerra, começou a perder força. A confiança crescente da Organização dos Países Exportadores de Petróleo (Opep) permitiu que produtores de petróleo estrangeiros abocanhassem uma fatia muito maior da economia global, expondo a vulnerabilidade dos Estados Unidos a perturbações no suprimento de energia. Empresas americanas começaram a sentir a concorrência de produtores de baixo custo na Ásia, e nos anos 1980 um dilúvio de produtos importados baratos — têxteis, sapatos, aparelhos eletrônicos e até automóveis — começou a ocupar grandes nichos do mercado interno. Enquanto isso, empresas multinacionais sediadas nos Estados Unidos começaram a transferir fábricas para o exterior — em parte para ter acesso a mercados estrangeiros, mas também para tirar proveito da mão de obra barata.

Nesse ambiente global mais competitivo, a velha fórmula corporativa de lucros uniformes e gestão pouco inspirada já não funcionava. Com menos capacidade de repassar para os consumidores os custos mais altos ou produtos de qualidade inferior, os lucros corporativos e as fatias de mercado encolheram, e os acionistas passaram a exigir mais valor. Algumas empresas descobriram maneiras de aumentar a produtividade através da inovação e da automação. Outras recorreram basicamente a brutais demissões, à resistência à sindicalização e à transferência da produção para outros países. Os gestores que não se adaptassem eram vulneráveis à ação de especuladores agressivos e de especialistas em compra alavancada que faziam as mudanças por eles, sem qualquer consideração para com os empregados cuja vida podia ser virada de pernas para o ar ou para com as comunidades que podiam ser destruídas. De uma forma ou de outra, as empresas americanas tornaram-se mais ágeis e mais mesquinhas — com operários e cidades industriais da velha guarda, como Galesburg, pagando o preço da transformação.

Não foi só o setor privado que teve de adaptar-se a esse novo ambiente. Como a eleição de Ronald Reagan deixou claro, o povo queria que o governo também mudasse.

Em sua retórica, Reagan costumava exagerar o crescimento do Estado de bem-estar social nos 25 anos anteriores. Em seu auge, o orçamento federal, como fatia total da economia americana, continuava bem abaixo dos números equivalentes na Europa Ocidental, mesmo levando em conta o enorme orçamento de defesa dos Estados Unidos. Apesar disso, a revolução conservadora que Reagan ajudou a conduzir ganhou força porque a intuição primordial de Reagan — a de que o Estado de bem-estar social liberal tinha se tornado complacente e burocrático demais, com líderes políticos mais preocupados com a repartição do que com o crescimento do bolo da economia — continha boa dose de verdade. Assim como muitos gestores empresariais, blindados contra a concorrência, tinham deixado de entregar valor, muitas burocracias de governo tinham parado de perguntar se seus acionistas (os contribuintes americanos) e seus consumidores (os usuários dos serviços governamentais) estavam satisfeitos com o que recebiam em troca do que pagavam.

Nem todo programa governamental funcionava da forma como era anunciado. Algumas funções poderiam ser mais bem executadas pelo setor privado, assim como, em alguns casos, incentivos baseados no mercado poderiam alcançar os mesmos resultados, como regulamentações de estilo comando e controle, a um custo mais baixo e com maior flexibilidade. As altas taxas marginais que existiam quando Reagan assumiu a presidência talvez não coibissem incentivos para trabalhar ou investir, mas com certeza distorciam decisões de investimento — e levaram a uma ineficiente indústria de deduções de impostos. E embora tenha sem dúvida socorrido muitos americanos empobrecidos, a previdência social criou alguns incentivos perversos em termos de ética do trabalho e estabilidade da família.

Obrigado a fazer acordos com o Congresso controlado pelos democratas, Reagan jamais conseguiu concretizar muitos dos seus planos mais ambiciosos para diminuir o tamanho do governo. Mas mudou fundamentalmente os termos do debate político. A revolta tributária da classe média tornou-se característica permanente da política nacional e estabeleceu um teto para a expansão do governo. Para muitos republicanos, a não interferência no mercado tornou-se dogma.

Muitos eleitores, claro, continuaram a buscar o governo em épocas de desaceleração econômica, e a proposta de Bill Clinton de uma ação mais agressiva do governo na economia ajudou a conduzi-lo à Casa Branca. Depois da derrota politicamente desastrosa do seu plano de assistência médica e da eleição de um Congresso republicano em 1994, Clinton teve que refrear suas ambições, mas conseguiu dar um viés progressista a alguns dos objetivos de Reagan. Declarando o fim da era do Estado assistencialista, Clinton transformou em lei a reforma da previdência, aprovou redução de impostos para a classe média e para os trabalhadores pobres e esforçou-se para diminuir a burocracia e os entraves burocráticos. E foi Clinton que conseguiu aquilo que Reagan jamais conseguiu: colocar em ordem a casa fiscal do país ao mesmo tempo que reduzia a pobreza e fazia novos, modestos investimentos em educação e formação profissional. Quando Clinton saiu da Casa Branca, parecia que algum equilíbrio tinha sido alcançado — um Estado menor, mas que retinha a rede de segurança criada por FDR.

Só que o capitalismo, ainda assim, não está parado. As políticas de Reagan e Clinton talvez tenham cortado alguma gordura do Estado de bem-estar social liberal, mas não puderam alterar as realidades subjacentes da competição global e da revolução tecnológica. Os empregos continuam migrando para o exterior — não só no setor industrial, mas cada vez mais no setor dos serviços que podem ser transmitidos digitalmente, como programação básica de computador. As empresas continuam lutando contra os altos custos da assistência médica. Os Estados Unidos continuam importando muito mais do que exportam, tomando emprestado muito mais do que emprestam.

Sem uma clara filosofia de governo, a administração Bush e seus aliados no Congresso reagiram levando a revolução conservadora à sua conclusão lógica — impostos ainda mais baixos, menos regulamentações ainda e rede de proteção ainda menor. Mas, com essa atitude, os republicanos estão travando a última guerra, a guerra que travaram e ganharam nos anos 1980, enquanto os democratas são obrigados a travar um combate de retaguarda, defendendo os programas do New Deal dos anos 1930. Nenhuma dessas estratégias funcionará mais. Os Estados Unidos não podem competir com a China e a Índia simplesmente reduzindo custos e encolhendo o Estado assistencialista — a não ser que estejamos prontos para aceitar um drástico declínio no padrão de vida americano, com cidades sufocadas pela poluição e pedintes enfileirados nas ruas. Nem podem os Estados Unidos competir apenas erguendo barreiras comerciais e aumentando o salário mínimo — a não ser que estejamos dispostos a confiscar todos os computadores do mundo.

Mas nossa história deveria dar-nos confiança, para não termos que escolher entre uma economia opressiva, administrada pelo governo, e um capitalismo caótico e implacável. Ela nos diz que somos capazes de sair mais fortes, não mais fracos, das grandes convulsões econômicas. Como os que vieram antes de nós, precisamos perguntar a nós mesmos que combinação de políticas conduzirá a um livre mercado dinâmico e à segurança econômica generalizada, à inovação empresarial e à mobilidade ascendente. E, nisso, podemos ser guiados por esta máxima simples de Lincoln: que faremos coletivamente, por meio do nosso governo, apenas aquelas coisas que individual e privadamente não podemos fazer bem ou que não podemos de jeito nenhum.

Em outras palavras, precisamos ser guiados por aquilo que funciona.

* * *

Como seria esse novo consenso econômico? Não quero dar a impressão de ter todas as respostas, e uma discussão minuciosa da política econômica dos Estados Unidos ocuparia muitos volumes. Mas posso oferecer alguns exemplos de onde podemos superar o impasse político atual; lugares onde, na tradição de Hamilton e Lincoln, podemos investir em nossa infraestrutura e em nosso povo; maneiras de começarmos a modernizar e reconstruir o contrato social que FDR costurou em meados do século passado.

Comecemos por estes investimentos que podem tornar os Estados Unidos mais competitivos na economia global: investimentos em educação, ciência e tecnologia, e independência energética.

Ao longo da nossa história, a educação esteve no âmago de um acordo que este país faz com seus cidadãos: se trabalhar muito e assumir responsabilidades, você terá chance de alcançar uma vida melhor. E num mundo em que o conhecimento determina o valor no mercado de trabalho, em que uma criança em Los Angeles tem que competir não só com uma criança em Boston, mas também com milhões de crianças em Bangalore e Pequim, há muitas escolas americanas que não estão cumprindo suas obrigações.

Em 2005, fiz uma visita à Thornton Township High School, um colégio predominantemente negro nos subúrbios do sul de Chicago. Minha equipe tinha trabalhado com professores de lá na organização de um encontro comunitário com jovens — representantes de cada turma passaram semanas realizando pesquisas de opinião para descobrir que assuntos mais preocupavam seus colegas e, no fim, apresentaram os resultados numa série de perguntas a mim dirigidas. Na reunião, falaram sobre violência nos bairros e déficits de computadores nas salas de aula. Mas a maior preocupação era esta: como o distrito ao qual pertencia o colégio não tinha condições de manter professores um dia inteiro na escola, Thornton liberava todo mundo à uma e meia da tarde. Com menos horas de aula, não havia tempo para os estudantes fazerem laboratório de ciências ou assistirem a aulas de línguas estrangeiras. "Por que estamos sendo enganados?", perguntaram. "Parece que ninguém espera que a gente chegue à faculdade", disseram. Queriam mais escolas.

Acostumamo-nos a ouvir essas histórias de crianças negras e latino-americanas pobres perdendo tempo em escolas que não são capazes de prepará-las sequer para a velha economia industrial, menos ainda para a era da informação. Mas os problemas do nosso sistema de ensino não se limitam às periferias urbanas. Os Estados Unidos têm agora um dos mais altos índices de abandono dos estudos no ensino médio de todo o mundo industrializado. Em seu último ano, os alunos de ensino médio dos Estados Unidos tiram notas mais baixas em matemática e ciências do que seus colegas estrangeiros. Metade dos adolescentes não entende nada de frações, metade dos alunos de nove anos não sabe fazer operações simples de multiplicação ou divisão, e, apesar de o número de estudantes americanos que prestam exames para entrar na universidade nunca ter sido tão alto, apenas 22% são capazes de acompanhar as aulas de inglês, matemática e ciência na faculdade.

Não acredito que o governo, sozinho, seja capaz de melhorar essas estatísticas. É dos pais a responsabilidade primordial de instilar em seus filhos uma ética do trabalho e de sucesso na educação. Mas os pais esperam, com razão, que o governo, através das escolas públicas, atue como sócio no processo educacional — exatamente como o fez com gerações anteriores de americanos.

Infelizmente, em vez de inovação e de reformas ousadas das nossas escolas — as reformas que permitiriam aos alunos de Thornton disputar empregos no Google —, o que vemos da parte do governo há quase duas décadas tem sido medidas paliativas e tolerância com a mediocridade. Isso é um pouco resultado de batalhas ideológicas tão antiquadas quanto previsíveis. Muitos conservadores sustentam que o dinheiro não é importante para melhorar o nível do ensino; que os problemas das escolas públicas são causados por lamentáveis burocracias e por intransigentes sindicatos de professores; e que a única solução é acabar com o monopólio do governo na educação distribuindo cheques-ensino. Enquanto isso, quem é de esquerda se vê com frequência na situação de defender um status quo indefensável, afirmando que só com mais dinheiro será possível obter melhores resultados na educação.

As duas ideias estão erradas. Dinheiro é importante para a educação — do contrário, por que os pais pagam tanto para morar em distritos escolares de classe média onde há recursos financeiros? —, e muitas escolas rurais e urbanas ainda sofrem com salas de aula superlotadas, livros antiquados, equipamento inadequado e professores obrigados a enfiar a mão no próprio bolso para adquirir suprimentos básicos. Mas não há como negar que a forma de administrar muitas escolas públicas representa um problema pelo menos tão grande quanto o do financiamento de que precisam.

Nossa tarefa, então, é identificar as reformas que têm maior impacto no desempenho dos alunos, financiá-las adequadamente e eliminar os programas que não produzem resultados. Na verdade, já temos conhecimento concreto das reformas que funcionam: um currículo mais exigente e rigoroso, com ênfase em matemática, ciência e aptidões de leitura e escrita; mais horas e mais dias para dar aos alunos o tempo e a atenção de que precisam para aprender; educação na primeira infância para todas as crianças, a fim de evitar que já estejam atrasadas em seu primeiro dia de aula; avaliações de desempenho significativas, que ofereçam um quadro mais completo do progresso de cada aluno; e o recrutamento e treinamento de diretores de mente mais aberta e professores mais eficientes.

Este último ponto — a necessidade de bons professores — merece ênfase. Estudos recentes mostram que o fator mais importante para o desempenho do aluno não é a cor da pele ou o lugar de onde vem, mas quem é seu professor. Infelizmente, muitas das nossas escolas dependem de professores inexperientes, com pouca formação nos assuntos que lecionam, e com grande frequência esses professores estão concentrados em escolas que já lutam com dificuldade. Além disso, a situação tende a piorar, em vez de melhorar. A cada ano, distritos escolares sofrem uma perda hemorrágica de professores experientes à medida que a geração *baby boom* se aposenta, e 2 milhões de professores precisam ser convocados na próxima década só para fazer face ao aumento do número de matrículas.

O problema não é falta de interesse pela profissão; estou sempre conhecendo jovens formados nas melhores faculdades que se inscreveram, através de programas como Teach for America, para trabalhar por dois anos nas escolas públicas mais violentas do país. Acham o trabalho extraordinariamente compensador; os alunos para os quais lecionam beneficiam-se de sua criatividade e do seu entusiasmo. Mas, ao fim de dois anos, a maioria precisa mudar de carreira ou ir para escolas em bairros de classe média — em consequência dos baixos salários, da falta de apoio da burocracia educacional e de um sentimento generalizado de isolamento.

Se quisermos de fato construir um sistema de ensino para o século XXI, teremos que levar a sério a profissão de professor. Isso significa mudar o processo de concessão de diploma para permitir que um aluno de química que deseje lecionar evite dispendiosos trabalhos adicionais no curso; formar duplas de professores novos com professores experientes para acabar com seu isolamento; e dar aos professores experientes mais controle sobre o que acontece em suas salas.

Significa também pagar aos professores o que eles valem. Não há razão para que um professor experiente, altamente qualificado e eficaz não ganhe 100 mil dólares por ano no auge da sua carreira. Professores muito qualificados em áreas críticas como matemática e ciência — bem como aqueles que estejam dispostos a lecionar nas escolas urbanas mais violentas — deveriam ser ainda mais bem pagos.

Há apenas um senão. Em troca de mais dinheiro, os professores precisam aceitar mais responsabilidade pelo próprio desempenho — e distritos escolares precisam ter mais agilidade para se livrarem de professores ineficientes.

Até agora, os sindicatos de professores têm resistido à ideia de pagar pelo desempenho, em parte porque esse pagamento estaria sujeito aos caprichos do diretor. Os sindicatos também argumentam — corretamente, na minha opinião — que a maioria dos distritos escolares recorre apenas a notas nas provas para avaliar o desempenho de um professor, e que as notas nas provas podem depender demais de fatores fora do controle de qualquer professor, como o número de alunos de baixa renda ou com necessidades especiais em suas salas de aula.

Mas esses problemas não são insolúveis. Trabalhando com sindicatos de professores, estados e distritos escolares podem desenvolver métodos melhores de avaliação de desempenho, que combinem dados de provas com um sistema de revisão por pares (a maioria dos professores é capaz de dizer, de forma bastante consistente, quais são os bons professores da sua escola e quais são os ruins). E podemos tomar providências para que professores de desempenho fraco deixem de prejudicar os alunos que querem de fato aprender.

Na verdade, se quisermos fazer os investimentos necessários para modernizar nossas escolas, vamos precisar redescobrir nossa fé em que toda criança é capaz de aprender. Tive a chance de visitar a Dodge Elementary School, na parte oeste de Chicago, uma escola que já ocupou o último lugar em todas as avaliações, mas que está dando uma virada. Enquanto eu conversava com alguns docentes sobre os desafios que enfrentam, uma jovem professora mencionou o que chamava de "síndrome de esses meninos" — a predisposição da sociedade para achar um milhão de desculpas para o fato de "esses meninos" não conseguirem aprender; e que "esses meninos vêm de ambientes violentos" ou "esses meninos estão atrasados demais".

"Ouvir esse termo me deixa furiosa", disse a professora. "Eles não são 'esses meninos'. São nossos meninos."

O desempenho da economia americana nos próximos anos talvez dependa em grande parte de levarmos a sério essas palavras sensatas.

Nossos investimentos em educação não podem se limitar à melhoria do sistema de escolas de ensino fundamental e de ensino médio. Numa economia baseada no conhecimento, na qual oito dos empregos de crescimento mais rápido nesta década exigem qualificações científicas e tecnológicas, a maioria dos trabalhadores vai precisar de algum tipo de instrução superior para ocupar os empregos do futuro. E assim como nosso governo instituiu escolas públicas de ensino médio gratuitas e obrigatórias no alvorecer do século xx para fornecer aos trabalhadores as aptidões necessárias para a era industrial, nosso governo tem que ajudar a força de trabalho de hoje a ajustar-se às realidades do século xxi.

Em muitos sentidos, essa tarefa hoje deveria ser mais fácil do que foi para os líderes políticos de cem anos atrás. Uma das razões é que nossa rede de universidades e faculdades comunitárias já existe e está equipada para receber mais alunos. E os americanos certamente não precisam ser convencidos do valor de uma instrução superior — a percentagem de adultos jovens que obtêm diploma de bacharel vem subindo com regularidade a cada década, de 16% em 1980 para quase 33% hoje.

Onde os americanos precisam de ajuda imediata é nos custos cada vez mais altos da faculdade — com os quais Michelle e eu estamos bem familiarizados (nos primeiros dez anos do nosso casamento, o que pagávamos mensalmente da dívida de nosso curso de graduação e de direito excedia bastante o pagamento da nossa hipoteca). Nos últimos cinco anos, a mensalidade escolar média, mais taxas, em faculdades públicas de quatro anos, corrigida pela inflação, subiu 40%. Para absorver esses custos, os estudantes são obrigados a contrair dívidas cada vez mais altas, o que desestimula muitos alunos de graduação de seguirem carreiras menos lucrativas, como o magistério. Estima-se que, por ano, 200 mil estudantes qualificados para a faculdade preferem desistir de fazer curso superior porque não sabem como pagar as contas.

Há numerosas medidas que podem ser adotadas para controlar custos e facilitar o acesso ao ensino superior. Estados podem limitar os aumentos das anuidades em universidades públicas. Para muitos estudantes de mente aberta, as escolas técnicas e os cursos on-line podem oferecer uma opção de renovação mais em conta numa economia em constante mudança. E os alunos podem insistir para que as instituições dirijam seus esforços de captação de recursos mais para o aprimoramento da qualidade da instrução do que para a construção de novos estádios de futebol americano.

Mas por mais que tenhamos sucesso em controlar os custos da educação, ainda precisaremos dar aos estudantes e seus pais uma ajuda mais direta, para que possam fazer face às despesas de faculdade, seja através de subvenções, empréstimos a juros baixos, contas poupanças especiais isentas de impostos ou dedução total no imposto de renda das anuidades e das taxas. Até agora, o Congresso tem andado na direção oposta, aumentando juros sobre os empréstimos estudantis garantidos pelo governo federal e deixando de atualizar o valor das subvenções para que estudantes de baixa renda possam acompanhar o ritmo da inflação. Não há justificativa para essas políticas — se quisermos que as oportunidades e a mobilidade ascendente continuem sendo as características definidoras da economia americana.

Há outro aspecto do nosso sistema educacional que merece atenção — um que fala ao coração da competitividade americana. Desde que Lincoln assinou a Lei Morrill e criou o sistema de concessão de terras para faculdades, instituições de ensino superior têm servido como laboratórios de pesquisa primária e de desenvolvimento. É nessas instituições que preparamos os inovadores do futuro, com o governo federal dando apoio essencial para a infraestrutura — de laboratórios de química a aceleradores de partículas — e os dólares para pesquisas que nem sempre têm aplicação comercial imediata, mas que em última análise podem levar a importantes avanços científicos.

Aqui, também, nossas políticas estão indo na direção errada. Durante a festa de colação de grau de 2006 na Northwestern University, conversei com o dr. Robert Langer, professor de engenharia química do Instituto de Tecnologia de Massachusetts e um dos principais cientistas do país. Langer não é um desses eruditos que vivem isolados numa torre de marfim — é proprietário de mais de quinhentas patentes, e suas pesquisas levaram a praticamente tudo, desde o desenvolvimento do adesivo de nicotina até tratamentos de câncer no cérebro. Enquanto aguardávamos o desfile, eu lhe perguntei em que estava trabalhando, e ele mencionou sua pesquisa em engenharia de tecidos, pesquisa que prometia métodos mais eficazes de administrar medicamentos ao corpo. Lembrando-me de controvérsias recentes sobre a pesquisa com células-tronco, perguntei-lhe se a limitação imposta pelo governo Bush ao número de grupos de células-troncos era o maior empecilho a avanços nesse campo. Ele fez que não com a cabeça.

"Ter mais grupos de células-tronco seria, sem dúvida alguma, útil", disse Langer, "mas a grande dificuldade que vemos são os significativos cortes em subvenção federal." Ele explicou que, quinze anos atrás, de 20% a 30% de todas as propostas de pesquisa recebiam significativa ajuda federal. Esse nível agora está mais perto dos 10%. Para cientistas e pesquisadores, significa mais tempo gasto na captação de recursos e menos tempo gasto em pesquisa. Também significa que a cada ano mais e mais linhas de pesquisa são cortadas — em especial a pesquisa de alto risco que em última análise pode trazer as maiores recompensas.

O comentário do dr. Langer não é único. Todo mês cientistas e engenheiros visitam meu escritório para conversar sobre a falta de apetite do governo para financiar a pesquisa científica básica. Nas últimas três décadas, as verbas federais para as ciências físicas, matemáticas e de engenharia caíram, em termos de percentagem do PIB — bem quando outros países aumentam substancialmente seus orçamentos de pesquisa e desenvolvimento. E, como ressalta o dr. Langer, a redução do nosso apoio à pesquisa básica tem impacto direto no número de jovens que se dedicam à matemática, à ciência e à engenharia — o que ajuda a explicar por que a China está formando oito vezes mais engenheiros do que os Estados Unidos todos os anos.

Se quisermos inovar a economia, uma economia que gere mais Googles todos os anos, teremos que investir nos inovadores futuros — dobrando as verbas federais para a pesquisa básica nos próximos cinco anos, treinando mais 100 mil engenheiros e cientistas nos próximos quatro anos ou subvencionando melhor as pesquisas dos pesquisadores em início de carreira mais notáveis do país. O preço a pagarmos para manter nossa vantagem científica e tecnológica é de aproximadamente 42 milhões de dólares em cinco anos — muito dinheiro, sem dúvida, mas apenas 15% da conta mais recente das rodovias federais. Em outras palavras, temos condições de fazer o que precisa ser feito. O que nos falta não é dinheiro, mas um senso nacional de urgência.

O último investimento essencial de que precisamos para tornar os Estados Unidos mais competitivos é numa infraestrutura de energia que possa nos levar à independência energética. No passado, a guerra ou uma ameaça direta à segurança nacional despertaram os Estados Unidos da sua complacência, resultando em maiores investimentos em educação e ciência, cuja intenção era reduzir nossas vulnerabilidades. Foi o que aconteceu no auge da Guerra Fria, quando o lançamento do satélite Sputnik provocou temores de que os soviéticos passassem à nossa frente em tecnologia. Em resposta, o presidente Eisenhower dobrou a ajuda federal para a educação e proporcionou a uma geração inteira de cientistas e engenheiros o treinamento necessário para liderar avanços revolucionários. Naquele ano, a Agência de Projetos de Pesquisa Avançada de Defesa (Darpa) foi formada, fornecendo bilhões de dólares para pesquisa básica, o que em última análise ajudaria a criar a internet, os códigos de barra e o desenho auxiliado por computador. E, em 1961, o presidente Kennedy lançaria o programa espacial Apollo, que inspirou jovens de todo o país a entrarem na Nova Fronteira da ciência.

Nossa situação atual exige que adotemos a mesma atitude para com a energia. É difícil exagerar o quanto a dependência do petróleo sabota o nosso futuro. De acordo com a Comissão Nacional de Política Energética, se não houver mudanças na nossa política de energia, a necessidade de petróleo dos Estados Unidos dará um pulo de 40% nos próximos vinte anos. No mesmo período, espera-se que a demanda mundial aumente pelo menos 30%, enquanto países de desenvolvimento rápido como a China e a Índia ampliam sua capacidade industrial e lançam 140 milhões de carros nas estradas.

Nossa dependência do petróleo não afeta apenas a economia. Ela enfraquece a segurança nacional. Uma grande parte dos 800 milhões de dólares que gastamos por dia com petróleo estrangeiro vai para alguns dos regimes mais imprevisíveis do mundo — Arábia Saudita, Nigéria, Venezuela e, pelo menos indiretamente, Irã. Não faz diferença se são regimes despóticos com intenções nucleares ou refúgios para madraçais que plantam as sementes do terror na cabeça dos jovens — o fato é que ficam com nosso dinheiro porque precisamos do seu petróleo.

Pior ainda, o potencial para interrupções no fornecimento é muito grande. No Golfo Pérsico, a al-Qaeda vem tentando há anos atacar refinarias mal protegidas; basta um ataque bem-sucedido a um dos grandes complexos petrolíferos da Arábia Saudita para fazer a economia americana entrar em parafuso. O próprio Osama bin Laden aconselha a seus seguidores que "concentrem suas operações em [petróleo], em especial no Iraque e na região do Golfo, uma vez que isso os fará morrer aos poucos".

E há também as consequências ambientais da nossa economia baseada em combustíveis fósseis. Praticamente todos os cientistas fora da Casa Branca acreditam que a mudança climática é real, é séria e é acelerada pela contínua liberação de dióxido de carbono. Se a possibilidade de derretimento das calotas de gelo, de aumento dos níveis do oceano, de mudanças climáticas, de furacões mais frequentes, de tornados mais violentos, de infindáveis tempestades de areia, de decomposição de florestas, de extinção de recifes de corais e de aumento de doenças respiratórias e transmitidas por insetos — se isso tudo não é uma ameaça séria, não sei o que mais poderia ser.

Até agora, a política de energia do governo Bush tem se concentrado em subsidiar grandes empresas de petróleo e ampliar as perfurações — mais investimentos simbólicos no desenvolvimento de combustíveis alternativos. Essa abordagem poderia fazer sentido do ponto de vista econômico se os Estados Unidos abrigassem abundantes e inexplorados estoques de petróleo capazes de atender a suas necessidades (e se as empresas petrolíferas não estivessem auferindo lucros inéditos). Mas esses estoques não existem. Os Estados Unidos têm 3% das reservas mundiais. Usamos 25% do petróleo do mundo. Não podemos resolver o problema simplesmente perfurando.

O que podemos fazer é criar fontes de energia renováveis, mais limpas, para o século xxi. Em vez de subsidiar a indústria petrolífera, deveríamos acabar com todos os incentivos fiscais que a indústria recebe e exigir que 1% da receita das empresas petrolíferas com mais de 1 bilhão de dólares em lucros trimestrais fosse usado para financiar a pesquisa de fontes alternativas de energia e a infraestrutura necessária. Esse projeto não só renderia imensos dividendos para a economia, a política externa e o meio ambiente, mas poderia ser o veículo para treinarmos uma nova geração de cientistas e engenheiros americanos, além de fonte de novas indústrias de exportação e de empregos bem pagos.

Países como o Brasil já fizeram isso. Nos últimos trinta anos, o Brasil usou uma mescla de regulamentação e investimento direto do governo para desenvolver uma indústria de biocombustível muito eficiente; 70% dos novos veículos brasileiros agora usam etanol de cana-de-açúcar em vez de gasolina. Sem a mesma atenção governamental, a indústria americana de etanol está apenas correndo atrás. Defensores do livre mercado argumentam que a severa abordagem do governo brasileiro não tem lugar na economia mais orientada para o mercado dos Estados Unidos. Mas a regulamentação, se aplicada com flexibilidade e sensibilidade a forças de mercado, pode na verdade estimular inovação no setor privado e investimento no setor de energia.

Veja-se a questão dos padrões de eficiência energética. Tivéssemos elevado com consistência esses padrões nas últimas duas décadas, quando a gasolina era barata, os fabricantes americanos de automóveis talvez tivessem investido em novos modelos, mais eficientes energeticamente, e não em SUVs bebedores de gasolina — tornando-os mais competitivos em época de aumento de preço dos combustíveis. Em vez disso, vemos concorrentes japoneses ultrapassando Detroit. A Toyota planeja vender 100 mil unidades do seu popular modelo Prius em 2006, enquanto o híbrido da GM só vai chegar ao mercado em 2007. E é de esperar que empresas como a Toyota vençam a concorrência com os fabricantes americanos no florescente mercado chinês, pois a China tem padrões de eficiência energética mais altos do que os nossos.

O fato é que carros eficientes e combustíveis alternativos como E85, um combustível formulado com 85% de etanol, representam o futuro da indústria automobilística. É um futuro que os fabricantes americanos podem alcançar, se começarmos agora a tomar decisões difíceis. Durante anos, os fabricantes americanos e a UAW têm resistido a padrões de eficiência energética mais altos porque reequipar-se custa dinheiro, e Detroit já está lutando para arcar com imensos custos de assistência médica para aposentados e com a concorrência acirrada. Assim sendo, no meu primeiro ano no Senado, propus uma legislação que chamei de "Assistência Médica para Híbridos". O projeto de lei faz um acordo com os fabricantes de carro americanos: em troca de ajuda financeira federal para pagar despesas de assistência médica com operários aposentados da indústria automobilística, as Três Grandes reinvestiriam o dinheiro economizado no desenvolvimento de veículos eficientes.

Investir agressivamente em fontes alternativas de combustível pode também levar à criação de milhares de empregos. Daqui a dez ou doze anos, aquela velha fábrica da Maytag em Galesburg poderia reabrir suas portas como usina de etanol celulósico. Na mesma rua, cientistas poderiam estar ocupados num laboratório de pesquisas trabalhando numa nova célula de hidrogênio. E, do outro lado da rua, uma nova empresa automobilística poderia estar produzindo carros híbridos. Os novos empregos criados poderiam ser ocupados por operários americanos dotados de novas qualificações e ostentando uma nova educação de primeira linha, do ensino fundamental à universidade.

Mas não podemos continuar hesitando. No verão de 2005, tive uma noção dos estragos que a dependência de um país para com energia de fora pode causar quando o senador Dick Lugar e eu visitamos a Ucrânia e nos reunimos com o presidente recém-eleito, Viktor Yushchenko. A história da eleição de Yushchenko tinha gerado manchetes no mundo inteiro: disputando com um partido governante que durante anos satisfizera os desejos da vizinha Rússia, Yushchenko sobreviveu a uma tentativa de assassinato, a uma eleição roubada e a ameaças de Moscou, antes que o povo ucraniano enfim se levantasse numa "Revolução Laranja" — uma série de manifestações pacíficas de massa que resultaram na instalação de Yushchenko na presidência.

Deve ter sido uma época inebriante no ex-Estado soviético, e, de fato, por onde andamos só se falava em liberalização democrática e reforma econômica. Mas, em nossas conversas com Yushchenko e seu gabinete, logo descobrimos que a Ucrânia tinha um problema sério — continuava inteiramente dependente da Rússia em petróleo e gás natural. A Rússia já tinha sinalizado que a Ucrânia deixaria de poder comprar essa energia a preços abaixo do mercado mundial, o que provocaria um aumento de três vezes no preço do petróleo para aquecimento doméstico durante os meses de inverno que precediam as eleições parlamentares. Forças pró-Rússia dentro do país aguardavam pacientes uma oportunidade, cientes de que, apesar da retórica altissonante, das bandeiras laranja, das manifestações e da coragem de Yushchenko, a Ucrânia continuava à mercê dos seus antigos senhores.

Um país que não controla suas fontes de energia não controla seu futuro. A Ucrânia talvez não tenha muita escolha nessa questão, mas o país mais rico e poderoso do mundo certamente tem.

Educação, ciência e tecnologia. Energia. Investimentos nessas três áreas essenciais dariam importante contribuição para tornar os Estados Unidos mais competitivos. Claro, nenhum desses investimentos produzirá resultados da noite para o dia. Todos estarão sujeitos a controvérsia. Investimento em pesquisa e desenvolvimento, e em educação, custaria dinheiro numa época em que nosso orçamento federal já sofre grande pressão. Aumentar a eficiência energética dos carros americanos ou instituir pagamento por desempenho para os professores de escolas públicas implicaria superar desconfianças de trabalhadores que já se sentem acuados. E as disputas sobre a sabedoria do cheque-ensino ou sobre a viabilidade da célula a combustível de hidrogênio não vão desaparecer tão cedo.

Mas embora os meios usados para alcançar esses fins estejam e devam estar sujeitos a um debate vigoroso e aberto, os fins não deveriam. Se deixarmos de agir, nossa posição competitiva no mundo entrará em declínio. Se agirmos com audácia, nossa economia ficará menos vulnerável a perturbações econômicas, nossa balança comercial vai melhorar, o ritmo de inovação tecnológica dos Estados Unidos vai acelerar, e o trabalhador americano estará numa posição mais forte para adaptar-se à economia global.

Apesar disso, seria suficiente? Supondo que sejamos capazes de reduzir algumas de nossas diferenças ideológicas e de fazer a economia dos Estados Unidos crescer, será que eu conseguiria olhar aqueles trabalhadores de Galesburg dentro dos olhos e dizer-lhes que a globalização pode trabalhar a favor deles e dos seus filhos?

Essa era a pergunta que eu tinha na cabeça durante o debate de 2005 sobre o Acordo de Livre-Comércio Centro-Americano (Cafta). Visto de forma isolada, o acordo praticamente não representava nenhuma ameaça aos trabalhadores americanos — a soma das economias dos países da América Central envolvidos era mais ou menos igual à de New Haven, Connecticut. Ele abria novos mercados para produtores agrícolas dos Estados Unidos e prometia investimentos estrangeiros de que muito necessitavam países pobres como Honduras e a República Dominicana. Havia alguns problemas com o acordo, mas no geral o Cafta era provavelmente uma vantagem líquida para a economia americana.

Quando me reunia com representantes de sindicatos trabalhistas, porém, eles não queriam nem saber do acordo. No que lhes dizia respeito, o Nafta (Tratado Norte-Americano de Livre-Comércio) tinha sido um desastre para os trabalhadores americanos e o Cafta prometia a mesma coisa. O que fazia falta, diziam eles, era não só livre-comércio, mas comércio justo: proteções trabalhistas mais fortes em países que tinham relações comerciais com os Estados Unidos, incluindo o direito de sindicalizar-se e a proibição do trabalho infantil; melhores padrões de qualidade ambiental nesses países; e o fim de subsídios governamentais injustos para exportadores estrangeiros e de barreiras não tarifárias contra exportações dos Estados Unidos; proteções mais vigorosas à propriedade intelectual americana; e — no caso da China em particular — o fim de uma moeda artificialmente desvalorizada que coloca as empresas americanas em perene desvantagem.

Como quase todos os democratas, eu apoio com firmeza tudo isso. No entanto, sentia-me obrigado a dizer aos representantes sindicais que nenhuma dessas medidas mudaria as realidades subjacentes da globalização. Cláusulas trabalhistas ou ambientais mais fortes numa lei comercial podem ajudar a exercer pressão sobre os países para que melhorem as condições de trabalho, assim como podem ajudar os esforços para convencer varejistas americanos a venderem bens produzidos em troca de salários justos. Mas elas não têm como eliminar a enorme distância entre o que ganham por hora um trabalhador nos Estados Unidos e um trabalhador em Honduras, na Indonésia, em Moçambique ou em Bangladesh, países onde arranjar emprego numa fábrica imunda ou em *sweatshops* sufocantes costuma ser visto como galgar um degrau na escada da economia.

Da mesma forma, se a China se dispuser a permitir que sua moeda valorize pode elevar modestamente o preço de produtos manufaturados lá, tornando os produtos americanos um pouco mais competitivos. Mas, no fim das contas, a China continuará tendo mais mão de obra excedente no interior do que a metade da população dos Estados Unidos — o que significa que o Walmart continuará mantendo os fornecedores de lá ocupados por muito, muito tempo.

Eu diria que precisamos de uma nova abordagem da questão comercial, uma abordagem que leve em conta essas realidades.

E meus irmãos e irmãs sindicalistas concordariam e diriam que estavam interessados em conversar comigo sobre minhas ideias — mas, nesse meio-tempo, será que poderiam contar comigo para votar contra o Cafta?

Na verdade, o debate básico em torno do livre-comércio praticamente não mudou nada desde o começo dos anos 1980, com o trabalho e seus aliados em geral perdendo a batalha. O bom senso dos líderes políticos, a imprensa e a comunidade empresarial dizem hoje em dia que o livre-comércio melhora a vida de todo mundo. De vez em quando, segundo essa linha de raciocínio, alguns empregos americanos talvez desapareçam, provocando dores e dificuldades localizadas — mas para cada mil empregos que se perdem na indústria por causa do fechamento de uma fábrica, o mesmo número, ou um número ainda maior, de empregos será criado nos novos e ampliados setores de serviço da economia.

À medida que o ritmo da globalização aumenta, porém, nem só os sindicatos se preocupam com as perspectivas de longo prazo dos trabalhadores americanos. Economistas já observaram que no mundo inteiro — incluindo China e Índia — parece que a cada ano precisa-se de mais crescimento econômico para produzir o mesmo número de empregos, uma consequência da automatização crescente e da produtividade maior. Alguns analistas se perguntam se uma economia americana mais dominada por serviços pode esperar o mesmo crescimento da produtividade, e em consequência, padrões de vida mais altos, como vimos no passado. Na verdade, nos últimos cinco anos, as estatísticas mostram consistentemente que os salários dos empregos americanos que desaparecem são mais altos do que os salários dos empregos americanos que são criados.

E embora a modernização dos níveis educacionais dos trabalhadores americanos venha a aumentar a sua capacidade de adaptação à economia global, a educação mais aprimorada por si não os protegerá, necessariamente, da concorrência acirrada. Ainda que os Estados Unidos produzissem duas vezes mais programadores de computador per capita do que a China, a Índia ou qualquer país do Leste Europeu, a simples quantidade de recém--chegados ao mercado global significa que existem muito mais programadores no exterior do que nos Estados Unidos — todos eles à disposição, por um quinto do salário, de qualquer empresa com uma conexão banda larga.

Em outras palavras, o livre-comércio pode muito bem aumentar o tamanho do bolo econômico mundial — mas não há lei que diga que trabalhadores nos Estados Unidos continuarão a receber uma fatia cada vez maior.

Diante dessas realidades, é fácil entender por que alguns prefeririam pôr fim à globalização — congelar o status quo e isolar--nos de perturbações econômicas. Numa parada que fiz em Nova York durante o debate sobre o Cafta, mencionei alguns estudos que eu lera a Robert Rubin, ex-secretário do Tesouro dos Estados Unidos no governo Clinton, que conheci durante minha campanha. Seria difícil achar um democrata mais identificado com a globalização do que Rubin — ele não só tinha sido um dos banqueiros mais influentes de Wall Street durante décadas, mas pela maior parte dos anos 1990 ajudara a traçar o curso das finanças mundiais. Além disso, é uma das pessoas mais atenciosas e modestas que conheço. Por isso, perguntei-lhe se pelo menos alguns dos temores que ouvi nas conversas com os trabalhadores da Maytag em Galesburg tinham fundamento — de que não havia como evitar o declínio a longo prazo dos padrões de vida nos Estados Unidos, se nos expusermos inteiramente à concorrência com a mão de obra muito mais barata no resto do mundo.

"É uma questão complicada", disse Rubin. "A maioria dos economistas lhe dirá que não há limite intrínseco para o número de bons novos empregos que a economia americana é capaz de gerar, porque não há limite para a inventividade humana. As pessoas inventam novas indústrias, novas necessidades e carências. Acho provável que os economistas estejam certos. Historicamente, tem sido o caso. Claro, não há garantia de que seja assim desta vez. Com o ritmo das mudanças tecnológicas, o tamanho dos países com os quais estamos competindo e as discrepâncias de custos com esses países, podemos ver surgir uma dinâmica diferente. Por isso é possível que, mesmo fazendo tudo como deve ser feito, ainda tenhamos que enfrentar alguns desafios."

Sugeri que o pessoal de Galesburg talvez não achasse essa resposta muito tranquilizadora.

"Eu disse que é possível, não provável", respondeu ele. "Minha tendência é ser cautelosamente otimista e achar que, se resolvermos nossos problemas fiscais e melhorarmos nosso sistema educacional, os filhos deles vão ficar bem. De qualquer maneira, há uma coisa que eu diria ao pessoal de Galesburg que é certa. Todos os esforços protecionistas serão contraproducentes — e o protecionismo seria prejudicial para seus filhos."

Gostei de saber que Rubin reconhecia que os operários americanos tinham motivos legítimos para se preocupar com a globalização; minha experiência é que os líderes sindicalistas refletiram profundamente sobre o assunto e não devem ser tratados como protecionistas por instinto.

Apesar disso, era difícil refutar a ideia básica de Rubin: podemos tentar desacelerar a globalização, mas não podemos detê-la. A economia americana está agora tão integrada ao resto do mundo, e o comércio digital está tão difundido, que é difícil até imaginar, menos ainda pôr em prática, um regime eficiente de protecionismo. Uma tarifa sobre aço importado pode trazer um alívio temporário aos produtores de aço americanos, mas tornará todo industrial americano que utilize o aço em seus produtos menos competitivo no mercado mundial. É difícil seguir o conselho de "compre produtos americanos" quando um videogame vendido por uma empresa americana foi desenvolvido por engenheiros japoneses de software e empacotado no México. Um agente da Patrulha de Fronteira dos Estados Unidos não tem como interditar os serviços de uma central de atendimento na Índia ou impedir que um engenheiro elétrico de Praga despache seu trabalho por e-mail para uma empresa em Dubuque. Quando o assunto é comércio, restam poucas fronteiras.

Isso não significa, porém, que devamos desistir e dizer aos operários que se virem. Apresentei esse argumento ao presidente Bush no fim do debate sobre o Cafta, quando eu e um grupo de outros senadores fomos convidados à Casa Branca para discussões. Eu disse ao presidente que acreditava nos benefícios do comércio e que não tinha dúvida de que a Casa Branca conseguiria os votos para esse acordo em particular. Mas afirmei que a resistência ao Cafta tinha menos a ver com os detalhes do acordo do que com as inseguranças crescentes do operário americano. Se não concebêssemos estratégias para aplacar esses temores e não mandássemos um forte sinal para os trabalhadores americanos de que o governo federal estava do seu lado, o sentimento protecionista não pararia de crescer.

O presidente ouviu educadamente e disse que tinha interesse em saber o que eu pensava. Nesse meio-tempo, acrescentou, esperava poder contar com meu voto.

Não podia. Acabei votando contra o Cafta, que foi aprovado no Senado por 55 votos contra 45. Meu voto não me deu nenhuma satisfação, mas achei que era a única maneira de deixar registrado um protesto contra o que eu considerava desatenção da Casa Branca para com os perdedores do livre-comércio. Como Bob Rubin, sou otimista a respeito das perspectivas da economia americana a longo prazo e da capacidade dos trabalhadores americanos de competir num ambiente de livre-comércio — mas só se distribuirmos os custos e benefícios da globalização por igual para toda a população.

Na última vez que enfrentamos uma transformação econômica tão turbulenta quanto a que enfrentamos hoje, FDR conduziu o país a um novo pacto social — um acordo entre governos, empresas e trabalhadores que resultou em prosperidade generalizada e segurança econômica por mais de cinquenta anos. Para o trabalhador americano comum, essa segurança apoiava-se em três pilares: a capacidade de achar emprego que pagasse o suficiente para sustentar uma família e poupar para emergências; um pacote de benefícios de assistência médica e aposentadoria da parte do empregador; e uma rede de proteção governamental — previdência social, Medicaid e Medicare, seguro-desemprego e, mais modestamente, proteções federais relativas a falência e aposentadoria — capaz de amortecer a queda daqueles que sofressem reveses na vida.

Sem dúvidas, o impulso que levara ao pacto do New Deal envolvia um senso de solidariedade social: a ideia de que os patrões deveriam tratar bem seus empregados e de que se o destino ou um erro de cálculo nos derrubassem, a comunidade americana estaria lá para nos levantar.

Mas esse pacto também tinha por base o entendimento de que um sistema compartilhado de riscos e recompensas poderia na verdade aprimorar o funcionamento do mercado. FDR sabia que salários decentes e benefícios para os empregados poderiam criar uma base de consumidores de classe média para estabilizar a economia americana e forçar sua expansão. E reconhecia que estaríamos mais dispostos a correr riscos na vida — trocar de emprego, abrir um negócio ou aceitar de boa vontade a concorrência de outros países — se pudéssemos contar com alguma proteção em caso de fracasso.

Isto é o que a previdência social, a peça-chave da legislação do New Deal, oferece: uma forma de seguro social que nos protege de risco. Compramos seguros para nós mesmos no mercado o tempo todo, porque, por maior que seja a nossa autoconfiança, reconhecemos que as coisas nem sempre saem como planejamos — um filho adoece, a empresa para a qual trabalhamos fecha as portas, um pai contra Alzheimer, a carteira de títulos perde valor.

Quanto maior o grupo de segurados, mais o risco é compartilhado, maior a cobertura oferecida e menor o custo. Mas às vezes não conseguimos comprar seguro para cobrir determinados riscos no mercado — geralmente porque as empresas acham pouco lucrativo. Às vezes o seguro que obtemos através do emprego é insuficiente, e não conseguimos comprar mais por nossa conta. Às vezes uma tragédia inesperada nos atinge e então descobrimos que o seguro que temos é insuficiente. Por todas essas razões, pedimos ao governo que interfira e crie um pool de seguros para nós — um pool que inclua todo o povo americano.

Hoje o pacto social que FDR ajudou a construir começa a desfazer-se. Em resposta à crescente concorrência de outros países e a pressões do mercado de ações, que insiste em aumentos trimestrais de lucratividade, os patrões estão automatizando, reduzindo pessoal ou custos e transferindo-se para o exterior — o que torna os trabalhadores mais vulneráveis à perda de emprego e lhes dá menos poder de barganha para exigir aumentos ou benefícios. Embora o governo federal ofereça uma generosa isenção fiscal para empresas que ofereçam planos de saúde, as empresas repassam os custos cada vez mais altos para os empregados na forma de prêmios mais caros, de coparticipações e de franquias; enquanto isso, metade das pequenas empresas, nas quais milhões de americanos trabalham, não tem como oferecer qualquer tipo de seguro aos seus empregados. De maneira semelhante, empresas estão trocando o tradicional plano de aposentadoria de benefício definido pelo plano 401(k), e em alguns casos recorrendo a varas de falências para se livrarem de encargos de aposentadoria existentes.

O impacto cumulativo nas famílias é severo. Os salários do trabalhador médio americano mal têm conseguido acompanhar a inflação nas duas últimas décadas. De 1988 até hoje, os custos de planos de saúde para uma família média quadruplicaram. As taxas médias de poupança pessoal nunca foram tão baixas. E os níveis de endividamento pessoal nunca foram tão altos.

Em vez de usar o governo para diminuir o impacto dessas tendências, a resposta do governo Bush tem sido estimulá-las. Essa é a ideia básica da Sociedade Proprietária: se livrarmos os empregadores de quaisquer obrigações para com os empregados e desmantelarmos o que resta do New Deal, que são os programas de seguro social administrados pelo governo, a mágica do mercado cuidará do resto. Se a filosofia que orienta o sistema tradicional de seguro social puder ser descrita como "estamos todos juntos nisto", a filosofia da Sociedade Proprietária parece ser "você está nisto por sua conta".

É uma ideia tentadora, uma ideia elegante em sua simplicidade e que nos livra de quaisquer obrigações para com os outros. Só há um problema. Não funciona — pelo menos, não para aqueles que já estão ficando para trás na economia global.

Veja-se o caso da tentativa do governo de privatizar a previdência social. O governo afirma que o mercado de ações pode dar aos indivíduos melhor retorno para seus investimentos e, pelo menos no geral, está certo; historicamente, o mercado tem superado os ajustes de custo de vida da previdência social. Mas as decisões de investimento pessoal sempre vão produzir ganhadores e perdedores — os que compraram Microsoft mais cedo e os que compraram Enron mais tarde. O que faria a Sociedade Proprietária com os perdedores? A não ser que estejamos dispostos a deixar os idosos passarem fome na rua, teremos de uma forma ou de outra que cobrir suas despesas na aposentadoria — e, como não dá para saber com antecedência quem de nós sairá perdendo, faz sentido cada um contribuir com a sua parte para um pool que nos dê pelo menos alguma garantia de renda em nossos anos dourados. Não significa que não devemos incentivar as pessoas a adotarem estratégias de investimento de alto risco e alto retorno. É o que elas devem fazer. Significa apenas fazer isso com as economias não investidas na previdência social.

Os mesmos princípios não funcionam quando se trata dos esforços governamentais para incentivar uma mudança dos planos de saúde baseados no empregador ou no governo para Contas Poupança-Saúde individuais. A ideia poderia fazer sentido se o valor total que cada indivíduo recebe fosse suficiente para comprar um plano de saúde decente através do seu empregador e se esse valor acompanhasse a inflação dos custos de assistência médica. Mas como fica a situação se você trabalha para um empregador que não oferece plano de saúde? Ou como fica a situação se a teoria do governo sobre inflação da assistência médica estiver errada — se ficar claro que os custos da assistência médica não se devem ao descuido das pessoas com a própria saúde ou ao desejo irracional de comprarem mais do que precisam? Nesse caso, a "liberdade de escolher" significará que os empregados arcam com o fardo de futuros aumentos em assistência médica, e que a cada ano o dinheiro disponível em suas Contas Poupança-Saúde comprará menos cobertura.

Em outras palavras, a Sociedade Proprietária não tenta dividir os riscos e as recompensas da nova economia entre todos os americanos. Em vez disso, o que faz é simplesmente ampliar os riscos e as recompensas desiguais da economia de hoje, em que o vencedor fica com tudo. Se você for saudável ou rico, ou sortudo, então a tendência é ficar mais saudável ou rico, ou sortudo. Se for pobre ou der azar, não terá ninguém a quem recorrer. Isso não é receita de crescimento econômico sustentável nem de manutenção de uma forte classe média americana. Com certeza, não é receita de coesão social. Vai contra aqueles valores que dizem que temos participação no sucesso uns dos outros.

Não é assim que somos como povo.

* * *

Por sorte, há uma atitude alternativa, que reformula o pacto social de FDR para atender às necessidades de um novo século. Em cada área em que os trabalhadores são vulneráveis — salários, perda de emprego, aposentadoria e assistência médica — há boas ideias, algumas velhas, outras novas, que poderiam ajudar muito a aumentar a segurança dos americanos.

Comecemos pelos salários. Os americanos acreditam em trabalho — não só como meio de sustento, mas como meio de dar à vida objetivo e rumo, ordem e dignidade. O velho programa de previdência Ajuda a Famílias com Filhos Dependentes deixou, com grande frequência, de honrar seu benefício mais importante, o que ajuda a explicar não só a sua impopularidade mas também por que em geral isolava as pessoas a quem deveria ajudar.

De outro lado, os americanos também acreditam que, trabalhando em tempo integral, somos capazes de sustentar a nós e a nossos filhos. Para muita gente nos degraus mais baixos da economia — basicamente trabalhadores sem qualificação no setor de serviços em rápida expansão —, essa promessa não está sendo cumprida.

Políticas governamentais podem ajudar esses trabalhadores, com pouco impacto na eficiência do mercado. Um bom começo seria aumentar o salário mínimo. Talvez seja verdade — como afirmam alguns economistas — que qualquer grande aumento no salário mínimo desencoraja os patrões de contratarem mais trabalhadores. Mas quando o salário mínimo não muda há nove anos e tem menos poder aquisitivo em dólares reais do que tinha em 1955, e quem trabalha em tempo integral num emprego que paga o salário mínimo não ganha o suficiente para sair da pobreza, esses argumentos perdem força. O Crédito Fiscal de Renda, programa promovido por Ronald Reagan que dá aos trabalhadores de baixa renda um rendimento suplementar, deveria também ser ampliado e simplificado para beneficiar mais famílias.

Para ajudar esses trabalhadores na adaptação a uma economia que muda com rapidez, também é hora de atualizar o sistema existente de seguro-desemprego e assistência para ajuste comercial. Na verdade, há uma grande quantidade de boas ideias circulando por aí sobre como criar um sistema mais abrangente de assistência para ajuste. Poderíamos ampliar essa assistência para as indústrias de serviços, criar contas de educação flexíveis, a fim de que trabalhadores possam usar para reciclagem, ou oferecer assistência de reciclagem para trabalhadores em áreas da economia vulneráveis a rupturas antes de perderem seus empregos. E, numa economia em que o emprego que se perde costuma pagar mais do que o emprego que se ganha, poderíamos tentar também o conceito de *wage insurance*, que oferece 50% da diferença entre o antigo salário de um empregado e seu novo salário, por um período de um a dois anos.

Por fim, para ajudar trabalhadores a ganharem salários mais altos e benefícios melhores, precisamos mais uma vez criar uma situação em que o trabalho sindicalizado e os empregadores tenham oportunidades iguais. Desde o começo dos anos 1980, os sindicatos vêm perdendo terreno consistentemente, não só por causa das mudanças na economia, mas também porque as leis trabalhistas — e da composição do Conselho Nacional de Relações Trabalhistas — têm dado pouquíssimas proteções aos trabalhadores. Cada ano, mais de 20 mil trabalhadores são demitidos ou perdem o emprego apenas por tentar organizar-se em sindicatos ou ingressarem em sindicatos. Isso precisa mudar. Deveríamos ter sanções mais duras para impedir que patrões demitam ou discriminem trabalhadores envolvidos em iniciativas de sindicalização. Os empregadores deveriam reconhecer um sindicato se a maioria dos empregados assinasse cartões de autorização escolhendo esse sindicato para representá-los. E a mediação federal deveria estar disponível para ajudar um empregador e um novo sindicato a chegarem a um acordo num tempo razoável. Grupos empresariais talvez argumentem que uma força de trabalho mais sindicalizada tirará da economia americana a flexibilidade e a vantagem competitiva. Mas é justamente por causa do ambiente global mais competitivo que podemos esperar de empregados sindicalizados um maior desejo de cooperar com os empregadores — desde que eles compartilhem de forma adequada dos benefícios de uma produtividade mais alta.

Assim como políticas de governo podem aumentar os salários dos empregados sem afetar a competitividade das empresas americanas, podemos dar a eles mais condições de aposentar-se com dignidade. O primeiro passo seria o compromisso de preservarmos o caráter essencial da previdência social e garantirmos sua liquidez. Problemas relativos ao fundo fiduciário da previdência social são verdadeiros, mas administráveis. Em 1983, quando se viram diante de um problema parecido, Ronald Reagan e o presidente da Câmara Tip O'Neill se uniram para preparar um plano bipartidário que estabilizou o sistema pelos próximos sessenta anos. Não há razão para não fazermos a mesma coisa agora.

No que diz respeito ao sistema de aposentadoria privada, precisamos reconhecer que os planos de aposentadoria de benefício definido vêm decaindo, mas também insistir para que as empresas cumpram quaisquer promessas pendentes feitas aos seus funcionários e aposentados. Leis de falência deveriam ser corrigidas para colocar os pensionistas no começo da fila dos credores, evitando que as empresas simplesmente recorram ao Capítulo Onze para fraudar os trabalhadores. Além disso novas regras deveriam obrigar as empresas a financiar de form⸀ ⸀equada seus fundos de pensão, em parte para que os contribuintes não tenham que acabar pagando a conta.

E se os americanos vão depender de planos de contribuição definida como o 401(k) para complementar a previdência social, que o governo entre no assunto tornando-os mais acessíveis a todos os americanos e mais efetivos como incentivo à poupança. O ex-conselheiro econômico de Clinton Gene Sperling sugeriu a criação de um 401(k) universal, com o governo igualando as contribuições feitas para uma nova conta de aposentadoria por famílias de renda baixa e moderada. Outros especialistas sugerem a medida simples (e sem custo) de fazer os empregadores inscreverem os empregados em seus planos 401(k) no nível mais alto permitido; as pessoas teriam ainda o direito de contribuir abaixo do máximo ou de não participar de forma alguma, se assim desejassem, mas há provas de que, ao mudar a regra predefinida, o índice de participação dispara. Como complemento da previdência social, devemos usar a melhor e mais acessível dessas ideias e começar a caminhar na direção de um sistema reforçado de aposentadoria universalmente disponível, que não só incentive a poupança, mas também dê a todos os americanos uma participação maior nos frutos da globalização.

Por mais vital que seja aumentar os salários dos trabalhadores americanos e melhorar sua segurança na aposentadoria, talvez nossa tarefa mais premente seja consertar nosso arruinado sistema de saúde. Ao contrário da previdência social, os dois principais programas de assistência médica financiados pelo governo — Medicare e Medicaid — estão quebrados de verdade; se não houver mudanças, até 2050 essas duas prerrogativas, junto com a previdência social, poderão crescer a ponto de consumir uma fatia tão grande da economia nacional quanto a que o orçamento federal consome hoje. O acréscimo de um benefício de medicamentos controlados imensamente caro que oferece cobertura limitada e não ajuda a controlar o custo dos medicamentos veio apenas agravar o problema. E o sistema privado acabou se tornando uma colcha de retalhos de burocracias ineficientes, de infindável papelada, de provedores sobrecarregados e de pacientes insatisfeitos.

Em 1993, o presidente Clinton fez uma tentativa de criar um sistema de cobertura universal, mas foi bloqueado. Desde então, o debate público está num impasse, com alguns à direita defendendo uma forte dose de disciplina de mercado através das Contas Poupança-Saúde, outros à esquerda defendendo um sistema nacional de saúde de pagador único semelhante aos da Europa e do Canadá, e especialistas de todas as correntes políticas recomendando uma série de reformas sensatas, mas graduais, do sistema existente.

É hora de sairmos do impasse reconhecendo algumas verdades simples.

Em vista da quantidade de dinheiro que gastamos com assistência médica (mais per capita do que qualquer outro país), deveríamos ser capazes de oferecer cobertura básica para todos os americanos, sem exceção. Mas não podemos aguentar as taxas atuais de inflação na assistência médica todos os anos; precisamos reduzir custos para o sistema inteiro, incluindo Medicare e Medicaid.

Com americanos trocando de emprego com mais frequência, com maior probabilidade de passarem por períodos de desemprego e de trabalharem em tempo parcial ou por conta própria, o seguro-saúde já não pode simplesmente passar pelos empregadores. Precisa tornar-se portátil.

O mercado sozinho não pode resolver nossas dificuldades de assistência médica — em parte porque o mercado já se mostrou incapaz de criar pools de seguro grandes o suficiente para manter os custos acessíveis a indivíduos, em parte porque assistência médica é diferente de todos os demais produtos e serviços (quando nosso filho adoece, não saímos por aí pechinchando).

E, por fim, as reformas que viermos a realizar, sejam elas quais forem, devem oferecer fortes incentivos à melhoria da qualidade, da prevenção e da prestação da assistência médica.

Com esses princípios em mente, quero apresentar outro exemplo do que um plano sério de reforma na saúde pode ser. Para começarmos, um grupo apartidário como o Instituto de Medicina (IOM), da Academia Nacional de Ciência, determinaria como deve ser um plano de saúde básico, de alta qualidade, e quanto custa. Ao projetar esse plano modelo, o IOM examinaria quais são os programas de saúde existentes que oferecem a melhor assistência com a melhor relação custo-benefício. Em particular, o plano modelo daria ênfase à cobertura de atenção primária, prevenção e atendimento em catástrofe, bem como à gestão de enfermidades crônicas como asma e diabete. No geral, 20% de todos os pacientes utilizam 80% da assistência, e se pudermos impedir que doenças ocorram ou administrar seus efeitos através de intervenções simples, como assegurar que os pacientes controlem suas dietas ou tomem seus remédios regularmente, vamos melhorar demais os resultados para os pacientes e economizar muito dinheiro do sistema.

Em seguida, permitiríamos a qualquer um adquirir esse plano de saúde modelo, fosse através de um pool de seguro existente, como o criado para funcionários públicos federais, ou através de uma série de novos pools criados em cada estado. Seguradoras privadas, como Blue Cross Blue Shile e Aetna, competiriam entre si para oferecer cobertura a participantes desses pools, mas o plano que oferecessem, fosse qual fosse, teria que atender aos critérios de alta qualidade e de controle de custos estabelecidos pelo IOM.

Para baixar ainda mais os custos, exigiríamos de seguradoras e provedores que participam do Medicare e do Medicaid ou dos novos planos de saúde que dispusessem de reivindicação eletrônica, registros eletrônicos e sistemas atualizados de relatos de erros pelos pacientes — medidas que reduziriam drasticamente os custos administrativos e o número de erros médicos e de eventos adversos (o que, por sua vez, diminuiria o número de dispendiosas ações na justiça por imperícia médica). Essa medida simples reduziria os custos de assistência médica em até 10%, com alguns especialistas sugerindo economias ainda maiores.

Com o dinheiro economizado graças a um tratamento preventivo cada vez maior e à redução dos custos administrativos e judiciais, poderíamos conceder subsídios a famílias de baixa renda que quisessem adquirir o plano modelo através do pool do seu estado e determinar cobertura obrigatória para todas as crianças não seguradas. Se necessário, poderíamos ainda ajudar a pagar por esses subsídios reestruturando o incentivo fiscal que os empregadores usam para fornecer assistência médica a seus empregados: eles continuariam tendo um incentivo fiscal para os planos tipicamente oferecidos a trabalhadores, mas poderíamos rever um incentivo fiscal para luxuosos e esplêndidos planos de saúde para executivos que não ofereçam benefícios adicionais em assistência médica.

O objetivo desse exercício não é sugerir que existe uma fórmula simples para consertar nosso sistema de saúde — não existe. Muitos detalhes teriam que ser tratados antes de colocarmos em prática um plano como o esboçado aqui; em particular, precisaríamos ter certeza de que a criação de um novo pool estadual não levaria empregadores a suspender os planos de saúde que já oferecem a seus empregados. E pode haver outras maneiras econômicas e elegantes de melhorar o sistema de saúde.

O objetivo é mostrar que se quisermos assegurar que todos tenham assistência médica decente há como fazê-lo sem arruinar os cofres federais ou recorrer a racionamento.

Se quisermos que os americanos aceitem os rigores da globalização, vamos ter que assumir esse compromisso. Uma noite, cinco anos atrás, Michelle e eu fomos acordados pelo choro da nossa filha mais nova, Sasha, em seu quarto. Sasha tinha apenas três meses e não era incomum que acordasse no meio da noite. Mas havia alguma coisa no seu jeito de chorar e em sua recusa a ser acalmada que nos deixou preocupados. Acabamos ligando para o pediatra, que concordou em nos receber em seu consultório ao amanhecer. Depois de examiná-la, ele nos disse que podia ser meningite e nos despachou imediatamente para a sala de emergência.

Descobriu-se que Sasha de fato estava com meningite, mas uma forma da doença que respondia a antibióticos intravenosos. Se não tivesse sido diagnosticada a tempo, ela poderia ter perdido a audição ou até mesmo ter morrido. Michelle e eu passamos três dias no hospital com nossa bebê, vendo enfermeiras a segurarem para que um médico fizesse punção lombar, ouvindo-a berrar, rezando para que ela não piorasse.

Sasha está bem agora, saudável e feliz como deve ser uma criança de cinco anos. Mas ainda tremo só de pensar naqueles dias; como meu mundo se reduziu a um único ponto e como eu não me interessava por nada nem por ninguém que estivesse fora das quatro paredes daquele hospital — nem meu trabalho, nem meus compromissos, nem meu futuro. E sempre me lembro que, ao contrário de Tim Wheeler, o metalúrgico que conheci em Galesburg, cujo filho precisava de um transplante de fígado, ao contrário de milhões de americanos que passaram por provações semelhantes, eu tinha um emprego e um seguro, naquela época.

Os americanos estão dispostos a competir com o resto do mundo. Trabalhamos mais do que o povo de qualquer outro país. Estamos dispostos a tolerar mais instabilidade econômica e a correr mais riscos pessoais para seguir em frente. Mas só podemos competir se nosso governo fizer investimentos que nos deem uma possibilidade de sucesso — e se soubermos que nossas famílias contam com alguma rede de proteção sob a qual não podem cair. É um acordo com o povo americano que vale a pena fazer.

Investimentos para tornar os Estados Unidos mais competitivos e um novo pacto social americano — se buscados concomitantemente, esses vastos conceitos mostram o caminho para um futuro melhor para nossos filhos e netos. Mas há uma última peça do quebra-cabeça, uma pergunta persistente que aparece em qualquer debate político em Washington.

Como pagaremos por isso?

No fim da presidência de Bill Clinton, tínhamos uma resposta. Pela primeira vez em quase trinta anos, dispúnhamos de grandes superávits orçamentários e de uma dívida pública em rápido declínio. Na verdade, o presidente do Federal Reserve, Alan Greenspan, dizia ter medo de que a dívida fosse paga com excessiva rapidez, limitando com isso a capacidade do sistema do Reserve de administrar a política monetária. Mesmo depois que a bolha das empresas pontocom explodiu e que a economia precisou absorver o choque do Onze de Setembro, tivemos a chance de fazer o pagamento inicial do crescimento econômico sustentável e de mais oportunidades para todos os americanos.

Mas não foi esse o caminho que escolhemos. Em vez disso, ouvimos nosso presidente dizer que poderíamos travar duas guerras, aumentar nosso orçamento militar em 74%, proteger nosso país, gastar mais em educação, lançar um novo plano de medicamentos controlados para nossos idosos e iniciar sucessivas rodadas de imensos cortes de impostos, tudo ao mesmo tempo. Nossos líderes no Congresso nos disseram que podiam compensar a receita perdida cortando os desperdícios e fraudes no governo, justamente quando o número de projetos de apropriação de verbas aumentava espantosos 64%.

O resultado desse negacionismo coletivo é a situação orçamentária mais perigosa que vimos em anos. Agora temos um déficit anual de quase 300 bilhões de dólares, sem contar os mais de 180 bilhões que tomamos emprestados todos os anos do Fundo Fiduciário da previdência social, o que aumenta diretamente nossa dívida pública. Essa dívida agora é de 9 trilhões de dólares — cerca de 30 mil dólares para cada homem, mulher e criança do país.

O mais problemático, porém, não é a dívida em si. Alguma dívida seria justificável se tivéssemos gastado o dinheiro investindo naquilo que nos tornaria mais competitivos — modernizando nossas escolas ou aumentando o alcance do nosso sistema banda larga, ou instalando bombas de E85 em postos de gasolina do país. Poderíamos ter usado o superávit para fortalecer a previdência social ou reestruturar nosso sistema de saúde. Em vez disso, a maior parte da dívida é resultado direto das reduções de impostos do presidente, das quais 47,4% beneficiaram os 5% da faixa de renda mais alta; 36,7%, o 1% do topo; e 15%, um décimo do 1% do topo, tipicamente pessoas que ganham 1,6 milhão de dólares por ano ou mais.

Em outras palavras, usamos o cartão de crédito nacional para que os maiores beneficiários da economia global pudessem ficar com uma fatia ainda maior.

Até agora, conseguimos sobreviver a essa montanha de dívidas porque bancos centrais estrangeiros — em particular o da China — querem que continuemos comprando seus produtos de exportação. Mas esse crédito fácil não continuará para sempre. Em algum momento, os estrangeiros vão parar de nos emprestar dinheiro, os juros vão subir, e gastaremos a maior parte da produção nacional pagando o que lhes devemos.

Se quisermos, de fato, evitar esse futuro, vamos ter que sair do buraco. No papel, pelo menos, sabemos o que fazer. Podemos reduzir e consolidar programas não essenciais. Podemos conter gastos com os custos da saúde. Podemos eliminar créditos fiscais que já não têm utilidade e fechar brechas que permitem a corporações não pagar impostos. E podemos restaurar uma lei que existia durante a presidência de Bill Clinton — chamada Paygo — que proibia a saída de dinheiro dos cofres federais, fosse na forma de novos gastos ou de cortes de impostos, sem alguma maneira de compensar a receita perdida.

Se tomarmos todas essas medidas, sair dessa situação fiscal ainda será difícil. Teremos, provavelmente, de adiar alguns investimentos que sabemos que são necessários para melhorar nossa posição competitiva no mundo e teremos que priorizar ajuda que damos a famílias americanas em dificuldade.

Mas mesmo fazendo essas escolhas difíceis, devemos pensar na lição dos últimos seis anos e perguntar a nós mesmos se nossos orçamentos e nossa política tributária de fato refletem os valores que dizemos professar.

"Se há uma guerra de classes nos Estados Unidos, minha classe está vencendo."

Eu estava sentado no escritório de Warren Buffett, presidente da Berkshire Hathaway e o segundo homem mais rico do mundo. Eu tinha ouvido falar na famosa simplicidade de gostos de Buffett — que ele ainda morava na mesma casa modesta que tinha comprado em 1967 e que tinha mandado todos os filhos para as escolas públicas de Omaha.

Apesar disso, surpreendi-me um pouco quando entrei num desinteressante prédio de escritórios em Omaha e me vi dentro do que parecia um escritório de corretor de seguros, alguns quadros decorativos nas paredes e ninguém à vista. "Volte aqui", disse uma voz feminina, e deparei o próprio Oráculo de Omaha, rindo de alguma coisa com a filha Susie, e sua assistente Debbie, o terno um pouco amassado, as sobrancelhas espessas despontando por trás dos óculos.

Buffett me convidara a Omaha para conversar sobre política tributária. Mais especificamente, queria saber por que Washington continuava reduzindo impostos para pessoas na sua faixa de renda, se o país estava quebrado.

"Outro dia fiz os cálculos", disse ele quando nos sentamos em seu escritório. "Embora eu nunca tenha me aproveitado de isenções de impostos e não faça planejamento tributário, depois de incluir os impostos sobre folha de pagamento que todos pagamos, este ano vou pagar uma taxa efetiva de imposto menor do que minha recepcionista. Na verdade, tenho certeza de que vou pagar uma taxa menor do que a do americano médio. E se o presidente conseguir o que quer, vou pagar ainda menos."

As taxas baixas de Buffett eram resultado do fato de que, como a maioria dos americanos ricos, quase toda a sua renda vinha de dividendos e ganhos de capital, renda de investimentos que desde 2003 tem sido taxada em apenas 15%. O salário da recepcionista, de outro lado, pagava uma taxa quase duas vezes maior, quando a FICA [Lei Federal de Contribuições para a Seguridade Social] era incluída. Do ponto de vista de Buffett, a discrepância era indefensável.

"O livre mercado é o melhor mecanismo já concebido para fazer o uso mais eficiente e produtivo de recursos", disse ele. "O governo não é lá muito bom nisso. Mas o mercado não é bom para assegurar que a riqueza produzida seja distribuída de forma justa ou sensata. Parte dessa riqueza tem que ser reinvestida em educação, para que a próxima geração tenha uma chance decente, e para manter nossa infraestrutura e oferecer algum tipo de rede de proteção para aqueles que saem perdendo numa economia de mercado. E faz todo sentido aqueles de nós que mais nos beneficiamos do mercado pagarmos uma parcela maior."

Passamos uma hora falando sobre globalização, remuneração de executivos, o agravamento do déficit comercial e a dívida pública. Incomodava-o em especial a proposta de Bush de eliminar o imposto sobre herança, medida que segundo ele incentivaria a criação de uma aristocracia de riqueza e não de mérito.

"Quando você se livra do imposto sobre herança", falou, "você basicamente entrega o comando dos recursos do país a pessoas que não fizeram por merecer. É como formar o time olímpico de 2020 com os filhos de todos os vencedores dos Jogos de 2000."

Antes de sair, perguntei a Buffett quantos colegas seus bilionários eram da mesma opinião. Ele riu.

"Eu lhe diria que não muitos", disse. "Eles têm essa noção de que é 'seu dinheiro' e que merecem ficar com cada centavo. O que não levam em conta é todo o investimento público que nos faz vivermos como vivemos. Veja o meu exemplo. Eu tenho talento para alocar capital. Mas minha aptidão é dependente por completo da sociedade em que nasci. Se tivesse nascido numa tribo de caçadores, este meu talento não serviria para nada. Não consigo correr muito rápido. Não sou uma pessoa particularmente forte. Eu provavelmente acabaria me tornando jantar de algum animal.

"Mas tive a sorte de nascer numa época e num lugar onde a sociedade valoriza meu talento, e me deu uma boa educação para desenvolver esse talento, e criou as leis e o sistema financeiro que me permitem fazer o que mais adoro — e ganhar um bocado de dinheiro com isso. O mínimo que posso fazer é ajudar a pagar por tudo isso."

Talvez algumas pessoas se surpreendam ao ouvir o maior capitalista do mundo falar assim, mas as opiniões de Buffett não são necessariamente sinal de bondade. A rigor, elas refletem o entendimento de que a resposta adequada à globalização não é só uma questão de identificar as políticas corretas. Têm a ver também com uma mudança de espírito, a disposição de colocar nossos interesses comuns e os interesses de gerações futuras acima das conveniências de momento.

Mais particularmente, vamos ter que parar de fingir que todos os cortes de gastos são equivalentes ou que todos os aumentos de impostos são a mesma coisa. Acabar com subsídios corporativos que não atendem a nenhum propósito econômico visível é uma coisa; reduzir benefícios de assistência médica para crianças pobres é outra muito diferente. Numa época em que famílias comuns são atingidas por todos os lados, o impulso de manter sua carga tributária tão baixa quanto possível é ético e correto. Não tão ética é a disposição dos ricos e dos poderosos de aproveitar esse sentimento contra impostos para atingir seus próprios objetivos, nem a maneira como o presidente, o Congresso, os lobistas e os comentaristas conservadores têm conseguido misturar na cabeça dos eleitores os encargos tributários muito reais da classe média e os encargos tributários bastante manejáveis dos ricos.

Essa confusão nunca ficou mais evidente do que no debate em torno da proposta de revogação do imposto sobre herança. Como está estruturado hoje, um marido e uma esposa podem passar adiante até 4 milhões de dólares sem pagar qualquer imposto sobre herança; em 2009, pela lei atual, esse número chega a 7 milhões. Por essa razão, o imposto atualmente afeta apenas o 1% mais rico da população e afetará apenas um terço de 1% em 2009. E como a revogação total do imposto sobre herança custaria ao Tesouro americano cerca de 1 trilhão de dólares, seria difícil achar uma redução de impostos menos sensível às necessidades dos americanos comuns ou aos interesses de longo prazo do país.

Apesar disso, depois de um marketing astuto do presidente e seus aliados, 70% do país agora se opõe ao "imposto sobre a morte". Grupos de agricultores vieram visitar-me em meu escritório, argumentando que o imposto sobre herança significará o fim da fazenda familiar, apesar de a Federação Americana de Agricultura, o Farm's Bureau, ser incapaz de citar uma única fazenda no país perdida em consequência do "imposto sobre a morte". Enquanto isso, CEOs me explicam que é fácil para Warren Buffett ser a favor do imposto sobre herança — mesmo que seu patrimônio fosse taxado em 90%, ele ainda deixaria alguns bilhões para os filhos —, mas que o imposto é escandalosamente injusto com patrimônios de "apenas" 10 ou 15 milhões de dólares.

Sejamos claros, portanto. Os ricos nos Estados Unidos têm poucos motivos de queixa. Entre 1971 e 2001, enquanto o salário médio do trabalhador mostra que não houve, literalmente, ganho algum, a renda de um centésimo do 1% do topo subiu quase 500%. A distribuição de riqueza é ainda mais distorcida, e os níveis de desigualdade são mais altos agora do que em qualquer momento desde a Era Dourada. A tendência já era essa ao longo dos anos 1990. As políticas tributárias de Clinton só a desaceleraram um pouco. As reduções de impostos de Bush agravaram-na.

Destaco esses fatos não — como diria o argumento republicano — para provocar inveja de classe. Tenho grande admiração por americanos imensamente ricos e não ressinto de forma alguma o seu sucesso. Sei que muitos, ou mesmo a maioria, fizeram fortuna trabalhando, fundando empresas, criando empregos e fornecendo produtos de valor aos seus clientes. O que eu acho é que aqueles que mais se beneficiaram dessa nova economia podem muito bem arcar com a obrigação de garantir que todas as crianças americanas tenham chance de alcançar o mesmo sucesso. E eu talvez seja dotado de certa sensibilidade do Meio-Oeste herdada de minha mãe e dos pais dela, uma sensibilidade que Warren Buffett parece ter também: a de que, a certa altura, o que você tem é suficiente, que é possível sentir tanto prazer vendo um Picasso pendurado num museu como vendo o Picasso que você tem pendurado na sala de estar, que é possível desfrutar de uma refeição maravilhosa num restaurante por menos de vinte dólares e que, se suas cortinas custam mais do que o salário anual do americano médio, você pode pagar um pouco mais de impostos.

Mais do que qualquer outra coisa, é essa noção — de que, apesar das grandes diferenças de riqueza, subimos e caímos juntos — que não podemos nos dar ao luxo de perder. À medida que o ritmo das mudanças se acelera, com alguns subindo e muitos caindo, esse senso de consanguinidade fica mais difícil de preservar. Jefferson não estava inteiramente errado quando temia a visão de Hamilton do país, pois estamos sempre fazendo malabarismo entre os interesses egoístas e a comunidade, os mercados e a democracia, a concentração de riqueza e poder e a abertura de oportunidades. Perdemos esse equilíbrio em Washington, na minha opinião. Com todos nós brigando para arrecadar dinheiro de campanha, com sindicatos enfraquecidos, a imprensa desatenta e os lobistas dos poderosos insistindo em preservar todas as suas vantagens, há poucas vozes de oposição que nos lembrem quem somos e de onde viemos, e que fortaleçam os vínculos entre nós.

Esse foi o subtexto de um debate no começo de 2006, quando um escândalo de suborno deflagrou novos esforços para reduzir a influência de lobistas em Washington. Uma das propostas teria acabado com a prática de permitir que senadores viajassem em jatinhos privados ao preço mais em conta da primeira classe nos voos comerciais. A cláusula tinha pouca chance de aprovação. Apesar disso, minha equipe sugeriu que, na qualidade de porta-voz democrata em questões de reformas éticas, eu deveria começar abrindo mão voluntariamente dessa prática.

Era o certo a fazer, mas não vou mentir; a primeira vez que programei uma viagem a quatro cidades em dois dias em voos comerciais, senti uma pontada de arrependimento. O trânsito até o aeroporto de O'Hare foi um horror. Quando cheguei, o voo para Memphis estava atrasado. Um menino derramou suco de laranja em meu sapato.

Então, quando aguardava na fila, aproximou-se de mim um homem de seus 35 anos, de calça chino e camisa polo, e me disse que esperava que o Congresso tomasse alguma providência sobre pesquisas com células-tronco ainda naquele ano. "Tenho doença de Parkinson no estágio inicial", disse ele, "e um filho de três anos. Muito provavelmente, eu jamais jogarei bola com ele. Sei que deve ser tarde demais para mim, mas não há razão para que outra pessoa passe pelo que estou passando."

São essas as histórias que a gente perde, pensei comigo, quando voa num jatinho privado.

6. Fé

Dois dias depois de ser escolhido como candidato do Partido Democrata na campanha para o Senado dos Estados Unidos, recebi um e-mail de um médico da Faculdade de Medicina da Universidade de Chicago.

"Parabéns por sua impressionante e inspiradora vitória nas primárias", escreveu o médico. "Foi uma alegria para mim votar no senhor, e quero dizer que estou pensando seriamente em votar no senhor na eleição geral. Escrevo para manifestar as preocupações que podem acabar me impedindo de apoiá-lo."

O médico identificava-se como um cristão que achava que seus compromissos tinham que ser abrangentes e "totalizadores". Sua religião o fazia opor-se vigorosamente ao aborto e ao casamento entre pessoas do mesmo sexo, mas ele dizia que sua fé também o fazia pôr em dúvida a idolatria ao livre mercado e a prontidão para agir militarmente que pareciam caracterizar boa parte da política externa do presidente Bush.

O motivo que levava o médico a pensar em votar em meu adversário não era bem minha atitude para com o aborto. É que ele tinha lido um verbete que minha campanha postara em meu site, sugerindo que eu lutaria contra "ideólogos de direita que querem tirar da mulher a prerrogativa de escolher". E acrescentava:

> Percebo que o senhor tem um forte senso de justiça e da precária posição da justiça em qualquer sistema político, e sei que se compadece da difícil situação dos que não têm voz. Também percebo que o senhor é uma pessoa justa, que valoriza a razão. [...] Sejam quais forem as suas convicções, se o senhor acredita mesmo que todos os que se opõem ao aborto são ideólogos movidos pelo perverso desejo de causar sofrimento às mulheres, então o senhor, na minha opinião, não é um homem imparcial. [...] O senhor sabe que entramos numa época com muitas possibilidades para o bem e para o mal, época em que lutamos para conceber um sistema político comum no contexto da pluralidade, em que não sabemos bem que base temos para fazer qualquer demanda envolvendo outras pessoas. [...] Não lhe peço, neste momento, que se oponha ao aborto, apenas que fale sobre esse assunto numa linguagem imparcial.

Cheguei meu site e localizei as palavras ofensivas. Não eram de minha autoria; a equipe as havia postado para resumir minha posição pró-escolha durante as primárias democratas, numa época em que alguns adversários meus punham em dúvida meu empenho em proteger a decisão no caso *Roe v. Wade*. Dentro da bolha da política do Partido Democrata, era um procedimento corriqueiro, destinado a animar a base. O argumento era que envolver o outro lado na discussão não fazia sentido; qualquer ambiguidade na questão demonstrava fraqueza, e, diante da abordagem obsessiva, impiedosa das forças antiaborto, não podíamos nos permitir qualquer fraqueza.

Relendo a carta do médico, porém, senti uma pontada de vergonha. Sim, havia pessoas no movimento antiaborto pelas quais eu não tinha a menor simpatia, pessoas que empurravam ou bloqueavam mulheres que entravam nas clínicas, enfiando fotos de fetos mutilados no rosto delas e gritando o mais alto que podiam; pessoas que oprimiam e intimidavam, e às vezes usavam de violência.

Mas esses manifestantes antiaborto não eram os que apareciam nos meus comícios. Os que eu encontrava geralmente apareciam nas comunidades menores que visitávamos no sul do estado, com ar exausto, mas decidido, fazendo vigília na frente de qualquer prédio onde o comício estivesse sendo realizado, segurando suas placas e faixas feitas à mão como se fossem escudos. Não berravam, não tentavam perturbar nossos encontros, apesar de ainda deixarem meus colaboradores nervosos. A primeira vez que um grupo de manifestantes apareceu, minha equipe precursora preparou-se para o pior; cinco minutos antes da minha chegada ao auditório, meus colaboradores ligaram para o carro em que eu estava e sugeriram que eu entrasse pelos fundos para evitar um confronto.

"Não quero entrar pelos fundos", expliquei ao funcionário que dirigia o carro. "Diga a eles que estamos chegando pela frente."

Entramos no estacionamento da biblioteca e vimos sete ou oito manifestantes aglomerados junto a uma cerca: várias mulheres de mais idade e o que parecia ser uma família — um homem e uma mulher com dois filhos pequenos. Saí do carro, fui até o grupo e me apresentei. O homem apertou minha mão hesitante e disse seu nome. Parecia ter mais ou menos a minha idade, vestia jeans, camisa xadrez e um boné do St. Louis Cardinals. A mulher apertou minha mão também, mas as mais velhas se mantiveram afastadas. As crianças, de nove ou dez anos, me olharam com indisfarçada curiosidade.

"Vocês querem entrar?", perguntei.

"Não, obrigado", disse o homem. Entregou-me um panfleto. "Sr. Obama, quero que saiba que concordo com muita coisa que o senhor diz."

"Eu lhe agradeço."

"E sei que o senhor é cristão e tem uma família."

"Verdade."

"Sendo assim, como é que o senhor é a favor de assassinar bebês?"

Disse-lhe que entendia sua posição, mas discordava. Falei--lhe da minha convicção de que poucas mulheres decidem de forma leviana interromper uma gravidez; que toda mulher grávida sentia o peso das questões morais envolvidas e lutava com sua consciência ao tomar essa decisão dolorosa; que meu medo era que a proibição do aborto obrigasse as mulheres a recorrerem a abortos inseguros, como costumavam fazer antigamente neste país e como continuavam a fazer em países que processam os médicos e as mulheres que os procuram. Sugeri que talvez pudéssemos chegar a um acordo sobre como, antes de mais nada, reduzir o número de mulheres que sentem necessidade de abortar.

O homem ouviu com educação e em seguida apontou para as estatísticas do folheto que informavam sobre o número de crianças não nascidas que, segundo ele, eram sacrificadas todos os anos. Depois de alguns minutos, eu disse que precisava falar a meus apoiadores lá dentro e perguntei novamente se o grupo não queria entrar também. Mais uma vez ele recusou o convite. Quando me virei para ir embora, sua esposa me chamou.

"Vou rezar pelo senhor", disse. "Rezo para que o senhor mude de opinião."

Nem minha mente, nem meu coração mudaram naquele dia ou nos dias subsequentes. Mas eu pensava nessa família quando respondi ao médico para lhe agradecer pelo e-mail. No dia seguinte, distribuí o e-mail entre os meus funcionários e mandei mudar a linguagem no site para declarar em termos claros mas simples minha posição pró-escolha. E aquela noite, antes de ir para a cama, fiz uma prece de minha própria autoria — que eu pudesse estender aos outros a mesma presunção de boa-fé que o médico estendera a mim.

Todo mundo sabe que nós, americanos, somos um povo religioso. Pelas pesquisas mais recentes, 95% dos americanos acreditam em Deus, mais de dois terços pertencem a uma igreja, 37% consideram-se cristãos devotos, e o número das pessoas que acreditam em anjos é substancialmente maior do que o das que acreditam na evolução. E a religião não está confinada a lugares de culto. Livros proclamando o fim dos tempos vendem milhões de exemplares, músicas cristãs ocupam as listas de mais vendidas da *Billboard*, e novas megaigrejas parecem brotar todos os dias nos arredores de todas as grandes metrópoles, oferecendo de creches a encontros de solteiros, ioga e pilates. Nosso presidente costuma comentar que Cristo mudou seu coração, e jogadores de futebol americano apontam para o céu depois de cada *touchdown*, como se Deus estivesse decidindo partidas das laterais celestes.

Essa religiosidade, claro, está longe de ser um fenômeno recente. Os peregrinos desembarcaram em nossas praias para escapar de perseguições religiosas e praticar livremente sua versão própria de calvinismo estrito. O revivalismo evangélico tem, reiteradas vezes, tomado conta do país, e sucessivas ondas de imigrantes usaram a religião como âncora para a nova vida num mundo estranho. O sentimento e o ativismo religiosos deflagraram alguns dos nossos movimentos políticos mais poderosos, da abolição da escravatura aos direitos civis e ao populismo de pradaria de William Jennings Bryan.

Apesar disso, se cinquenta anos atrás você perguntasse aos mais destacados comentaristas culturais da época qual seria o futuro da religião nos Estados Unidos, a resposta seria, com certeza, que estava em declínio. Dizia-se que a religião à antiga debilitava-se vitimada pela ciência, por níveis mais altos de educação entre as pessoas e pelas maravilhas da tecnologia. Pessoas de respeito talvez ainda fossem à igreja todos os domingos; pregadores agressivos de Bíblia na mão e curandeiros da fé talvez ainda atuassem no circuito revivalista do Sul; o medo do "comunismo ateu" talvez ajudasse a fomentar o macarthismo e a noção do Perigo Vermelho. Mas, no geral, a prática religiosa tradicional — e certamente o fundamentalismo religioso — era considerada incompatível com a modernidade, no máximo um refúgio das pessoas pobres e sem instrução contra as dificuldades da vida. Até mesmo as monumentais cruzadas de Billy Graham eram tratadas por comentaristas e intelectuais como um curioso anacronismo, vestígio de uma época que pouco tinha a ver com a séria tarefa de administrar uma economia moderna ou formular uma política externa.

Lá pelos anos 1960, muitos líderes protestantes e católicos tinham concluído que, para sobreviverem, as instituições religiosas americanas precisavam tornar-se "relevantes" nos novos tempos — adaptando a doutrina religiosa à ciência, dando voz a um evangelho social que tratasse das questões materiais da desigualdade econômica, do racismo, do machismo e do militarismo americano.

O que aconteceu? Em parte, sempre houve muito exagero em torno da suposta diminuição do entusiasmo religioso dos americanos. Nesse particular, pelo menos, a crítica conservadora ao "elitismo liberal" tem uma forte dose de verdade: isolados nas universidades e nos grandes centros urbanos, intelectuais, jornalistas e produtores de cultura popular simplesmente não perceberam o contínuo papel que todas as formas de expressão religiosa exerciam em comunidades do país inteiro. A rigor, a incapacidade das principais instituições culturais do país de reconhecer o impulso religioso americano ajudou a estimular um grau de empreendedorismo religioso sem igual no mundo industrializado. Expulso do nosso campo de visão, mas ainda palpitante de vitalidade na região central e no Cinturão da Bíblia, um universo paralelo desenvolveu-se, um mundo não apenas de revivalismos e cleros florescentes, mas também de televisão, rádio, universidades, editoras e entretenimento cristãos — mundo esse que permitia aos devotos ignorar a cultura popular com a mesma força com que eram ignorados.

A relutância da parte de muitos evangélicos em se deixarem arrastar para a política — sua atenção interna à salvação individual e sua tendência a dar a César o que é de César — poderia ter durado indefinidamente, não fossem as convulsões sociais dos anos 1960. Na cabeça dos cristãos sulistas, a decisão tomada por um remoto tribunal federal de acabar com a segregação parecia compatível com suas decisões de acabar com as preces nas escolas — um ataque multifacetado contra os pilares da vida sulista tradicional. Em todo o país, o movimento das mulheres, a revolução sexual, a crescente confiança de gays e lésbicas, e, mais poderosa, a sentença da Suprema Corte no caso *Roe v. Wade* pareciam uma contestação direta aos ensinamentos da Igreja sobre casamento, sexualidade e os papéis de homens e mulheres. Sentindo-se alvo de zombarias e ataques, cristãos conservadores acharam que já não seria possível continuar isolados das tendências políticas e culturais do país. E apesar de Jimmy Carter ter sido o primeiro a introduzir a linguagem do cristianismo evangélico na política nacional moderna, o Partido Republicano, com sua ênfase crescente na tradição, na ordem e nos "valores de família", é que estava em melhor posição para colher a safra desse despertar político dos evangélicos e mobilizá-los contra a ortodoxia liberal.

A história de como Ronald Reagan, Jerry Falwell, Pat Robertson, Ralph Reed e finalmente Karl Rove e George W. Bush mobilizaram esse exército de soldados de infantaria cristãos não precisa ser repetida aqui. Basta dizer que hoje os cristãos evangélicos brancos (junto com católicos conservadores) constituem a essência da base política do Partido Republicano — um núcleo de seguidores mantidos em estado permanente de mobilização por uma rede de púlpitos e veículos de comunicação que a tecnologia ajudou a ampliar. São suas questões — aborto, casamento gay, prece nas escolas, design inteligente, Terri Schiavo, a exibição dos Dez Mandamentos nos tribunais, ensino escolar em casa, planos de cheque-ensino e a configuração da Suprema Corte — que com frequência dominam as manchetes e funcionam como uma das grandes linhas de falha na política americana. A maior diferença na filiação partidária entre americanos brancos não é entre homens e mulheres ou entre os que moram nos chamados estados vermelhos [republicanos] e os que moram nos estados azuis [democratas], mas entre os que vão com regularidade à igreja e os que não vão. Enquanto isso, democratas lutam para "ter religião", ainda que um segmento nuclear do nosso eleitorado permaneça obstinadamente secular em sua orientação e tema — sem dúvida com razão — que na plataforma de um país decididamente cristão talvez não haja espaço para eles, ou para suas escolhas de vida.

Mas a influência política cada vez maior da direita cristã conta apenas parte da história. A Maioria Moral e a Coalizão Cristã talvez tenham capitalizado o descontentamento de muitos cristãos evangélicos, mas o mais notável é a capacidade do cristianismo evangélico não apenas de sobreviver mas de prosperar nos Estados Unidos modernos e tecnológicos. Numa época em que igrejas protestantes tradicionais perdem membros em ritmo acelerado, igrejas evangélicas não confessionais crescem aos saltos, inspirando níveis de comprometimento e participação da parte dos seus membros que nenhuma outra instituição americana consegue igualar. Seu fervor foi incorporado à corrente dominante.

Explicações para esse êxito vão desde a habilidade de marketing religioso dos evangélicos até o carisma dos seus líderes. Mas ele também indica um apetite pelo produto que estão vendendo, um apetite que vai além de qualquer problema ou causa em particular. Parece que a cada dia, enquanto cumprem suas rotinas — deixar os filhos na escola, dirigir para o trabalho, voar para uma reunião de serviço, fazer compras no shopping center, tentar seguir suas dietas —, milhares de americanos sentem falta de alguma coisa. Decidem que seu trabalho, seus bens, suas diversões, seus negócios não bastam. Querem o sentimento de estar indo a algum lugar, uma linha narrativa na vida, alguma coisa que alivie a solidão crônica ou que os eleve acima do ramerrão cansativo, implacável da vida diária. Precisam estar seguros de que alguém lá em cima se preocupa com eles, escuta o que dizem — que não estão destinados apenas a percorrer uma longa estrada rumo ao nada.

Se entendo alguma coisa desse movimento no sentido de um compromisso religioso mais profundo, talvez seja porque se trata de uma estrada que eu mesmo já percorri.

Não fui criado numa casa religiosa. Meus avós maternos, que vieram do Kansas, tinham vivido num ambiente religioso na infância: meu avô foi criado por devotos avós batistas, depois que o pai desertou e a mãe cometeu suicídio, enquanto os pais de minha avó — que ocupara uma posição ligeiramente mais elevada na hierarquia da sociedade de cidade pequena na época Grande Depressão (o pai dela trabalhava numa refinaria de petróleo, a mãe era professora primária) — eram metodistas praticantes.

Mas talvez pelas mesmas razões que fizeram meus avós deixarem o Kansas e migrarem para o Havaí, a fé religiosa jamais criou raízes em seu coração. Minha avó sempre foi racional e teimosa demais para aceitar qualquer coisa que não pudesse ver, sentir, tocar ou contar. Meu avô, o sonhador da família, tinha esse tipo de alma inquieta que bem poderia ter encontrado refúgio na crença religiosa, não fosse pelas outras características — uma rebeldia inata, uma total incapacidade de disciplinar os próprios desejos e uma vasta tolerância pelas fraquezas alheias — que o impediam de levar qualquer coisa muito a sério.

Essa combinação de traços — o racionalismo granítico da minha avó, a jovialidade e incapacidade de julgar os outros ou a si mesmo com muito rigor do meu avô — foi transmitida para minha mãe. Suas próprias experiências como criança sensível, amante dos livros, criada em cidades pequenas do Kansas, do Oklahoma e do Texas reforçaram esse ceticismo herdado. As lembranças que tinha dos cristãos que povoaram sua juventude não eram muito boas. De vez em quando, em grande parte para me ajudar, ela mencionava pregadores moralistas que rejeitavam três quartos da população mundial por serem, na sua opinião, pagãos ignorantes, condenados às penas eternas depois da morte — e que, sem sequer tomarem fôlego, afirmavam que a terra e os céus tinham sido criados em sete dias, a despeito de todas as provas geológicas e astrofísicas. Recordava respeitáveis damas da igreja sempre muito prontas a cortar relações com as pessoas que não correspondiam a seus padrões de conduta, enquanto escondiam desesperadamente os próprios segredos inconfessáveis; os padres da igreja, que usavam ofensivos chavões raciais e fraudavam seus empregados tirando deles quaisquer tostões que pudessem.

Para minha mãe, a religião organizada, com muita frequência, revestia uma mentalidade estreita com a vestimenta da devoção, e a crueldade e a opressão com o manto da integridade.

Isso não quer dizer que ela me privasse de ensinamentos religiosos. Em sua cabeça, um bom conhecimento das grandes religiões do mundo era parte necessária de uma educação completa. Em nossa casa, a Bíblia, o Alcorão e o Bhagavad Gita ocupavam a estante ao lado de livros de mitologia grega, nórdica e africana. Na Páscoa ou no Natal, minha mãe às vezes me arrastava para a igreja, assim como me arrastava para o templo budista, para a comemoração do Ano-Novo Chinês, para o santuário xintoísta e para antigos cemitérios havaianos. Mas eu entendia que essas amostras religiosas não exigiam qualquer compromisso de longo prazo da minha parte — nenhum esforço introspectivo de autoflagelação. Ela me explicava que a religião era uma expressão da cultura humana e não o seu manancial, apenas uma de muitas maneiras — e não necessariamente a melhor — que os homens testaram para controlar o incognoscível e compreender as verdades mais profundas sobre nossa vida.

Em suma, minha mãe via a religião com os olhos da antropóloga que se tornaria; era um fenômeno a ser tratado com o devido respeito, mas também com o devido distanciamento. Além disso, quando criança, era raro eu ter contato com pessoas que pudessem apresentar uma visão diferente da religião. Meu pai foi uma figura quase totalmente ausente da minha infância, tendo se divorciado da minha mãe quando eu tinha dois anos; de qualquer forma, apesar de ter sido criado como muçulmano, meu pai já era ateu convicto quando conheceu minha mãe, achando que religião era em boa parte superstição, como a lenga-lenga dos feiticeiros que ele escutara nas aldeias quenianas da sua juventude.

Quando minha mãe casou de novo, foi com um indonésio de temperamento igualmente cético, um homem que via a religião não como ferramenta muito útil na tarefa prática de abrir caminho no mundo e que fora criado num país que misturava sem problemas a fé islâmica com sobras do hinduísmo, do budismo e de antigas tradições animistas. Durante os cinco anos que viveríamos com meu padrasto na Indonésia, fui mandado para uma escola católica do bairro e, em seguida, para uma escola predominantemente muçulmana; nos dois casos, minha mãe estava menos preocupada com o fato de eu aprender o catecismo ou decifrar o chamamento do muezim para a prece noturna do que com estar aprendendo direito a tabuada.

E, apesar de todo o seu secularismo, minha mãe foi em muitos sentidos a pessoa de maior espiritualidade que conheci. Ela tinha um instinto infalível para a bondade, a caridade e o amor, e passou boa parte da vida agindo com base nesse instinto, às vezes em detrimento seu. Sem a ajuda de textos religiosos ou de autoridades externas, ela se esforçava muitíssimo para instilar em mim os valores que muitos americanos aprendem na escola dominical: honestidade, empatia, disciplina, gratificação adiada e trabalho duro. A pobreza e a injustiça a deixavam furiosa, e ela desprezava os que fossem indiferentes às duas coisas.

Acima de tudo, ela tinha pela vida e por sua natureza preciosa, transitória, um permanente senso de deslumbramento que poderia ser chamado de religioso. Durante o dia, se ela deparava, digamos, com uma pintura, lia um verso ou ouvia uma música, eu via seus olhos se encherem de lágrimas. Às vezes, quando eu ainda era novo, ela me acordava no meio da noite para que eu visse uma lua particularmente espetacular ou me fazia ficar de olhos fechados enquanto andávamos juntos ao anoitecer para ouvir o farfalhar da folhagem. Adorava pegar crianças — qualquer criança — e sentá-las no colo para lhes fazer cócegas ou brincar com elas, examinar suas mãos, distinguindo o milagre de ossos, tendões e pele, maravilhada com as verdades ali existentes. Via mistério em toda parte e alegrava-se com a estranheza da vida.

Só em retrospecto, claro, é que compreendi como o espírito de minha mãe me influenciou — como me sustentou apesar da ausência de um pai na casa, como me manteve à tona através dos rochosos bancos de areia da adolescência e como guiou, invisivelmente, o caminho que eu acabaria trilhando. Minhas ardentes ambições talvez tenham sido atiçadas por meu pai — pela consciência que eu tinha das suas conquistas e dos seus fracassos, pelo desejo tácito de conquistar, de alguma forma, o seu amor e pelos meus ressentimentos e a raiva que sentia dele. Mas foi a crença fundamental de minha mãe — na bondade das pessoas e no valor final desta breve vida que cada um de nós recebe — que canalizou essas ambições. Foi por querer confirmar seus valores que estudei filosofia política, à procura tanto de uma linguagem como de um sistema de ação que pudessem ajudar a construir comunidades e a tornar a justiça uma realidade. E foi em busca de aplicação prática desses valores que aceitei trabalhar, ao sair da faculdade, como líder comunitário para um grupo de igrejas em Chicago que tentava enfrentar o desemprego, as drogas e a desesperança em seu meio.

Deixei registrado, num livro anterior, como foi que meu trabalho inicial em Chicago me ajudou a chegar à idade adulta — como foi que meu trabalho com pastores e leigos aprofundou minha determinação de levar uma vida pública, como foi que eles fortaleceram minha identidade racial e confirmaram minha crença na capacidade que têm as pessoas comuns de fazer coisas extraordinárias. Mas minhas experiências em Chicago também me obrigaram a lidar com um dilema que minha mãe jamais resolveu em sua própria vida: o fato de que eu não tinha uma comunidade nem um conjunto de tradições recebidas nas quais pudesse fincar minhas convicções mais profundas. Os cristãos com quem eu trabalhava se reconheciam em mim; viam que eu conhecia o seu Livro, compartilhava seus valores e cantava seus hinos. Mas sentiam que uma parte de mim continuava distante, separada, um observador no meio deles. Percebi que sem um veículo para minhas crenças, sem um compromisso inequívoco com determinada comunidade de fé, eu estaria condenado, em certo nível, a permanecer sempre à parte, livre do jeito que minha mãe era livre, mas também sozinho do jeito que ela, em última análise, era sozinha. Havia coisas piores do que essa liberdade. Minha mãe viveria feliz como cidadã do mundo, formando uma comunidade de amigos onde quer que estivesse, satisfazendo no trabalho e nos filhos a necessidade de encontrar sentido. Eu também talvez me contentasse com uma vida assim, não fosse pelos atributos particulares da igreja historicamente negra, atributos que me ajudaram a desfazer-me de parte do ceticismo e abraçar a fé cristã.

O certo é que fui atraído pela capacidade da tradição religiosa afro-americana de estimular mudanças sociais. Por necessidade, a igreja negra precisava cuidar da pessoa inteira. Por necessidade, a igreja negra raras vezes podia se dar ao luxo de separar a salvação individual da salvação coletiva. Tinha que servir como o centro da vida política, econômica e social da comunidade, além da vida espiritual; compreendia, intimamente, o chamamento bíblico para alimentar os famintos, vestir os nus e desafiar as potências e os principados. Na história dessas lutas, eu conseguia ver a fé como algo mais do que um conforto para os fatigados ou uma barreira contra a morte; na verdade, era um agente ativo, palpável, no mundo. No trabalho corriqueiro dos homens e mulheres que eu via na igreja todos os dias, em sua capacidade de "criar oportunidades onde parece não haver oportunidade alguma" e de preservar a esperança e a dignidade nas circunstâncias mais desesperadoras, eu conseguia ver a manifestação do Verbo.

E talvez tenha sido com esse conhecimento íntimo das dificuldades, essa fundamentação da fé na luta, que a igreja historicamente negra me ofereceu um segundo entendimento: o de que a fé não significa não ter dúvidas ou renunciar a este mundo. Bem antes de tornar-se moda entre os televangelistas, o sermão negro típico reconhecia de pronto que todos os cristãos (incluindo os pastores) podiam estar certos de que ainda sentiriam a mesma ganância, o mesmo ressentimento, a mesma lascívia e a mesma raiva que todos os demais sentiam. Os hinos religiosos, as danças, as lágrimas e os gritos, tudo falava de uma libertação, de um reconhecimento e, por fim, de uma canalização dessas emoções. Na comunidade negra, as linhas divisórias entre pecadores e redimidos eram mais fluidas; os pecados dos que iam à igreja não eram tão diferentes dos pecados dos que não iam e podiam, portanto, ser comentados com humor ou com reprovação. Você precisava ir à igreja justamente por pertencer a este mundo, e não estar separado dele; rico, pobre, pecador, redimido, era preciso adotar Cristo precisamente para purificar-se de pecados — porque todos eram humanos e precisavam de um aliado em sua difícil jornada, para atenuar os picos e vales, e para endireitar todos esses caminhos tortuosos.

Foi por causa dessa nova compreensão — de que o compromisso religioso não exigia de mim que eu suspendesse o pensamento crítico, desistisse da batalha pela justiça econômica e social ou de alguma forma me retirasse do mundo que eu conhecia e amava — que pude enfim um dia passar entre os bancos da Igreja da Trindade Unida de Cristo para ser batizado. Foi mais uma escolha do que uma epifania; as perguntas que eu tinha não desapareceram magicamente. Ajoelhando-me debaixo daquela cruz no South Side de Chicago, senti o espírito de Deus acenar para mim. Submeti-me à sua vontade e dediquei-me à descoberta da Sua verdade.

Discussões religiosas dentro dos limites do Senado quase nunca são pesadas. Ninguém é interrogado sobre sua filiação religiosa; raras vezes ouvi o nome de Deus invocado num debate no plenário. O capelão do Senado, Barry Black, é um homem sábio e sofisticado, um afro-americano criado num dos bairros mais violentos de Baltimore, e cumpre suas limitadas tarefas — fazer a oração da manhã, dirigir sessões voluntárias de estudo da Bíblia, dar aconselhamento espiritual a quem vier pedir — com um espírito constante de carinho e inclusão. O café da manhã com orações das quartas-feiras é inteiramente opcional, bipartidário e ecumênico (o senador Norm Coleman, judeu, é hoje o principal organizador do lado republicano); os que resolvem comparecer escolhem trechos das Escrituras e comandam grupos de discussão. Diante da sinceridade, da honestidade, da humildade e do bom humor com que até mesmo os senadores que mostram sua religião de forma mais ostensiva — homens como Rick Santorum, Sam Brownback ou Tom Coburn — falam de suas jornadas pessoais de fé nesses cafés da manhã, somos tentados a achar que o impacto da religião na política é basicamente salutar, um freio na ambição pessoal, um lastro contra os ventos fustigantes das manchetes de hoje e das conveniências políticas.

Fora dos decorosos confins do Senado, porém, qualquer discussão sobre religião e seu papel na política pode tornar-se um pouco menos cortês. Veja-se o caso do meu adversário republicano em 2004, o embaixador Alan Keyes, que empregou um novo argumento para atrair eleitores no apagar das luzes da campanha.

"Cristo não votaria em Barack Obama", proclamou Keyes, "porque Barack Obama prometeu comportar-se de um jeito que seria inconcebível que Cristo se comportasse."

Não foi a primeira vez que Keyes fez pronunciamentos desse tipo. Quando meu primeiro adversário republicano foi obrigado a desistir, em virtude de algumas revelações sobre seu pedido de divórcio, o Partido Republicano de Illinois, incapaz de decidir-se por um candidato local, resolveu recrutar Keyes para a tarefa. O fato de Keyes ser oriundo de Maryland, de jamais ter morado em Illinois, de nunca ter vencido uma eleição e de ser visto por mui-

245

tos dentro do Partido Republicano nacional como insuportável não deteve a cúpula republicana no estado. Um colega republicano no senado estadual me deu uma explicação franca para essa estratégia: "Temos nosso próprio negro conservador formado em Harvard para disputar com o negro liberal formado em Harvard. Pode ser que a gente não ganhe, mas pelo menos ele será capaz de acabar com esse halo em torno da sua cabeça".

Keyes não sofria de falta de confiança. Com doutorado em Harvard, protegido de Jeane Kirkpatrick, embaixadora dos Estados Unidos no Conselho Econômico e Social da onu durante o governo Reagan, ele tinha surgido no cenário político como candidato duas vezes à vaga de Maryland no Senado dos Estados Unidos e, em seguida, como concorrente duas vezes a candidato republicano à presidência. Tinha levado surras nas quatro disputas, mas as derrotas não diminuíram em nada a reputação de Keyes aos olhos dos seus apoiadores; para eles, o fracasso eleitoral parecia apenas confirmar sua devoção irredutível aos princípios conservadores.

Não havia dúvida de que o homem sabia falar. A qualquer pretexto, Keyes era capaz de fazer uma dissertação, gramaticalmente impecável, sobre quase qualquer assunto. De improviso, às vezes adquiria uma feroz intensidade, o corpo sacudindo, a testa suada, os dedos apunhalando o ar, a voz aguda trêmula de emoção quando convocava os fiéis à batalha contra as forças do mal.

Infelizmente para ele, nem o intelecto, nem a eloquência conseguiam superar certos defeitos seus como candidato. Ao contrário da maioria dos políticos, por exemplo, Keyes não fazia o menor esforço para esconder que obviamente se considerava moral e intelectualmente superior. Com sua postura ereta, seus modos quase teatralmente formais e um olhar de pálpebras pesadas que lhe dava um ar de tédio perpétuo, ele parecia uma mistura de pregador pentecostal com William F. Buckley.

Além disso, essa autoconfiança desligara nele os instintos de autocensura que permitem à maioria das pessoas andar pelo mundo sem se meter em constantes confusões. Keyes dizia qualquer coisa que lhe viesse à cabeça e, com lógica obstinada, seguia com desastrosas consequências qualquer ideia que lhe ocorresse. Já em desvantagem por ter entrado com atraso na disputa, pela falta de dinheiro e pela condição de forasteiro político, ele conseguiu, em apenas três meses, ofender quase todo mundo. Chamou todos os homossexuais — incluindo a filha de Dick Cheney — de "libertinos egoístas" e afirmou que a adoção de crianças por casais gays inevitavelmente resultava em incesto. Chamou a imprensa de Illinois de ferramenta da "agenda contra o casamento, contra a vida". Acusou-me de assumir uma "posição de senhor de escravos" na defesa que eu fazia do direito ao aborto e chamou-me de "marxista convicto, acadêmico" por causa do meu apoio à assistência médica universal e a outros programas sociais — e acrescentou, para piorar, que eu, por não ser descendente de escravos, não era afro-americano. A certa altura, conseguiu alienar até os republicanos conservadores que o chamaram para Illinois recomendando — talvez numa tentativa de conseguir votos dos negros — indenização na forma de completa abolição de imposto de renda para todos os negros com escravos entre seus antepassados. ("Isto é um desastre!", dizia um comentário colocado no painel de discussão do site da extrema direita de Illinois, *Illinois Leader*. "E OS BRANCOS?!")

Em outras palavras, Alan Keyes era o adversário ideal; tudo que eu precisava fazer era ficar calado e começar a planejar minha cerimônia de posse. E, apesar disso, à medida que a campanha avançava, ele ia me irritando cada vez mais, como poucas pessoas haviam me irritado. Quando nossos caminhos se cruzavam durante a campanha, eu tinha que conter o impulso nada caridoso de insultá-lo ou torcer-lhe o pescoço. Certa vez, quando topamos um com o outro num desfile do Dia da Independência da Índia, enfiei-lhe o dedo no peito enquanto falava, um comportamento de macho alfa que eu adotava desde os tempos de ensino médio e que uma alerta equipe de TV logo capturou; o momento foi mostrado em câmera lenta no noticiário daquela noite. Nos três debates realizados antes da eleição, eu com frequência sem palavras, irritadiço e inusitadamente tenso — fato que o público (já tendo, àquela altura, descartado Keyes) quase não percebeu, mas que, de qualquer maneira, deixava meus apoiadores aflitos. "Por que você deixa esse sujeito irritá-lo assim?", perguntavam. Para eles, Keys era um maluco, um extremista cujos argumentos não mereciam qualquer consideração.

O que eles não entendiam era que, para mim, era impossível não levar Keyes a sério. Pois ele dizia falar em nome da minha religião — e embora não gostasse do que saía da sua boca, eu tinha que admitir que algumas opiniões suas tinham muitos seguidores dentro da Igreja cristã.

Seus argumentos eram mais ou menos assim. Os Estados Unidos foram fundados sobre os princípios gêmeos da liberdade dada por Deus e da fé cristã. Sucessivas administrações liberais tinham sequestrado o governo federal para servir a um materialismo ateu e destruído inexoravelmente — pela regulamentação, por programas previdenciários socialistas, por leis contra o uso de armas de fogo, pelo comparecimento compulsório às escolas públicas e pelo imposto de renda ("o imposto dos escravos", como Keyes dizia) — a liberdade individual e os valores tradicionais. Juízes liberais tinham dado sua própria contribuição a essa decadência moral pervertendo a Primeira Emenda, que segundo eles significava a separação entre a Igreja e o Estado, e endossando os comportamentos anormais — particularmente o aborto e a homossexualidade — que ameaçavam destruir a família nuclear. A resposta para a renovação dos Estados Unidos era simples: restaurar a religião em geral — e o cristianismo em particular — ao seu devido lugar no centro da nossa vida pública e privada, tornar as leis compatíveis com os preceitos religiosos e restringir drasticamente o poder do governo federal de legislar em áreas não prescritas pela Constituição nem pelos mandamentos de Deus.

Em outras palavras, Alan Keyes apresentava a visão essencial da direita religiosa neste país, despida de todas as ressalvas, concessões ou desculpas. Em seus próprios termos, ele era inteiramente coerente, o que lhe dava a certeza e a fluência de um profeta do Antigo Testamento. E embora eu não tivesse dificuldade em me livrar dos seus argumentos constitucionais e políticos, sua interpretação das Escrituras me colocava na defensiva.

Obama afirma que é cristão, dizia Keyes, mas apoia um estilo de vida que a Bíblia considera execrável.

Obama afirma que é cristão, mas apoia a destruição de vidas inocentes e sagradas.

O que é que eu poderia dizer? Que uma interpretação literal da Bíblia era tolice? Que Keyes, católico romano, deveria ignorar os ensinamentos do papa? Sem querer enveredar por esse caminho, eu dava a resposta liberal costumeira nesses debates — que vivemos numa sociedade pluralista, que não posso impor minha crença religiosa a outras pessoas, que eu estava concorrendo a senador dos Estados Unidos por Illinois e não a sacerdote de Illinois. Mas, enquanto respondia, eu tinha consciência da acusação implícita de Keyes — de que eu continuava afligido pela dúvida, de que minha fé era adulterada, de que eu não era um cristão verdadeiro.

Em certo sentido, meu dilema com Keyes reproduzia com fidelidade o dilema mais amplo que o liberalismo enfrentava ao responder à direita religiosa. O liberalismo nos ensina a ser tolerantes com as crenças religiosas de outras pessoas, desde que essas crenças não causem danos nem afetem o direito de outros pensarem diferente. Enquanto as comunidades religiosas se contentarem em evitar interagir com os demais e a religião for claramente definida como uma questão de consciência individual, essa tolerância não é posta à prova.

Mas religião raras vezes se pratica no isolamento; a religião organizada, pelo menos, é assunto muito público. Os fiéis podem se sentir compelidos pela religião a pregar de forma ativa onde puderem. Podem achar que um estado secular promove valores que ofendem diretamente suas crenças. Podem querer que a sociedade toda confirme e reforce suas opiniões.

E, quando os motivados pela religião se afirmam politicamente para atingir esses objetivos, os liberais ficam nervosos. Aqueles entre nós que ocupam cargos públicos podem tentar evitar por completo as conversas sobre valores religiosos, temendo ofender alguém e afirmando que — independentemente de nossas convicções pessoais — princípios constitucionais nos deixam de mãos atadas em questões como aborto e prece escolar. (Políticos católicos de certa geração parecem ainda mais cautelosos, talvez porque tenham chegado à idade adulta quando grandes segmentos dos Estados Unidos ainda se perguntavam se John F. Kennedy não acabaria acatando ordens do papa.) Alguns da esquerda (embora não ocupantes de cargos públicos) vão mais longe, rejeitando a religião em praça pública como intrinsecamente irracional, intolerante e, por isso mesmo, perigosa — e notando que, com sua ênfase na salvação pessoal e no policiamento da moralidade privada, o discurso religioso oferece aos conservadores um bom pretexto para ignorar questões de moralidade pública, como a pobreza e a conduta perniciosa das empresas.

Essas estratégias de evasão talvez funcionem para os progressistas quando o adversário é Alan Keyes. Mas, a longo prazo, acho que cometemos um erro quando deixamos de reconhecer a força da fé na vida do povo americano e, dessa maneira, evitamos participar de um debate sério sobre como conciliar a fé com nossa democracia moderna e pluralista.

Para começar, é má política. Há uma multidão de pessoas religiosas nos Estados Unidos, e isso inclui a maioria dos democratas. Quando abandonamos o campo do discurso religioso — quando ignoramos o debate sobre o que ele significa para o bom cristão, para o bom muçulmano ou para o bom judeu; quando discutimos religião apenas no sentido negativo de onde ou como ela não deveria ser praticada e não no sentido positivo do que ela nos diz sobre nossas obrigações para com os outros; quando evitamos pontos de encontro religiosos e emissoras religiosas por achar que seremos mal recebidos —, outros com certeza ocuparão o vazio. E os que vão ocupá-lo muito provavelmente são aqueles que têm uma opinião mais sectária da fé ou que usam a religião de forma cínica como meio para justificar fins partidários.

Mais fundamentalmente, o desconforto de alguns progressistas com insinuação de religiosidade nos tem, com frequência, impedido de tratar nossos assuntos em termos morais. O problema é, em parte, retórico: se despimos a linguagem de todo conteúdo religioso perdemos as imagens e a terminologia que ajudam milhões de americanos a compreenderem tanto a moralidade pessoal como a justiça social. Imagine-se o que seria o Segundo Discurso de Posse de Lincoln sem a referência aos "juízos do Senhor" ou o discurso "eu tenho um sonho" de King sem a referência a "todos os filhos de Deus". A invocação de uma verdade mais alta os ajudou a inspirar o que parecia impossível e levou o país a adotar um destino comum. A religião organizada, claro, não tem o monopólio da virtude, e não é preciso ser religioso para fazer julgamentos morais ou apelar para um bem comum. Mas não deveríamos evitar fazer esses julgamentos ou apelos — nem abandonar qualquer referência a nossas ricas tradições religiosas — só para evitar ofender.

Nossa incapacidade, como progressistas, de acessar os sustentáculos morais do país não é apenas retórica, no entanto. Nosso medo de parecer "moralistas" pode também nos levar a subestimar o papel que os valores e a cultura desempenham no trato de alguns dos nossos problemas sociais mais prementes.

Afinal, os problemas da pobreza e do racismo, dos que não têm cobertura de saúde e dos desempregados não são apenas problemas técnicos em busca do perfeito plano de dez pontos. Também estão radicados na indiferença da sociedade e na insensibilidade individual — o desejo, entre os que estão no topo da escala social, de manter sua riqueza e seu status a qualquer custo, bem como o desespero e a autodestruição entre os que estão na base.

Resolver esses problemas exigirá mudanças de política governamental; exigirá também mudanças de sentimento e de pensamento. Sou a favor de manter armas de fogo fora de nossas periferias urbanas e acredito que nossos líderes precisam declarar isso com vigor, a despeito do lobby dos fabricantes de armas. Mas também acredito que, quando o membro de uma gangue atira indiscriminadamente contra uma multidão porque acha que alguém o desrespeitou, temos um problema de moralidade. Não só precisamos punir esse homem por seu crime, mas também reconhecer que existe um buraco em seu coração, um buraco que programas governamentais, por si, talvez não consigam reparar. Acredito na aplicação vigorosa de nossas leis não discriminatórias; também acredito que uma transformação de consciência e um genuíno compromisso com a diversidade por parte dos CEOS do país podem trazer resultados mais rápidos do que um batalhão de advogados. Acho que precisamos investir mais dinheiro do contribuinte na educação de meninas e meninos pobres, e fornecer-lhes informações sobre medidas anticoncepcionais que possam prevenir a gravidez indesejada, reduzir os índices de aborto e ajudar a garantir que toda criança seja amada e admirada. Mas acho também que a fé pode fortalecer a autoestima e a responsabilidade de uma jovem e o senso de reverência que todos os jovens deveriam sentir pelo ato de intimidade sexual.

Não estou sugerindo que todo progressista de repente se envolva com a terminologia religiosa ou que abandonemos a luta por mudanças institucionais a favor dos "mil pontos de luz". Reconheço que, em geral, apelos a virtudes privadas servem de desculpa para a inação. Além disso, nada é mais transparente do que a manifestação de fé inautêntica — como a do político que aparece numa igreja de negros em época de eleição e bate palmas (fora do ritmo) ao som do coro gospel ou salpica algumas citações bíblicas para dar sabor a um árido discurso político.

O que estou sugerindo é que se nós, progressistas, nos livrarmos de alguns preconceitos, talvez venhamos a reconhecer os valores compartilhados tanto por pessoas religiosas como por não religiosas quando se trata da direção moral e material do nosso país. Poderíamos reconhecer que o chamado ao sacrifício em nome da próxima geração, a necessidade de pensar em termos de "você" e não apenas de "eu", vibra em congregações religiosas de todo o país. Precisamos levar a fé a sério, não só para bloquear a direita religiosa, mas para envolver todas as pessoas de fé no projeto mais amplo de renovação americana.

Parte disso já começa a acontecer. Pastores de megaigrejas como Rick Warren e T. D. Jakes estão usando sua enorme influência para enfrentar problemas como a aids, a redução de dívida do Terceiro Mundo e o genocídio em Darfur. Os que se identificam como "evangélicos progressistas", a exemplo de Jim Wallis e Tony Campolo, recorrem ao mandamento bíblico de ajudar os pobres para mobilizar cristãos contra cortes orçamentários de programas sociais e a desigualdade crescente. E, no país inteiro, igrejas como a minha patrocinam programas de creche, constroem centros de convivência para idosos e ajudam pessoas que praticaram crimes a reconstruir a vida.

Mas para usar como base essas parcerias, ainda tateantes, entre os mundos religioso e secular, há muito trabalho a ser feito. A tensão e as desconfianças de cada lado da divisa religiosa precisam ser atacadas de frente, e cada lado terá que aceitar regras básicas de colaboração.

O primeiro passo, e o mais difícil, a ser dado por alguns cristãos evangélicos é reconhecer o papel vital que a Cláusula do Estabelecimento desempenhou não só no desenvolvimento da nossa democracia, mas também na robustez da nossa prática religiosa. Diferentemente das alegações de muita gente da direita cristã, que reclama com fúria da separação entre Igreja e Estado, sua disputa não é com um pequeno grupo de juízes liberais dos anos 1960. É com os redatores da Declaração de Direitos e com os antepassados da Igreja evangélica de hoje.

Muitos dos luminares da Revolução, mais notavelmente Franklin e Jefferson, eram deístas que — embora acreditando num Deus Todo-Poderoso — questionavam não só os dogmas da Igreja cristã, mas os princípios fundamentais do próprio cristianismo (incluindo a divindade de Cristo). Jefferson e Madison, em especial, propunham o que Jefferson chamava de "muro de separação" entre Igreja e Estado, como meio de proteger a liberdade individual na crença e na prática religiosa, defendendo o Estado contra a luta sectária e a religião organizada contra a intrusão ou a influência indevida do Estado.

Nem todos os Fundadores concordavam, claro; homens como Patrick Henry e John Adams encaminharam uma série de propostas de utilização do braço do Estado para promover a religião. Mas, apesar de Jefferson e Madison terem conseguido aprovar o estatuto de liberdade religiosa da Virgínia que serviria de modelo para as cláusulas sobre religião da Primeira Emenda, não foram esses estudiosos do Iluminismo que se mostraram os defensores mais eficientes da separação entre Igreja e Estado.

Na verdade, foram batistas como o reverendo John Leland e outros evangélicos que forneceram o apoio popular necessário para a ratificação dessas cláusulas. Fizeram isso porque estavam do lado de fora; porque seu estilo de devoção entusiástica tinha forte apelo para as classes baixas; porque sua pregação para todos os que quisessem participar — incluindo escravos — ameaçava a ordem estabelecida; porque não eram respeitadores de posição social e privilégios; e porque eram, consistentemente, perseguidos e desprezados pela dominante Igreja anglicana no Sul e pelas ordens congregacionais no Norte. Não só temiam, com razão, que qualquer religião patrocinada pelo Estado restringisse sua capacidade, como minorias religiosas, de praticar a fé; acreditavam também que é inevitável que a vitalidade religiosa diminua quando é compelida ou apoiada pelo Estado. Nas palavras do reverendo Leland, "só o erro precisa de apoio do governo; a verdade está e estará melhor sem... ele".

A fórmula de Jefferson e Leland para a liberdade religiosa funcionou. Não só os Estados Unidos evitaram as lutas religiosas que continuaram a afligir o resto do mundo, mas as instituições religiosas continuaram a florescer — fenômeno que alguns observadores atribuem diretamente à ausência de uma igreja patrocinada pelo Estado, daí a valorização da experimentação e do voluntariado religioso. Além disso, em virtude da diversidade crescente da população dos Estados Unidos, os perigos do sectarismo nunca foram tão grandes. O que quer que tenhamos sido, já não somos apenas um país cristão; somos também um país judaico, um país muçulmano, um país budista, um país hindu e um país de descrentes.

Mas vamos supor que tivéssemos apenas cristãos dentro das nossas fronteiras. Que cristianismo ensinaríamos nas escolas? O de James Dobson ou o de Al Sharpton? Quais passagens das Escrituras deveriam guiar nossas políticas públicas? Deveríamos optar pelo Levítico, que sugere que a escravidão é correta e comer frutos do mar é abominável? Que tal o Deuteronômio, que sugere apedrejar o próprio filho se ele se desviar da fé? Ou deveríamos ficar com o Sermão da Montanha — um trecho tão radical que é de duvidar que nosso Departamento de Defesa sobrevivesse à sua aplicação?

Isso nos leva a outra questão — a de como as crenças religiosas deveriam orientar o debate público e os ocupantes de cargos eletivos. Sem dúvida, os secularistas estão errados quando pedem que os crentes deixem sua religião do lado de fora antes de entrarem na praça pública; Frederick Douglass, Abraham Lincoln, William Jennings Bryan, Dorothy Day, Martin Luther King Jr. — na verdade a maioria dos grandes reformadores da história americana — não só foram motivados pela fé mas usaram, reiteradamente, a linguagem religiosa para defender suas causas. Dizer que homens e mulheres não devem injetar sua "moralidade pessoal" nos debates de políticas públicas é, na prática, um absurdo; nosso direito é por definição uma codificação da moralidade, boa parte dela radicada na tradição judaico-cristã.

O que nossa democracia deliberativa e pluralista exige é que as pessoas com motivações religiosas traduzam suas preocupações em valores universais, não em valores especificamente religiosos. Isso requer que suas propostas sejam submetidas à discussão e suscetíveis à razão. Se me oponho ao aborto por motivos religiosos e tento aprovar uma lei que proíba essa prática, não posso apenas citar os ensinamentos da minha igreja ou invocar a vontade de Deus e esperar que esse argumento tenha êxito. Se quero que outras pessoas me ouçam, devo explicar por que o aborto viola algum princípio acessível a pessoas de todas as religiões, incluindo as que não têm religião alguma.

Para os que acreditam na infalibilidade da Bíblia, como é o caso de muitos evangélicos, essas regras de engajamento podem parecer mais um exemplo da tirania do mundo secular e material sobre o mundo sagrado e eterno. Mas numa democracia pluralista, não há escolha. Quase por definição, a fé e a razão operam em campos diferentes e envolvem diferentes maneiras de distinguir a verdade. A razão — e a ciência — envolve a acumulação de conhecimento baseado em realidades que todos são capazes de apreender. Já a religião, pelo contrário, baseia-se em verdades que não podem ser demonstradas pelo entendimento humano comum — "a crença em coisas que não se veem". Os professores de ciência, quando insistem em manter o criacionismo ou o design inteligente fora da sala de aula, não estão dizendo que o conhecimento científico seja superior ao insight religioso. Estão simplesmente afirmando que cada método de conhecimento envolve regras diferentes e que não é possível permutar essas regras.

A política não é exatamente uma ciência e também não depende muito da razão. Mas, numa democracia pluralista, as mesmas distinções são válidas. A política, como a ciência, depende da nossa capacidade de convencer uns aos outros de objetivos comuns baseados numa realidade comum. Além disso, a política (ao contrário da ciência) envolve concessões, a arte do possível. Num nível fundamental qualquer, a religião não permite concessões. Insiste no impossível. Se Deus falou, o que se espera é que os seguidores cumpram os decretos de Deus, independentemente das consequências. Basear nossa vida em compromissos tão inflexíveis pode ser sublime; basear nossas decisões políticas nesses compromissos seria perigoso.

A história de Abraão e Isaque nos oferece um exemplo simples mas poderoso. De acordo com a Bíblia, Abraão é ordenado por Deus a oferecer seu "único filho, Isaque, a quem tanto amas", em holocausto. Sem discutir, Abraão leva Isaque ao topo de uma montanha, amarra-o num altar e segura a faca, preparado para agir como Deus tinha mandado.

Conhecemos, claro, o final feliz — Deus manda um anjo para interceder no último minuto. Abraão tinha passado no teste de devoção a Deus. Tornou-se modelo de fidelidade a Deus, e sua grande fé é recompensada através de gerações. Apesar disso, é justo dizer que, se qualquer de nós visse um Abraão do século XXI levantar a faca no telhado do seu apartamento, chamaria a polícia; nós o jogaríamos no chão; ainda que o víssemos abaixar a faca no último minuto, esperaríamos que o Departamento de Serviços de Crianças e Famílias levasse Isaque e acusasse Abraão de maus-tratos infantis. Agiríamos assim porque Deus não se revela a si ou através de seus anjos a todos nós no mesmo instante. Não escutamos o que Abraão escuta, não vemos o que Abraão vê, por mais verdadeiras que sejam essas experiências. O melhor que podemos fazer, portanto, é agir de acordo com aquilo que é possível para todos nós conhecermos, compreendendo que parte do que sabemos ser verdade — como indivíduos ou como comunidades de fé — só é verdade para nós.

Por fim, qualquer conciliação entre fé e pluralismo democrático requer algum senso de proporção. Isso não é inteiramente alheio à doutrina religiosa; mesmo aqueles que afirmam a infalibilidade da Bíblia fazem distinções entre decretos escriturais, com base na ideia de que algumas passagens — os Dez Mandamentos, digamos, ou a crença na divindade de Cristo — são essenciais à fé cristã, ao passo que outras são mais específicas a cada cultura e podem ser modificadas para atender a vida moderna. O povo americano compreende isso intuitivamente, o que explica que a maioria dos católicos pratique o controle da natalidade e alguns dos que são contra o casamento gay se oponham, apesar disso, a uma emenda constitucional que o proíba. Líderes religiosos não precisam aceitar essa sabedoria quando aconselham seus rebanhos, mas deveriam reconhecê-la em sua política.

Se um senso de proporção deve guiar o ativismo cristão, deveria guiar também aqueles que policiam a fronteira entre Igreja e Estado. Nem toda menção a Deus em público é uma brecha no muro de separação; como a Suprema Corte devidamente reconheceu, o contexto é importante. É questionável que crianças que recitam o Juramento à Bandeira se sintam oprimidas por terem que murmurar a frase "sob Deus"; eu não me senti. Permitir que propriedade escolar seja usada para reuniões de grupos de estudantes que se dispõem de forma voluntária a rezar não deveria ser uma ameaça, assim como sua utilização pelo Clube Republicano da escola não seria uma ameaça para os democratas. E é possível imaginar programas de inspiração religiosa — voltados para criminosos arrependidos ou para usuários de drogas — que ofereçam uma maneira incomparavelmente poderosa de resolver problemas e que portanto merecem apoio cuidadoso sob medida.

Esses princípios amplos para discutir religião dentro de uma democracia não se aplicam a tudo. Seria útil, por exemplo, se em debates sobre assuntos relativos a religião — como em todo discurso democrático — resistíssemos à tentação de atribuir má-fé àqueles que discordam de nós. Ao julgar o poder de persuasão de vários julgamentos morais, deveríamos estar atentos a inconsistências na aplicação desses julgamentos: como regra geral, tendo mais a ouvir aqueles que se sentem tão indignados com a indecência da falta de moradias quanto com a indecência dos vídeos musicais. E temos de reconhecer que às vezes nossos argumentos têm menos a ver com o que é certo do que com de quem é a determinação final — se precisamos do braço coercitivo do Estado para impor nossos valores ou se é melhor relegarmos essa questão à consciência individual e a normas em constante evolução. Nem mesmo a aplicação firme e persistente desses princípios resolveria, claro, todos os conflitos. A disposição de muitos dos que se opõem ao aborto para abrir exceção ao estupro e ao incesto indica uma disposição para flexibilizar um princípio em nome de considerações práticas; a disposição, mesmo dos mais fervorosos defensores da posição pró-escolha, para aceitar algumas restrições ao aborto tardio assinala o reconhecimento de que um feto é mais do que uma parte do corpo e que a sociedade tem algum interesse em seu desenvolvimento. Apesar disso, entre os que acreditam que a vida começa no momento da concepção e os que consideram o feto uma extensão do corpo da mulher até o nascimento, alcança-se rapidamente um ponto em que um acordo não é mais possível. Nesse ponto, o melhor a fazer é garantir que a persuasão, e não a violência ou a intimidação, determine o resultado político — e que passemos a concentrar pelo menos parte da nossa energia em reduzir o número de gestações indesejadas através da educação (incluindo informações sobre abstinência), medidas anticoncepcionais, adoção ou quaisquer outras estratégias que contem com amplo apoio e tenham comprovada eficácia.

Para muitos cristãos praticantes, a mesma incapacidade de fazer concessões pode se aplicar ao casamento gay. Acho essa posição problemática, em particular numa sociedade na qual homens e mulheres cristãos praticam sabidamente o adultério e outras violações de sua fé sem que haja castigo civil. Com grande frequência, sentei-me numa igreja e ouvi o pastor ridicularizar gays como um truque barato: "É Adão e Eva, e não Adão e Ivo!", dizia ele aos berros, quase sempre quando o sermão não ia muito bem. Acho que a sociedade americana pode até decidir dar importância especial à união entre homem e mulher como a unidade de criação de filhos mais comum em todas as culturas. Não estou disposto a ver o Estado negar a cidadãos americanos uma união civil que confira direitos equivalentes em questões básicas como visita hospitalar ou cobertura de plano de saúde só porque as pessoas a quem amam são do mesmo sexo — nem estou disposto a aceitar uma interpretação da Bíblia que considere um obscuro versículo de Romanos mais definidor do cristianismo do que o Sermão da Montanha.

Talvez eu seja sensível a essa questão porque vi a dor que minha própria displicência causou. Antes de ser eleito, no meio dos debates com Keyes, recebi uma mensagem telefônica de uma das minhas apoiadoras mais convictas. Era proprietária de um pequeno negócio, mãe e pessoa generosa, compassiva. Além disso, era lésbica e vivia há dez anos uma relação monógama com sua parceira.

Ela sabia, quando resolveu me apoiar, que eu era contra o casamento entre pessoas do mesmo sexo e me ouviu argumentar que, na ausência de um consenso significativo, a exagerada atenção dada ao casamento nos fazia negligenciar outras medidas viáveis para impedir a discriminação contra gays e lésbicas. Sua mensagem telefônica nesse caso tinha sido motivada por uma entrevista que ouvira no rádio, na qual citei minhas tradições religiosas para explicar minha atitude nesse assunto. Dizia que ficou magoada com meus comentários, achando que, ao incluir a religião no debate, eu sugeria que ela, e outras como ela, eram más pessoas.

Eu me senti mal, e foi o que lhe disse quando liguei de volta. Enquanto falava com ela lembrei que, por mais que os cristãos que se opõem à homossexualidade aleguem que odeiam o pecado mas amam o pecador, esse tipo de julgamento causa muita dor a pessoas de bem — pessoas feitas à imagem de Deus e com frequência mais fiéis à mensagem de Cristo do que quem as condena. E lembrei que é minha obrigação, não apenas como ocupante de cargo eletivo numa sociedade pluralista, mas também como cristão, permanecer aberto à possibilidade de que minha relutância em apoiar o casamento gay esteja equivocada, da mesma forma que não devo reivindicar infalibilidade no meu apoio ao direito ao aborto. Devo admitir que posso ter sido infectado pelos preconceitos e predileções da sociedade, atribuindo-os a Deus; que o apelo de Jesus para que amemos uns aos outros talvez exija uma conclusão diferente; e que no futuro posso acabar sendo visto como alguém que estava do lado errado da história. Não acho que essas dúvidas façam de mim um mau cristão. Acredito que me tornam humano, limitado em minha compreensão dos propósitos de Deus e, portanto, propenso ao pecado. Quando leio a Bíblia, faço-o na crença de que não se trata de um texto invariável, mas do Verbo Encarnado e que devo estar continuamente aberto a novas revelações — venham elas de uma amiga lésbica ou de um médico contrário ao aborto.

Isso não quer dizer que minha fé não esteja bem ancorada. Há algumas coisas de que tenho absoluta segurança — a Regra de Ouro, a necessidade de combater a crueldade em todas as suas formas, o valor do amor, da caridade, da humildade e da graça.

Essas crenças foram reforçadas dois anos atrás, quando tomei o avião para Birmingham, no Alabama, para fazer um discurso no Instituto de Direitos Civis da cidade. O instituto fica em frente à Igreja Batista da Rua Dezesseis, lugar onde, em 1963, quatro crianças pequenas — Addie Mae Collins, Carole Robertson, Cynthia Wesley e Denise McNair — morreram quando uma bomba colocada por defensores da supremacia branca explodiu durante a escola dominical, e antes da minha fala aproveitei a oportunidade para visitar a igreja. O jovem pastor e vários diáconos me receberam na porta e mostraram a cicatriz ainda visível no lugar da explosão. Vi o relógio no fundo da igreja congelado às 10h22. Examinei os retratos das quatro meninas. Depois da visita, o pastor, os diáconos e eu nos demos as mãos e fizemos uma oração no santuário. Depois, eles me deixaram sentado num dos bancos para refletir um pouco. O que teria significado para aqueles pais, quarenta anos antes, pensava eu, saber que suas preciosas filhas foram arrancadas por uma violência tão fortuita e tão cruel? Como aguentariam a angústia se não tivessem certeza de que algum propósito certamente haveria por trás do assassinato de suas filhas, de que algum sentido poderia ser encontrado numa perda tão incomensurável? Aqueles pais viram pessoas enlutadas chegarem de todos os cantos do país, leram as mensagens de pêsames do mundo inteiro, viram Lyndon Johnson anunciar em rede nacional de televisão que tinha chegado a hora de superar, viram o Congresso enfim aprovar a Lei de Direitos Civis de 1964. Amigos e desconhecidos asseguravam-lhes que suas filhas não tinham morrido em vão — que despertaram a consciência de um país e ajudaram a libertar as pessoas; que a bomba tinha arrebentado uma represa para que a justiça se derramasse como água e a retidão vertesse como uma corrente poderosa. Apesar disso, será que esse conhecimento seria suficiente para consolar nossa dor, para nos livrar da loucura e da raiva eterna — a não ser que soubéssemos que nossas filhas foram para um lugar melhor?

Meus pensamentos se voltaram para minha mãe e seus últimos dias, quando o câncer se espalhou pelo corpo e estava claro que não havia mais volta. Ela admitira para mim durante sua doença que não estava pronta para morrer; a rapidez de tudo a pegara de surpresa, como se o mundo físico que tanto amava se voltasse contra ela, traindo-a. E apesar de lutar bravamente, de suportar a dor e a quimioterapia com graça e bom humor até o fim, mais de uma vez vi o medo passar como um relâmpago por seus olhos. Mais que o medo da dor ou do desconhecido, era a solidão da morte que a assustava, acho eu — a ideia de que nessa viagem final, nessa aventura derradeira, ela não teria ninguém com quem dividir suas experiências, ninguém que pudesse admirar-se como ela se admirava da capacidade do corpo de infligir dor a si mesmo ou rir do absurdo da vida quando os cabelos começam a cair e as glândulas salivares deixam de funcionar.

Carreguei comigo esses pensamentos ao sair da igreja e proferir meu discurso. No fim daquela noite, já em Chicago, sentei-me à mesa para jantar, vendo Malia e Sasha rirem muito, implicarem uma com a outra e resistirem ao seu feijão-de-corda, antes que a mãe as levasse escada acima para tomar banho. Sozinho na cozinha lavando os pratos, imaginei minhas meninas já maiores e senti a dor que todo pai deve sentir em algum momento, aquele desejo de agarrar cada momento da presença do filho ou da filha e jamais soltar — de preservar cada gesto, de trancar por toda a eternidade a visão de seus cachos ou a sensação de ter os dedos dele ou dela em volta dos seus. Lembrei-me da vez em que Sasha me perguntou o que acontece quando a gente morre — "Não quero morrer, papai", acrescentou, muito séria — e eu a abracei e disse: "Você tem um longo, longo caminho pela frente, antes de precisar preocupar-se com isso", resposta que pareceu satisfazê-la. Fiquei pensando se deveria ter contado a verdade, dito que eu não sabia o que acontece quando a gente morre, assim como não sabia onde a alma reside ou o que existia antes do Big Bang. Subindo as escadas, porém, eu sabia que esperança eu tinha — que, de alguma maneira, minha mãe estivesse com aquelas quatro meninas, capaz, de alguma forma, de abraçá-las, de encontrar alegria em seus espíritos.

Sei que, ajeitando minhas filhas na cama naquela noite, alcancei um pedacinho do céu.

7. Raça

O funeral foi realizado numa grande igreja, uma estrutura reluzente, geométrica, ocupando quatro hectares bem cuidados. Pelo que se dizia, a construção tinha custado 35 milhões de dólares, e cada dólar estava ali presente — havia um salão de banquetes, um auditório, um estacionamento com 1200 vagas, um sistema de som de última geração e uma sala de produção de TV com equipamento para edição digital.

Dentro do santuário da igreja, cerca de 4 mil pessoas já tinham chegado, na maioria afro-americanos, muitos deles profissionais liberais: médicos, advogados, contadores, educadores e corretores de imóveis. No palco, senadores, governadores e capitães de indústria se misturavam a líderes negros, como Jesse Jackson, John Lewis, Al Sharpton e T. D. Jakes. Lá fora, sob o sol de outubro, milhares de pessoas aglomeravam-se nas ruas tranquilas: casais idosos, homens solitários, mulheres jovens com carrinhos de bebê, alguns acenando para as carreatas que passavam de vez em quando, outros parados, em silenciosa contemplação, todos esperando para prestar um último tributo à pequenina mulher de cabelos grisalhos estendida no caixão.

O coro cantou; o pastor fez uma prece de abertura. O ex-presidente Bill Clinton levantou-se para falar e se pôs a descrever como tinha sido, para ele, menino branco sulista, viajar em ônibus segregados, como o movimento de direitos civis que Rosa Parks ajudara a deflagrar o libertara, e a seus vizinhos brancos, da intolerância. A desinibição de Clinton diante de seu público negro, o carinho quase inebriante que aquele público sentia por ele, falavam de reconciliação, de perdão, de uma reparação mesmo parcial das dolorosas feridas do passado.

Em muitos sentidos, ver um homem que tinha sido líder do mundo livre e era filho do Sul reconhecer sua dívida para com uma costureira negra foi um tributo à altura do legado de Rosa Parks. Na verdade, a magnífica igreja, a multidão de negros que ocupavam cargos eletivos, a evidente prosperidade de muitos dos presentes e minha própria presença no palco como senador dos Estados Unidos — a origem de tudo isso remontava àquele dia de dezembro de 1955 em que Rosa Parks, com tranquila determinação e imperturbável dignidade, recusou-se a ceder seu lugar num ônibus. Ao homenagear Rosa Parks, homenageávamos outras pessoas também, milhares de mulheres, homens e crianças em todo o Sul do país cujos nomes não constavam dos livros de história, cujas histórias se haviam perdido nos lentos redemoinhos do tempo, mas cuja coragem e graça ajudaram a libertar um povo.

E apesar disso, enquanto estava sentado ali escutando o ex-presidente e a procissão de oradores que veio em seguida, minha mente não parava de voltar às cenas de devastação que tinham dominado o noticiário apenas dois meses antes, quando o Furacão Katrina atingiu a costa do Golfo e Nova Orleans foi inundada pelas águas. Eu recordava as imagens de mães adolescentes chorando ou amaldiçoando na frente do Superdome de Nova Orleans, os bebês inquietos escanchados nos quadris, e mulheres idosas em cadeiras de rodas, a cabeça inclinada para trás por causa do calor, as pernas raquíticas aparecendo debaixo dos vestidos sujos. Pensei nas imagens que a imprensa mostrou de um corpo solitário deixado por alguém junto a um muro, imóvel sob a tênue dignidade de um cobertor; e nas cenas de jovens sem camisa e com as calças caindo, as pernas enfiadas nas águas escuras, carregando nos braços tudo que conseguiam tirar das lojas das redondezas, uma faísca de caos brilhando nos olhos.

Eu estava fora do país quando o furacão atingiu o Golfo, voltando de uma viagem à Rússia. Uma semana depois da tragédia inicial, no entanto, fui a Houston, reunindo-me a Bill e Hillary Clinton, e também a George H. W. Bush e a mulher Barbara, quando eles anunciaram uma campanha de arrecadação de dinheiro para as vítimas do furacão e visitaram alguns dos 25 mil refugiados então abrigados no Astrodome de Houston e no vizinho Reliant Center.

A cidade de Houston tinha feito um magnífico trabalho, providenciando instalações de emergência para acomodar tanta gente, em parceria com a Cruz Vermelha e a Fema para fornecer-lhes comida, abrigo, assistência médica. Mas passando entre as filas de beliches que agora enchiam o Reliant Center, apertando mãos, brincando com crianças, ouvindo histórias, era óbvio para nós que muitos sobreviventes do Katrina tinham sido abandonados bem antes da chegada do furacão. Eram as faces de qualquer gueto urbano de qualquer cidade americana, as faces da pobreza negra — os desempregados e os quase desempregados, os doentes e os que logo estarão doentes, os fracos e os idosos. Uma jovem mãe nos contou que entregara os filhos a um ônibus cheio de desconhecidos. Velhos descreveram, sem alterar a voz, as casas que tinham perdido e a falta de qualquer seguro ou de famílias a que pudessem recorrer. Um grupo de rapazes dizia que os diques tinham sido arrebentados pelos que queriam livrar Nova Orleans dos negros. Uma mulher alta, descarnada, que parecia muito abatida numa camiseta dos Astros grande demais para ela, agarrou-me pelo braço e puxou-me.

"Não tínhamos nada antes da tempestade", sussurrou. "Agora temos menos que nada."

Nos dias subsequentes, voltei para Washington e passei horas ao telefone tentando obter suprimentos e contribuições. Nas reuniões da bancada democrata no Senado, meus colegas e eu conversamos sobre possíveis projetos de lei. Apareci domingo nos programas de notícias da manhã, repudiando a ideia de que o governo tinha sido lento em sua reação porque as vítimas eram negras — "a incompetência não distingue cores", falei —, mas insistindo que o planejamento federal inadequado demonstrava certo grau de distanciamento e de indiferença em face dos problemas da pobreza das periferias urbanas, que exigiam solução. Num fim de tarde, juntamo-nos a senadores republicanos para o que o governo Bush chamou de reunião confidencial sobre as respostas federais. Quase todo o gabinete estava lá, além do chefe do Estado-Maior Conjunto, e, durante uma hora, os secretários Chertoff, Rumsfeld e os demais, transpirando confiança — sem demonstrar o mínimo sinal de remorso —, recitaram os números das evacuações realizadas, das rações militares distribuídas e dos soldados da Guarda Nacional empregados. Poucas noites depois, vimos o presidente Bush naquela praça estranha, inundada de luz, reconhecer o legado de injustiça que a tragédia ajudara a expor, e proclamar que Nova Orleans haveria de reerguer-se.

Agora, sentados no funeral de Rosa Parks, quase dois meses depois da tempestade, depois da indignação e da vergonha que muitos americanos no país inteiro tinham sentido durante a crise, depois dos discursos, dos e-mails, dos memorandos e das reuniões de bancada, depois dos especiais de televisão, dos artigos e da ampla cobertura jornalística, era como se nada tivesse acontecido. Carros continuavam em cima de telhados. Corpos continuavam sendo descobertos. Histórias vindas do Golfo diziam que as grandes empreiteiras conseguiam contratos no valor de centenas de milhões de dólares, contornando as leis existentes sobre salários e ação afirmativa, contratando imigrantes em situação ilegal para baixar custos. A sensação de que o país passava por um momento de transformação — de que sua consciência despertara de um longo sono e de que lançaria uma nova guerra contra a pobreza — logo desapareceu.

Em vez disso, estávamos sentados ali na igreja, elogiando Rosa Parks, recordando vitórias passadas, sepultados em nostalgia. Já tramitava um projeto de lei para colocar uma estátua de Rosa Parks debaixo da cúpula do Capitólio. Haveria um selo comemorativo com sua imagem, e incontáveis ruas, escolas e bibliotecas nos Estados Unidos sem dúvida ostentariam seu nome. Eu me perguntava o que Rosa Parks acharia de tudo aquilo — se selos ou estátuas seriam capazes de evocar seu espírito ou se, para homenagear sua memória, seria preciso fazermos mais que isso.

Pensei no que a mulher de Houston sussurrara ao meu ouvido e me perguntava como seríamos julgados, naqueles dias que se seguiram ao rompimento dos diques.

Em meu primeiro encontro com as pessoas, elas por vezes citam uma frase do meu discurso na Convenção Nacional do Partido Democrata em 2004 que parece ter provocado fortes reações emocionais: "Não existem Estados Unidos negros, Estados Unidos brancos, Estados Unidos latinos e Estados Unidos asiáticos — o que existe é Estados Unidos da América". Para elas, isso parecia capturar uma visão dos Estados Unidos finalmente livres do passado de Jim Crow e da escravidão, dos campos de concentração japoneses e dos *braceros* mexicanos, da tensão nos locais de trabalho e do conflito cultural — um país que cumpre a promessa do dr. King de que seremos julgados não pela cor da nossa pele, mas pelo conteúdo do nosso caráter.

Em certo sentido, não tenho escolha senão acreditar nessa visão do país. Como filho de um homem negro e de uma mulher branca, alguém nascido no cadinho racial do Havaí, com uma irmã meio-indonésia mas que costuma ser tomada por mexicana ou porto-riquenha e um cunhado e uma sobrinha de ascendência chinesa, com alguns parentes que lembram Margaret Thatcher e outros que poderiam ser confundidos com Bernie Mac, de tal maneira que as reuniões de família no Natal têm qualquer coisa de reunião da Assembleia Geral da ONU, nunca tive a opção de restringir minhas lealdades com base em raça nem de saber o que valho com base em tribo.

Além disso, acredito que parte do gênio dos Estados Unidos sempre foi a capacidade de absorver os recém-chegados, de forjar uma identidade nacional com os elementos díspares que chegaram às nossas praias. Nisso, fomos ajudados por uma Constituição que — apesar de prejudicada pelo pecado original da escravidão — traz em seu núcleo a ideia de cidadania igual perante a lei e por um sistema econômico que, mais do que qualquer outro, oferece oportunidades a todos os que quiserem participar, independentemente de título ou posição social. O racismo e sentimentos nativistas, claro, reiteradas vezes comprometem esses ideais; os poderosos e os privilegiados com frequência exploram ou estimulam os preconceitos para promover interesses próprios. Mas, nas mãos de reformistas, de Tubman a Douglas, de Chavez a King, esses ideais de igualdade aos poucos determinaram a visão que temos de nós mesmos e nos permitiram formar um país multicultural como não existe outro na face da terra.

Por fim, essas linhas do meu discurso descrevem as realidades demográficas do futuro dos Estados Unidos. Em Texas, Califórnia, Novo México, Havaí e Distrito de Colúmbia as minorias já são majoritárias. Outros doze estados têm populações com mais de um terço de latino-americanos, negros e/ou asiáticos. Os latino-americanos agora são 42 milhões, sendo o grupo demográfico que cresce mais rápido, responsável por quase metade do crescimento da população do país entre 2004 e 2005; a população asiático-americana, apesar de bem menor, tem tido um crescimento parecido e deverá aumentar, segundo projeções, mais de 200% nos próximos 45 anos. Pouco depois de 2050, dizem especialistas, os Estados Unidos deixarão de ser um país de maioria branca — com consequências para nossa economia, nossa política e nossa cultura que não temos como prever inteiramente.

Apesar disso, quando ouço comentaristas interpretarem meu discurso como uma declaração de que chegamos a uma "política pós-racial" ou que já vivemos numa sociedade que não distingue cores, tenho que fazer uma advertência. Dizer que somos um único povo não é sugerir que a raça deixou de ter importância — que a luta por igualdade foi vencida ou que os problemas enfrentados pelas minorias hoje neste país são em grande parte causados por elas mesmas. Conhecemos as estatísticas: em quase qualquer indicador socioeconômico, da mortalidade infantil à expectativa de vida, das taxas de emprego à posse de imóveis, negros e latino-americanos, em particular, continuam bem atrás dos brancos. Nos conselhos administrativos de empresas em todo o país, as minorias são muito mal representadas; no Senado dos Estados Unidos, há apenas três senadores latinos e dois asiáticos (ambos do Havaí), e hoje, quando escrevo isto, o único afro-americano sou eu. Sugerir que nossas atitudes raciais nada têm a ver com essas disparidades é fazer vista grossa tanto à nossa história como à nossa experiência — e nos livrarmos da responsabilidade de fazer o que deve ser feito.

Além disso, muito embora minha criação não seja exatamente típica da experiência afro-americana — e muito embora, em grande parte por sorte e circunstâncias favoráveis, eu ocupe uma posição que me protege dos choques e das contusões que o negro comum tem que suportar —, posso recitar a costumeira ladainha de pequenos insultos que em meus 45 anos de vida me foram dirigidos; seguranças que me vigiam quando faço compras numa loja de departamentos, casais brancos que me jogam as chaves do carro quando estou parado na frente de um restaurante aguardando o manobrista, carros da polícia que me mandam parar sem qualquer motivo aparente. Sei o que é ouvir alguém dizer que não posso fazer isto ou aquilo por causa da minha cor e conheço o gosto amargo da raiva sufocada na garganta. Sei também que Michelle e eu precisamos estar sempre vigilantes para rebater qualquer narrativa debilitante que nossas filhas possam absorver — da televisão, da música, de amigos, das ruas — sobre quem o mundo acha que elas são e o que o mundo imagina que devam ser.

Pensar com clareza sobre raça, portanto, exige de nós que vejamos o mundo numa tela dividida — para manter sempre à vista o tipo de Estados Unidos que queremos enquanto olhamos de frente para os Estados Unidos como eles são, e reconhecer os pecados do nosso passado e os desafios do presente sem nos tornarmos vítimas do cinismo ou do desespero. Testemunhei uma profunda mudança nas relações raciais em minha vida. Senti-a tão seguramente como se sente uma mudança de temperatura. Quando ouço alguém da comunidade negra negar essas mudanças, penso que isso não só ofende aqueles que lutaram em nosso nome, mas também nos priva da nossa capacidade de agir para completar o trabalho que eles começaram. Mas, por mais que eu afirme que as coisas melhoraram, tenho consciência também desta verdade: melhor não é bom o bastante.

* * *

Minha campanha para o Senado dos Estados Unidos indica algumas das mudanças ocorridas tanto na comunidade branca como na comunidade negra de Illinois nos últimos 25 anos. Na época em que concorri, Illinois já tinha uma história de negros eleitos para cargos estaduais, incluindo um chefe negro da controladoria do estado, um procurador-geral (Roland Burris) e um secretário de estado atual, Jesse White, que tinha sido o mais votado do estado apenas dois anos antes. Devido ao sucesso pioneiro desses funcionários públicos, minha própria campanha já não era novidade — eu talvez não fosse o favorito, mas minha raça não excluía essa possibilidade.

Além do mais, os eleitores que acabaram atraídos por minha campanha desafiavam as expectativas gerais. No dia que anunciei minha candidatura para o Senado dos Estados Unidos, por exemplo, três dos meus colegas brancos do senado estadual apareceram para me apoiar. Não eram o que em Chicago chamamos de "*lakefront liberals*" — os democratas que dirigem Volvos, bebericam *latte*, tomam vinho branco, de quem os republicanos adoram zombar e que se poderia esperar que abraçassem uma causa perdida como a minha. Na verdade, eram três homens de meia-idade da classe operária — Terry Link, do Condado de Lake; Denny Jacobs, de Quad Cities; e Larry Walsh, do Condado de Will —, todos representando comunidades basicamente brancas, basicamente operárias ou suburbanas nos arredores de Chicago.

Ajudava bastante o fato de os três me conhecerem bem; nós quatro tínhamos servido juntos em Springfield nos sete anos anteriores, mantendo um jogo semanal de pôquer sempre que estávamos em sessão. Ajudava também o fato de cada um deles se orgulhar da sua independência e estar, portanto, disposto a ficar do meu lado, apesar das pressões de candidatos mais bem colocados.

Mas não eram só as relações pessoais que os levavam a me apoiar (embora a força de minha amizade com esses homens — todos eles criados em bairros e numa época em que a hostilidade aos negros não era incomum — já dissesse alguma coisa sobre a evolução das relações raciais). Os senadores Link, Jacobs e Walsh são políticos pragmáticos, experientes; não tinham o menor interesse em apoiar perdedores ou em colocar sua posição em risco. O fato era que todos achavam que eu "venderia bem" em seus distritos — depois que seus eleitores me conhecessem e superassem a questão do nome.

Eles não formaram esses juízos às escuras. Durante sete anos, me viram interagir com seus eleitores, no Capitólio estadual ou em visitas a seus distritos. Tinham visto mães brancas me entregarem os filhos para tirar fotos e veteranos brancos da Segunda Guerra Mundial apertarem minha mão quando acabei de falar em sua convenção. Adivinharam o que eu tinha aprendido numa vida inteira de experiências: que fossem quais fossem as ideias preconcebidas que os americanos brancos ainda tivessem, a maioria esmagadora deles hoje consegue — se tiver tempo — enxergar além da raça quando avalia as pessoas.

Não estou dizendo que o preconceito desapareceu. Nenhum de nós — negro, branco, latino-americano, asiático — está imune aos estereótipos com que nossa cultura continua a nos alimentar, especialmente estereótipos sobre criminalidade negra, inteligência negra ou ética de trabalho negra. Em geral, membros de todos os grupos minoritários continuam a ser julgados segundo o grau de assimilação — até que ponto o jeito de falar, de vestir, de conduta está de acordo com a cultura branca dominante —, e quanto mais uma minoria se afasta desses indicadores visíveis, mais está sujeita a ilações negativas. Ainda que uma internacionalização de normas contra a discriminação nas três últimas décadas — para não mencionar uma decência elementar — impeça a maioria dos brancos de agir de forma consciente segundo esses estereótipos em sua interação diária com pessoas de outras raças, não é nada realista acreditar que esses estereótipos não têm impacto cumulativo nas decisões tomadas no calor do momento sobre quem é contratado e quem é promovido, sobre quem é preso e quem é processado, sobre como você se sente com relação ao cliente que acaba de entrar em sua loja ou sobre a composição demográfica da escola onde seus filhos estudam.

O que digo, entretanto, é que nos Estados Unidos de hoje esses preconceitos estão muito menos arraigados do que antes — sendo, portanto, passíveis de refutação. Um adolescente negro andando pela rua pode assustar um casal branco, mas, se for amigo de escola do filho deles, pode ser convidado para jantar. Um negro talvez tenha dificuldade para pegar um táxi tarde da noite, mas, se for um bom engenheiro de software, a Microsoft não terá qualquer dúvida em contratá-lo.

Não tenho como comprovar essas afirmações; pesquisas sobre atitudes raciais são notoriamente pouco confiáveis. E mesmo que eu esteja certo, para muitas minorias isso não chega a ser um consolo. Afinal, passar o dia inteiro refutando estereótipos pode ser cansativo ao extremo. É o fardo extra que minorias, em especial os afro-americanos, com frequência descrevem em seus afazeres diários — a sensação de que não existe nos Estados Unidos um estoque de boa-vontade para conosco, como grupo, de que como indivíduos precisamos demonstrar nosso valor todos os dias, de que raras vezes nos concedem o benefício da dúvida e de que a margem de erro é muito estreita. Abrir caminho neste mundo requer da criança negra que combata a hesitação adicional que talvez sinta ao atravessar a soleira da porta de uma sala de aula predominantemente branca em seu primeiro dia na escola; requer da latino-americana que lute contra as dúvidas que possa ter sobre si mesma ao preparar-se para uma entrevista de emprego numa empresa predominantemente branca.

Acima de tudo, requer uma luta contra a tentação de parar de lutar. Poucas minorias podem isolar-se por completo da sociedade branca — certamente não da mesma forma que os brancos podem, com êxito, evitar contato com pessoas de outras raças. Mas é possível parar de pensar e falar a respeito, proteger-se psicologicamente esperando sempre o pior. "Por que me esforçar para livrar os brancos da sua ignorância a nosso respeito?", já me disseram alguns negros. "Estamos tentando há trezentos anos, e ainda não funcionou."

Em resposta, sugiro que a alternativa é a rendição — ao que tem sido, não ao que deveria ser.

Uma das coisas que mais valorizo na minha condição de representante de Illinois é o fato de isso ter alterado minhas próprias ideias sobre atitudes raciais. Durante a campanha para o Senado, por exemplo, viajei com o senador mais antigo de Illinois, Dick Durbin, numa excursão por 39 cidades do sul do estado. Uma das paradas programadas era na cidade de Cairo, extremo sul de Illinois, onde os rios Mississippi e Ohio se juntam, uma cidade notória no fim dos anos 1960 e começo dos anos 1970 como local de alguns dos mais graves conflitos raciais fora do sul mais distante. Dick tinha visitado Cairo naquele período, quando era um jovem advogado a serviço do vice-governador Paul Simon e foi despachado para investigar que medidas poderiam ser tomadas para aliviar a tensão. Na estrada para Cairo, Dick ia recordando essa primeira visita: disse que, ao chegar, foi alertado que não deveria usar o telefone em seu quarto de hotel, porque a telefonista pertencia ao Conselho de Cidadãos Brancos; que os donos de lojas brancos preferiram fechar seus negócios a ceder à pressão de um boicote para que contratassem negros; que moradores negros lhe contaram de seus esforços para integrar as escolas, de seus medos e frustrações, das histórias de linchamento e suicídios na prisão, de tiroteios e arruaças.

Com tudo isso, quando chegamos ao Cairo, eu não sabia o que esperar. Embora fosse meio-dia, a cidade tinha um ar de abandono, com poucas lojas abertas na rua principal, uns poucos casais saindo do que parecia ser uma clínica de saúde. Dobrando uma esquina, chegamos a um grande estacionamento, onde havia uma multidão de umas duzentas pessoas. Umas cinquenta eram negras, quase todas as demais eram brancas.

Todos usavam botões azuis com os dizeres OBAMA PARA O SENADO DOS ESTADOS UNIDOS.

Ed Smith, um sujeito grande e cordial que era o administrador regional do Sindicato Internacional dos Trabalhadores e tinha sido criado no Cairo, aproximou-se da nossa van com um largo sorriso no rosto.

"Sejam bem-vindos", disse, apertando nossas mãos quando saíamos do veículo. "Só espero que estejam famintos, porque temos um churrasco e quem está preparando é minha mãe."

Não tenho a pretensão de saber o que se passava na cabeça dos brancos que faziam parte da multidão naquele dia. A maioria tinha a minha idade ou um pouco mais, portanto deveria pelo menos lembrar-se, se é que não tomara parte ativamente, daqueles dias terríveis, trinta anos antes. Sem dúvida muitos estavam ali porque Ed Smith, um dos poderosos da região, queria que estivessem; outros talvez tivessem sido atraídos pela comida ou apenas quisessem ver o espetáculo de um senador dos Estados Unidos e um candidato ao Senado fazer campanha em sua cidade.

Sei que o churrasco era excelente, a conversa estava animada, e as pessoas pareciam felizes de nos ver. Durante uma hora, talvez, nós comemos, tiramos fotos, e ouvimos as pessoas falarem de suas preocupações. Discutimos o que se poderia fazer para reativar a economia da região e conseguir mais dinheiro para as escolas; ouvimos relatos de filhos e filhas a caminho do Iraque e argumentos sobre a necessidade de derrubar um velho hospital que se tornara um risco no centro da cidade. E quando saímos de lá, senti que se estabelecera uma relação entre mim e o povo com quem havia me encontrado — nada capaz de transformar nossa vida, mas que talvez fosse suficiente para enfraquecer alguns dos nossos preconceitos e reforçar alguns dos nossos melhores impulsos. Em outras palavras, construíra-se um cociente de confiança.

Essa confiança entre raças, claro, costuma ser provisória. Pode murchar se não houver um esforço sustentado. Pode durar apenas enquanto as minorias permanecerem inertes, caladas diante da injustiça; pode ser destroçada por alguns anúncios oportunos e negativos mostrando trabalhadores brancos suplantados pela ação afirmativa, ou pela notícia de que um policial atirou num negro ou num jovem latino-americano desarmado.

Mas também acho que momentos como aquele no Cairo se irradiam a partir do ponto onde acontecem: que pessoas de todas as raças levam esses momentos para casa e para seus lugares de culto; que esses momentos se refletem numa conversa com filhos, com colegas de trabalho, e podem desgastar, em ondas vagarosas mas constantes, o ódio e a desconfiança que o isolamento produz.

Recentemente, voltei de carro ao sul de Illinois, em companhia do meu diretor de campo no sul do estado, um jovem branco chamado Robert Stephan, depois de um longo dia de discursos e aparições na área. Era uma bela noite de primavera, as águas e ribanceiras do vasto Mississippi brilhando sob uma Lua cheia e perto do horizonte. As águas me fizeram lembrar de Cairo e de todas as outras cidades rio acima e abaixo, dos assentamentos que cresceram e decaíram com o tráfego de barcas e das histórias por vezes tristes, duras, cruéis ali depositadas na confluência dos homens livres e dos escravos, o mundo de Huck e o mundo de Jim.

Mencionei a Robert o progresso que tínhamos feito na derrubada do velho hospital no centro de Cairo — nosso escritório havia começado a reunir-se com o departamento estadual de saúde e com funcionários locais — e contei-lhe da minha primeira visita à cidade. Como Robert tinha sido criado na parte sul do estado, logo a conversa enveredou para as atitudes raciais dos seus amigos e vizinhos. Uma semana antes, disse ele, alguns rapazes com certa influência na cidade o haviam convidado para ingressar num pequeno clube em Alton, a poucas quadras de casa onde ele foi criado. Robert nunca tinha estado no clube, mas lhe pareceu um bom lugar. A comida tinha sido servida, e o grupo conversava à toa quando Robert notou que das cinquenta pessoas, aproximadamente, que estavam na sala não havia uma única negra. Como a população de Alton é composta por um quarto de afro-americanos, ele achou esquisito e pediu explicações aos rapazes.

É um clube privado, um deles lhe disse.

De início, Robert não entendeu — nenhum negro tentara ingressar? Quando não houve resposta, ele disse: "Pelo amor de Deus, estamos em 2006".

Os homens encolheram os ombros. Sempre foi assim, disseram. Negros não são aceitos.

Foi quando Robert colocou o guardanapo no prato, disse boa-noite e saiu.

Imagino que poderia gastar muito tempo refletindo sobre esses homens do clube e apresentá-los como prova de que os brancos ainda mantêm uma hostilidade latente contra pessoas como eu. Mas não quero dar a essa intolerância um poder que ela já não tem.

Prefiro pensar em Robert e em seu gesto pequeno, mas difícil. Se um jovem como Robert pode empreender um esforço para atravessar as correntes do hábito e do medo, e fazer o que sabe que é correto, então quero ter certeza de estar lá para encontrá-lo do outro lado e ajudá-lo em sua travessia.

Minha eleição não foi ajudada apenas pela evolução das atitudes raciais dos eleitores brancos de Illinois. Ela refletiu mudanças também na comunidade afro-americana de Illinois.

Um indicador dessas mudanças pode ser visto nos tipos de apoio que minha campanha recebeu lá no início. Dos primeiros quinhentos dólares que arrecadei durante as primárias, quase metade veio de empresários e profissionais negros. Foi uma estação de rádio de propriedade de negros, a WVON, que começou a falar sobre minha campanha nas transmissões radiofônicas de Chicago, e uma revista semanal de propriedade de negros, a *N'Digo*, que me estampou primeiro em sua capa. Numa das primeiras vezes que precisei de um jato particular para a campanha, foi um amigo negro que me emprestou o seu.

Essa possibilidade simplesmente não existia uma geração antes da minha. Embora Chicago sempre tenha sido uma das mais vibrantes comunidades negras do país, nos anos 1960 e 1970, só um pequeno grupo de empresários — John Johnson, fundador da *Ebony* e da *Jet*; George Johnson, fundador da Johnson Products; Ed Gardner, fundador da Soft Sheen; e Al Johnson, primeiro negro a possuir uma franquia da GM no país — seria considerado rico pelos padrões dos Estados Unidos brancos.

Hoje, não só a cidade está repleta de médicos, dentistas, advogados, contadores e outros profissionais negros como os negros também ocupam algumas das mais altas posições administrativas no mundo empresarial de Chicago. Negros são donos de cadeias de restaurante, bancos de investimento, agências de relações públicas, fundos de investimento imobiliário e firmas de arquitetura. Têm condições de morar nos bairros que quiserem e colocar os filhos nas melhores escolas particulares. São recrutados para participar de conselhos cívicos e apoiam generosamente instituições de caridade.

Em termos estatísticos, o número de afro-americanos que ocupam o quinto superior da escala de renda continua relativamente pequeno. Além disso, todo profissional negro e todo empresário negro de Chicago pode contar histórias sobre as barreiras que ainda enfrenta por causa da raça. Poucos empresários afro-americanos contam com riqueza herdada ou com investido-res-anjos para ajudá-los a iniciar seus negócios ou protegê-los de uma repentina crise econômica. Poucos duvidam que, se fossem brancos, estariam muito mais perto de atingir seus objetivos.

E, apesar disso, não se ouve esses homens e essas mulheres utilizarem a raça como muleta ou apontar para a discriminação como desculpa para o fracasso. Na verdade, o que caracteriza essa geração de profissionais negros é a rejeição de quaisquer limites para aquilo que podem conseguir. Quando um amigo que tinha sido o melhor vendedor de títulos da filial da Marrill Lynch em Chicago decidiu abrir seu próprio banco de investimento, o objetivo dele não era transformá-lo na melhor empresa negra — ele queria transformá-lo na melhor empresa, ponto final. Quando outro amigo resolveu deixar um cargo de executivo na General Motors para lançar a própria empresa de estacionamentos em parceria com Hyatt, a mãe achou que ele tinha enlouquecido. "Ela não conseguia imaginar nada melhor do que ter um cargo de di-reção na GM", disse-me ele, "porque aqueles cargos eram inacessí-veis para a geração dela. Mas eu sabia que queria construir uma coisa minha."

Essa ideia simples — de que não estamos limitados em nos-sos sonhos — é tão essencial para a compreensão dos Estados Unidos que parece quase lugar-comum. Mas nos Estados Unidos negros, a ideia representa uma ruptura radical com o passado, um rompimento dos grilhões psicológicos da escravidão e de Jim Crow. É talvez o legado mais importante do movimento dos di-reitos civis, uma dádiva de líderes como John Lewis e Rosa Parks, que marcharam, fizeram comícios e suportaram ameaças, prisões e surras para escancarar as portas da liberdade. E é também um testemunho dessa geração de mães e pais afro-americanos cujo heroísmo foi menos dramático, mas não menos importante: pais que trabalharam a vida inteira em empregos pequenos demais para eles, sem reclamar, apertando o cinto e poupando para comprar uma pequena casa; pais que passaram privações para que os filhos pudessem ter aulas de dança ou participar de excursões da escola; pais que treinavam times da Pequena Liga, e preparavam bolos de aniversário, e atormentavam os professores para garantir que os filhos não fossem relegados a cursos menos exigentes; pais que arrastavam os filhos para a igreja todos os domingos, açoitavam a traseira deles quando saíam da linha e cuidavam de todas as crianças da quadra durante longos dias de verão, entrando pela noite. Pais que estimulavam os filhos a ter êxito e os fortaleciam com um amor capaz de aguentar qualquer coisa que a sociedade atirasse na direção deles.

Foi seguindo esse caminho americano por excelência de mobilidade social ascendente que a classe média negra aumentou quatro vezes numa geração e que os índices de pobreza entre os negros caíram pela metade. Pelo mesmo processo de trabalho duro e de devoção à família, latino-americanos tiveram ganhos parecidos: de 1979 a 1999, o número de famílias latino-americanas consideradas de classe média cresceu mais de 70%. Em suas esperanças e expectativas, esses trabalhadores negros e latino-americanos praticamente não se distinguem dos trabalhadores brancos. São eles que fazem nossa economia funcionar e nossa democracia prosperar — professores, mecânicos, enfermeiras, técnicos de informática, operários de linha de produção, motoristas de ônibus, funcionários dos correios, gerentes de loja, encanadores e técnicos de manutenção que constituem o coração pulsante dos Estados Unidos.

E apesar disso, apesar de todo o progresso alcançado nas últimas quatro décadas, uma teimosa diferença persiste no padrão de vida de trabalhadores negros, latino-americanos e brancos. O salário médio dos negros corresponde a 75% do salário médio dos brancos; o salário médio dos latino-americanos corresponde a 71% do salário médio dos brancos. O patrimônio líquido médio dos negros é de 6 mil dólares, e o patrimônio líquido médio dos latino-americanos é de 8 mil dólares, em comparação com o patrimônio líquido médio de 88 mil dólares dos brancos. Quando são demitidos do emprego ou precisam atender a uma emergência familiar, negros e latino-americanos dispõem de menos economias, e pais são menos capazes de ajudar os filhos. Mesmo os negros e latino-americanos de classe média pagam mais caro pelos seguros, é menos provável que sejam donos de sua moradia, e são menos saudáveis do que os americanos em geral. Provavelmente, há mais minorias vivendo o sonho americano, mas esse sonho ainda é instável.

De que maneira acabar com essa persistente diferença — e que papel deve ter o governo nessa missão — continua a ser uma das principais controvérsias da política americana. Mas deve haver estratégias com as quais todos possamos concordar. Poderíamos começar concluindo a obra inacabada do movimento dos direitos civis — ou seja, aplicar as leis contra a discriminação em áreas básicas como emprego, moradia e educação. Quem achar que esse rigor já não é necessário deveria visitar um conjunto de escritórios nos subúrbios de sua área e contar quantos empregados negros trabalham ali, mesmo em empregos que exigem relativamente pouca qualificação, ou ir à sede de um sindicato local e indagar sobre o número de negros nos cursos de formação, ou ler estudos recentes que mostram que corretores imobiliários continuam mantendo potenciais compradores negros à distância de bairros com predominância branca. A não ser que viva num estado com poucos moradores negros, você há de concordar que alguma coisa está errada.

Nos governos republicanos recentes, essa aplicação das leis de direitos civis tem sido morna, quando muito, e no governo atual tem sido basicamente inexistente — a não ser que se leve em conta o entusiasmo com que a Divisão de Direitos Civis do Departamento de Justiça chama as bolsas universitárias ou os programas de enriquecimento educacional destinados a estudantes pertencentes a minorias de "discriminação reversa", por mais que estudantes dessas minorias estejam mal representados em determinada instituição ou determinado campo e por mais insignificante que seja o impacto do programa para os estudantes brancos.

Isso deveria ser fonte de preocupação de políticos de todas as tendências, mesmo dos que se opõem à ação afirmativa. Programas de ação afirmativa, quando bem estruturados, criam oportunidades que de outra forma não existiriam para minorias qualificadas, sem reduzir as oportunidades para estudantes brancos. Dada a escassez de candidatos negros e latino-americanos a cursos de doutorado em matemática ou em ciências físicas, por exemplo, um modesto programa de bolsas para minorias interessadas em obter diplomas de pós-graduação nesses campos (alvo de recente investigação do Departamento de Justiça) não excluirá estudantes brancos desses programas, mas pode ampliar o banco de talentos de que os Estados Unidos vão precisar para que todos prosperemos numa economia de base tecnológica. Além disso, como advogado que cuidou de casos na área de direitos civis, posso dizer que onde houver fortes indícios de discriminação prolongada e sistemática da parte de grandes corporações, de sindicatos ou de governos municipais, a fixação de metas e cronogramas para a contratação de minorias talvez seja o único remédio disponível.

Muitos americanos discordam de mim por uma questão de princípio, alegando que nossas instituições jamais deveriam levar em conta a raça, ainda que seja para ajudar as vítimas de discriminação passada. Parece razoável — entendo seus argumentos e não espero que o debate seja resolvido tão cedo. Mas isso não deveria nos impedir de assegurar que, quando duas pessoas com a mesma qualificação — uma de um grupo minoritário, a outra branca — se candidatam a um emprego, a uma casa ou a um empréstimo e o candidato branco é consistentemente preferido, o governo, através de promotores e dos tribunais, intervenha para corrigir o erro.

Deveríamos concordar também que a responsabilidade de eliminar as diferenças não pode ser apenas do governo; as minorias, seja individual ou coletivamente, também são responsáveis. Muitos dos fatores sociais e culturais que afetam de forma negativa os negros, por exemplo, apenas refletem, de forma exagerada, problemas que afligem os Estados Unidos em geral: televisão em excesso (a família negra média mantém a televisão ligada mais de onze horas por dia), consumo de veneno em excesso (negros fumam mais e comem mais fast-food) e a falta de ênfase no sucesso educacional.

E há também o colapso da família negra constituída por pai e mãe, fenômeno que ocorre em ritmo tão alarmante, quando comparado ao resto da sociedade americana, que o que antes era uma diferença de grau agora é uma diferença de espécie, um fenômeno que reflete a pouca importância dada ao sexo e à criação de filhos pelos homens negros, que torna as crianças negras mais vulneráveis e para o qual simplesmente não há desculpa.

Em conjunto, esses fatores impedem o progresso. Mais importante ainda, embora a ação governamental possa ajudar na transformação de comportamentos (incentivar as cadeias de supermercado que vendem produtos frescos a se instalarem em bairros negros, para ficarmos apenas num exemplo, ajudaria muito a mudar hábitos alimentares), uma mudança de atitudes deve começar em casa, nos bairros e nos lugares de culto. Instituições comunitárias, sobretudo a igreja historicamente negra, precisam ajudar as famílias a instigarem nos jovens uma reverência pelo êxito nos estudos, a estimular estilos de vida mais saudáveis e a reforçar normas sociais tradicionais que cercam as alegrias e obrigações da paternidade.

No fim das contas, porém, a ferramenta mais importante para eliminar as diferenças entre trabalhadores de minorias e trabalhadores brancos talvez tenha pouco a ver com raça. Hoje em dia, o que aflige negros e latino-americanos de classe operária e de classe média não é muito diferente do que aflige brancos: redução de funcionários nas empresas, terceirização, automação, estagnação salarial, desmantelamento de seguros de saúde e planos de pensão oferecidos pelo empregador, e escolas que não ensinam aos jovens as habilidades de que precisam para competir na economia global. (Negros em particular têm sido vulneráveis a essas tendências, pois dependem mais de trabalhos no setor industrial e não costumam morar em comunidades suburbanas onde novos empregos estão sendo criados.) E o que ajudaria trabalhadores pertencentes a minorias é o mesmo que ajudaria os trabalhadores brancos: a oportunidade de ganhar um salário decente, a educação e reciclagem que levam a esses empregos, leis trabalhistas e tributárias que restaurem algum equilíbrio na distribuição da riqueza do país e assistência médica, creches e sistemas de aposentadoria em que os trabalhadores possam confiar.

Esse padrão — de uma maré alta levantando os barcos das minorias — com certeza foi verdadeiro no passado. O progresso feito pela geração anterior de latino-americanos e de afro-americanos ocorreu basicamente porque as mesmas escadas de oportunidade que construíram a classe média estavam pela primeira vez disponíveis para as minorias também. Elas se beneficiaram, como todo mundo, de uma economia em crescimento e de um governo interessado em investir nas pessoas. Não só mercados de trabalho fechados, acesso ao capital e programas como Pell Grants e Perkins Loans beneficiaram os negros de forma direta; as rendas em alta e um senso de segurança tornavam os brancos menos resistentes às demandas das minorias por igualdade.

286

A mesma fórmula ainda vale. Em 1999, a taxa de desemprego entre os negros chegou a seus níveis históricos mais baixos e o crescimento da renda bateu recordes não devido a um aumento de contratações no programa de ação afirmativa ou a uma súbita mudança na ética de trabalho negra, mas porque a economia prosperava e o governo tomou algumas modestas providências — como a expansão dos Créditos Fiscais de Rendas (EITC) — para distribuir riqueza. Se quiser saber qual é o segredo da popularidade de Bill Clinton entre os afro-americanos, basta examinar essas estatísticas.

Mas essas mesmas estatísticas também deveriam obrigar aqueles de nós que se interessam pela igualdade racial a fazer uma honesta contabilidade dos custos e benefícios das nossas estratégias atuais. Mesmo continuando a defender a ação afirmativa como uma ferramenta útil, apesar de limitada, para ampliar as oportunidades para minorias mal representadas, deveríamos pensar na possibilidade de gastar mais capital político para convencer os Estados Unidos a fazerem os investimentos para que todas as crianças adquiram os conhecimentos e habilidades necessários para concluir o ensino médio — objetivo que, se atingido, ajudará mais as crianças negras e latino-americanas mais necessitadas do que a ação afirmativa. Da mesma forma, deveríamos apoiar programas específicos para eliminar as disparidades de saúde entre minorias e brancos (alguns indícios sugerem que mesmo não levando em conta os níveis de renda e de seguros, a assistência médica que as minorias recebem é de pior qualidade), mas um plano de assistência médica universal contribuiria mais para eliminar disparidades de saúde entre brancos e minorias do que quaisquer programas voltados para esta ou aquela raça que pudéssemos conceber.

Uma ênfase em programas universais, em vez de voltados para esta ou aquela raça, não é apenas boa política do ponto de vista administrativo; é também boa política como arte de convivência. Lembro-me de estar sentado certa vez com colegas democratas no senado de Illinois ouvindo outro senador — um afro-americano a quem chamarei de John Doe, representante de um grande distrito urbano — fazer um longo e apaixonado discurso para demonstrar que a eliminação de determinado programa era flagrante racismo. Após alguns minutos, o senador branco (que tinha um dos históricos de votos mais liberais do senado) virou-se para mim e disse: "Sabe qual é o problema do John? É que toda vez que o ouço me sinto mais branco".

Em defesa do colega negro, observei que nem sempre é fácil para políticos negros calibrar o tom — raivoso demais? Raivoso de menos? — quando discutem as enormes dificuldades que seus eleitores enfrentam. Apesar disso, o comentário do meu colega branco foi instrutivo. Seja certo ou errado, a culpa dos brancos praticamente está esgotada nos Estados Unidos; até mesmo os brancos mais imparciais, aqueles que gostariam mesmo de ver o fim da desigualdade racial e a redução da pobreza, tendem a recusar sugestões de vitimização racial ou reivindicações especificamente raciais com base na história de discriminação racial neste país.

Isso tem um pouco a ver com o sucesso com que os conservadores manipulam a política do ressentimento — exagerando, por exemplo, os efeitos negativos da ação afirmativa para os trabalhadores brancos. Mas é, acima de tudo, uma questão de simples egoísmo. A maioria dos americanos brancos calcula que nunca se envolveu em discriminação e já tem muitos problemas próprios com que se preocupar. Também sabe que com uma dívida pública perto dos 9 trilhões de dólares e déficits anuais de quase 300 bilhões, o país tem poucos e preciosos recursos para ajudá-los.

Como resultado, propostas que só beneficiem minorias e dividam os americanos em "nós" e "eles" podem até resultar em algumas concessões de curto prazo, quando os custos para os brancos não forem muito altos, mas não podem servir de base para as coalizões políticas de base ampla, sustentáveis, necessárias para transformar os Estados Unidos. De outro lado, apelos universais por estratégias que ajudem todos os americanos (escolas que ensinam, empregos que pagam, assistência médica para todos que dela precisem, um governo que socorra depois de uma inundação), junto com medidas que assegurem que leis se apliquem a todos por igualmente e que portanto concretizem ideais americanos amplamente aceitos (como a aplicação melhor das leis de direitos civis existentes), podem servir de base para essas coalizões — ainda que essas estratégias ajudem, desproporcionalmente, as minorias.

Essa mudança de ênfase não é fácil: velhos hábitos custam a morrer, e há sempre o temor, da parte de muitas minorias, de que se a discriminação racial, passada e presente, não for mantida sob os holofotes, os Estados Unidos brancos acabem se esquecendo do assunto, e avanços conquistados a duras penas se percam. Compreendo esses medos — não está escrito em lugar algum que a história anda em linha reta, e em tempos de dificuldade econômica é possível que imperativos de igualdade racial sejam postos de lado.

Ainda assim, quando olho para o que gerações anteriores de minorias tiveram que superar, sinto-me otimista quanto à capacidade de a próxima geração continuar seu avanço rumo à integração econômica. Pela maior parte da nossa história recente, os degraus da escalada social têm sido mais escorregadios para os negros; e a admissão de latino-americanos em quartéis de bombeiros e em suítes corporativas talvez tenha sido relutante. Apesar de tudo, a combinação de crescimento econômico, investimento governamental em amplos programas de incentivo à mobilidade vertical ascendente e um modesto empenho em aplicar o simples princípio da não discriminação foi suficiente para integrar socioeconomicamente a grande maioria de negros e latino-americanos dentro de uma geração.

Precisamos ter sempre em mente essa conquista. O mais notável não é o número de minorias que não subiram para a classe média, mas o número das que o conseguiram apesar de todos os obstáculos; não são a raiva e a amargura que os pais de cor transmitiram aos filhos, mas o quanto essas emoções diminuíram. Esse conhecimento nos oferece uma base qualquer para trabalhar. Mostra-nos que é possível continuar progredindo.

Se estratégias universais que atacam os problemas enfrentados por todos os americanos podem ajudar imensamente a eliminar as diferenças entre negros, latino-americanos e brancos, há dois aspectos das relações raciais nos Estados Unidos que exigem atenção especial — questões que alimentam as chamas do conflito racial e comprometem o progresso já alcançado. Com relação à comunidade afro-americana, o problema é a deterioração das condições dos pobres que vivem nas periferias urbanas. Com relação aos latino-americanos, o problema são os trabalhadores sem documentos e a tempestade política em torno da imigração.

Um dos restaurantes de que mais gosto em Chicago é um lugar chamado MacArthur's. Fica longe do Loop (centro da cidade), na parte ocidental do Lado Oeste, na Madison Street, um espaço simples e muito iluminado com cabines de madeira que acomodam umas cem pessoas. Em qualquer dia da semana, há mais ou menos o mesmo número de fregueses esperando na fila — famílias, adolescentes, mulheres de ar matronal e homens de idade —, todos aguardando a vez, no estilo lanchonete, de receber um prato de frango frito, bagre, arroz com ervilhas, couve, bolo de carne, pão de milho e outros clássicos da culinária *soul*. Como qualquer um deles lhe dirá, a espera vale a pena.

O dono do restaurante, Mac Alexander, é um homem grande e robusto de sessenta e poucos anos, com ralos cabelos grisalhos, bigode e um leve estrabismo por trás dos olhos que lhe dão um ar pensativo, de professor. É um veterano do Exército, nascido em Lexington, Mississippi, que perdeu a perna esquerda no Vietnã; depois da convalescença, ele e a mulher mudaram-se para Chicago, onde ele fez cursos de administração enquanto trabalhava num armazém. Em 1972, abriu a Mac's Records e ajudou a fundar a Associação para a Melhoria dos Negócios do Lado Oeste, comprometendo-se a consertar o que chama de "este pequenino canto do mundo".

Em todos os sentidos, ele é bem-sucedido. Sua loja de discos cresceu; ele abriu o restaurante e contratou moradores locais para trabalharem lá; começou a comprar e recuperar prédios em ruínas para alugar. É graças aos esforços de gente como Mac que o aspecto da Madison Street não é tão lúgubre como a reputação do Lado Oeste pode sugerir. Há lojas de roupas e farmácias, e, ao que parece, uma igreja em cada quadra. Longe da rua principal, encontram-se os mesmos bangalôs — com gramados e canteiros de flores bem cuidados — que existem em muitos bairros de Chicago.

Mas basta andarmos algumas quadras em qualquer direção para ver um lado diferente do mundo de Mac: grupos de homens jovens nas esquinas lançando olhares furtivos para um lado e para outro; o barulho de sirenes se mistura com o estrondo periódico dos sistemas de som dos carros no volume máximo; os prédios escuros, tapados com madeiras e com símbolos de gangues rabiscados às pressas; lixo por toda parte, rodopiando ao vento do inverno. Há pouco, o Departamento de Polícia de Chicago instalou câmeras permanentes e luzes intermitentes no alto de postes da Madison, inundando todas as quadras numa perpétua luz azul. O pessoal que mora na Madison não se queixou; luzes azuis intermitentes são familiares. São apenas mais um lembrete do que todo mundo sabe — que o sistema imunológico da comunidade está quase completamente falido, debilitado por drogas, por tiroteios e pelo desespero; que, apesar de todos os esforços de gente como Mac, um vírus se espalhou, e as pessoas definham.

"Crime não é novidade no Lado Oeste", disse-me Mac certa tarde, quando fomos ver um dos seus prédios. "O que quero dizer é que, nos anos 1970, a polícia não levava a sério a ideia de policiar bairros negros. Se os problemas não transbordassem para os bairros brancos, ela não ligava. Na primeira loja que abri, na Lake com a Damen, devo ter sido assaltado oito ou nove vezes seguidas."

"A polícia reage melhor agora", falou Mac. "O comandante é boa gente, faz o melhor que pode. Mas está tão assoberbado quanto todo mundo. Veja aqueles meninos ali, eles simplesmente não dão a mínima. A polícia não os assusta, a cadeia não os assusta — mais da metade dos jovens daqui já têm ficha. Se a polícia prender dez caras parados numa esquina, em uma hora aparecem outros dez."

"Foi isso que mudou... a atitude desses meninos. Não se pode culpá-los, na verdade, porque a maioria não tem nada em casa. As mães não têm nada a ensinar — muitas dessas mulheres ainda são crianças também. O pai está na cadeia. Ninguém em volta para orientar os meninos, para mantê-los na escola, para ensiná-los a respeitar. Por isso, na verdade, esses meninos acabam sendo criados sozinhos na rua. É tudo que conhecem. A gangue, essa é a família que têm. Não veem nenhum trabalho aqui a não ser o tráfico de drogas. Não me entenda mal, ainda há por aqui muitas famílias decentes... sem muito dinheiro, necessariamente, mas fazendo o que podem para evitar que os filhos se metam em dificuldades. Mas o problema é que são minoria. Quanto mais ficam aqui, mais percebem que os filhos estão correndo perigo. Por isso, na primeira chance caem fora. E isso só piora as coisas."

Mac balançou a cabeça. "Não sei, não. Ainda acho que podemos dar um jeito. Mas vou ser honesto com você, Barack — é difícil não sentir, às vezes, que não há remédio para a situação. É dura — e está ficando cada vez mais dura."

Ouço muitas opiniões como essa na comunidade afro-americana, o franco reconhecimento de que as condições no coração das periferias urbanas estão fugindo de controle. Às vezes, a conversa gira em torno de estatísticas — a taxa de mortalidade infantil (igual à da Malásia entre os americanos negros pobres), o desemprego entre os homens negros (estimado em mais de um terço em alguns bairros de Chicago) ou o número de homens negros que sabem que em algum momento da vida vão passar pelo sistema de justiça criminal (um em cada três em nível nacional).

Mas o mais comum é que a conversa gire em torno de histórias pessoais, apresentadas como provas de que alguma coisa de fundamental se rompeu dentro de uma parcela da nossa comunidade e contadas num misto de tristeza e incredulidade. Uma professora fala de como se sentiu quando um menino de oito anos lhe gritou palavrões e ameaçou atacá-la. Um defensor público descreve a chocante ficha de antecedentes criminais de um adolescente de quinze anos ou a displicência com que seus clientes preveem que não chegarão vivos aos trinta. Um pediatra fala sobre pais adolescentes que não veem nada de errado em dar batata frita para bebês no café da manhã ou que admitem ter deixado o filho de seis anos sozinho em casa.

São contos dos que não conseguiram escapar do confinamento da história, dos bairros dentro da comunidade negra que abrigam os pobres mais miseráveis, servindo como repositório das cicatrizes da escravidão e da violência de Jim Crow, da raiva internalizada e da ignorância forçada, da vergonha de homens que não conseguem proteger suas mulheres ou sustentar suas famílias, das crianças que crescem ouvindo que nunca serão nada na vida e não contam com ninguém para remediar os danos que lhes foram infligidos.

Houve uma época, claro, em que essa profunda pobreza intergeracional ainda era capaz de chocar um país — quando a publicação de *The Other America*, de Michael Harrington, ou as visitas de Bob Kennedy ao Delta do Mississippi podiam inspirar um sentimento de indignação e um chamado à ação. Não mais. Hoje, as imagens das classes inferiores estão por toda parte, um elemento permanente na cultura popular americana — nos filmes e na TV, onde aparecem como clássico contraste com as forças da lei e da ordem; na música e em vídeos rap, onde a vida dos membros de gangue é glorificada e imitada por adolescentes brancos e negros (embora os adolescentes brancos saibam que, pelo menos no caso deles, é só pose); e nos noticiários noturnos da televisão, em que a destruição encontrada nas periferias urbanas sempre gera notícias interessantes. Em vez de despertar a nossa simpatia, a familiaridade com a vida dos negros pobres tem provocado espasmos de medo e franco desprezo. Mas o que mais tem gerado é indiferença. Homens negros que lotam nossas prisões, crianças negras que não sabem ler ou são vítimas de tiroteios entre gangues, negros sem teto que dormem em grades de ventilação e nos parques da capital do país — essas coisas já nos parecem normais, como se fizessem parte da ordem natural, uma situação trágica, talvez, mas pela qual não somos culpados, e que certamente não há como mudar.

Esse conceito de uma subclasse negra — separada, à parte, alienada em seu comportamento e em seus valores — também desempenhou papel fundamental na política americana moderna. Foi em parte para acabar com os guetos negros que Johnson lançou a Guerra de Johnson contra a Pobreza, e foi com base nos fracassos dessa guerra, tanto reais como aparentes, que os conservadores conseguiram indispor boa parte do país contra o próprio conceito de Estado de bem-estar social. Comitês de especialistas conservadores improvisaram uma indústria caseira que afirmava que não só as patologias culturais — e não o racismo ou as desigualdades estruturais inerentes à nossa economia — eram responsáveis pela pobreza negra, mas também os programas do governo, como a assistência social, de mãos dadas com juízes liberais que mimavam criminosos, na verdade agravavam essas patologias. Na televisão, imagens de crianças inocentes com barrigas inchadas foram substituídas pelas de saqueadores e assaltantes negros; as notícias davam menos atenção às empregadas negras que lutam para sobreviver do que à "rainha da previdência social" que tem filhos só para receber um cheque. O que fazia falta, segundo os conservadores, era uma séria dose de disciplina — mais polícia, mais prisões, mais responsabilidade pessoal e o fim da assistência social. Se essas estratégias não conseguissem transformar os guetos negros, pelo menos os conteriam, impedindo que se continuasse gastando o dinheiro do contribuinte trabalhador para tentar recuperar o que já tinha sido jogado fora.

Não deveríamos ficar surpresos com o fato de que os conservadores convenceram a opinião pública. Seus argumentos exploravam a distinção entre os pobres "merecedores" e os pobres "não merecedores" que tem uma longa e variada história nos Estados Unidos, distinção essa que muitas vezes adquiriu tons raciais ou étnicos e que ganha terreno durante os períodos — como os anos 1970 e 1980 — em que a economia vai mal. A reação dos líderes políticos liberais e dos líderes de direitos civis não foi de muita utilidade; temerosos de culpar as vítimas do racismo histórico, eles costumavam subestimar ou ignorar as provas de que comportamentos arraigados entre os negros pobres realmente contribuíam para a pobreza intergeracional. (No exemplo mais célebre, Daniel Patrick Moynihan foi acusado de racismo no começo dos anos 1960 quando fez soar o alarme sobre o aumento dos nascimentos fora do casamento entre os negros pobres.) Essa prontidão para negar o papel que os valores desempenham no êxito econômico de uma comunidade abusava da credulidade das pessoas e alienava trabalhadores brancos — em especial porque alguns dos líderes políticos mais liberais viviam bem longe da desordem urbana.

A verdade é que a frustração cada vez maior com as condições de vida nas periferias urbanas não se limita aos brancos. Na maioria dos bairros negros, moradores que trabalham muito e respeitam as leis vêm há anos pedindo proteção mais ativa da polícia, uma vez que costumam ser as maiores vítimas da criminalidade. Em conversas particulares — em volta da mesa da cozinha, nas barbearias e depois do culto —, negros reclamam da deterioração da ética no trabalho, da inadequada criação dos filhos e do declínio dos costumes sexuais com um fervor que deixaria a Heritage Foundation orgulhosa.

Nesse sentido, a atitude dos negros em relação às fontes da pobreza crônica é muito mais conservadora do que os políticos negros gostariam de admitir. O que não se ouvirá, porém, é a utilização pelos negros de termos como "predador" para descrever um jovem membro de gangue ou "subclasse" para descrever mães que dependem da assistência social — linguagem que divide o mundo entre os que merecem a nossa preocupação e os que não merecem. Para os americanos negros, essa separação dos pobres não é aceitável, e não só porque a cor da nossa pele — e as conclusões que a sociedade em geral tira da nossa cor — nos torna a todos tão livres, tão respeitados, quanto o último de nós.

É também porque os negros conhecem as circunstâncias históricas da disfunção dos guetos negros. Quase todos os negros criados em Chicago se lembram da história coletiva da grande migração do Sul; lembram que, chegando ao Norte, os negros eram obrigados a viver em guetos, em virtude do direcionamento racial e dos pactos restritivos do mercado imobiliário, e iam morar amontoados em alojamentos públicos onde as escolas eram abaixo da média; os parques, mal preservados; a proteção policial, inexistente; e o tráfico de drogas, tolerado. Lembram que os melhores empregos do sistema clientelista eram reservados para outros grupos de imigrantes e as vagas na indústria, de que os negros tanto dependiam, desapareceram, e por isso famílias até então intactas começaram a rachar sob pressão e os meninos normais escorregaram pelas rachaduras, até que se chegou a um ponto de inflexão e o que antes era uma triste exceção tornou-se regra. Sabem o que foi que levou o homem sem casa a beber, porque esse homem é seu tio. O criminoso inveterado — lembram-se dele quando era menino pequeno, tão cheio de vida, tão capaz de amar, pois esse criminoso é o seu primo.

Em outras palavras, os afro-americanos entendem que a cultura é importante, mas que a cultura é moldada pelas circunstâncias. Sabemos que muitos moradores das periferias urbanas estão cerceados pelo próprio comportamento autodestrutivo, mas que essas condições não são inatas. E, sabendo disso, a comunidade negra continua convencida de que, se os Estados Unidos quiserem de fato, será possível mudar as circunstâncias das pessoas cerceadas nas periferias urbanas, bem como as atitudes individuais dos pobres, e os danos podem ser aos poucos reparados, se não para a geração atual, pelo menos para a próxima.

Esse conhecimento pode nos ajudar a superar as picuinhas ideológicas e funcionar como base de um novo esforço para resolver o problema da pobreza das periferias urbanas. Podemos começar pelo entendimento de que talvez a ação mais importante no combate à pobreza seja incentivar as adolescentes a concluírem o ensino médio e evitarem ter filhos fora do casamento. Nesse esforço, programas centrados na escola e na comunidade, de eficácia já comprovada na redução da gravidez adolescente, precisam ser ampliados, mas é preciso que os pais, o clero e os líderes comunitários se posicionem com mais consistência sobre a questão.

Precisamos também reconhecer que os conservadores — e Bill Clinton — estavam certos quanto à assistência social, da maneira como era estruturada: ao desconectar a renda do trabalho e ao não exigir dos beneficiários da assistência social nada mais que a disposição de tolerar uma burocracia invasiva e a garantia de que o pai não vivia na casa da mãe de seus filhos, o velho programa AFDC tirava das pessoas o senso de iniciativa e debilitava o seu amor-próprio. Qualquer estratégia para reduzir a pobreza intergeracional deve centrar-se no trabalho, não na assistência social — não só porque o trabalho dá independência e renda, mas também porque dá ordem, estrutura, dignidade e oportunidade de crescimento na vida das pessoas.

Mas ainda precisamos admitir que o trabalho por si não garante que as pessoas saiam da pobreza. Em todo o país, a reforma da assistência social reduziu drasticamente o número de pessoas que dependem de benefícios governamentais; também inchou as fileiras dos trabalhadores pobres, com mulheres entrando e saindo do mercado de trabalho, presas a empregos que não pagam o suficiente para viver, obrigadas a lutar todos os dias por cuidados adequados para os filhos, moradia que caiba em seus bolsos e assistência médica acessível, e no fim de cada mês esticar os últimos dólares que lhes sobram para pagar a conta de alimentação, a conta de gás e o novo agasalho para o bebê.

Estratégias como a expansão dos Créditos Fiscais de Rendas (EITC), que ajudam a todos os trabalhadores de baixa renda, podem fazer enorme diferença na vida dessas mulheres e dessas crianças. Mas se quisermos de fato romper o ciclo da pobreza intergeracional, muitas dessas mulheres vão precisar de uma ajuda extra em questões básicas que quem vive fora das periferias urbanas já considera resolvidas. Precisam de mais polícia e de policiamento mais eficiente em seus bairros, para dar a elas e aos filhos alguma sensação de segurança pessoal. Precisam de acesso a centros de saúde comunitários que deem ênfase na prevenção — incluindo saúde reprodutiva, aconselhamento nutricional e, em alguns casos, tratamento para a dependência de drogas. Precisam de uma transformação radical das escolas que seus filhos frequentam e de acesso a creches que lhes permitam trabalhar fora em tempo integral ou continuar seus estudos.

E, em muitos casos, elas precisam de ajuda para aprenderem a ser mães competentes. Pela época em que entram no sistema de ensino, muitas crianças das periferias urbanas já estão atrasadas — incapazes de identificar os números básicos, as cores ou as letras do alfabeto e de ficarem sentadas quietas ou de participarem de um ambiente estruturado, e quase sempre afligidas por problemas de saúde não diagnosticados. São despreparadas não porque não são amadas, mas porque as mães não sabem dar-lhes aquilo de que necessitam. Programas de governo bem estruturados — aconselhamento pré-natal, acesso regular a pediatras, programas sobre como criar filhos e programas de educação pré-escolar de qualidade — já demonstraram que são capazes de preencher a lacuna.

Por fim, precisamos cuidar do nexo entre desemprego e crime nas periferias urbanas, para que os homens que ali vivem possam começar a assumir suas responsabilidades. A crença comum é que a maioria dos homens desempregados das periferias urbanas encontrariam emprego se realmente quisessem trabalhar; que sempre preferem o tráfico de drogas, com os riscos correspondentes, e também os lucros potenciais, aos empregos mal pagos a que estão condenados pela falta de qualificação. Na verdade, economistas que estudaram o assunto — e os jovens cujo destino está em jogo — nos dirão que os custos e os benefícios da vida na rua não correspondem ao que diz a mitologia popular: nos níveis inferiores ou até mesmo nos níveis médios da indústria, o tráfico de drogas é emprego de salário-mínimo. Para muitos homens das periferias urbanas, o que os impede de conseguir empregos lucrativos não é apenas a falta de motivação para sair das ruas, mas a ausência de um bom currículo profissional ou de qualquer habilidade que tenha valor de mercado — e, cada vez mais, o estigma das passagens pela prisão.

Perguntem a Mac, que transformou em missão dar aos jovens do seu bairro uma segunda chance. Dos seus empregados do sexo masculino, 90% são ex-presidiários, incluindo um dos melhores cozinheiros, que foi várias vezes para a prisão nos últimos vinte anos por vários crimes relacionados a drogas e por um episódio de assalto à mão armada. Mac começa pagando oito dólares por hora e chega a pagar quinze dólares por hora. Não faltam candidatos. Mac é o primeiro a admitir que alguns são problemáticos — não estão acostumados a chegar na hora e muitos não sabem receber ordens de um supervisor — e a rotatividade é alta. Mas ao não aceitar desculpas dos jovens a quem dá emprego ("Eu lhes digo que isto aqui é um negócio e, se não quiserem o emprego, há outros que querem"), ele descobriu que a maioria se adapta rápido. Com o tempo, acostumam-se aos ritmos da vida comum: cumprir horários, trabalhar em equipe, fazer a sua parte. Começam a falar em fazer o teste de equivalência de ensino médio e até em matricular-se numa faculdade comunitária.

Começam a querer coisa melhor.

Seria ótimo se houvesse milhares de Macs por aí e se o mercado por si só fosse capaz de criar oportunidades para todos os homens das periferias urbanas que precisam. Mas a maioria dos empregadores não está disposta a correr riscos contratando ex-presidiários, e os que estão nem sempre têm permissão. Em Illinois, por exemplo, ex-presidiários são proibidos de trabalhar não apenas em escolas, asilos para idosos e hospitais — restrições que refletem sensatamente nossa relutância em comprometer a segurança de nossos filhos e de nossos pais idosos —, mas alguns são proibidos também de trabalhar como barbeiros ou como manicuro. O governo poderia dar o pontapé inicial numa transformação das circunstâncias desses homens, trabalhando com empreiteiros do setor privado para contratar e treinar ex-presidiários em projetos que beneficiem toda a comunidade: insular residências e escritórios para que economizem energia, talvez, ou instalar os cabos de banda larga necessários para lançar comunidades inteiras na era da internet. Esses programas custariam dinheiro, claro — apesar de que, levando em conta o custo de encarceramento de detentos, qualquer redução de reincidência ajudaria o programa a custear-se. Nem todos os desempregados empedernidos prefeririam trabalhos de iniciante à vida nas ruas, e nenhum programa de ajuda a ex-presidiários eliminará a necessidade de trancafiar criminosos obstinados, aqueles cujos hábitos de violência estão profundamente arraigados.

Apesar disso, pode-se supor que, com empregos legítimos disponíveis para jovens que hoje traficam drogas, o crime, em muitas comunidades, cairia; que, em consequência, mais empregadores estabeleceriam seus negócios nesses bairros e uma economia sustentável começaria a criar raízes; e que, em dez ou quinze anos, as normas começariam a mudar, e homens e mulheres jovens começariam a imaginar um futuro para si mesmos, os índices de casamento subiriam, e as crianças cresceriam num mundo mais estável.

Qual seria o valor disso para todos nós — um país no qual a criminalidade diminua, mais crianças recebam cuidados, cidades renasçam e os preconceitos, o medo e a discórdia que a pobreza fomenta aos poucos desapareçam? Valeria o que gastamos ano passado no Iraque? Valeria a pena renunciar à abolição do imposto sobre heranças? É difícil quantificar os benefícios dessas mudanças — justamente porque seriam incomensuráveis.

Se os problemas da pobreza nas periferias urbanas resultam da nossa incapacidade de encarar um passado com frequência trágico, os desafios da imigração provocam temores de um futuro incerto. A demografia dos Estados Unidos está mudando inexoravelmente e à velocidade da luz, e as demandas de novos imigrantes não se ajustarão ao paradigma branco e negro de discriminação, resistência, culpa e recriminação. Na verdade, até brancos e negros recém-chegados — de Gana, da Ucrânia, da Somália e da Romênia — desembarcam nestas praias sem o fardo da dinâmica racial de outras eras.

Durante a campanha, vi os rostos deste novo país — nos mercados indianos da Avenida Devon, na nova e reluzente mesquita nos subúrbios do sul, num casamento armênio e num baile filipino, nas reuniões do Conselho de Liderança Coreano-Americano e na Associação de Engenheiros Nigerianos. Em toda parte, vi imigrantes fixando-se em qualquer trabalho ou moradia que encontrassem, lavando pratos, dirigindo táxis, trabalhando duro na lavanderia de um primo, economizando para abrir negócios e revitalizar bairros decadentes até poderem mudar-se para os subúrbios e criar filhos com sotaques que denunciem não a terra de origem dos pais, mas as certidões de nascimento de Chicago, adolescentes que ouviam rap, faziam compras no shopping center e planejavam tornar-se médicos, advogados, engenheiros e até políticos.

Em todo o país, desenrola-se essa clássica história de imigrantes, uma história de ambição e adaptação, trabalho duro e educação, assimilação e mobilidade vertical ascendente. Os imigrantes de hoje, porém, vivem essa história em ritmo de hiperpropulsão. Como beneficiários de um país mais tolerante e cosmopolita do que o que os imigrantes enfrentavam gerações atrás, um país que aprendeu a reverenciar seu próprio mito da imigração, são mais confiantes do lugar que ocupam, mais firmes na reivindicação dos seus direitos. Como senador, recebo inúmeros convites para falar a esses novos americanos, e nesses encontros geralmente querem saber minhas opiniões em política externa — o que penso do Chipre, digamos, ou do futuro de Taiwan. Às vezes, manifestam preocupações específicas da área em que seus grupos éticos são presença marcante: farmacêuticos indiano-americanos reclamando dos reembolsos do Medicare, proprietários coreanos de pequenas empresas fazendo lobby por mudanças no código tributário.

Mas o que eles mais querem é afirmar que também são americanos. Sempre que apareço diante de uma plateia de imigrantes, posso contar com as brincadeiras da minha equipe depois do meu discurso; segundo eles, meus comentários sempre obedecem a uma estrutura de três partes: "Sou amigo de vocês", "(Aqui entra o nome do país de origem) foi um dos berços da civilização" e "Vocês encarnam o sonho americano". Têm razão — a mensagem é simples, pois compreendi que minha mera presença diante desses americanos recém-saídos do forno significa que são importantes, que são eleitores indispensáveis ao meu sucesso e cidadãos plenos que merecem respeito.

Nem todas as minhas conversas em comunidades de imigrantes seguem esse roteiro simplista, claro. Depois dos ataques de Onze de Setembro, as reuniões com americanos de origem árabe e paquistanesa, por exemplo, adquiriram um caráter mais urgente, pois as histórias de detenção e de interrogatórios do FBI, os olhares severos dos vizinhos tinham abalado seu senso de segurança e de integração. Essas coisas os fizeram recordar que a história da imigração neste país tem um lado triste; eles precisam ouvir garantias específicas de que sua cidadania tem significado real, de que os Estados Unidos aprenderam devidamente a lição dos campos de concentração japoneses durante a Segunda Guerra Mundial e de que podem contar comigo se os ventos políticos tomarem uma direção perigosa.

É em minhas reuniões com a comunidade latino-americana, porém, em bairros como Pilsen e Little Village, e em cidades como Cicero e Aurora, que sou obrigado a refletir sobre o significado dos Estados Unidos, o significado de cidadania e meus sentimentos, por vezes conflitantes, sobre todas as mudanças que estão ocorrendo.

A presença de latino-americanos em Illinois — porto-riquenhos, colombianos, salvadorenhos, cubanos e acima de tudo mexicanos — remonta a muitas gerações, quando trabalhadores agrícolas começaram a viajar para o norte e a se juntar a grupos étnicos em empregos industriais na região. Como outros imigrantes, foram assimilados pela cultura, apesar de, como os afro-americanos, sua mobilidade vertical ascendente ser com frequência estorvada por preconceitos raciais. Talvez por essa razão, líderes políticos e de direitos civis negros e latino-americanos costumavam juntar forças. Em 1983, o apoio dos latino-americanos foi decisivo na eleição do primeiro prefeito negro de Chicago, Harold Washington. Esse apoio era recíproco, porque Washington ajudou a eleger uma geração de latino-americanos jovens e progressistas para a câmara municipal de Chicago e para o legislativo estadual de Illinois. Na verdade, até que seus números finalmente justificassem uma organização própria, os legisladores latino-americanos eram membros oficiais da bancada negra do legislativo de Illinois.

Foi contra esse pano de fundo, pouco depois da minha chegada a Chicago, que meus laços com a comunidade latino-americana se formaram. Como jovem líder comunitário, eu costumava trabalhar com líderes latino-americanos em questões que afetavam tanto os moradores negros como os pardos, das escolas ruins ao descarte irregular de lixo e às crianças não vacinadas. Meu interesse ia além da política; aprendi a amar os setores mexicano e porto-riquenho da cidade — o som da sala e do merengue derramando-se dos apartamentos nas noites quentes de verão, a solenidade da missa em igrejas antes frequentadas por poloneses, italianos e irlandeses, a frenética e feliz tagarelice sobre partidas de futebol no parque, o tranquilo humor dos homens atrás do balcão da loja de sanduíches, as senhoras de idade que seguravam minha mão e riam dos meus patéticos esforços para falar espanhol. Fiz amigos e aliados para a vida inteira nesses bairros; em minha cabeça, pelo menos, os destinos de negros e pardos estariam perpetuamente interligados, pedra angular de uma coalizão que poderia ajudar os Estados Unidos a corresponderem às suas promessas.

Quando voltei da faculdade de direito, porém, a tensão entre negros e latino-americanos em Chicago já era perceptível. De 1990 a 2000, a população de fala espanhola em Chicago aumentou 38%, e com esse crescimento populacional a comunidade latino-americana já não se contentava em servir como parceira menor na coalizão negra-parda. Depois que Harold Washington morreu, um novo batalhão de funcionários eleitos latino-americanos, ligados a Richard M. Daley e remanescentes da velha máquina política de Chicago, entrou em cena, homens e mulheres menos interessados em nobres princípios políticos e em coalizão arco-íris do que em traduzir a crescente força política em contratos e empregos. Enquanto os negócios e as ruas de comércio de negros lutavam para sobreviver, os negócios dos latino-americanos prosperavam, ajudados em parte por vínculos comerciais com países de origem e por uma base de consumidores cuja fidelidade era assegurada pela barreira da língua. Parecia que em toda parte trabalhadores mexicanos e centro-americanos passavam a dominar o mercado de empregos de baixos salários antes dominado pelos negros — como garçons e ajudantes de garçom, como camareiras e mensageiros — e penetravam nos setores de construção civil que sempre excluíram os trabalhadores negros. Os negros começaram a resmungar, sentindo-se ameaçados; perguntavam-se se mais uma vez seriam passados para trás pelos recém-chegados.

Não quero exagerar o cisma. Como as duas comunidades compartilham uma série de desafios, desde o altíssimo índice de evasão escolar até uma cobertura de saúde inadequada, negros e latino-americanos continuam juntando forças em sua atividade política. Por mais frustrados que os negros se sintam quando passam por um canteiro de obras num bairro negro e só veem peões de obra mexicanos, eu raramente os ouço culparem os próprios trabalhadores; em geral, guardam a sua raiva para os empreiteiros que os contratam. Quando pressionados, muitos negros manifestam uma relutante admiração pelos imigrantes latino-americanos — por sua forte ética do trabalho e dedicação à família, por sua disposição de começar do nível mais baixo e aproveitar ao máximo o pouco que têm.

Apesar disso, não há como negar que muitos negros sentem as mesmas ansiedades de muitos brancos a respeito da onda de imigração ilegal que inunda nossas fronteiras meridionais — a sensação de que o que está ocorrendo agora é fundamentalmente diferente do que ocorria antes. Nem todos esses temores são irracionais. O número de imigrantes acrescentados à força de trabalho a cada ano é de uma magnitude que este país não via há mais de um século. Se esse fluxo imenso de trabalhadores, na maioria desqualificados, traz algum benefício para a economia em geral — em especial por manter jovem a força de trabalho, ao contrário de uma Europa e de um Japão cada vez mais geriátricos — também ameaça baixar ainda mais os salários dos trabalhadores americanos da indústria e pressionar ainda mais nossa rede de proteção já sobrecarregada. Outros temores dos americanos nascidos aqui são perturbadoramente familiares, ecoando a xenofobia que outrora era dirigida contra italianos, irlandeses e eslavos recém-desembarcados de navios — temores de que os latinos sejam por natureza diferentes demais, em cultura e em temperamento, para se integrar completamente ao estilo de vida americano; temores de que, com as mudanças demográficas em curso, os latino-americanos venham a tomar o controle daqueles que estão acostumados a exercer o poder político.

Para a maioria dos americanos, porém, as preocupações com a imigração ilegal vão além dos temores relativos à economia e são mais sutis do que o racismo puro e simples. No passado, a imigração se dava segundo regras americanas; o tapete de boas-vindas podia ser estendido de forma seletiva, com base nas qualificações, na cor dos imigrantes ou nas necessidades da indústria. O trabalhador, fosse chinês, russo ou grego, sentia-se estrangeiro em terra estrangeira, separado do país de origem, sujeito muitas vezes a severas restrições, obrigado a aceitar regras que não tinham sido inventadas por ele.

Hoje, parece que esses termos já não se aplicam. Os imigrantes entram como resultado de uma fronteira porosa, mais do que de uma política sistemática de governo; a proximidade do México, assim como a desesperadora pobreza de boa parte do seu povo, sugere a possibilidade de que a travessia da fronteira não pode sequer ser desacelerada, menos ainda contida. Satélites, cartões telefônicos e transferências bancárias, assim como as vastas dimensões do crescente mercado latino-americano, tornam mais fácil para o imigrante de hoje manter vínculos linguísticos e culturais com sua terra natal (a Univision, em língua espanhola, hoje ostenta o noticiário com maior índice de audiência de Chicago). Americanos nascidos aqui suspeitam que eles, e não os imigrantes, é que estão sendo obrigados a adaptar-se. Dessa maneira, o debate sobre imigração já não diz respeito apenas a perda de empregos, mas a perda de soberania, apenas mais um exemplo — como o Onze de Setembro, a gripe aviária, os vírus de computador e as fábricas que se mudam para a China — de que os Estados Unidos são incapazes de controlar o próprio destino.

Foi nessa atmosfera instável — com fortes paixões dos dois lados do debate — que o Senado dos Estados Unidos pensou em aprovar um abrangente projeto de lei sobre imigração na primavera de 2006. Com centenas de milhares de imigrantes protestando nas ruas e um grupo de milicianos chamados Minutemen correndo para defender a fronteira meridional, havia muita coisa em jogo, politicamente, para democratas, republicanos e o presidente.

Sob a liderança de Ted Kennedy e John McCain, o Senado redigiu um projeto de lei conciliatório, com três grandes elementos. Previa segurança muito mais rigorosa na fronteira e, através de uma emenda que escrevi com Chuck Grassley, tornava bem mais difícil para os empregadores contratarem trabalhadores em situação ilegal. Além disso, reconhecia a dificuldade de deportar 12 milhões de imigrantes sem documentação e criava um longo processo de onze anos para que muitos deles pudessem adquirir sua cidadania. Por último, incluía um programa de trabalhadores convidados, permitindo que 20 mil estrangeiros entrassem no país para trabalhos temporários.

Em geral, eu achava a legislação merecedora de apoio. Apesar disso, a cláusula do projeto sobre trabalhadores convidados me incomodava; era, em essência, uma concessão às grandes empresas, um meio de permitir que contratassem imigrantes sem lhes conceder direitos de cidadania — na verdade, um meio de as empresas ficarem com os benefícios da terceirização sem precisarem transferir suas operações para o exterior. Para resolver esse problema, consegui incluir a exigência de que qualquer emprego fosse oferecido em primeiro lugar a trabalhadores americanos e de que os empregadores não solapassem os salários americanos pagando aos trabalhadores convidados menos do que pagariam aos americanos. A ideia era garantir que as empresas só recorressem aos estrangeiros temporários quando houvesse escassez de mão de obra.

Era claramente uma emenda destinada a ajudar os trabalhadores americanos, e por isso todos os sindicatos a apoiaram com vigor. Mas logo que a cláusula foi incluída no projeto de lei, alguns conservadores, tanto dentro como fora do senado, começaram a me atacar por supostamente "exigir que trabalhadores estrangeiros sejam mais bem pagos do que os trabalhadores americanos".

Um dia, no plenário do Senado encontrei um dos colegas republicanos que me faziam essa acusação. Expliquei-lhe que o projeto na verdade protegia os trabalhadores americanos, uma vez que os empregadores não teriam incentivo para contratar trabalhadores convidados se tivessem que pagar os mesmos salários que pagavam a trabalhadores americanos. O colega republicano, ferrenho opositor de qualquer projeto que legalizasse a situação de imigrantes sem documentação, sacudiu a cabeça.

"Meus camaradas das pequenas empresas vão continuar contratando imigrantes", disse ele. "Tudo que a sua emenda está fazendo é obrigá-los a pagar-lhes mais por sua ajuda."

"Mas por que contratariam imigrantes em vez de trabalhadores americanos se o custo é o mesmo?", perguntei.

Ele sorriu.

"Por quê? Porque a verdade, Barack, é que esses mexicanos estão dispostos a trabalhar mais do que os americanos."

Que oponentes do projeto de lei de imigração sejam capazes de fazer declarações como essa em particular, enquanto, em público, fingem defender os trabalhadores americanos, indica o grau de cinismo e hipocrisia que impregna o debate sobre imigração. Mas com o público de mau humor, seus medos e ansiedades sempre reforçados por Lou Dobbs e apresentadores de programas radiofônicos com participação dos ouvintes em todos os cantos do país, não posso dizer que me surpreenda o fato de que o projeto conciliatório esteja parado na Câmara desde que saiu do Senado.

E, sendo honesto comigo mesmo, reconheço que não sou inteiramente imune a esses sentimentos nativistas. Quando vejo bandeiras mexicanas tremulando em manifestações a favor da imigração, às vezes sinto uma pontada de ressentimento patriótico. E quando me vejo obrigado a recorrer a um tradutor para me comunicar com a pessoa que conserta meu carro, sinto certa frustração.

Certa vez, quando o debate sobre imigração começou a esquentar no Capitólio, um grupo de ativistas visitou meu gabinete e pediu que eu propusesse um projeto de lei particular para legalizar a situação de trinta cidadãos mexicanos que tinham sido deportados, deixando para trás mulheres ou filhos com status de residente legal. Um dos meus funcionários, Danny Sepulveda, jovem de origem chilena, reuniu-se com o grupo e explicou que apesar da minha simpatia por sua difícil situação e de ser um dos principais proponentes do projeto de lei de imigração, eu não me sentia à vontade, por uma questão de princípio, em propor uma legislação que selecionasse trinta pessoas entre milhões na mesma situação, para conceder-lhes uma isenção especial. Alguns se exaltaram; disseram que eu não ligava para famílias de imigrantes e para filhos de imigrantes, que dava mais importância a fronteiras do que à justiça. Um ativista acusou Danny de ter esquecido de onde vinha — de não ser latino-americano de verdade.

Quando soube do que estava acontecendo, senti um misto de raiva e frustração. Pensei em chamar o grupo e explicar-lhe que a cidadania americana é um privilégio e não um direito; que, sem fronteiras reais e respeito pela lei, as coisas que os atraíram nos Estados Unidos, as oportunidades e proteções oferecidas a quem vive neste país, seriam aos poucos destruídas; e que, de qualquer maneira, eu não tolerava que ninguém insultasse minha equipe — especialmente alguém que defendia sua causa. Danny é que me convenceu a não fazer nada disso, sugerindo, sensato, que talvez fosse contraproducente. Semanas depois, numa manhã de sábado, assisti a um seminário sobre naturalização na igreja de St. Pius em Pilsen, patrocinado pelo congressista Luis Gutierrez, o Sindicato Internacional dos Trabalhadores em Serviços e vários grupos de direitos dos imigrantes que já tinham visitado meu gabinete. Cerca de mil pessoas formavam uma fila na frente da igreja, incluindo jovens famílias, casais de idosos e mulheres com carrinho de bebê; dentro, havia pessoas sentadas silenciosamente em bancos de madeira, segurando as pequenas bandeiras americanas que os organizadores tinham distribuído e aguardando a vez de serem chamadas pelos voluntários que as ajudariam a dar início ao prolongado processo de aquisição da cidadania americana.

Enquanto eu andava pelos corredores, algumas pessoas sorriam e acenavam; outras faziam um hesitante gesto com a cabeça quando eu lhes estendia a mão e me apresentava. Conheci uma mexicana que não falava inglês, mas cujo filho estava no Iraque; reconheci um jovem colombiano que trabalhava como manobrista num restaurante local e fiquei sabendo que ele estudava contabilidade na faculdade comunitária. A certa altura, uma menina de sete ou oito anos aproximou-se de mim, os pais em pé atrás dela, e me pediu um autógrafo; disse que era aluna de uma escola do governo e queria mostrar o autógrafo para os colegas.

Perguntei como se chamava. Ela respondeu Cristina e acrescentou que estava no terceiro ano. Eu disse aos pais que deveriam se sentir orgulhosos. E, vendo Cristina traduzir minhas palavras para o espanhol, constatei que os Estados Unidos nada têm a temer desses recém-chegados, que vieram para cá pelas mesmas razões que trouxeram outras famílias há 150 anos — todos aqueles que fugiram da fome, das guerras e das inflexíveis hierarquias da Europa, todos aqueles que talvez não tivessem os documentos ou os contatos adequados nem habilidades únicas para oferecer, mas que traziam com eles a esperança de uma vida melhor.

Temos o direito e o dever de proteger nossas fronteiras. Podemos lembrar àqueles que já estão aqui que a cidadania implica obrigações — com uma língua comum, lealdades comuns, objetivos comuns e um destino comum. Mas em última análise o perigo que corre o nosso modo de vida não é o de sermos suplantados por aqueles que não se parecem conosco ou ainda não falam a nossa língua. O perigo está em não reconhecermos a humanidade de Cristina e de sua família — em lhes negarmos os direitos e as oportunidades de que desfrutamos e em tolerarmos a hipocrisia de uma classe servil em nosso meio; ou, mais amplamente, em nos omitirmos enquanto os Estados Unidos se tornam cada vez mais desiguais, uma desigualdade determinada por raça e que portanto alimenta a luta racial, coisa que, com o país se tornando mais negro e pardo, nem nossa democracia, nem nossa economia podem mais tolerar.

Este não é o futuro que desejo para Cristina, disse eu a mim mesmo enquanto ela e sua família se despediam de mim. Este não é o futuro que desejo para minhas filhas. Os Estados Unidos delas serão mais incríveis em sua diversidade, sua cultura será mais poliglota. Minhas filhas vão aprender espanhol e tornar-se melhores por causa disso. Cristina aprenderá sobre Rosa Parks e compreenderá que a vida de uma costureira negra tem a ver com a sua. As questões que minhas filhas e Cristina enfrentam talvez não tenham a mesma claridade moral de um ônibus segregado, mas de uma forma ou de outra sua geração certamente será posta à prova — assim como a sra. Parks foi posta à prova e os Freedom Riders foram postos à prova, assim como todos nós somos postos à prova — por essas vozes que gostariam de ver-nos divididos e de fazer que nos voltássemos uns contra os outros.

E quando forem postas à prova dessa maneira, espero que Cristina e minhas filhas tenham lido a história deste país e compreendam que receberam uma coisa de grande valor.

Os Estados Unidos são grandes o suficiente para realizarem todos os seus sonhos.

8. O mundo além das nossas fronteiras

A Indonésia é um país de ilhas — mais de 17 mil, espalhadas ao longo do equador, entre os oceanos Índico e Pacífico, entre a Austrália e o mar do sul da China. A maioria dos indonésios descende de malaios e vive nas ilhas maiores de Java, Sumatra, Kalimantan, Sulawesi e Bali. Nas ilhas mais a leste, como Ambon e a parte indonésia da Nova Guiné, o povo é, em vários graus, de origem melanésia. O clima da Indonésia é tropical, e suas florestas já fervilharam de espécies exóticas, como o orangotango e o tigre-de-sumatra. Hoje, essas florestas tropicais estão encolhendo rapidamente, vítimas da extração de madeira, da mineração e do cultivo de arroz, chá, café e azeite de dendê. Privados do seu hábitat, os orangotangos hoje são uma espécie ameaçada de extinção; restam apenas algumas centenas de tigres-de-sumatra soltos na natureza.

Com mais de 240 milhões de habitantes, a Indonésia tem a quarta maior população do mundo, atrás da China, da Índia e dos Estados Unidos. Mais de setecentos grupos étnicos residem dentro das fronteiras do país, e mais de 740 línguas são faladas. Quase 90% da população da Indonésia pratica o islamismo, o que faz dela o maior país muçulmano do mundo. A Indonésia é o único país asiático da Opep, mas, como resultado de uma infraestrutura obsoleta, de reservas esgotadas e de alto consumo interno, agora importa mais petróleo bruto do que exporta. A língua nacional é o indonésio (*bahasa indonesia*). A capital é Jacarta. A moeda é a rupia.

A maioria dos americanos não sabe localizar a Indonésia no mapa. Esse fato deixa os indonésios perplexos, uma vez que, nos últimos sessenta anos, o destino do seu país esteve diretamente vinculado à política externa americana. Governado por uma sucessão de sultanatos e várias vezes dividido em reinos pela maior parte de sua história, o arquipélago tornou-se colônia holandesa — as Índias Orientais Holandesas — nos anos 1600, status que se prolongaria por mais de três séculos. Mas pouco antes da Segunda Guerra Mundial, as vastas reservas de petróleo das Índias Orientais Holandesas tornaram-se um dos alvos principais da expansão japonesa; sendo aliado das potências do Eixo e diante do embargo de petróleo imposto pelos Estados Unidos, o Japão precisava de combustível para suas forças armadas e para sua indústria. Depois do ataque a Pearl Harbor, o Japão agiu rápido para tomar posse da colônia holandesa, ocupação que duraria até o fim da guerra.

Com a rendição japonesa em 1945, um incipiente movimento nacionalista indonésio declarou a independência do país. Os holandeses tinham outras ideias e tentaram recuperar seu antigo território. Seguiram-se quatro anos de uma guerra sangrenta. No fim, os holandeses acabaram cedendo à crescente pressão internacional (o governo dos Estados Unidos, já preocupado com a propagação do comunismo sob a bandeira do anticolonialismo, ameaçou cortar fundos do Plano Marshall para a Holanda) e reconheceram a soberania da Indonésia. O principal líder do movimento de independência, uma figura extravagante chamada Sukarno, tornou-se o primeiro presidente da Indonésia.

Sukarno foi uma grande decepção para Washington. Junto com Nehru, na Índia, e Nasser, no Egito, ajudou a fundar o movimento dos não alinhados, um esforço de países recém-libertados do domínio colonial para seguir uma rota independente entre o Ocidente e o bloco soviético. O Partido Comunista da Indonésia, apesar de jamais ter ocupado formalmente o poder, cresceu em tamanho e influência. O próprio Sukarno intensificou a retórica antiocidental, nacionalizando indústrias essenciais, rejeitando ajuda americana e fortalecendo laços com os soviéticos e com a China. Com as forças americanas atoladas no Vietnã e a teoria dos dominós ainda representando um dos dogmas da política externa dos Estados Unidos, a CIA começou a dar apoio secreto a vários movimentos de insurgência dentro da Indonésia e a estreitar laços com oficiais do exército indonésio, muitos dos quais tinham estudado nos Estados Unidos. Em 1965, sob a liderança do general Suharto, os militares derrubaram Sukarno e, com poderes de emergência, deram início a um imenso expurgo de comunistas e simpatizantes. Segundo estimativas, de 500 mil a 1 milhão de pessoas foram assassinadas durante o expurgo, com outras 750 mil sendo presas ou obrigadas a exilar-se.

Foi dois anos depois que o expurgo começou, em 1967, o mesmo ano em que Suharto assumiu a presidência, que minha mãe e eu chegamos a Jacarta, como consequência de ela ter-se casado, em segundas núpcias, com um estudante indonésio que conheceu na Universidade de Havaí. Eu tinha seis anos e minha mãe, 24. Anos depois, minha mãe diria que, se soubesse o que havia acontecido nos meses anteriores, jamais teria feito a viagem. Mas não sabia — a história completa do golpe e do expurgo demorou a aparecer nos jornais americanos. Os indonésios também evitavam tocar no assunto. Meu padrasto, que tinha tido o visto de estudante revogado quando ainda estava no Havaí e fora recrutado pelo exército indonésio poucos meses antes da nossa chegada, recusava-se a falar de política com minha mãe, alertando que certas coisas era melhor esquecer.

E, de fato, esquecer o passado era fácil na Indonésia. Jacarta ainda era um lugar modorrento e atrasado naquele tempo, com poucos edifícios de mais de quatro ou cinco andares, mais ciclorriquixás do que automóveis, e o centro da cidade e as partes mais ricas — com sua elegância colonial e jardins exuberantes e bem cuidados — logo cediam a vez a conjuntos de vilarejos com ruas de terra e esgotos a céu aberto, mercados empoeirados e barracos de barro, tijolo, compensado e telhado de zinco pendurados nas suaves barrancas de rios turvos, onde famílias se banhavam e lavavam roupa, como peregrinos no Ganges.

Nossa família não tinha dinheiro sobrando naqueles anos; o exército indonésio não pagava bem aos seus tenentes. Vivíamos numa casa modesta nos arredores da cidade, sem ar-condicionado, refrigeração nem vasos com descarga. Não tínhamos carro — meu padrasto andava de moto, e minha mãe tomava o ônibus todas as manhãs para a embaixada dos Estados Unidos, onde trabalhava como professora de inglês. Sem dinheiro para frequentar a escola internacional onde a maioria dos filhos de expatriados estudava, eu ia para a escola indonésia local e corria pelas ruas com filhos de agricultores, empregadas domésticas, alfaiates e balconistas.

Quando eu tinha sete ou oito anos, nada disso importava muito. Lembro daqueles anos como uma época de felicidade, repleta de aventuras e de mistérios — dias de perseguir galinhas e correr com medo de búfalos, noites de teatro de sombras e histórias de fantasmas, ambulantes trazendo doces deliciosos para a nossa porta. Naquelas circunstâncias, eu sabia que em comparação com nossos vizinhos vivíamos bem — ao contrário de muitos, sempre tínhamos o que comer.

E, talvez mais que isso, eu compreendia, mesmo tão novo, que o status da minha família era determinado não só por nossa riqueza, mas por nossos laços com o Ocidente. Minha mãe talvez reprovasse as atitudes de outros americanos em Jacarta, sua arrogância com os indonésios, sua relutância em aprender o que quer que fosse sobre o país que os recebia — mas, graças à taxa de câmbio, ela ficava feliz por ser paga em dólares e não em rupias como seus colegas indonésios da embaixada. Talvez vivêssemos como indonésios — mas com frequência minha mãe me levava para o Clube Americano, onde eu saltava na piscina, via desenhos animados e me fartava de coca-cola. Às vezes, quando meus amigos indonésios apareciam em casa, eu lhes mostrava livros de fotografias da Disney ou do Empire State, que minha avó me mandava; às vezes, folheávamos o catálogo da Sears Roebuck para admirar os tesouros à mostra. Tudo isso, eu sabia, era parte do meu patrimônio cultural e me separava deles, pois minha mãe e eu éramos cidadãos dos Estados Unidos, beneficiários do seu poder, sãos e salvos sob o manto da sua proteção.

Era difícil não notar o alcance desse poder. As forças armadas americanas faziam exercícios conjuntos com as indonésias, oferecendo cursos de treinamento para seus oficiais. O presidente Suharto recorreu a um grupo de economistas americanos para traçar o plano de desenvolvimento da Indonésia, com base em princípios de livre mercado e investimentos estrangeiros. Consultores de desenvolvimento americanos formavam uma fila constante em frente aos ministérios, ajudando a administrar o imenso fluxo de ajuda estrangeira da Agência de Desenvolvimento Internacional dos Estados Unidos e do Banco Mundial. E embora a corrupção impregnasse todos os níveis de governo — até mesmo a interação mais trivial com um policial ou com um burocrata envolvia suborno, e praticamente todos os artigos ou produtos que entravam e saíam, de petróleo a trigo e automóveis, passavam por empresas controladas pelo presidente, sua família ou membros da junta governante —, quantidades suficientes da riqueza do petróleo e da ajuda estrangeira foram reinvestidas em escolas, estradas e outras infraestruturas, de tal maneira que a população da Indonésia viu seu padrão de vida subir com rapidez; de 1967 a 1997, a renda per capita anual saltaria de cinquenta para 4600 dólares. Do ponto de vista dos Estados Unidos, a Indonésia tornara-se um modelo de estabilidade, uma fornecedora confiável de matéria-prima e uma importadora de produtos ocidentais, uma aliada leal e baluarte contra o comunismo.

Fiquei na Indonésia tempo suficiente para ver em primeira mão parte dessa nova prosperidade. Depois que saiu do exército, meu padrasto passou a trabalhar para uma companhia de petróleo americana. Mudamo-nos para uma casa maior, conseguimos um carro, motorista, geladeira e televisão. Mas, em 1971, minha mãe — preocupada com minha educação e talvez já sentindo seu distanciamento do meu padrasto — me mandou para a casa dos meus avós no Havaí. Um ano depois, ela e minha irmã se juntaram a mim. Os laços de minha mãe com a Indonésia nunca enfraqueceram; pelos vinte anos seguintes, ela viajaria sempre para lá, trabalhando para agências internacionais por períodos de seis ou doze meses, como especialista em desenvolvimento da mulher, preparando programas para ajudar as mulheres das aldeias a abrirem seu próprio negócio ou a colocarem seus produtos no mercado. Mas, apesar de ter voltado à Indonésia duas ou três vezes para curtas visitas quando adolescente, minha vida e minha atenção aos poucos se voltaram para outros lugares.

O que sei da história subsequente da Indonésia, portanto, aprendi principalmente nos livros, jornais e nas histórias que minha mãe contava. Por 45 anos, aos trancos e barrancos, a economia da Indonésia continuou crescendo. Jacarta tornou-se uma metrópole de quase 9 milhões de habitantes, com arranha-céus, favelas, poluição e um trânsito hediondo. Homens e mulheres deixaram o campo para engrossar as fileiras dos assalariados em fábricas construídas com investimentos estrangeiros, fazendo tênis para a Nike e camisas para a Gap. Bali tornou-se o resort da moda entre surfistas e astros do rock, com hotéis de cinco estrelas, conexão de internet e uma franquia da Kentucky Fried Chicken. No começo dos anos 1990, a Indonésia já era considerada um dos "Tigres Asiáticos", a próxima história de grande sucesso do mundo globalizado.

Até os aspectos mais sombrios da vida indonésia — sua política e suas violações dos direitos humanos — dão sinais de melhora. No tocante à brutalidade, o regime de Suharto depois de 1967 jamais atingiu os níveis do Iraque de Saddam Hussein; com seu estilo discreto e tranquilo, o presidente indonésio jamais atrairia o tipo de atenção que ditadores mais efusivos, como Pinochet ou o xá do Irã, atraíam. Mas a verdade é que o governo de Suharto era severamente repressivo. A prisão e a tortura de dissidentes eram comuns, não existia imprensa livre e as eleições eram uma formalidade. Quando movimentos secessionistas de base étnica surgiam em áreas como Aceh, o exército atacava não só os guerrilheiros, mas também os civis em represálias instantâneas — assassinatos, estupros, incêndio de vilarejos. E ao longo dos anos 1970 e 1980, tudo era feito com o conhecimento, senão com o beneplácito, de governos americanos.

Mas, com o fim da Guerra Fria, a atitude de Washington começou a mudar. O Departamento de Estado passou a pressionar a Indonésia para acabar com as violações de direitos humanos. Em 1992, depois que unidades militares indonésias massacraram manifestantes pacíficos em Díli, no Timor Leste, o Congresso suspendeu a ajuda militar ao governo indonésio. Em 1996, reformistas indonésios saíram às ruas, falando abertamente em corrupção nos altos cargos, nos abusos das forças armadas e na necessidade de eleições livres e limpas.

Então, em 1997, faltou chão debaixo dos pés. Uma crise de divisas e valores em toda a Ásia engolfou a economia indonésia, que já estava corroída por décadas de corrupção. O valor da rupia despencou 85% em questão de meses. Empresas indonésias que tinham feito empréstimos em dólares viram seus balanços patrimoniais entrarem em colapso. Em troca de um resgate de 43 bilhões de dólares, o Fundo Monetário Internacional, o FMI, dominado pelo Ocidente, insistiu numa série de medidas de austeridade (corte de subsídios governamentais, alta das taxas de juros) que elevariam preços de produtos básicos como o arroz e o querosene a quase o dobro. Quando a crise passou, a economia da Indonésia sofrera uma contração de quase 14%. Tumultos e manifestações se intensificaram a tal ponto que Suharto enfim foi obrigado a renunciar, e em 1998 as primeiras eleições livres do país foram realizadas, com 48 partidos disputando vagas e cerca de 33 milhões de eleitores votando.

Aparentemente, pelo menos, a Indonésia sobreviveu aos choques gêmeos do colapso financeiro e da democratização. A bolsa de valores prospera, e uma segunda eleição nacional transcorreu sem grandes incidentes, resultando numa pacífica transferência de poder. Se a corrupção continua endêmica e os militares continuam sendo fortes protagonistas, houve uma explosão de jornais independentes e de partidos políticos para canalizar o descontentamento.

De outro lado, a democracia não trouxe uma volta à prosperidade. A renda per capita é quase 22% menor do que em 1997. A diferença entre ricos e pobres, sempre imensa, parece ter aumentado. A sensação de privação do indonésio comum é ampliada pela internet e pela televisão por satélite, que transmitem com riqueza de detalhes imagens de riquezas inalcançáveis em Londres, Nova York, Hong Kong e Paris. E o sentimento antiamericano, quase inexistente durante os anos de Suharto, agora é generalizado, graças em parte à percepção de que os especuladores de Nova York e o FMI provocaram de forma deliberada a crise financeira asiática. Numa pesquisa de opinião feita em 2003, a maioria dos indonésios tinha melhor opinião de Osama bin Laden do que de George W. Bush.

Tudo isso talvez ressalte a mudança mais profunda ocorrida na Indonésia — o crescimento, no país, do Islã fundamentalista e militante. Tradicionalmente, os indonésios praticavam uma forma de religião tolerante, quase sincrética, imbuída de tradições budistas, hinduístas e animistas de períodos anteriores. Sob o olhar vigilante de um governo Suharto secularista por fora, o álcool era permitido, os não muçulmanos praticavam a sua religião livres de perseguição, e as mulheres — trajando saias ou sarongues nos ônibus ou motonetas a caminho do trabalho — tinham todos os mesmos direitos que os homens. Hoje, partidos islâmicos formam os maiores blocos políticos, com muitos pedindo a imposição da xaria, ou lei islâmica. Irrigados por fundos do Oriente Médio, clérigos e escolas wahhabitas, bem como mesquitas, agora se espalham pelo interior. Muitas mulheres indonésias cobrem a cabeça com véus, como é de hábito nos países muçulmanos do Norte da África e do Golfo Pérsico; militantes islâmicos e "patrulhas contra o vício" têm atacado igrejas, boates, cassinos e bordéis. Em 2002, uma explosão numa boate em Bali matou mais de duzentas pessoas; ataques-suicidas semelhantes ocorreram em Jacarta em 2004 e em Bali em 2005. Membros da Jemaah Islamiah, organização islâmica militante com ligações com a al-Qaeda, foram julgados pelos ataques; embora três dos que participaram dos ataques fossem condenados à morte, o líder espiritual do grupo, Abu Bakar Bashir, foi solto após cumprir 26 meses na prisão.

Foi numa praia a poucos quilômetros do lugar desses ataques à bomba que me hospedei em minha última visita a Bali. Quando penso nessa ilha, e em toda a Indonésia, sou tomado por recordações — a sensação de lama sob os pés descalços em minhas andanças pelos campos de arroz; a visão do dia nascendo atrás de picos vulcânicos; o chamado do muezim para a prece noturna e o cheiro de fumaça de madeira; o regateio nas barracas de frutas à beira da estrada; o som frenético de uma orquestra de gamelão, os rostos dos músicos iluminados pelo fogo. Eu gostaria de levar Michelle e as meninas para compartilharem esse pedaço da minha vida, subindo nas ruínas milenárias hindus em Prambanan ou nadando num rio no alto das colinas balinesas.

Mas vivo adiando meus planos para essa viagem. Sou uma pessoa cronicamente ocupada, e viajar com crianças pequenas é sempre difícil. Além disso, talvez eu tenha medo do que posso encontrar — de que a terra da minha meninice já não corresponda às minhas lembranças. Por mais que o mundo tenha encolhido, com seus voos diretos, a cobertura do telefone celular, a CNN e os cibercafés, a Indonésia hoje parece mais remota do que trinta anos atrás.

Temo que tenha se tornado um país estrangeiro.

No campo das questões internacionais, é perigoso extrapolar as experiências de um só país. Em sua história, em sua geografia, em sua cultura e em seus conflitos, cada país é único. Apesar disso, em muitos sentidos a Indonésia funciona como boa metáfora do mundo além das nossas fronteiras — um mundo no qual a globalização e o sectarismo, a pobreza e a abundância, a modernidade e a antiguidade estão sempre em choque.

A Indonésia também oferece um bom exemplo da política externa americana nos últimos cinquenta anos. Pelo menos em linhas gerais, está tudo lá: nosso papel na libertação de antigas colônias e na criação de instituições para ajudar a administrar a ordem pós-Segunda Guerra Mundial; nossa tendência a ver países em conflito pelo prisma da Guerra Fria; nossa infatigável promoção do capitalismo ao estilo americano e das empresas multinacionais; a tolerância e o apoio ocasional à tirania, à corrupção e à degradação do meio ambiente quando isso servia a nossos interesses; nossa convicção otimista de que, terminada a Guerra Fria, os Big Macs e a internet levariam ao fim de conflitos históricos; o crescente poder econômico da Ásia e o crescente ressentimento contra os Estados Unidos por serem a única superpotência; a consciência de que, pelo menos a curto prazo, a democratização pode revelar, em vez de atenuar, ódios étnicos e divisões religiosas — e de que as maravilhas da globalização talvez facilitem a imprevisibilidade econômica, a propagação de pandemias e o terrorismo.

Em outras palavras, nosso histórico é misto — não só na Indonésia, mas no mundo inteiro. Às vezes, a política externa americana tem demonstrado grande visão, servindo simultaneamente a nossos interesses nacionais, a nossos ideais e aos interesses de outros países. Outras vezes, a política americana é equivocada, baseada em falsas suposições que ignoram as aspirações legítimas de outros povos, diminuem nossa credibilidade e tornam o mundo mais perigoso.

Essa ambiguidade não deveria surpreender-nos, pois a política externa americana sempre foi uma mistura de impulsos contraditórios. Nos primeiros dias da República, costumava prevalecer uma política de isolamento — uma cautela contra intrigas estrangeiras que convinha a um país recém-saído de uma guerra de independência. "Por que", perguntou George Washington em seu famoso discurso de despedida, "entrelaçar nosso destino ao de qualquer parte da Europa, enredar nossa paz e prosperidade nas armadilhas da ambição, da rivalidade, do interesse, do humor e dos caprichos europeus?" A opinião de Washington era reforçada pelo que chamava de "situação separada e distante" dos Estados Unidos, uma separação geográfica que permitiria ao novo país "resistir a danos materiais causados por aborrecimentos externos". Além disso, embora as origens revolucionárias e a forma republicana de governo dos Estados Unidos pudessem levá-lo a simpatizar com aqueles que lutam pela independência em outras partes do mundo, os primeiros líderes americanos advertiram contra tentativas idealistas de exportar nosso modo de vida; segundo John Quincy Adams, os Estados Unidos não deveriam "ir ao exterior em busca de monstros para destruir" nem "se tornarem o ditador do mundo". A Providência tinha incumbido os Estados Unidos de construírem um mundo novo, não de reformarem o velho; protegidos por um oceano e com a riqueza de um continente, os Estados Unidos serviriam melhor à causa da liberdade concentrando-se no próprio desenvolvimento, convertendo-se num farol de esperança para outros países e povos do mundo.

Mas se a desconfiança contra qualquer emaranhamento estrangeiro está inscrita em nosso DNA, o impulso de expansão — geográfica, comercial e ideologicamente — também está. Thomas Jefferson manifestou bem cedo a inevitabilidade da expansão para além das fronteiras nos treze estados originais, e seu cronograma para essa expansão foi bastante acelerado com a compra da Louisiana e a expedição de Lewis e Clark. O mesmo John Quincy Adams que advertiu contra o aventureirismo americano no exterior tornou-se defensor incansável da expansão continental e foi o principal arquiteto da Doutrina Monroe — um aviso para que as potências europeias ficassem longe do Hemisfério Ocidental. Enquanto soldados e colonos americanos seguiam sem parar para oeste e para sudoeste, sucessivos governos descreviam a anexação territorial em termos de "destino manifesto" — a convicção de que essa expansão estava predeterminada, era parte do plano de Deus para estender aquilo que Andrew Jackson chamou de "a área de liberdade" por todo o continente.

Claro, destino manifesto também significava conquista sangrenta e violenta — de tribos nativas americanas compulsoriamente removidas de suas terras e do exército mexicano que defendia seu território. Era uma conquista que, como a escravidão, contradizia os princípios fundadores dos Estados Unidos e tendia a ser justificada em termos racistas explícitos, uma conquista que a mitologia americana sempre teve dificuldade de absorver por completo, mas que outros países reconheciam pelo que era — um exercício de poder em estado bruto.

Com o fim da Guerra Civil e a consolidação do que hoje forma os Estados Unidos continentais, esse poder não podia ser negado. Decidido a expandir mercados para seus produtos, a garantir matérias-primas para sua indústria e a manter rotas comerciais abertas para o seu comércio, o país voltou sua atenção para o exterior. O Havaí foi anexado, dando aos Estados Unidos um ponto de apoio no Pacífico. A guerra contra a Espanha pôs Porto Rico, Guam e as Filipinas sob controle dos Estados Unidos; quando alguns membros do Senado se opuseram à ocupação militar de um arquipélago a mais de 11 mil quilômetros de distância — uma ocupação que envolveria milhares de soldados americanos esmagando o movimento de independência das Filipinas —, um senador argumentou que a aquisição daria aos Estados Unidos acesso ao mercado da China e significaria "um vasto comércio, e riqueza e poder". Os Estados Unidos jamais reproduziriam a colonização sistemática praticada por países europeus, mas se desfizeram de todas as inibições relativas a meter-se nos assuntos de outros países que considerassem estrategicamente importantes. Theodore Roosevelt, por exemplo, acrescentou corolário à Doutrina Monroe, declarando que os Estados Unidos interviriam em qualquer país da América Latina ou do Caribe cujo governo não fosse do seu agrado. "Os Estados Unidos da América não têm a opção de desempenhar ou não um papel importante no mundo", disse Roosevelt. "Têm que desempenhar um grande papel. A única coisa a decidir é se desempenhará esse papel bem ou mal."

No começo do século xx, portanto, os motivos que impulsionavam a política externa americana não pareciam muito distintos dos de outras grandes potências, guiadas pela *realpolitik* e por interesses comerciais. O sentimento isolacionista na população em geral ainda era forte, em especial quando se tratava de conflitos na Europa e quando interesses vitais americanos não pareciam estar diretamente envolvidos. Mas a tecnologia e o comércio encolheram o mundo; determinar quais interesses eram vitais e quais não eram foi ficando cada vez mais difícil. Durante a Primeira Guerra Mundial, Woodrow Wilson evitou o envolvimento americano até que o repetido afundamento de navios americanos por submarinos alemães e o colapso iminente do continente europeu tornaram a neutralidade insustentável. Quando a guerra acabou, os Estados Unidos emergiram como a potência mundial dominante — mas uma potência cuja prosperidade, como Wilson agora compreendia, estava ligada à paz e à prosperidade em terras distantes.

Foi num esforço para enfrentar essa nova realidade que Wilson procurou reinterpretar a ideia de destino manifesto dos Estados Unidos. Tornar "o mundo seguro para a democracia" não implicava apenas ganhar uma guerra, dizia ele; era de interesse dos Estados Unidos incentivar a autodeterminação de todos os povos e oferecer ao mundo um arcabouço jurídico que pudesse ajudar a evitar conflitos futuros. Como parte do Tratado de Versalhes, que detalhava os termos da rendição alemã, Wilson propôs uma Liga das Nações para mediar conflitos entre países, junto com um tribunal internacional e um conjunto de leis internacionais que pudessem conter não só os fracos, mas os fortes também.

"Este é o momento, mais que qualquer outro, de a democracia fazer prevalecer sua pureza e seu poder espiritual", afirmou Wilson. "Sem dúvida o destino manifesto dos Estados Unidos é liderar a tentativa de fazer esse espírito prevalecer."

As propostas de Wilson no início foram recebidas com entusiasmo nos Estados Unidos e no resto do mundo. O Senado dos Estados Unidos, porém, não ficou tão bem impressionado. O líder republicano no Senado Henry Cabot Lodge considerava a Liga das Nações — e o próprio conceito de direito internacional — uma invasão da soberania americana, uma limitação insensata à capacidade de os Estados Unidos imporem ao mundo a sua vontade. Ajudado por isolacionistas tradicionais de ambos os partidos (muitos dos quais se opuseram à entrada dos Estados Unidos na Primeira Guerra Mundial), bem como pela teimosa relutância de Wilson a fazer concessões, o Senado recusou-se a ratificar a participação americana na Liga.

Pelos vinte anos seguintes, os Estados Unidos voltaram-se resolutamente para dentro — reduzindo seu exército e sua marinha, recusando-se a participar do Tribunal Internacional, por assim dizer de braços cruzados enquanto Itália, Japão e a Alemanha Nazista construíam suas máquinas de guerra. O Senado tornou-se um viveiro de isolacionismo, aprovando a Lei de Neutralidade que impedia os Estados Unidos de darem assistência a países invadidos pelas potências do Eixo e ignorando reiteradas vezes os apelos do presidente enquanto os exércitos de Hitler marchavam pela Europa. Só depois do bombardeio de Pear Harbor é que os Estados Unidos perceberam o erro terrível que tinham cometido. "Não existe segurança para qualquer país — ou qualquer indivíduo — num mundo governado segundo os princípios do gangsterismo", diria FDR em sua fala à nação depois do ataque. "Não podemos mais medir nossa segurança em termos de milhas em qualquer mapa."

Logo depois da Segunda Guerra Mundial, os Estados Unidos teriam a chance de aplicar essas lições à sua política externa. Com a Europa e o Japão em ruínas, a União Soviética exaurida pelas batalhas no Front Oriental, mas já dando sinais da intenção de espalhar sua forma de comunismo totalitário até onde pudesse, os Estados Unidos foram obrigados a fazer uma escolha. Havia aqueles, à direita, que afirmavam que só uma política externa unilateral e uma invasão imediata da União Soviética seriam capazes de neutralizar a emergente ameaça comunista. E embora o isolacionismo do tipo que prevaleceu nos anos 1930 estivesse inteiramente desacreditado, havia aqueles, à esquerda, que subestimavam a agressão soviética, afirmando que, devido às perdas da União Soviética e ao papel crucial do país na vitória aliada, Stalin deveria ser, de alguma forma, tolerado.

Os Estados Unidos não escolheram uma coisa nem outra. Na verdade, a liderança do presidente Truman, Dean Acheson, George Marshall e George Kennan no pós-guerra projetou a arquitetura de uma nova ordem que casava o idealismo de Wilson com o mais pragmático realismo, o reconhecimento do poder dos Estados Unidos com uma humildade relativa à capacidade americana de controlar o que acontecia no resto do mundo. Sim, afirmavam esses homens, o mundo é um lugar perigoso, e a ameaça soviética é real; os Estados Unidos precisam manter seu predomínio militar e estar preparados para usar a força em defesa dos seus interesses em qualquer lugar do planeta. Mas até o grande poder dos Estados Unidos era finito — e como a batalha contra o comunismo era também uma batalha de ideias, um teste sobre qual dos sistemas melhor serviria às esperanças e aos sonhos de bilhões de pessoas no mundo, o poderio militar por si não seria capaz de garantir a prosperidade ou a segurança dos Estados Unidos a longo prazo.

Os Estados Unidos precisavam, portanto, de aliados estáveis — aliados que compartilhassem os ideais de liberdade, democracia e estado de direito, e que julgassem importante preservar a economia de mercado. Essas alianças, tanto militares como econômicas, nas quais os países entrassem por vontade própria e que fossem mantidas por consentimento mútuo, seriam mais duradouras — e provocariam menos ressentimento — do que qualquer grupo de Estados vassalos que o imperialismo americano pudesse conseguir. Da mesma forma, era de interesse dos Estados Unidos trabalhar com outros países para criar instituições internacionais e promover normas internacionais. E não por acreditarem, com ingenuidade, que leis e tratados internacionais por si acabariam com os conflitos entre os países ou com a necessidade de ação militar americana, mas porque quanto mais as normas internacionais fossem reforçadas e quanto mais os Estados Unidos demonstrassem sua disposição de exercer o poder com moderação, menos conflitos surgiriam — e mais legítimas nossas ações pareceriam aos olhos do mundo, quando precisássemos agir militarmente.

Em menos de uma década, a infraestrutura de uma nova ordem mundial estava montada. Havia uma política americana de contenção no tocante à expansão comunista, apoiada não só pelas tropas americanas, mas também por acordos de segurança com a Otan e o Japão; o Plano Marshall para reconstruir economias destroçadas pela guerra; o acordo de Bretton Woods para dar estabilidade aos mercados financeiros mundiais e o Acordo Geral de Tarifas e Comércio para estabelecer regras ao comércio mundial; o apoio dos Estados Unidos à independência de antigas colônias europeias; o FMI e o Banco Mundial para ajudarem a integrar esses novos países independentes à economia mundial; e as Nações Unidas para servirem de fórum sobre segurança coletiva e cooperação internacional.

Sessenta anos depois, aí estão os resultados desse colossal empreendimento do pós-guerra: um desfecho bem-sucedido da

Guerra Fria, a prevenção de uma catástrofe nuclear, o fim real de conflitos entre as grandes potências militares do mundo e uma era de crescimento econômico sem precedente, dentro e fora do país. É uma conquista notável, talvez o maior presente que a Geração Grandiosa nos deixou depois da vitória contra o fascismo. Mas, como qualquer sistema criado pelo homem, tem seus defeitos e contradições; pode ser vítima das distorções da política, dos pecados da arrogância, dos efeitos corruptores do medo. Devido à enormidade da ameaça soviética e ao choque da tomada do poder pelos comunistas na China e na Coreia do Norte, os líderes políticos americanos passaram a ver movimentos nacionalistas, lutas étnicas, esforços reformistas ou políticas de esquerda em qualquer lugar do mundo pelas lentes da Guerra Fria — ameaças potenciais que pesavam mais do que nosso compromisso declarado com a liberdade e a democracia. Durante décadas, toleramos e até ajudamos ladrões como Mobutu, valentões como Noriega, contanto que se opusessem ao comunismo. De vez em quando, operações secretas americanas arquitetavam a remoção de líderes democraticamente eleitos em países como o Irã — com repercussões sísmicas que até hoje nos perseguem.

A política americana de contenção também envolveu enorme crescimento das forças armadas, igualando e excedendo os arsenais soviéticos e chineses. Com o tempo, o "triângulo de ferro" do Pentágono, dos empreiteiros e dos congressistas com muitos gastos de defesa em seus distritos, acumulou enorme poder na determinação da política externa americana. E embora a ameaça de guerra nuclear impedisse o confronto militar direto com a superpotência nossa rival, os governantes americanos passaram a ver problemas em outras partes do mundo mais pelas lentes militares do que pelas lentes diplomáticas.

Mais importante ainda, o sistema do pós-guerra com o tempo passou a sofrer de excesso de política e de falta de deliberação e busca de consenso interno. Uma das grandes forças dos Estados Unidos logo depois da guerra era o grau de consenso interno sobre política externa. Havia, naturalmente, ferozes diferenças entre republicanos e democratas, mas a desavença política terminava dentro das nossas fronteiras; esperava-se que os profissionais, estivessem eles na Casa Branca, no Pentágono, no Departamento de Estado ou na CIA, tomassem decisões com base em fatos, no bom senso, não na ideologia ou em projetos eleitorais. Além disso, esse consenso estendia-se ao público em geral; programas como o Plano Marshall, que envolviam colossal investimento de fundos americanos, não teriam ido adiante sem a confiança que o povo americano depositava no governo e também sem uma confiança recíproca, da parte de governo, para informar ao povo americano sobre os fatos que serviam de base para decidir como gastar o dinheiro dos contribuintes ou mandar seus filhos para a guerra.

Durante a Guerra Fria, os principais elementos desse consenso começaram a desgastar-se. Os políticos descobriram que poderiam ganhar votos sendo mais duros com o comunismo do que seus adversários. Democratas foram criticados por "perderem a China". O macarthismo destruiu carreiras e esmagou a dissidência. Kennedy culparia os republicanos por uma inferioridade americana em mísseis balísticos, o *"missile gap"*, que na verdade nunca existira, durante a campanha para vencer Nixon, culpado, ele próprio, de fazer carreira acusando os adversários de comunistas. Os presidentes Eisenhower, Kennedy e Johnson teriam a sua capacidade de julgamento prejudicada pelo medo de serem rotulados de "tolerantes com o comunismo". As técnicas de segredismo, espionagem e desinformação usadas na Guerra Fria contra governos estrangeiros e populações estrangeiras tornaram-se ferramentas de política interna, um meio de intimidar os adversários, de conseguir apoio para políticas questionáveis ou de ocultar erros. Os ideais que tínhamos prometido exportar eram traídos aqui em nossa casa.

Todas essas tendências culminaram no Vietnã. As desastrosas consequências do conflito — para nossa credibilidade e nosso prestígio no exterior, para nossas forças armadas (que levariam uma geração para se recuperar) e, acima de tudo, para os que combateram — foram amplamente documentadas. Mas talvez a maior baixa da guerra tenha sido a relação de confiança entre o povo americano e o seu governo — e entre os próprios americanos. Como consequência de uma imprensa mais agressiva e das imagens de sacos de cadáveres invadindo as salas de estar, os americanos começaram a perceber que as melhores cabeças de Washington nem sempre sabiam o que estavam fazendo — e nem sempre diziam a verdade. Cada vez mais, a esquerda manifestava oposição não só à Guerra do Vietnã, mas também aos objetivos mais gerais da política externa americana. Em sua opinião, o presidente Johnson, o general Westmoreland, a CIA, o "complexo industrial-militar" e instituições internacionais como o Banco Mundial eram manifestações da arrogância, do jingoísmo, do racismo, do capitalismo e do imperialismo americanos. Os direitistas respondiam no mesmo tom, jogando a responsabilidade não só pela derrota no Vietnã, mas também pela perda de prestígio dos Estados Unidos no mundo nos pés daqueles que "culpavam em primeiro lugar os Estados Unidos" — os manifestantes, os hippies, Jane Fonda, os intelectuais da Ivy League e a mídia liberal que denegriam o patriotismo, adotavam uma visão de mundo relativista e minavam a determinação americana de enfrentar o comunismo ateu.

A verdade é que se tratava de caricaturas, promovidas por ativistas e consultores políticos. Muitos americanos continuavam mais ou menos no centro, ainda apoiando os esforços dos Estados Unidos para derrotar o comunismo, mas duvidando de políticas americanas que pudessem resultar em grande número de baixas. Ao longo dos anos 1970 e dos anos 1980, havia democratas belicosos e democratas pacifistas; no Congresso, havia homens como Mark Hartfield, do Oregon, e Sam Nunn, da Geórgia, que procuravam perpetuar a tradição de uma política externa bipartidária. Mas eram as caricaturas que influenciavam os sentimentos do público em época de eleição, com os republicanos pintando os democratas como fracos em defesa, e os que desconfiavam de ações militares e secretas no exterior cada vez mais fazendo do Partido Democrata seu refúgio político.

Foi contra esse pano de fundo — uma era de divisões, e não de consenso — que a maioria dos americanos ainda hoje vivos formou suas opiniões sobre política externa. Foram os anos de Nixon e Kissinger, cuja política externa era brilhante na tática, porém maculada por políticas internas e por uma campanha de bombardeios no Camboja moralmente sem rumo. Foram os anos de Jimmy Carter, um democrata que — com sua ênfase em direitos humanos — parecia preparado para, mais uma vez, sintonizar preocupações morais com uma defesa forte, até que os choques do petróleo, a humilhação da crise dos reféns do Irã, e a invasão soviética do Afeganistão o fizeram parecer ingênuo e incompetente.

A figura que avulta, talvez, maior que as demais, é a de Ronald Reagan, cuja clareza sobre o comunismo era igual à sua cegueira para outras fontes de miséria no mundo. Eu, pessoalmente, me tornei adulto durante a presidência de Reagan — estudando relações internacionais em Colúmbia e, mais tarde, trabalhando como líder comunitário em Chicago — e, como muitos democratas naqueles tempos, lamentava os efeitos da política de Reagan no Terceiro Mundo: seu apoio ao regime do apartheid na África do Sul, o financiamento de esquadrões da morte em El Salvador, a invasão da minúscula e infeliz Granada. Quanto mais estudava a política de armas nucleares, mais eu achava Guerra nas Estrelas um projeto mal concebido; o abismo entre a retórica altissonante de Reagan e a indecência do escândalo Irã-Contras me deixava estupefato.

Mas às vezes, em discussões com alguns amigos de esquerda, via-me na curiosa situação de ter que defender aspectos da visão de mundo de Reagan. Eu não entendia por que, por exemplo, os progressistas deveriam estar menos preocupados com a opressão atrás da Cortina de Ferro do que com a brutalidade no Chile. Nada me convencia de que as multinacionais americanas e os termos do comércio internacional eram os únicos responsáveis pela pobreza no mundo; ninguém obrigava líderes corruptos dos países do Terceiro Mundo a roubarem seu povo. Eu podia implicar com a escala do crescimento das nossas forças armadas, mas, levando em conta a invasão soviética do Afeganistão, estar à frente dos soviéticos em termos militares parecia sensato. Ter orgulho do nosso país, respeitar nossas forças armadas, fazer uma saudável avaliação dos perigos fora das nossas fronteiras, sustentar que não havia equivalência fácil entre Oriente e Ocidente — em tudo isso, eu não tinha problema algum com Reagan. E quando o Muro de Berlim veio abaixo, tive que dar crédito ao velho, mesmo sem jamais ter votado nele.

Muita gente — incluindo democratas — votou em Reagan, levando republicanos a afirmarem que sua presidência tinha restaurado o consenso em política externa. Esse consenso, claro, nunca foi posto à prova; a guerra de Reagan contra o comunismo era travada, basicamente, por intermediários, e financiada com o aumento do déficit, sem o emprego de tropas americanas. Apesar disso, o fim da Guerra Fria tornou a fórmula de Reagan inadequada para o novo mundo. O retorno de George H. W. Bush a uma política externa mais tradicional, "realista", resultaria num firme manejo da dissolução da União Soviética e numa hábil condução da primeira Guerra do Golfo. Mas com a atenção do público americano concentrada na economia nacional, essa habilidade para formar coalizões internacionais ou utilizar com critério o poderio americano foi incapaz de salvar sua presidência.

Quando Bill Clinton assumiu o cargo, a crença geral era que a política externa americana depois da Guerra Fria seria uma questão mais de comércio do que de tanques, protegendo mais a propriedade intelectual americana do que vidas americanas. O próprio Clinton entendeu que a globalização envolvia não só novos desafios econômicos, mas também novos desafios de segurança. Além de promover o livre-comércio e de fortalecer o sistema financeiro internacional, seu governo esforçou-se para acabar com conflitos históricos nos Bálcãs e na Irlanda do Norte, e promover a democracia no Leste da Europa, na América Latina, na África e na antiga União Soviética. Mas, pelo menos aos olhos do público, faltava à política externa nos anos 1990 um tema geral ou grandes imperativos. A intervenção militar americana em particular parecia inteiramente uma questão de escolha, não de necessidade — produto do nosso desejo de castigar Estados delinquentes, talvez; ou resultado de cálculos humanitários relacionados às nossas obrigações morais para com somalis, haitianos, bósnios ou outros povos infelizes.

Então veio o Onze de Setembro — e os americanos viram seu mundo virar de cabeça para baixo.

Em janeiro de 2006, subi a bordo de um avião de transporte militar c-130 e decolei para minha primeira viagem ao Iraque. Dois companheiros de viagem — o senador Evan Bayh, de Indiana, e o congressista Harold Ford, Jr. do Tennessee — tinham feito a viagem antes e me avisaram que o pouso em Bagdá poderia ser um pouco desconfortável. Para escapar de potencial fogo inimigo, os voos militares que chegavam e saíam da capital do Iraque faziam uma série de manobras de embrulhar o estômago. Enquanto nosso avião voava alto na manhã enevoada, porém, era difícil ficar preocupado. Presos com cintos de segurança em as-

336

sentos de lona, muitos colegas passageiros caíram no sono, as cabeças balançando contra as tiras de tecido alaranjado que passava pelo centro da fuselagem. Um dos tripulantes parecia estar jogando videogame; outro folheava plácido nossos planos de voo. Quatro anos e meio haviam passado desde que ouvi pela primeira vez a notícia de um avião que atingira o World Trade Center. Eu estava em Chicago naquela época, ao volante do meu carro indo para uma audiência no legislativo estadual no centro da cidade. As notícias no rádio eram incompletas, e imaginei que devia ter havido um acidente, um pequeno teco-teco que talvez tivesse perdido o rumo. Quando cheguei ao local da reunião, o segundo avião já tinha batido, e recebemos instruções para evacuar o edifício State of Illinois. De um lado e outro da rua, as pessoas se reuniam, olhando para o céu e para a Sears Tower. Mais tarde, em meu escritório de advocacia, um grupo veio sentar-se, petrificado, diante da televisão enquanto as imagens infernais apareciam na tela — um avião, escuro como uma sombra, sumindo na estrutura de vidro e aço; homens e mulheres agarrados a janelas, depois desistindo de segurar; os gritos e soluços lá embaixo e, por fim, as nuvens de poeira subindo e tapando o sol.

Passei as semanas seguintes fazendo o que a maioria dos americanos fazia — ligando para amigos em Nova York e DC, enviando donativos, ouvindo o discurso do presidente, chorando os mortos. E, para mim, como para quase todo mundo, o efeito do Onze de Setembro foi profundamente pessoal. Não foi só a magnitude da destruição que me afetou nem as lembranças dos cinco anos que eu tinha morado em Nova York — lembranças de ruas e cenários agora reduzidos a entulho. Na verdade, foi a sensação íntima de imaginar os gestos cotidianos que as vítimas do Onze de Setembro com certeza praticaram horas antes de serem assassinadas, as rotinas que constituem a vida em nosso mundo moderno — o ato de entrar num avião, o empurra-empurra à saída de um trem, a compra do café e do jornal na banca, os comentários banais de sempre no elevador. Para a maioria dos americanos, essas rotinas representam a vitória da ordem sobre o caos, a expressão concreta da nossa convicção de que enquanto nos exercitarmos, usarmos cinto de segurança, tivermos um emprego com benefícios, e evitarmos certos bairros, nossa segurança estará garantida, nossas famílias protegidas.

Agora o caos batera à nossa porta. Como consequência disso, teríamos que mudar de hábitos, compreender o mundo de outra forma. Teríamos que responder ao chamado do país. Semanas depois dos ataques, vi o Senado, por 98 votos a zero, e a Câmara, por 420 votos a um, concederem ao presidente autoridade para "usar toda a força necessária e apropriada contra os países, organizações ou pessoas" que estivessem por trás dos atentados. O interesse pelas forças armadas e os pedidos para ingressar na CIA dispararam, com jovens no país inteiro decididos a servir à pátria. E não estávamos sozinhos nisso. Em Paris, *Le Monde* publicou a manchete *"Nous sommes tous Américains"* ("Somos todos americanos"). No Cairo, mesquitas ofereceram preces de simpatia. Pela primeira vez desde a sua fundação em 1949, a Otan invocou o Artigo 5 do tratado, declarando que o ataque armado contra qualquer dos países-membros "será considerado um ataque contra todos". Com a justiça nas nossas costas e o mundo do nosso lado, expulsamos de Cabul o governo do talibã em pouco mais de um mês. Agentes da al-Qaeda fugiram, foram capturados, ou mortos.

Foi um bom começo para o governo, pensei — firme, comedido e alcançado com o mínimo de baixas (só mais tarde descobriríamos que o erro de não exercer suficiente pressão militar sobre as forças da al-Qaeda em Tora Bora talvez tenha permitido que Bin Laden escapasse). E assim sendo, juntamente com o resto do mundo, esperei com ansiedade o que supunha que viesse em seguida: o anúncio de uma política externa americana para o século xxi, uma política que não só adaptasse nosso planejamento militar, nossas operações de inteligência e nossas defesas nacionais à ameaça de redes terroristas, mas também formasse um novo consenso internacional sobre os desafios das ameaças transnacionais. Essa nova política jamais chegou. Em seu lugar, o que vimos foi uma série de antiquadas políticas de outras eras, espanejadas, montadas às pressas, e com novos rótulos. O "Império do Mal" de Reagan era agora "o Eixo do Mal". A versão da Doutrina Monroe segundo Theodore Roosevelt — a noção de que tínhamos o direito de remover preventivamente governos de que não gostássemos — era agora a Doutrina Bush, só que estendida para além do Hemisfério Ocidental e abrangendo todo o globo terrestre. O destino manifesto voltou à moda; só precisávamos, segundo Bush, da potência de fogo americana, da determinação americana e de uma "coalizão dos dispostos".

E, o que talvez tenha sido o pior, o governo Bush ressuscitou uma forma de política que não se via desde o fim da Guerra Fria. Como a derrubada de Saddam Hussein acabou se tornando o pontapé inicial da doutrina de guerra preventiva de Bush, os que punham em dúvida as razões do governo para a invasão eram acusados de serem "tolerantes com o terrorismo" ou "antiamericanos". Em vez de uma honesta avaliação dos prós e contras dessa campanha militar, o governo lançou uma ofensiva de relações públicas: alterou informes de inteligência em apoio de sua causa, subestimou muitíssimo os custos e os requisitos da ação militar em termos de efetivos, levantando o espectro dos ataques nucleares.

A estratégia de relações públicas funcionou; no outono de 2002, a maioria dos americanos estava convencida de que Saddam Hussein tinha armas de destruição em massa, e pelo menos 66% acreditavam na informação falsa de que o líder iraquiano esteve pessoalmente envolvido nos ataques do Onze de Setembro. O apoio para uma invasão do Iraque — e os índices de aprovação de Bush — girava em torno de 60%. De olho nas eleições de meio de mandato, os republicanos intensificaram os ataques e fizeram pressão para que se votasse autorizando o uso da força contra Saddam Hussein. E, em 11 de outubro de 2002, 28 dos cinquenta democratas do Senado juntaram-se a todos os republicanos à exceção de um e deram a Bush o poder que ele queria.

Fiquei decepcionado com aquela votação, apesar de compreender as pressões sofridas pelos democratas. Eu mesmo sentira um pouco dessas pressões. Pelo outono de 2002, eu já estava decidido a concorrer ao Senado dos Estados Unidos e sabia que a possível guerra do Iraque teria muita importância em qualquer campanha. Quando um grupo de militantes de Chicago me perguntou se eu poderia falar num grande comício contra a guerra planejado para outubro, muitos amigos me aconselharam a não tomar uma posição tão pública em assunto tão explosivo. Não só a ideia de uma invasão ganhava popularidade, como também, encarando os fatos com objetividade, eu já não achava que a oposição à guerra fosse assunto decidido. Como a maioria dos analistas, eu supunha que Saddam tinha armas químicas e biológicas, e que cobiçava armas nucleares. Achava que ele tinha reiteradamente escarnecido das resoluções da ONU e dos inspetores de armas e que esse comportamento tinha suas consequências. Era inquestionável que Saddam massacrava seu próprio povo; eu não tinha dúvida de que o mundo e o povo iraquiano estariam em melhor situação sem ele.

O que eu sentia intuitivamente, porém, era que a ameaça representada por Saddam não era iminente, que os motivos alegados pelo governo para a guerra eram fracos e ideológicos e que a guerra no Afeganistão estava longe do fim. E eu tinha certeza de que, ao decidir-se por uma intervenção militar precipitada e unilateral, em vez do estafante trabalho da diplomacia, de inspeções coercitivas e de sanções inteligentes, os Estados Unidos perdiam uma boa oportunidade de conseguir amplo apoio internacional para suas políticas.

E portanto pronunciei meu discurso. Para 2 mil pessoas reunidas na Federal Plaza de Chicago, expliquei que, ao contrário de algumas pessoas ali presentes, eu não me opunha a toda e qualquer guerra — que meu avô se alistara um dia depois que Pearl Harbor foi bombardeado e combatera no exército de Patton. Disse também que "depois de ver a carnificina e a destruição, a poeira e as lágrimas, eu apoiei a promessa deste governo de caçar e exterminar aqueles que matavam inocentes em nome da intolerância" e que "eu mesmo pegaria em armas para impedir que essa tragédia voltasse a acontecer".

O que eu não podia apoiar era "uma guerra estúpida, uma guerra precipitada, uma guerra baseada não na razão mas na paixão, não em princípios mas em política". E falei:

> Sei que mesmo uma guerra bem-sucedida contra o Iraque exigirá uma ocupação americana de duração indeterminada, a um custo indeterminado, com consequências indeterminadas. Sei que uma invasão do Iraque sem um motivo claro e sem forte apoio internacional servirá apenas para atiçar as chamas do Oriente Médio, incentivar os piores, em vez dos melhores, impulsos do mundo árabe e fortalecer a capacidade de recrutamento da al-Qaeda.

O discurso foi bem recebido; militantes começaram a distribuir o texto na internet, e adquiri a reputação de dizer o que pensava sobre questões difíceis — reputação que me fez sobreviver às duras primárias democratas. Mas eu não tinha como saber na época se minha avaliação da situação no Iraque estava certa. Quando a invasão enfim foi lançada e as forças americanas entraram em Bagdá sem encontrar obstáculos, quando vi a estátua de Saddam ser derrubada e o presidente em cima do *U. S. S. Abraham Lincoln* com uma faixa atrás proclamando "Missão Cumprida", comecei a suspeitar que eu talvez estivesse errado — e para mim foi um alívio ver que tinha havido poucas baixas americanas.

E agora, três anos depois — quando o número de mortes americanas ultrapassou 2 mil, e o de feridos ultrapassou 16 mil; depois de 250 bilhões de dólares de gastos diretos e mais centenas de bilhões a serem gastos no futuro para quitar as dívidas contraídas e cuidar dos veteranos incapacitados; depois de duas eleições nacionais iraquianas, de um referendo constitucional iraquiano, de dezenas de milhares de mortes iraquianas; depois de ver o sentimento antiamericano crescer e alcançar níveis históricos no mundo inteiro, e o Afeganistão resvalar de volta para o caos — eu voava para Bagdá como membro do Senado, parcialmente responsável por tentar descobrir como dar um jeito naquela bagunça.

O pouso no Aeroporto Internacional de Bagdá acabou não sendo tão ruim — se bem que me sentisse agradecido por não podermos olhar pelas janelas enquanto o c-130 pinoteava, balançava e embicava. Um oficial de escolta do Departamento de Estado nos recebeu, à frente de um grupo de militares com fuzis pendurados nos ombros. Depois de uma sessão de instruções, de registrarmos nossos tipos sanguíneos e de nos equiparmos com capacetes e coletes à prova de bala, embarcamos em dois helicópteros Black Hawk e seguimos para a Zona Verde, sobrevoando baixo quilômetros e quilômetros de campos lamacentos e improdutivos, riscados por estradas estreitas e entremeados de pequenos bosques de tamareiras e abrigos de concreto, muitos aparentemente vazios, outros demolidos até os alicerces. Por fim, Bagdá apareceu, uma metrópole cor de areia ostentando um padrão circular, com o rio Tigre rasgando uma faixa larga e barrenta no centro. Mesmo vista de cima, a cidade parecia arruinada e sofrida, quase sem trânsito nas ruas — apesar de haver antenas parabólicas em quase todos os telhados, o que, com o serviço de celular, vinha sendo trombeteado pelos funcionários americanos como um dos êxitos da reconstrução.

Eu só passaria um dia e meio no Iraque, a maior parte do tempo na Zona Verde, uma área de mais ou menos quinze quilômetros de largura no centro de Bagdá que tinha sido o coração do governo de Saddam Hussein e agora era um complexo controlado pelos Estados Unidos, com todo o seu perímetro cercado por muros de proteção e arame farpado. Equipes de reconstrução nos informaram da dificuldade de preservar energia elétrica e produção de petróleo contra a sabotagem dos insurgentes; oficiais de inteligência falaram da ameaça das milícias sectárias e sua infiltração nas forças de segurança iraquianas. Mais tarde, reunimo-nos com membros da Comissão Eleitoral Iraquiana, que falaram com entusiasmo do alto comparecimento na eleição recente, e durante uma hora o embaixador americano Khalilzad, homem perspicaz e elegante, com olhos desencantados, discorreu sobre a delicada diplomacia de ponte aérea na qual estava envolvido, num esforço para juntar facções xiitas, sunitas e curdas num tipo qualquer de governo de unidade nacional capaz de funcionar.

À tarde, tivemos oportunidade de almoçar com soldados no imenso refeitório ao lado da piscina do antigo palácio presidencial de Saddam Hussein. Formavam uma mistura de forças regulares, reservistas e unidades da Guarda Nacional, procedentes de cidades grandes e pequenas, negros, brancos e latino-americanos, muitos já no segundo ou terceiro turno de serviço. Falavam com orgulho do que suas unidades tinham conseguido — construir escolas, proteger instalações elétricas, chefiar patrulhas de soldados iraquianos recém-treinados, manter linhas de suprimento para os que se acham em regiões remotas do país. Tive que ouvir incansavelmente a mesma pergunta: por que a imprensa americana só noticia bombardeios e mortes? Houve progresso, insistiam eles — eu precisava dizer às pessoas lá nos Estados Unidos que o trabalho deles não era inútil.

Era fácil, conversando com esses homens e mulheres, entender sua frustração, pois todos os americanos que conheci no Iraque, fossem militares ou civis, me impressionaram pela dedicação, pelas aptidões e pelo franco reconhecimento não só dos erros cometidos, mas também das dificuldades da tarefa que ainda tinham pela frente. Na verdade, toda a campanha no Iraque era um testemunho da criatividade, da riqueza e dos conhecimentos técnicos dos americanos; na Zona Verde ou em qualquer uma das grandes bases de operações no Iraque e no Kuwait, não havia como não admirar a capacidade do nosso governo para, essencialmente, construir cidades inteiras em território inimigo, comunidades autossuficientes com sistemas de eletricidade e esgoto, cabeamento para computador, redes sem fio, quadras de basquete e sorveterias. Mais ainda, essa qualidade única do otimismo americano estava presente em toda parte — a ausência de cinismo apesar do perigo, os sacrifícios, e os problemas que pareciam intermináveis, a insistência em que, no fim, o resultado das nossas ações seria uma vida melhor para uma nação e para um povo que mal conhecíamos.

E, apesar disso, três conversas que tive durante a visita me faziam suspeitar do quanto nossos esforços no Iraque ainda pareciam quixotescos — do quanto, com todo o nosso sangue, todo o nosso dinheiro e todas as nossas boas intenções, talvez estivéssemos construindo uma casa em areia movediça. A primeira conversa ocorreu num fim de tarde, quando nossa delegação deu uma entrevista coletiva a um grupo de correspondentes estrangeiros em Bagdá. Depois da sessão de perguntas e respostas, perguntei aos repórteres se poderiam ficar para uma conversa informal. Eu disse que meu interesse era saber como se vivia fora da Zona Verde. Adoraram a ideia, mas disseram que a conversa não poderia durar mais de 45 minutos — já era tarde, e, como a maioria dos moradores de Bagdá, eles evitavam andar pelas ruas depois que o sol se punha.

Como grupo, eram jovens, na casa dos vinte ou dos trinta, todos vestidos de maneira tão informal que bem poderiam passar por estudantes universitários. Os rostos, no entanto, mostravam a tensão em que viviam — sessenta jornalistas já tinham sido mortos no Iraque até então. Na verdade, no início da conversa, eles pediram desculpas por estarem um pouco desatentos; acabavam de receber a notícia de que uma colega sua, uma repórter do *Christian Science Monitor* chamada Jill Carroll, fora sequestrada, o corpo do seu intérprete encontrado à beira da estrada. Todos estavam procurando falar com seus contatos para descobrir o paradeiro dela. Disseram que esse tipo de violência não era incomum em Bagdá naqueles dias, ainda que as vítimas fossem quase sempre iraquianas. Os combates entre xiitas e sunitas tornavam-se mais generalizados, menos estratégicos, menos compreensíveis, mais assustadores. Nenhum deles acreditava que as eleições fossem melhorar significativamente a situação de segurança. Perguntei se achavam que a retirada de tropas americanas aliviaria a tensão, esperando uma resposta afirmativa. Mas em vez disso sacudiram a cabeça.

"O que eu acho é que o país mergulharia na guerra civil em poucas semanas", disse um dos repórteres. "Haveria 100 mil, talvez 200 mil mortos. Somos a única coisa que ainda segura este país."

Aquela noite, nossa delegação acompanhou o embaixador Khalilzad em um jantar na casa do presidente interino do Iraque, Jalal Talabani. A segurança era rigorosa enquanto nossa comitiva ziguezagueava por um labirinto de barricadas para sair da Zona Verde; fora, nossa rota estava ladeada por tropas americanas a intervalos de uma quadra, e fomos instruídos a usar nossos coletes à prova de balas e nossos capacetes durante todo o trajeto.

Dez minutos depois, chegamos a uma grande mansão, onde fomos recebidos pelo presidente e membros do governo interino do Iraque. Eram homens corpulentos, a maioria na casa dos cinquenta ou dos sessenta, com largos sorrisos mas olhos que não traíam qualquer emoção. Reconheci apenas um dos ministros — Ahmed Chalabi, o xiita educado no Ocidente que antes da guerra, como líder do grupo exilado Congresso Nacional Iraquiano, tinha, segundo se dizia, abastecido as agências de inteligência americanas e os líderes do governo Bush com algumas das informações que serviram de base para a invasão — informações segundo as quais o grupo de Chalabi recebera milhões de dólares, e que no fim das contas eram falsas. Depois disso, Chalabi tinha caído em desgraça com seus protetores americanos; noticiou-se que ele tinha passado informações secretas americanas para os iranianos e que a Jordânia emitira uma ordem de prisão contra ele, condenado à revelia por 31 acusações de apropriação indébita, roubo, malversação de fundos de correntistas e especulação monetária. Mas parecia ter-se dado bem; imaculadamente vestido e acompanhado pela filha adulta, era o ministro do petróleo do governo interino.

Não falei muito com Chalabi durante o jantar. Sentei-me ao lado do ex-ministro das Finanças do governo interino, que me impressionou muito, falando com conhecimento de causa sobre a economia do Iraque, sua necessidade de ser mais transparente e de fortalecer seu arcabouço jurídico para atrair investimentos estrangeiros. No fim da noite, falei com um funcionário da embaixada sobre a impressão favorável que tive.

"Ele é inteligente, sem dúvida", disse o funcionário. "É também, claro, um dos líderes do Partido Siri. Eles controlam o Ministério do Interior, que por sua vez controla a polícia. E a polícia, bem... tem havido problemas com a infiltração de milícias. Acusações de que estão agarrando líderes sunitas, corpos encontrados na manhã seguinte, coisas desse tipo..." A voz do funcionário baixou de tom, e ele encolheu os ombros. "A gente trabalha com o que tem."

Tive dificuldade para dormir aquela noite; em vez disso, vi o jogo dos Redskins, transmitido ao vivo via satélite para a casa da piscina que em outros tempos tinha sido de uso exclusivo de Saddam e seus convidados. Várias vezes, tirei o som da TV e ouvi tiros de morteiro romper o silêncio. Na manhã seguinte, pegamos um Black Hawk para a base dos Fuzileiros Navais em Fallujah, na região árida do Iraque chamada Província de Anbar. Alguns dos combates mais acirrados contra os insurgentes tinham ocorrido em Anbar, dominada pelos sunitas, e a atmosfera no acampamento era muito mais sinistra do que na Zona Verde; no dia anterior, cinco fuzileiros navais tinham sido mortos numa patrulha por bombas colocadas à beira da estrada ou por tiros de armas portáteis. Os soldados ali pareciam mais despreparados também, a maioria com vinte e poucos anos, muitos ainda com espinhas no rosto e os corpos imaturos de adolescente.

O general encarregado do acampamento tinha marcado uma sessão de informações, e ouvimos os oficiais superiores explicarem o dilema enfrentado pelas forças americanas: com sua capacidade reforçada, elas cada dia prendiam mais líderes insurgentes, mas, como no caso das gangues de rua em Chicago, para cada insurgente que prendiam, parecia haver dois prontos para tomarem o seu lugar. A economia, e não só a política, parecia fomentar a insurgência — o governo central tratara Anbar com descaso, e o desemprego entre os homens girava em torno de 70%.

"Com dois ou três dólares, paga-se um menino para plantar uma bomba", disse um dos oficiais. "Isso é muito dinheiro aqui."

Depois da sessão, uma tênue neblina que se formara atrasou nosso voo para Kirkuk. Enquanto esperávamos, meu colaborador em política externa, Mark Lippert, saiu para bater um papo com um dos oficiais superiores da unidade, enquanto eu conversava com um dos principais responsáveis pela estratégia contra a insurgência naquela região. Era um homem de voz tranquila, baixo e de óculos, com jeito de professor de matemática do ensino médio. Na verdade, antes de ingressar no Corpo de Fuzileiros Navais, ele passara anos nas Filipinas trabalhando no Peace Corps. Muitas das lições que tinha aprendido lá precisavam ser aplicadas ao trabalho dos militares no Iraque, me disse. Ele não dispunha, nem de longe, do número necessário de pessoas que falassem árabe para conquistar a confiança dos moradores. Segundo ele, precisávamos melhorar a sensibilidade cultural dentro das forças armadas dos Estados Unidos, desenvolver relações de longo prazo com líderes locais e juntar forças de segurança às equipes de reconstrução, para que os iraquianos pudessem ver benefícios concretos dos esforços americanos. Disse ainda que tudo isso levava tempo, mas já conseguia ver mudanças para melhor enquanto os militares adotavam essas práticas em todo o país.

Nosso oficial de escolta avisou que o helicóptero estava pronto para decolar. Desejei sorte ao major e me dirigi à van. Mark veio junto comigo e eu lhe perguntei o que tinha descoberto em sua conversa com o oficial superior.

"Perguntei qual era, na opinião dele, a melhor maneira de lidarmos com esta situação."

"E o que ele disse?"

"Ir embora."

A história do envolvimento dos Estados Unidos no Iraque será analisada e debatida por muitos anos — na verdade, é uma história que ainda está sendo escrita. No momento, a situação deteriorou-se a tal ponto que parece que uma guerra civil de baixa intensidade já começou, e apesar de supor que todos os americanos — não importando suas opiniões sobre a decisão original de invadir — têm interesse em ver um desfecho decente no Iraque, não posso, honestamente, dizer que sou otimista quanto às perspectivas de curto prazo no Iraque.

Sei que nesta fase a política — os cálculos daqueles homens duros, obstinados com quem jantei — e não a aplicação da força americana é que determina o que acontece no Iraque. Acredito também que nossos objetivos estratégicos neste momento deveriam ser definidos com clareza: conseguir certo grau de estabilidade no Iraque, assegurar que os que estejam no poder não sejam hostis aos Estados Unidos e impedir que o país sirva de base para atividade terrorista. Na busca desses objetivos, acredito que seja do interesse de americanos e de iraquianos iniciarmos uma retirada progressiva de tropas americanas no fim de 2006, apesar de o prazo de conclusão dessa retirada ser difícil de avaliar, com base numa série de palpites — sobre a capacidade do governo iraniano de oferecer ao menos segurança e serviços básicos para o povo, sobre até que ponto nossa presença alimenta a insurgência e sobre a probabilidade de que, na ausência de tropas americanas, o Iraque afunde na guerra civil. Quando calejados oficiais do Corpo de Fuzileiros Navais sugerem que voltemos para casa e céticos correspondentes estrangeiros sugerem que continuemos no Iraque, é porque não há respostas fáceis.

Apesar disso, não é cedo demais para tirarmos conclusões sobre as nossas ações no Iraque, pois nossas dificuldades lá não vêm apenas da má execução, mas refletem uma falha de concepção. O fato é que, quase cinco anos depois do Onze de Setembro e quinze anos depois do fim da União Soviética, os Estados Unidos ainda não têm uma política de segurança nacional coerente. Em vez de princípios orientadores, temos o que parece ser uma série de decisões improvisadas, com resultados duvidosos. Por que invadirmos o Iraque e não a Coreia do Norte ou a Birmânia? Por que intervirmos na Bósnia e não em Darfur? Nossos objetivos no Irã são uma mudança de regime, o desmantelamento da capacidade nuclear iraniana, a prevenção da proliferação nuclear ou as três coisas? Estamos decididos a usar a força onde quer que haja um regime despótico que aterrorize seu povo — e, nesse caso, quanto tempo permanecemos para garantir que a democracia crie raízes? Como tratarmos países como a China, que liberalizam sua economia mas não sua política? Trabalhamos junto com as Nações Unidas em todas as questões ou só quando as Nações Unidas se dispuserem a ratificar decisões que já tomamos?

Talvez alguém dentro da Casa Branca tenha respostas claras para essas perguntas. Mas nossos aliados — e, claro, nossos inimigos também — certamente não sabem quais são essas respostas. Mais importante, nem o povo americano. Sem uma estratégia bem articulada que o público apoie e o mundo compreenda, os Estados Unidos não terão a legitimidade — e, em última análise, o poder — de que precisam para tornar o mundo mais seguro do que hoje. Precisamos de um sistema de política externa reavaliado, que corresponda à ousadia e à amplitude das políticas de Truman depois da Segunda Guerra Mundial — um sistema à altura dos desafios e também das oportunidades de um novo milênio, um sistema que nos oriente no uso da força e expresse nossos ideais e compromissos mais profundos.

Não tenho a pretensão de ter essa grandiosa estratégia no bolso. Mas sei em que acredito e sugeriria algumas coisas com as quais o povo americano possa concordar, pontos de partida para um novo consenso.

Para começar, é preciso entendermos que qualquer retorno ao isolacionismo — ou a uma abordagem de política externa que negue a necessidade ocasional do emprego de tropas americanas — não vai funcionar. O impulso para nos retirarmos do mundo ainda é uma forte corrente subterrânea em ambos os partidos, em particular quando há baixas americanas em jogo. Quando os corpos de soldados americanos foram arrastados pelas ruas de Mogadíscio em 1993, por exemplo, os republicanos acusaram o presidente Clinton de desperdiçar forças americanas em missões mal concebidas; foi em parte por causa dessa experiência na Somália que o candidato George W. Bush prometeu nas eleições americanas de 2000 nunca mais gastar recursos militares americanos na "construção de países". Compreensivelmente, as ações do governo Bush no Iraque produziram uma reação adversa muito maior. De acordo com uma pesquisa do Pew Research Center, quase cinco anos depois dos ataques do Onze de Setembro, 46% dos americanos concluíram que os Estados Unidos "deveriam cuidar dos seus próprios assuntos internacionais e deixar que outros países cuidem de si mesmos da melhor maneira possível".

A reação tem sido particularmente severa entre liberais, que veem no Iraque a repetição dos erros que os Estados Unidos cometeram no Vietnã. A frustração com o Iraque e as táticas questionáveis usadas pelo governo para justificar a decisão de ir à guerra levou muitos da esquerda a subestimarem a ameaça representada por terroristas e pelos proliferadores nucleares; de acordo com uma pesquisa de janeiro de 2005, entre os entrevistados que se definiam como conservadores, a probabilidade de identificar a destruição da al-Qaeda como um dos principais objetivos de política externa era 29% maior do que entre os liberais e a de identificar a negação de armas nucleares a grupos ou países hostis, 26%. Já entre os liberais, os três principais objetivos eram retirar as tropas do Iraque, conter a propagação da aids e trabalhar mais de perto com nossos aliados.

Os objetivos defendidos pelos liberais têm seu mérito. Mas não chegam a constituir uma política coerente de segurança nacional. É útil recordar que Osama bin Laden não é nenhum Ho Chi Minh e que as ameaças enfrentadas pelos Estados Unidos hoje são reais, múltiplas e potencialmente devastadoras. Nossas políticas recentes pioraram a situação, mas se saíssemos do Iraque amanhã os Estados Unidos ainda seriam um alvo, devido à sua posição dominante na ordem internacional existente. Os conservadores estão equivocados, claro, se acham que podemos apenas eliminar os "malfeitores" e depois deixar que o mundo tome conta de si mesmo. A globalização torna nossa economia, nossa saúde e nossa segurança à mercê de acontecimentos do outro lado do mundo. E nenhum país na terra tem maior capacidade de moldar esse sistema ou de formar consenso em torno de um novo conjunto de regras internacionais que ampliem as zonas de liberdade, de segurança pessoal e de bem-estar econômico. Gostemos ou não, para tornar os Estados Unidos mais seguros, teremos que ajudar a tornar o mundo mais seguro.

A segunda coisa que precisamos reconhecer é que o ambiente de segurança em que nos encontramos hoje é fundamentalmente diferente do que existia cinquenta, 25 ou mesmo dez anos atrás. Quando Truman, Acheson, Kennan e Marshall se sentaram para projetar a arquitetura da ordem pós-Segunda Guerra Mundial, sua principal referência era a competição entre as grandes potências que tinham dominado o século XIX e o começo do século XX. Naquele mundo, as maiores ameaças aos Estados Unidos vinham de países expansionistas como a Alemanha nazista ou a Rússia soviética, capazes de mobilizar grandes exércitos e poderosos arsenais para invadir territórios importantes, restringir nosso acesso a recursos indispensáveis e ditar os termos do comércio mundial.

Esse mundo já não existia. A integração da Alemanha e do Japão ao sistema mundial de democracias liberais e economias de livre mercado eliminou, para todos os efeitos, a ameaça de conflitos entre grandes potências dentro do mundo livre. O advento de armas nucleares e da "destruição mútua assegurada" tornava o risco de guerra entre os Estados Unidos e a União Soviética bastante remoto, mesmo antes da queda do Muro de Berlim. Hoje, os países mais poderosos do mundo (incluindo, num grau sempre crescente, a China) — e, igualmente importante, a vasta maioria dos povos que vivem nesses países — estão em grande parte comprometidos com um conjunto de regras internacionais que governam o comércio, a política econômica e a resolução legal e diplomática de disputas, ainda que noções mais amplas de liberdade e democracia não sejam muito respeitadas dentro de suas fronteiras.

A ameaça crescente, portanto, vem em primeiro lugar daquelas partes do mundo que estão à margem da economia global onde as "regras de trânsito" internacionais ainda não se estabeleceram — o reino dos Estados fracos ou falidos, do governo arbitrário, da corrupção e da violência crônica, terras nas quais a maioria esmagadora da população é pobre, analfabeta e isolada da rede internacional de informações; lugares onde os governantes temem que a globalização enfraqueça o seu poder, mine as tradições culturais ou substitua as instituições nativas.

No passado, havia a percepção de que os Estados Unidos talvez pudessem ignorar sem problema os países e os indivíduos dessas regiões desconectadas. Eles podiam ser hostis à nossa visão do mundo, nacionalizar uma empresa americana, provocar uma alta nos preços dos produtos primários, cair na órbita soviética ou da China comunista ou até atacar embaixadas americanas ou militares americanos no exterior — mas não eram capazes de nos atacar onde vivemos. O Onze de Setembro mostrou que já não era bem assim. A própria interconectividade que unia cada vez mais o mundo dava poder àqueles que querem destruir esse mundo. Redes terroristas podem espalhar suas doutrinas num piscar de olhos; podem explorar os elos mais fracos do sistema econômico mundial, sabendo que um ataque em Londres ou Tóquio terá repercussões em Nova York ou Hong Kong; armas e tecnologias que já foram privilégio de Estados-nação agora podem ser compradas no mercado negro ou ter seus designs baixados na internet; o livre trânsito de pessoas e produtos através de fronteiras, que constitui o sangue da economia global, pode ser explorado com intenções criminosas.

Se Estados-nação já não têm o monopólio da violência em massa; se na verdade é cada vez menor a probabilidade de que Estados-nação lancem ataques diretos contra nós, uma vez que têm endereço fixo para onde podemos despachar nossa resposta; se em vez disso as ameaças mais prementes são transnacionais — redes terroristas empenhadas em repelir ou estorvar as forças da globalização, pandemias potenciais como a gripe aviária ou mudanças catastróficas no clima da terra —, como, então, deve a nossa estratégia de segurança nacional se adaptar?

Para começar, nossos gastos com defesa e com a estrutura das nossas forças armadas devem refletir a nova realidade. Desde o começo da Guerra Fria, nossa capacidade de deter a agressão de país contra país tem, em grande parte, garantido a segurança de qualquer nação que observe regras e normas internacionais. Com a única marinha capaz de patrulhar as águas do mundo inteiro, nossos navios é que mantêm as rotas marítimas abertas. E foi o nosso guarda-chuva nuclear que impediu a Europa e o Japão de entrarem na corrida armamentista durante a Guerra Fria e — até recentemente, pelo menos — levou a maioria dos países a concluir que armas nucleares não são bom negócio. Enquanto a Rússia e a China mantiverem suas grandes forças militares e não se livrarem por inteiro do instinto de abusar do seu poder e da sua influência — e enquanto um grupinho de Estados delinquentes estiver disposto a atacar outros países soberanos, como Saddam fez com o Kuwait em 1991 —, haverá momentos em que teremos de exercer o papel de relutante xerife do mundo. Isso não vai mudar, e é bom que não mude.

De outro lado, é hora de reconhecer que um orçamento de defesa e uma estrutura de força construída principalmente em torno da perspectiva de uma Terceira Guerra Mundial fazem pouco sentido estratégico. O orçamento das forças armadas e da defesa dos Estados Unidos atingiu 522 bilhões de dólares em 2005 —

mais do que o orçamento combinado dos outros trinta maiores países. O PIB dos Estados Unidos é maior do que o PIB combinado dos outros dois maiores países e das economias que mais crescem — China e Índia. Precisamos manter uma postura de força estratégica que nos permita fazer face a ameaças representadas por estados delinquentes, como a Coreia do Norte e o Irã, e enfrentar os desafios representados por rivais em potencial, como a China. Na verdade, em razão do desfalque de nossas forças depois das guerras no Iraque e no Afeganistão, provavelmente vamos precisar de um orçamento um pouco maior no futuro imediato, só para recuperar o estado de prontidão e repor equipamento.

Mas nosso desafio militar mais complexo não será o de nos mantermos à frente da China (assim como nossa maior disputa com a China talvez seja econômica e não militar). Provavelmente, esse desafio envolverá nossa presença militar ativa em regiões rebeldes ou hostis onde terroristas prosperam. Isso exige um equilíbrio mais inteligente entre o que gastamos com equipamento sofisticado e o que gastamos com nossos homens e mulheres de uniforme. Significa também aumentar o tamanho das nossas forças armadas para ter escalas razoáveis de rodízio, manter nossas tropas bem equipadas e treiná-las nas habilidades de que vão precisar — idiomas, reconstrução, coleta de informações de inteligência e pacificação — para ter êxito em missões cada vez mais complexas e difíceis.

Uma mudança na configuração das nossas forças armadas não bastará, entretanto. Ao lidar com as ameaças assimétricas que enfrentaremos no futuro — de redes terroristas e do grupinho de Estados que lhes dão apoio —, a estrutura das nossas forças armadas terá menos importância, no fim das contas, do que o uso que dela fizermos. Os Estados Unidos venceram a Guerra Fria não só por ter mais armas do que a União Soviética, mas porque os valores americanos prevaleceram no tribunal da opinião pública internacional, que incluía aqueles que viviam em regimes comunistas. Mais ainda do que durante a Guerra Fria, a luta contra o terrorismo de base islâmica será não apenas uma campanha militar, mas uma batalha para conquistar a opinião pública no mundo islâmico, tanto entre os nossos aliados quanto nos Estados Unidos. Osama bin Laden entende que não pode derrotar, nem mesmo incapacitar, os Estados Unidos numa guerra convencional. O que seus aliados podem fazer contra nós é infligir dor em doses suficientes para provocar uma reação como a que vimos no Iraque — uma incursão militar americana atabalhoada e imprudente num país muçulmano, o que por sua vez incentiva a insurgência com base no sentimento religioso e no orgulho nacionalista, o que por sua vez exige uma ocupação americana prolongada e difícil, o que por sua vez leva a uma escalada de mortes nas tropas americanas e na população civil local. Isso tudo atiça o sentimento antiamericano entre os muçulmanos, aumenta o universo de recrutas terroristas em potencial e leva a opinião pública americana a pôr em dúvida não só a guerra, mas até mesmo as políticas que nos lançam dentro do mundo islâmico.

Este é o plano para ganhar uma guerra a partir de uma caverna e, até agora, pelo menos, estamos desempenhando nosso papel no roteiro. Para mudar esse roteiro, precisamos garantir que qualquer exercício do poder militar americano ajude, e não atrapalhe, nossos objetivos mais amplos: neutralizar o poder destruidor de redes terroristas e vencer esta batalha global de ideias.

O que isso quer dizer em termos práticos? Devemos partir da premissa de que os Estados Unidos, como todos os países soberanos, têm o direito unilateral de defender-se de ataques. Assim sendo, nossa campanha para eliminar acampamentos da al-Qaeda e o regime talibã que os abriga era inteiramente justificada — e vista como legítima até mesmo na maioria dos países islâmicos. Talvez fosse preferível contar com o apoio de nossos aliados nessas campanhas militares, mas nossa segurança imediata não pode ficar refém do consenso internacional; se tivermos que agir sozinhos, o povo americano está disposto a pagar qualquer preço e a carregar qualquer fardo para proteger nosso país.

Eu diria também que temos o direito de tomar qualquer medida militar unilateral para eliminar uma ameaça iminente à nossa segurança — desde que fique entendido que essa ameaça iminente é um país, um grupo ou um indivíduo que se prepara ativamente para atacar alvos americanos (ou alvos de países aliados com os quais os Estados Unidos tenham acordos de defesa mútua), com a determinação e os recursos necessários para fazê-lo no futuro imediato. A al-Qaeda atende a esses critérios, e podemos e devemos realizar ataques preventivos contra ela sempre que possível. O Iraque de Saddam Hussein não atendia, e é por isso que nossa invasão foi um erro estratégico. Se vamos agir de forma unilateral, é melhor termos provas contra nossos alvos.

Além das questões de autodefesa, entretanto, estou convencido de que será quase sempre de nosso interesse estratégico agir multilateralmente, em vez de unilateralmente, quando usarmos a força em qualquer lugar do mundo. Com isso, não quero dizer que o Conselho de Segurança da ONU — organismo que em sua estrutura e em suas regras parece congelado no tempo da Guerra Fria — deva ter poder de veto sobre nossas ações. Nem quero dizer que basta convocar o Reino Unido e o Togo, e fazermos o que quisermos. Agir unilateralmente significa fazer o que George H. W. Bush e sua equipe fizeram na primeira Guerra do Golfo — encarar a difícil tarefa diplomática de obter apoio da maior parte do mundo para nossas ações e garantir que nossas ações sirvam para fortalecer normas internacionais.

Por que agir assim? Porque ninguém se beneficia mais do que nós do respeito às "regras de trânsito" internacionais. Não vamos convencer ninguém a acatar essas regras se agirmos como se elas só valessem para os outros. Quando refreia o seu poder e se submete a padrões de conduta internacionalmente aceitos, a única superpotência do mundo envia uma mensagem de que essas regras merecem ser observadas e priva terroristas e ditadores do argumento de que essas regras são apenas ferramentas do imperialismo americano.

Obter o apoio mundial também permite aos Estados Unidos aliviarem o fardo quando a ação militar é necessária e aumenta as possibilidades de êxito. Em razão dos orçamentos de defesa comparativamente modestos da maioria dos nossos aliados, dividir o ônus militar em alguns casos é um pouco ilusório, mas nos Bálcãs e no Afeganistão nossos parceiros da Otan de fato pagaram sua cota de riscos e de custos, pois, nos conflitos militares do tipo em que costumamos nos envolver, a operação militar inicial em geral é menos complexa e dispendiosa do que o trabalho que vem depois — treinar forças policiais locais, restaurar serviços de eletricidade e água, construir um Judiciário que funcione, promover uma mídia independente, estabelecer uma estrutura de saúde pública e planejar eleições. Os aliados podem ajudar a pagar o frete e oferecer expertise nessas iniciativas essenciais, como fizeram nos Bálcãs e no Afeganistão, mas é bem maior a probabilidade de que o façam se nossas ações contarem com apoio internacional desde o início. No jargão militar, a legitimidade é um "multiplicador de forças".

Igualmente importante é que o penoso processo de formar coalizões nos obriga a ouvir outros pontos de vista, e, portanto, a olhar bem antes de dar o salto. Quando não estamos nos defendendo de uma ameaça direta e iminente, quase sempre podemos contar com o benefício do tempo; nosso poderio militar torna-se apenas uma ferramenta entre muitas (embora de extraordinária importância) para influenciar os acontecimentos e promover nossos interesses no mundo — interesses em garantir acesso a fontes vitais de energia, em manter estáveis os mercados financeiros, em fazer com que as fronteiras internacionais sejam respeitadas, em impedir o genocídio. Na defesa desses interesses, devemos fazer análises realistas dos custos e dos benefícios do uso da força, em comparação com outras ferramentas de influência a nosso dispor.

Será que o petróleo barato justifica os custos de uma guerra — em sangue e dinheiro? Nossa intervenção militar numa disputa étnica resultará num acordo político permanente ou na presença de forças americanas por tempo indeterminado? Nossa disputa com um país pode ser resolvida com diplomacia ou só mediante uma série coordenada de sanções? Se quisermos vencer a batalha mais ampla das ideias, a opinião pública mundial precisa entrar no nosso cálculo. E ainda que às vezes seja frustrante ouvir atitudes antiamericanas de aliados europeus que se beneficiam do nosso manto protetor ou escutar discursos na Assembleia Geral da onu destinados a confundir, distrair ou desculpar a inação, é possível que por trás da retórica haja perspectivas capazes de iluminar a situação e ajudar-nos a tomar decisões estratégicas mais acertadas.

Por fim, ao envolver nossos aliados, damos-lhe a coautoria do difícil, metódico, vital e necessariamente colaborativo trabalho de limitar a capacidade de causar danos dos terroristas. Esse trabalho inclui desbaratar redes financeiras do terror e compartilhar informações de inteligência para caçar suspeitos de terrorismo e infiltrar agentes em suas células; nosso fracasso contínuo na coordenação efetiva de coleta de dados de inteligência mesmo entre as várias agências americanas, assim como nossa contínua falta de um serviço efetivo de inteligência humana, é indesculpável. Mais importante ainda, precisamos somar forças para impedir que armas de destruição em massa caiam nas mãos de terroristas.

Um dos melhores exemplos dessa colaboração foi dado, de forma pioneira, nos anos 1990 pelo senador republicano Dick Lugar, de Indiana, e pelo ex-senador democrata Sam Nunn, da Geórgia, dois homens que entenderam a necessidade de promover coalizões antes que haja uma crise e que aplicaram esse entendimento ao problema importantíssimo da proliferação nuclear. A premissa do que ficaria conhecido como programa Nunn–Lugar era simples: depois da queda a União Soviética, a maior ameaça para os Estados Unidos — à exceção de um lançamento acidental — não era um ataque ordenado por Gorbachev ou Yeltsin, mas a migração de material ou know-how nuclear para as mãos de terroristas e de estados delinquentes, uma consequência possível do descontrole econômico da Rússia, da corrupção nas forças armadas, do empobrecimento dos cientistas russos e da degradação dos sistemas de segurança e controle. Nos termos do Nunn–Lugar, os Estados Unidos basicamente entravam com os recursos para reparar esses sistemas, e, muito embora causasse consternação entre aqueles que estavam acostumados ao pensamento da Guerra Fria, o programa revelou-se um dos investimentos mais importantes que poderíamos ter feito para nos protegermos de uma catástrofe.

Em agosto de 2005, viajei com o senador Lugar para ver parte do seu trabalho. Foi minha primeira visita à Rússia e à Ucrânia, e eu não poderia ter um guia melhor do que Dick, um septuagenário em notável forma, com modos tranquilos, imperturbáveis, e um sorriso inescrutável que lhe foi de grande utilidade durante as nossas reuniões, quase sempre intermináveis, com funcionários estrangeiros. Visitamos juntos as instalações nucleares de Saratov, onde generais russos mostraram com orgulho as novas barreiras e os novos sistemas de segurança recém-concluídos; depois eles nos serviram um almoço com *borscht*, vodca, ensopado de batata e uma gelatina em forma de peixe profundamente inquietante. Em Perm, num lugar onde mísseis táticos ss-24 e ss-25 estavam sendo desmantelados, passamos pelo centro de invólucros vazios de mísseis de dois metros e meio de altura e contemplamos em silêncio os mísseis enormes e elegantes, ainda ativos, agora armazenados com segurança mas que em outros tempos apontavam para cidades da Europa.

E, num bairro residencial tranquilo de Kiev, fizemos um passeio pela versão ucraniana do Centro de Controle de Doenças, uma modesta instalação de três andares muito parecida com um laboratório de ciência de escola secundária. Em dado momento do passeio, depois de ver janelas abertas por falta de ar-condicionado e tiras de metal aparafusadas em batentes de porta para impedir a entrada de ratos, fomos conduzidos a um pequeno freezer preso apenas por um lacre de plástico. Uma mulher de meia-idade, de jaleco e máscara cirúrgica, tirou alguns tubos de ensaio do freezer, colocando-os a poucos centímetros do meu rosto e dizendo qualquer coisa em ucraniano.

"Isto é antraz", explicou o tradutor, apontando para o frasco na mão direita da mulher. "Este aqui", disse, apontando para o da mão esquerda, "é a peste."

Olhei para trás e vi Lugar parado no fundo da sala.

"Não quer dar uma olhadinha de perto, Dick?", perguntei, dando alguns passos para trás.

"Já estive aqui, já vi", respondeu ele, sorrindo.

Houve momentos em nossa viagem que nos fizeram lembrar dos tempos da Guerra Fria. No aeroporto de Perm, por exemplo, um funcionário de alfândega, de pouco mais de vinte anos, nos deteve por três horas, porque não permitimos que vistoriasse nosso avião, o que levou nossa equipe a disparar ligações telefônicas para a embaixada americana e para o Ministério do Exterior da Rússia em Moscou. Apesar disso, a maior parte do que ouvimos e vimos — a loja da Calvin Klein, e uma concessionária da Maserati no shopping center da Praça Vermelha; a fila de suvs parados na frente de um restaurante, com motoristas corpulentos de ternos mal ajustados que em outros tempos talvez corressem para abrir a porta para funcionários do Kremlin, mas que agora faziam a segurança de um dos oligarcas bilionários da Rússia; as multidões de adolescentes taciturnos de camisetas e jeans de cintura baixa, compartilhando cigarros e as músicas dos seus iPods enquanto passeavam pelas graciosas avenidas de Kiev — sublinhava o processo aparentemente irreversível de integração econômica, ou mesmo política, entre Leste e Oeste.

Era em parte por isso, imagino, que Lugar e eu fomos saudados de maneira tão calorosa nas várias instalações militares que visitamos. Nossa presença não só prometia dinheiro para sistemas de segurança, barreiras, monitores e coisas do gênero; também indicava aos homens e mulheres que trabalhavam naquelas instalações que eles ainda eram importantes. Tinham feito carreira, tinham sido honrados por aperfeiçoarem as ferramentas de guerra. Agora, se viam ali tomando conta dos restos do passado, e suas instituições praticamente se tornaram irrelevantes para países cujos povos tinham voltado sua atenção para ganhar um dinheiro rápido.

Sem dúvida, era essa a sensação que se tinha em Donetsk, cidade industrial na parte sudeste da Ucrânia, onde visitamos uma instalação para a destruição de armas convencionais. A instalação ficava localizada no interior, com acesso por uma série de estradinhas estreitas, ocupadas, aqui e ali, por cabras. O diretor da instalação, um homem gordo e animado que me fez lembrar o superintendente de um distrito eleitoral de Chicago, conduziu-nos por uma série de estruturas escuras que pareciam armazéns em vários estados de deterioração, onde turmas de operários desarmavam habilmente uma variedade de minas terrestres e munição de tanque, e cápsulas vazias eram empilhadas em montes que chegavam à altura dos meus ombros. Eles precisavam de ajuda americana, explicou o diretor, porque a Ucrânia não tinha dinheiro para cuidar de todas as armas ali deixadas depois da Guerra Fria e do Afeganistão — no ritmo que mantinham, o trabalho de desmantelar e tornar seguras aquelas armas poderia levar sessenta anos. Nesse meio-tempo, as armas ficariam espalhadas por todo o país, às vezes em barracos sem cadeado, expostas aos elementos, e não só munição mas também explosivos de alta potência e lançadores de mísseis portáteis — ferramentas de destruição que poderiam acabar nas mãos de chefes militares na Somália, combatentes tâmeis no Sri Lanka, insurgentes no Iraque.

Enquanto ele falava, nosso grupo entrou em outro edifício, onde havia mulheres de máscara cirúrgica em pé junto a uma mesa removendo hexogênio — explosivo militar de alta potência — de várias munições e colocando em sacolas. Em outra sala, encontrei dois homens, de camiseta, fumando perto de uma caldeira velha e arquejante, batendo as cinzas dentro de uma calha cheia de uma água alaranjada. Um dos nossos me chamou para me mostrar um velho cartaz amarelado na parede. Disseram-nos que era uma relíquia da guerra afegã: instruções sobre como esconder explosivos em brinquedos a serem deixados em aldeias e levados para casa por crianças que de nada suspeitavam.

Um testemunho, pensei, da loucura dos homens.

Um registro de como impérios se destroem a si mesmos.

Há uma última dimensão da política externa americana que precisa ser discutida — a parte que tem menos a ver com evitar a guerra do que com prometer a paz. No ano em que nasci, o presidente Kennedy declarou em seu discurso de posse: "Às pessoas que moram em choupanas e vilarejos de metade do globo, que lutam para romper os grilhões da miséria generalizada, prometemos nossos melhores esforços para ajudá-las a se ajudarem, pelo tempo que for necessário — não porque os comunistas talvez o estejam fazendo, não porque queremos seus votos, mas porque é justo. Se uma sociedade livre não for capaz de ajudar os muitos que são pobres, não poderá salvar os poucos que são ricos". Quarenta e cinco anos depois, essa miséria generalizada ainda existe. Se quisermos cumprir a promessa de Kennedy — e servir a nossos interesses de longo prazo —, teremos que fazer mais do que simplesmente usar com prudência a força militar. Teremos que alinhar nossas políticas para ajudar a reduzir as esferas de insegurança, de pobreza, de violência no mundo e dar a mais gente uma participação na ordem global que tanto nos beneficiou.

Existem aqueles, claro, que contestarão minha premissa — a de que qualquer sistema global construído à imagem dos Estados Unidos é capaz de aliviar a miséria nos países mais pobres. Para esses críticos, a noção americana do que o sistema internacional deveria ser — livre-comércio, mercados abertos, circulação irrestrita de informações, estado de direito, eleições democráticas e coisas do gênero — é apenas uma expressão do imperialismo americano destinada a explorar a mão de obra barata e os recursos naturais de outros países e infectar culturas não ocidentais com crenças decadentes. Em vez de se adaptarem às regras dos Estados Unidos, segundo esse argumento, outros países deveriam resistir aos esforços americanos para expandir sua hegemonia; em vez disso, seria melhor que seguissem seu próprio caminho para o desenvolvimento, tomando como exemplo populistas de esquerda como Hugo Chávez, da Venezuela, ou recorrendo a princípios mais tradicionais de organização social, como a lei islâmica.

Não rejeito esses críticos de imediato. Afinal, foram os Estados Unidos e seus parceiros ocidentais que projetaram o atual sistema internacional; foi ao nosso jeito de fazer as coisas — nossas práticas contábeis, nossa língua, nosso dólar, nossas leis de propriedade intelectual, nossa tecnologia e nossa cultura popular — que o mundo teve que se adaptar nos últimos cinquenta anos. Esse sistema internacional, se produziu grande prosperidade nos países mais desenvolvidos do mundo, também deixou muitos povos para trás — fato que os líderes políticos ocidentais costumam ignorar e, de vez em quando, agravar.

No fim, porém, acho que os críticos enganam-se ao pensar que os pobres do mundo saem ganhando se rejeitarem os ideais de livre mercado e democracia liberal. Ativistas de direitos humanos de vários países, quando vêm ao meu gabinete e contam que foram presos ou torturados por causa de suas crenças, não atuam como agentes da potência americana. Quando meu primo no Quênia se queixa de que é impossível encontrar emprego sem subornar algum funcionário do partido governante, não é porque alguém o tenha submetido a lavagem cerebral com ideias ocidentais. Quem duvida que a maioria do povo norte-coreano preferiria viver na Coreia do Sul se pudesse escolher, ou que muita gente em Cuba tentaria a sorte em Miami?

Ninguém, em cultura alguma, gosta de ser intimidado. Ninguém gosta de viver com medo só porque suas ideias são diferentes. Ninguém gosta de ser pobre ou faminto e ninguém gosta de viver num sistema econômico em que o seu trabalho jamais é recompensado. O sistema de livre mercado e democracia liberal que agora caracteriza a maior parte do mundo desenvolvido pode ter defeitos; pode com grande frequência refletir os interesses dos poderosos e não os dos desamparados. Mas esse sistema está sempre sujeito a mudanças e aperfeiçoamentos — e é justamente graças a essa abertura às mudanças que as democracias liberais de mercado oferecem a pessoas no mundo inteiro a melhor possibilidade de uma vida melhor.

Nosso desafio, portanto, é assegurar que as políticas americanas empurrem o sistema internacional na direção de maior igualdade, justiça e prosperidade — que as regras que promovemos sirvam não só os nossos interesses mas também os interesses de um mundo que luta para avançar. Ao fazer isso, devemos ter em mente alguns princípios essenciais. Primeiro, devemos encarar com ceticismo aqueles que acreditam que podemos, sem ajuda de ninguém, libertar qualquer outro povo da tirania. Concordo com George W. Bush, que, em seu segundo discurso de posse, proclamou o desejo universal de liberdade. Mas há poucos exemplos na história em que a liberdade que homens e mulheres desejam tenha sido alcançada através de intervenção estrangeira. Em quase todos os movimentos sociais bem-sucedidos do último século, da campanha de Gandhi contra o domínio britânico ao movimento Solidariedade na Polônia e ao movimento contra o apartheid na África do Sul, a democracia foi o resultado de um despertar local.

Podemos inspirar e convidar outros povos a assegurarem suas liberdades; podemos usar fóruns e acordos internacionais, e estabelecer padrões para outros povos seguirem; podemos oferecer financiamento a democracias incipientes para ajudá-las a institucionalizar sistemas eleitorais justos, treinar jornalistas independentes e semear os hábitos de participação cívica; podemos falar em nome de líderes locais cujos direitos sejam violados; e podemos exercer pressão econômica e diplomática sobre aqueles que violam reiteradamente os direitos do seu próprio povo.

Mas quando tentamos impor a democracia à mão armada, canalizar dinheiro para partidos cujas políticas econômicas Washington considera mais convenientes ou nos submetemos à influência de exilados como Chalabi, cujas ambições não correspondem a nenhum apoio local perceptível, não estamos apenas cortejando o fracasso. Estamos ajudando regimes opressivos a pintarem ativistas democráticos como agentes de potências estrangeiras e retardando a possibilidade de que a democracia genuína, caseira, um dia apareça.

Um corolário disso tudo é que liberdade significa mais do que eleições. Em 1941, FDR disse que sonhava com o advento de um mundo baseado em quatro liberdades essenciais: liberdade de expressão, liberdade religiosa, liberdade de viver sem penúria e liberdade de viver sem medo. Nossa própria experiência nos mostra que as duas últimas liberdades — a de viver sem penúria e a de viver sem medo — são pré-requisitos de todas as outras. Para metade da população mundial, mais ou menos 3 bilhões de pessoas no mundo inteiro que vivem com menos de dois dólares por dia, uma eleição é, na melhor das hipóteses, um meio, não um fim; um ponto de partida, não uma libertação. Essas pessoas estão menos preocupadas com uma "eleitocracia" do que com os elementos básicos que para a maioria de nós definem uma vida decente — comida, abrigo, eletricidade, assistência médica básica, educação para os filhos e a capacidade de abrir caminho na vida sem ter que tolerar a corrupção, a violência ou a arbitrariedade. Se quisermos conquistar a confiança e o apoio de pessoas em Caracas, Jacarta, Nairóbi ou Teerã, distribuir urnas não será o bastante. Precisamos ter certeza de que as regras internacionais que promovemos melhorem, em vez de piorar, a sensação de segurança material e pessoal.

Isso pode exigir que olhemos no espelho. Por exemplo, os Estados Unidos e outros países desenvolvidos estão sempre exigindo que países em desenvolvimento eliminem barreiras comerciais que os protegem da concorrência, apesar de nós mesmos blindarmos resolutamente nossos eleitores contra exportações que poderiam ajudar países pobres a saírem da pobreza. Em nosso zelo, para proteger as patentes de empresas farmacêuticas americanas, inibimos a capacidade de países como o Brasil fabricarem medicamentos genéricos contra a aids que poderiam ter salvado milhões de vidas. Sob a liderança de Washington, o Fundo Monetário Internacional (FMI), projetado depois da Segunda

Guerra Mundial para servir como emprestador de último recurso, tem, reiteradas vezes, obrigado países em crise financeira, como a Indonésia, a fazerem reajustes dolorosos (elevação dos juros, corte de gastos sociais do governo, eliminação de subsídios a indústrias essenciais) que causam enormes sofrimentos para o povo — remédio amargo que nós, americanos, teríamos dificuldade de engolir.

Outro ramo do sistema financeiro internacional, o Banco Mundial, tem a reputação de financiar projetos grandiosos e caros que beneficiam consultores caríssimos e elites locais bem relacionadas, mas de pouca serventia para cidadãos comuns — muito embora sejam esses cidadãos comuns que assumam a responsabilidade de pagar esses empréstimos. Na verdade, países que conseguiram se desenvolver no atual sistema internacional algumas vezes ignoraram as rígidas receitas econômicas de Washington, protegendo suas indústrias incipientes e adotando agressivas políticas industriais. O FMI e o Banco Mundial precisam reconhecer que não existe uma fórmula única, produzida em massa, que sirva para o desenvolvimento de todo e qualquer país.

Nada há nada de errado, claro, com a política de "amor severo" quando se trata de ajudar no desenvolvimento de países pobres. Muitos países pobres são estorvados por leis de propriedade e bancárias arcaicas, até mesmo feudais; no passado, muitos programas de ajuda estrangeira só engordaram as elites locais, com o dinheiro sendo desviado para contas bancárias na Suíça. Na verdade, por muito tempo as políticas de ajuda internacional ignoraram a função vital do estado de direito e de princípios de transparência no desenvolvimento de qualquer país. Numa época em que transações financeiras internacionais dependem de contratos confiáveis, que sejam cumpridos, seria de esperar que o boom na economia global tivesse provocado vastas reformas jurídicas. Mas, na realidade, países como Índia, Nigéria e China acabaram desenvolvendo dois sistemas jurídicos — um para os estrangeiros e para as elites e outro para as pessoas comuns que tentam avançar na vida.

Em países como Somália, Serra Leoa ou Congo, bem... neles, a lei, a bem dizer, não existe. Às vezes, quando penso nas dificuldades da África — milhões arrasados pela aids, as secas e epidemias de fome, as ditaduras, a corrupção generalizada, a brutalidade de guerrilheiros de doze anos de idade, que só conhecem a guerra, portando facões ou AK-47s —, sou tomado pelo cinismo e pelo desespero. Até me lembrar de que um mosquiteiro que impede a malária custa três dólares; que um programa voluntário de testagem de HIV em Uganda reduziu substancialmente os índices de novos infectados, ao custo de três ou quatro dólares por teste; que a mais modesta atenção — uma demonstração internacional de força ou a criação de zonas de proteção para civis — poderia ter impedido a matança em Ruanda; e que casos que pareciam perdidos, como Moçambique, deram importantes passos no sentido da reforma.

FDR com certeza tinha razão quando disse: "Como país, podemos nos orgulhar de ter um coração mole; mas não podemos nos dar ao luxo de ser cabeças-duras". Não devemos ter a pretensão de ajudar a África, se a África, em última análise, não quiser se ajudar. Mas há tendências positivas naquele continente que costumam desaparecer em meio às notícias de desespero. A democracia se difunde. Em muitos lugares, a economia cresce. Precisamos usar esses raios de esperança como ponto de partida para ajudar os líderes e cidadãos dedicados da África a construir o futuro melhor que eles, como nós, tão desesperadamente desejam.

Além disso, estamos nos enganando se acharmos que, nas palavras de um comentarista, "devemos aprender a ver os outros morrerem com serenidade", e que isso não terá consequências. Desordem gera desordem; indiferença aos outros tende a estender-se a nós mesmos. E se motivos morais são insuficientes para nos levarem a agir enquanto um continente implode, há razões sem dúvida importantes para que os Estados Unidos e seus aliados se preocupem com Estados falidos que não controlam os próprios territórios, são incapazes de combater epidemias e estão entorpecidos pela guerra civil e por atrocidades. Foi de um desses estados sem lei, o Afeganistão, que o Talibã tomou conta. Foi no Sudão, onde hoje ocorre um lento genocídio, que Bin Laden manteve acampamento durante anos. É na miséria de uma favela qualquer que surgirá o próximo vírus assassino.

Seja na África ou em qualquer outra parte, claro, não podemos querer enfrentar sozinhos problemas tão terríveis. Por essa razão, precisamos gastar mais tempo e dinheiro tentando fortalecer a capacidade de instituições internacionais, para que façam parte desse trabalho por nós. Em vez disso, fazemos o exato contrário. Durante anos, conservadores nos Estados Unidos têm explorado politicamente os problemas da ONU: a hipocrisia de resoluções que escolhem Israel para condenar, a eleição kafkiana de países como o Zimbábue e a Líbia para a Comissão de Direitos Humanos da ONU e, mais recentemente, as propinas que infestavam o programa Petróleo por Alimentos.

Esses críticos estão certos. Para cada agência da ONU, como a Unicef, que funciona bem, há outras que parecem não fazer nada mais que realizar conferência, produzir relatórios e oferecer sinecuras para funcionários internacionais de quinta categoria. Mas esses fracassos não são motivo suficiente para reduzir nosso envolvimento em organizações internacionais nem podem servir de pretexto para o unilateralismo americano. Quanto mais eficientes forem as forças de manutenção da paz da ONU na gestão de guerras civis e conflitos sectários, menos teremos que fazer as vezes de polícia global em áreas que gostaríamos de ver estabilizadas. Quanto mais confiáveis forem as informações que a Agência Internacional de Energia Atômica fornecer, maior será a probabilidade de mobilizarmos nossos aliados contra os esforços de Estados delinquentes para obter armas nucleares. Quanto maior for a capacidade da Organização Mundial de Saúde, menor a probabilidade de termos que lidar com uma pandemia de gripe em nosso próprio país. Nenhum país tem mais interesse do que nós em fortalecer as instituições internacionais — e é por isso que devemos insistir na sua criação em primeiro lugar, e é por isso que precisamos liderar as iniciativas para aperfeiçoá-las.

Por fim, para aqueles que se incomodam com a perspectiva de trabalhar com nossos aliados para resolver os prementes desafios globais que enfrentamos, sugiro pelo menos uma área na qual podemos agir de forma unilateral e melhorar nosso prestígio — aperfeiçoando a nossa própria democracia e dando o exemplo. Se continuamos a gastar dezenas de bilhões de dólares em sistemas de armas de valor duvidoso, mas relutamos em gastar dinheiro para proteger as fábricas de produtos químicos em grandes centros urbanos, fica mais difícil convencermos outros países a protegerem suas usinas nucleares. Se prendemos suspeitos indefinidamente sem levá-los a julgamento ou se os despachamos na calada da noite para países onde sabemos que serão torturados, diminuímos nossa capacidade de pressionar por direitos humanos e por estado de direito em regimes despóticos. Quando nós, o país mais rico do mundo, que consome 25% dos combustíveis fósseis, não conseguimos melhorar nossos padrões de eficiência energética nem mesmo numa pequena fração, para diminuir nossa dependência dos campos petrolíferos sauditas e retardar o aquecimento global, é de esperar que tenhamos dificuldade para convencer a China a não negociar com fornecedores de petróleo como o Irã ou o Sudão — e que não possamos contar com muita cooperação chinesa para solucionar problemas ambientais que atingem nossas praias.

Essa relutância em tomar decisões difíceis e viver pautados por nossos próprios ideais não mina só a credibilidade dos Estados Unidos aos olhos do mundo. Mina a credibilidade do governo dos Estados Unidos perante o próprio povo americano. Em última análise, a maneira de administrarmos o recurso mais precioso — o povo americano e o sistema de autogoverno que herdamos dos Fundadores — é que determinará o êxito da nossa política externa. O mundo lá fora é perigoso e complexo; o trabalho de refazê-lo será longo e difícil, e exigirá sacrifício. Esse sacrifício virá porque o povo americano entende muito bem as escolhas que tem diante de si; ele nasce na confiança que temos em nossa democracia. FDR compreendeu isso quando disse, depois do ataque a Pearl Harbor, que "este governo depositará sua confiança na resistência do povo americano". Truman compreendeu isso, razão pela qual trabalhou com Dean Acheson para estabelecer o Comitê para o Plano Marshall, formado por CEOs, intelectuais, líderes trabalhistas, clérigos e outros que pudessem fazer campanha pelo plano em todo o país. Parece que essa é uma lição que os líderes dos Estados Unidos precisam reaprender.

Às vezes, me pergunto se homens e mulheres de fato são capazes de aprender com a história — se avançamos de um estágio para outro numa trajetória ascendente ou se simplesmente vivemos ciclos de prosperidade e fracasso, guerra e paz, ascensão e queda. Na mesma viagem que me levou a Bagdá, passei uma semana percorrendo Israel e a Cisjordânia, reunindo-me com funcionários de ambos os lados, traçando em minha cabeça o mapa de tantas disputas. Conversei com judeus que tinham perdido os pais no Holocausto e irmãos em ataques-suicidas; ouvi palestinos falarem das humilhações dos postos de fiscalização e recordarem com saudade a terra que tinham perdido. Voei de helicóptero sobre a linha que separa os dois povos e me senti incapaz de distinguir as cidades judias das cidades árabes, todas elas parecendo frágeis postos avançados no meio da paisagem verde e das colinas rochosas. Da esplanada em Jerusalém, olhei de cima para a Cidade Velha, o Domo da Rocha, o Muro das Lamentações e a Igreja do Santo Sepulcro, pensando nos 2 mil anos de guerra e rumores de guerra que aquele pequeno pedaço de terra passou a representar e refletindo sobre a possível futilidade de acreditarmos que esse conflito possa, de alguma maneira, terminar em nossa época ou que os Estados Unidos, apesar de todo o seu poder, possam ter uma influência duradoura nos rumos do mundo.

Não me detive muito nesses pensamentos, porém — são os pensamentos de um velho. Por mais difícil que a tarefa nos pareça, acredito que temos a obrigação de fazer um esforço para alcançar a paz no Oriente Médio, não apenas em benefício dos povos da região, mas também para a segurança dos nossos filhos.

E talvez o destino do mundo dependa não apenas do que ocorre nos campos de batalha; talvez dependa na mesma medida do trabalho que fazemos em lugares tranquilos que precisam de uma ajuda. Lembro-me de ter visto relatos do tsunami que atingiu o Leste da Ásia em 2004 — as cidades arrasadas da costa oeste da Indonésia, milhares de pessoas arrastadas para dentro do mar. E então, nas semanas seguintes, vi com orgulho americanos enviarem mais de 1 bilhão de dólares em doações privadas e navios de guerra americanos transportando milhares de soldados para prestarem socorro e ajudarem na reconstrução. Segundo notícias da imprensa, 65% dos indonésios entrevistados disseram que essa assistência lhes deu uma visão mais favorável dos Estados Unidos. Não sou ingênuo de acreditar que um episódio na esteira de uma catástrofe seja capaz de apagar décadas de desconfiança.

Mas é um começo.

9. Família

No começo do segundo ano no Senado, minha vida entrara num ritmo administrável. Eu saía de Chicago segunda-feira à noite ou terça-feira bem cedo, dependendo da escala de votações no Senado. Fora as idas diárias à academia do Senado e os raros almoços ou jantares com amigos, os três dias seguintes eram consumidos numa previsível série de tarefas — reuniões de comitê, votos, almoços de bancada, declarações em plenário, discursos, fotos com estagiários, arrecadação de fundos, retornar ligações telefônicas, escrever cartas, rever legislações, redigir artigos para jornais, gravar *podcasts*, receber instruções políticas, tomar café com eleitores e comparecer a uma série infindável de reuniões. Na tarde de quinta-feira, informavam-nos da sala do vestiário quando seria a próxima votação, e na hora marcada eu entrava na fila no plenário com meus colegas para dar o meu voto, antes de descer às pressas as escadas do Capitólio na esperança de pegar um voo que me levasse para casa antes de as meninas irem para a cama.

Apesar dessa agenda agitada, eu achava o trabalho fascinante, apesar de às vezes frustrante. Diferentemente da ideia que se tem, apenas uns vinte projetos de lei significativos são submetidos por ano a votação no plenário do Senado, e quase nenhum deles é de iniciativa de um membro do partido minoritário. Como resultado, a maioria das minhas iniciativas importantes — a formação de distritos de inovação nas escolas públicas, um plano para ajudar os fabricantes de carro americanos a pagarem os custos de assistência médica de seus aposentados, desde que aumentassem os padrões de eficiência energética, uma expansão do programa Pell Grant para ajudar estudantes de baixa renda a fazer face aos custos cada vez mais altos do ensino universitário — definhava nos comitês.

De outro lado, graças ao excelente trabalho da minha equipe, consegui aprovar um número respeitável de emendas. Ajudamos a conseguir fundos para veteranos sem moradia. Conseguimos créditos tributários para postos de gasolina que instalassem bombas E85. Conseguimos fundos para ajudar a Organização Mundial de Saúde a monitorar e reagir a uma potencial pandemia de gripe aviária. Arrancamos do Senado uma emenda proibindo que na reconstrução pós-Katrina se concedessem contratos sem licitação pública, de modo que mais dinheiro acabasse indo parar nas mãos das vítimas da tragédia. Nenhuma dessas emendas transformaria o país, mas me dava grande satisfação saber que cada uma delas ajudava as pessoas, ainda que de forma modesta, ou dava à lei uma direção que se mostrasse mais econômica, mais responsável ou mais justa.

Um dia, em fevereiro, eu estava me sentindo particularmente bem-humorado depois de terminar uma audiência sobre um projeto de lei que Dick Lugar e eu patrocinávamos destinado a restringir a proliferação de armas e o comércio de armas no mercado negro. Como Dick era não só o maior especialista do Senado em assuntos de proliferação, mas também o presidente do Comitê de Relações Exteriores do Senado, as perspectivas de aprovação do projeto eram promissoras. Desejando compartilhar a boa notícia, liguei para Michelle do meu gabinete em D.C. e comecei a explicar o significado do projeto — que os lançadores de mísseis portáteis podiam ameaçar os voos comerciais se caíssem em mãos erradas, que os arsenais de armas portáteis deixados pela Guerra Fria continuavam alimentando conflitos no mundo inteiro. Michelle me interrompeu:

"Tem formigas."

"Hein?"

"Encontrei formigas na cozinha. E no quarto lá em cima."

"O.k."

"Preciso que você me compre umas iscas para formiga quando vier amanhã. Eu mesma poderia comprar, mas tenho que levar as meninas ao médico depois da aula. Você faria isso?"

"Claro. Iscas para formiga."

"Iscas para formiga. Não vá esquecer, meu querido. E compre mais de uma. Olha, tenho uma reunião agora. Amo você."

Pus o fone no gancho, me perguntando se Ted Kennedy ou John McCain compravam iscas para formigas na volta do trabalho para casa.

Quase todo mundo que se encontra com minha esposa pela primeira vez logo chega à conclusão de que ela é notável. Essas pessoas têm razão — ela é inteligente, engraçada e de um charme absoluto. É também muito bonita, embora não de um jeito que intimide os homens ou incomode as mulheres; é a beleza vivida da mãe e da profissional ocupada, mais do que a imagem retocada que costumamos vez na capa das revistas. Com frequência, depois de ouvi-la falar numa cerimônia ou de trabalhar com ela num projeto, as pessoas me dizem alguma coisa do tipo: "Sabe que acho você o máximo, Barack, mas sua mulher... uau!". Eu concordo, sabendo que se algum dia nós dois tivéssemos que concorrer ao mesmo cargo público, ela me daria uma surra sem a menor dificuldade. Para minha sorte, Michelle jamais se meteria na política. "Não tenho paciência", diz ela a quem pergunta. Como sempre, ela está dizendo a verdade.

Conheci Michelle no verão de 1988, quando nós dois trabalhávamos na Sidley & Austin, uma grande banca de advocacia empresarial com sede em Chicago. Apesar de ser três anos mais nova do que eu, Michelle já era advogada praticante, tendo entrado na Faculdade de Direito de Harvard logo depois de concluir a formação básica. Eu tinha acabado de terminar meu primeiro ano na faculdade de direito e de ser contratado como associado durante o verão.

Era um período de transição difícil em minha vida. Eu me matriculara na faculdade de direito depois de três anos de trabalho como líder comunitário e, apesar de gostar do que estudava, ainda tinha dúvidas sobre minha decisão. Em particular, incomodava-me que aquilo representasse o abandono dos meus ideais de juventude, que fosse uma concessão às duras realidades do dinheiro e do poder — o mundo como é e não como deveria ser.

A ideia de trabalhar numa banca de advocacia empresarial, tão perto e apesar disso tão longe dos bairros pobres onde meus amigos ainda labutavam, só agravava esses temores. Mas com os empréstimos estudantis acumulando-se com rapidez, eu não tinha condição de recusar os três meses de salário que Sidney me oferecia. Dessa maneira, tendo sublocado o apartamento mais barato que encontrei e comprado os três primeiros ternos a aparecerem no meu guarda-roupa, além de um novo par de sapatos apertados demais e que me aleijariam absolutamente pelas nove semanas seguintes, cheguei à firma numa manhã garoenta do começo de junho e fui conduzido ao escritório da jovem advogada destacada para me servir de orientadora durante o verão.

Não recordo os detalhes daquela primeira conversa com Michelle. Mas lembro que ela era alta — de salto alto, quase da minha altura — e adorável, com um jeito profissional, amistoso, que ia bem com seu terno e sua blusa sob medida. Ela me explicou a distribuição do trabalho na firma, a atribuição dos vários grupos e a maneira de contar as horas de trabalho a serem cobradas. Depois de mostrar-me meu escritório e de levar-me à biblioteca, ela me passou para um dos sócios e disse que me encontraria na hora do almoço.

Mais tarde, Michelle me diria que tinha tido uma boa surpresa quando entrei em seu escritório; a foto tirada numa farmácia que eu mandara para a firma deixava meu nariz um pouco grande (mais enorme ainda do que o normal, diria ela), e ela não acreditara muito quando as secretárias que me viram durante a entrevista lhe disseram que eu era bonito: "Imaginei que elas ficavam impressionadas quando viam qualquer negro de terno e empregado". Mas se tinha ficado bem impressionada, Michelle não deu nenhuma pista quando saímos para almoçar. Fiquei sabendo que ela tinha sido criada no South Side, num pequeno bangalô ao norte dos bairros onde eu trabalhei como líder comunitário. Seu pai era operador de bomba da municipalidade; a mãe tinha sido dona de casa até que os filhos crescessem e agora trabalhava como secretária num banco. Michelle tinha estudado na escola pública elementar de Brin Mawr, entrado na Whitney Young Magnet School e ido com o irmão para Princeton, onde ele foi uma das estrelas do time de basquete. Na Sidney, ela fazia parte do grupo que cuidava de propriedade intelectual, especializada na área de entretenimento; disse que em algum momento talvez tivesse que se mudar para Los Angeles ou Nova York, para seguir sua carreira.

Ah, Michelle tinha muitos planos naquele dia, querendo andar depressa, sem tempo, como me disse, para distrações — em especial homens. Mas tinha uma risada fácil e bonita, e notei que parecia não estar com muita pressa para voltar ao escritório. E havia outra coisa, uma cintilação que dançava nos olhos redondos e escuros sempre que eu olhava para ela, uma leve insinuação de incerteza, como se, lá no fundo, ela soubesse como as coisas são frágeis e que se deixasse correr solto, ainda que por um momento, todos os planos poderiam ir por água abaixo. Isso de alguma forma me tocou, esse traço de vulnerabilidade. Eu quis conhecer essa parte dela.

Nas semanas seguintes, vimo-nos praticamente todos os dias, na biblioteca de direito, na lanchonete ou numa das muitas saídas que as firmas de advocacia organizam para os associados de verão com o objetivo de convencê-los de que a vida de um advogado não consiste em horas intermináveis dedicadas ao exame de documentos. Ela me levou a uma dessas festas, ignorando, com muito tato, meu limitado guarda-roupa e até mesmo me induzindo a sair com algumas amigas suas. Recusava-se, no entanto, a sair sozinha comigo. Não convinha, disse, porque ela era minha orientadora.

"Desculpa furada", falei. "Me diga, qual é a orientação que você está me dando? Você me mostra como é que a copiadora funciona. Você me diz quais são os restaurantes que vale a pena experimentar. Não acredito que os sócios achem que você sair comigo uma vez é uma violação da política da firma."

Ela sacudiu a cabeça. "Desculpe."

"O.k., eu peço demissão. O que acha? Você é minha orientadora. Me diga com quem devo falar."

Acabei vencendo pelo cansaço. Depois de um piquenique da firma, ela me levou de carro até meu apartamento, e me ofereci para comprar-lhe um cone de sorvete na Baskin-Robbins do outro lado da rua. Sentamo-nos no meio-fio e comemos nossos cones no calor pegajoso da tarde, e eu lhe contei que tinha trabalhado na Baskin-Robbins quando adolescente e que era difícil parecer descolado e moderno com um avental e um boné marrons. Ela me disse que por um período de dois ou três anos, quando criança, se recusara a comer qualquer coisa que não fosse manteiga de amendoim e gelatina. Eu lhe falei que gostaria de conhecer sua família. Ela respondeu que também gostaria disso. Perguntei se poderia beijá-la. Teve gosto de chocolate.

Passamos o resto do verão juntos. Eu lhe contei como era o trabalho de líder comunitário, a vida na Indonésia e a prática do *"bodysurf"*. Ela me falou dos seus amigos de infância, e de uma viagem que tinha feito a Paris quando estava no ensino médio, e das suas músicas favoritas de Stevie Wonder.

Mas só comecei a entender Michelle quando conheci sua família. Visitar a casa dos Robinson foi como ir ao estúdio da série *Leave it to Beaver*. Havia Frasier, o pai bondoso e bem-humorado, que jamais faltava ao trabalho ou a um jogo de bola dos filhos. Havia Marian, a mãe bonita e sensata que fazia bolos de aniversário, mantinha a casa em ordem e trabalhava como voluntária na escola para ter certeza de que seus filhos se comportavam direito e que os professores faziam o que se esperava que fizessem. Havia Craig, o irmão astro do basquete, alto, simpático, educado e engraçado, que trabalhava como banqueiro de investimento mas sonhava em ser treinador. E havia tios, tias e primos por toda parte, passando para sentar um pouco à mesa da cozinha, comer até arrebentar, contar histórias malucas, escutar a coleção de jazz do Vovô e rir até noite alta.

Só faltava mesmo o cachorro. Marian não queria um cachorro destruindo a casa.

O que tornava essa visão de felicidade doméstica ainda mais impressionante era o fato de que os Robinson tinham tido que superar dificuldades raramente vistas no horário nobre da tv. Havia os problemas costumeiros de raça, claro: as limitadas oportunidades oferecidas aos pais de Michelle, criados em Chicago nos anos 1950 e 1960; as manobras dos corretores imobiliários para afastar brancos e a exploração do pânico, que tinham afugentado famílias brancas do seu bairro; a energia extra exigida dos pais negros para compensar os salários mais baixos, as ruas mais violentas, os playgrounds malcuidados e as escolas indiferentes.

Mas havia uma tragédia mais específica no centro da casa dos Robinson. Quando o pai de Michelle tinha trinta anos, na plenitude da vida, os médicos o diagnosticaram com uma esclerose múltipla. Pelos 25 anos seguintes, com a doença se agravando, ele cumpriu suas responsabilidades para com a família sem um traço sequer de autopiedade, saindo uma hora mais cedo todas as manhãs para chegar ao trabalho, lutando para realizar qualquer ato físico, desde dirigir um carro até abotoar a camisa, rindo e gracejando enquanto se esforçava — de início mancando e depois com a ajuda de duas bengalas, a cabeça calva transpirando — para atravessar um campo e ver o filho jogar ou a sala de estar e dar um beijo na filha.

Depois que nos casamos, Michelle me ajudaria a compreender o preço oculto que a doença do pai custara à família; o peso do fardo que a mãe de Michelle tinha sido obrigada a carregar; o quanto a vida deles tinha sido limitada, planejando em detalhes mesmo a saída mais breve para evitar problemas ou constrangimentos; como a vida era assustadoramente aleatória por baixo dos sorrisos e das gargalhadas.

Mas naquela época eu só via felicidade na casa dos Robinson. Para alguém como eu, que mal conhecera o pai, que passara a maior parte da vida viajando de um lugar para outro, com parentes espalhados pelos quatro ventos, a casa que Frasier e Marian Robinson tinham construído para eles e os filhos despertou desejos de estabilidade e de pertencer a algum lugar, de cuja existência eu não estava consciente. Assim como Michelle talvez visse em mim uma vida de aventura, risco, viagens a terras exóticas — um horizonte mais amplo do que o que ela até então se permitira.

Seis meses depois que Michelle e eu nos conhecemos, o pai dela morreu subitamente de complicações decorrentes de uma cirurgia renal. Voei de volta a Chicago para ir ao enterro, Michelle com a cabeça no meu ombro ao lado da sepultura. Quando o caixão baixava, prometi a Frasier Robinson tomar conta de sua menina. Percebi que de certa maneira tácita, ainda experimental, ela e eu já nos tornávamos uma família.

Fala-se muito hoje em dia sobre o declínio da família americana. Conservadores sociais alegam que a família tradicional está sendo atacada pelos filmes de Hollywood e pelas paradas de orgulho gay. Liberais apontam para fatores econômicos — como salários estagnados e creches inadequadas — que submetem as famílias a dificuldades cada vez maiores. Nossa cultura popular alimenta o medo, com histórias de mulheres condenadas a uma vida de solteira, homens sem querer assumir compromissos duradouros e adolescentes envolvidos em infindáveis aventuras sexuais. Nada parece estabelecido como no passado; nossos papéis e nossas relações parecem estar em aberto.

Com toda essa angústia, talvez seja útil darmos um passo atrás e lembrarmos que a instituição do casamento não vai desaparecer tão cedo. Embora seja verdade que os índices tenham diminuído desde os anos 1950, parte desse declínio resulta do fato de que mais americanos casam tarde para concluir os estudos ou para consolidar uma carreira; aos 45 anos, 89% das mulheres e 83% dos homens já casaram pelo menos uma vez. Os casais com papel passado continuam a chefiar 67% das famílias americanas, e a ampla maioria dos americanos ainda considera o casamento o melhor alicerce para a intimidade pessoal, a estabilidade econômica e a criação de filhos.

Apesar disso, não há como negar que a natureza da família mudou nos últimos cinquenta anos. Embora as taxas de divórcio tenham caído 21% desde o pico no fim dos anos 1970 e começo dos anos 1980, metade de todos os primeiros casamentos ainda acaba em divórcio. Em comparação com nossos avós, toleramos mais o sexo antes do casamento, somos mais inclinados a morar junto sem casar e a viver sozinhos. Também é muito maior a probabilidade de criarmos filhos em lares não tradicionais; 60% de todos os divórcios envolvem filhos, 33% de todas as crianças nascem fora do casamento e 34% dos filhos não vivem com os pais biológicos.

Essas tendências são particularmente acentuadas na comunidade afro-americana, onde é correto dizer que a família nuclear está à beira do colapso. Desde 1950, o índice de casamentos entre as mulheres negras despencou de 62% para 36%. De 1960 a 1995, o número de crianças afro-americanas que vivem com dois pais casados caiu mais da metade; hoje, 54% de todas as crianças afro--americanas vivem em casas de pais solteiros, em comparação com 23% de todas as crianças brancas.

Para os adultos, pelo menos, o efeito dessas mudanças é misto. Pesquisas sugerem que em média os casais casados são mais saudáveis, ricos e felizes, mas ninguém diria que homens e mulheres se beneficiam da armadilha de um casamento ruim ou abusivo. Com certeza, faz sentido a decisão de um número cada vez maior de americanos de casar mais tarde; não só a economia da informação de hoje exige mais tempo na escola, mas estudos mostram que aqueles que esperam para casar já perto dos trinta ou dos quarenta têm maior probabilidade de permanecer casados do que os que se casam mais cedo.

Seja qual for o efeito para os adultos, porém, essas tendências não têm sido tão boas para nossos filhos. Muitas mães solteiras — incluindo a que me criou — fazem um trabalho heroico em nome dos filhos. Apesar disso, filhos que vivem com mães solteiras têm cinco vezes mais probabilidade de virem a ser pobres do que filhos criados em casas com pais e mães. Filhos de pais solteiros também são mais propensos a abandonar os estudos e a se tornar pais adolescentes, mesmo quando não se leva em conta a renda. E as provas sugerem que, em média, filhos que vivem com o pai e a mãe biológicos têm mais êxito na vida do que os que vivem com padrastos e madrastas ou com parceiros não casados.

À luz desses fatos, políticas que fortalecem o casamento, para quem escolhe casar, e que desencorajam nascimentos não desejados fora do casamento são objetivos sensatos a almejar. Por exemplo, a maioria das pessoas concorda que nem os programas federais de assistência social, nem o código tributário deveriam penalizar os casais formalmente casados; os aspectos da reforma previdenciária de Clinton e os elementos do plano fiscal de Bush que reduzem a penalização dos casais contam com forte apoio bipartidário.

O mesmo vale para a prevenção da gravidez adolescente. Todos concordam que a gravidez adolescente expõe a mãe e o filho a problemas de todos os tipos. Desde 1990, a taxa de gravidez adolescente caiu 28%, uma autêntica boa notícia. Mas adolescentes ainda são responsáveis por quase um quarto dos nascimentos fora do casamento e mães adolescentes têm uma tendência adicional a dar à luz fora do casamento quando ficam mais velhas. Programas comunitários de eficácia comprovada na prevenção da gravidez indesejada — tanto por incentivar a abstinência como por promover o uso adequado de medidas anticoncepcionais — merecem amplo apoio.

Finalmente, estudos preliminares mostram que seminários de educação matrimonial podem fazer uma diferença real ajudando casais casados a ficarem juntos e incentivando casais não casados que vivem juntos a formarem vínculos mais duradouros. Ampliar o acesso de casais de baixa renda a esses serviços, talvez em combinação com treinamento profissional, colocação no mercado, cobertura médica e outros serviços já disponíveis, deveria ser algo sobre o qual todos estivessem de acordo.

Mas para muitos conservadores sociais, essas abordagens com base no bom senso são insuficientes. Eles querem a volta a épocas passadas, quando a sexualidade fora do casamento estava sujeita a castigo e a vergonha, conseguir um divórcio era muito mais difícil e o casamento oferecia não apenas realização pessoal, mas também papéis sociais bem definidos para homens e mulheres. Em sua opinião, qualquer política governamental que pareça recompensar ou mesmo que seja neutra em relação ao que consideram comportamento imoral — oferecendo controle da natalidade a jovens, serviços de aborto, assistência social a mulheres não casadas ou reconhecimento jurídico de uniões entre pessoas do mesmo sexo — desvaloriza intrinsecamente os vínculos matrimoniais. Essas políticas, segundo eles, nos levam um pouco mais para perto de um mundo novo distópico no qual as diferenças de gênero desaparecem, o sexo torna-se apenas recreativo, o casamento é descartável, a maternidade inconveniente e a civilização se apoia em areia movediça.

Compreendo esse impulso para restaurar um senso de ordem a uma cultura em constante transformação. E sem dúvida dou valor ao desejo dos pais de protegerem os filhos contra valores que consideram nocivos; é um sentimento que costumo compartilhar quando ouço as palavras de canções tocadas no rádio.

Mas, de modo geral, tenho pouca simpatia por aqueles que gostariam que o governo se encarregasse da tarefa de impor uma moralidade sexual. Como a maioria dos americanos, considero as decisões sobre sexo, casamento, divórcio e criação de filhos altamente pessoais — entranhadas no nosso sistema de liberdade individual. Quando essas decisões pessoais levantam a possibilidade de significativos danos a outras pessoas — como nos casos de abuso de criança, no incesto, na bigamia, na violência doméstica e no não pagamento de pensão para os filhos —, a sociedade tem o direito e o dever de intervir. (Os que acreditam que o feto já é uma pessoa com individualidade própria incluiriam o aborto nessa categoria.) Fora isso, não tenho o menor interesse em ver o presidente, o Congresso ou uma burocracia governamental regulamentando o que se passa nos quartos dos Estados Unidos.

Além disso, não acredito que fortalecemos a família intimidando ou coagindo pessoas a manterem relacionamentos que achamos que seriam melhores para elas — ou punindo aqueles que não correspondem aos nossos critérios de boa conduta sexual. Quero incentivar os jovens a mostrarem mais reverência pelo sexo e pela intimidade, e bato palmas para os pais, as congregações e os programas comunitários que transmitem essa mensagem. Mas não tenho a menor vontade de condenar uma adolescente a uma vida de dificuldades só por falta de acesso a métodos de controle da natalidade. Quero que os casais compreendam o valor da dedicação e dos sacrifícios que o casamento implica. Mas não estou disposto a usar a força da lei para manter casais unidos independentemente de suas circunstâncias pessoais.

Talvez eu considere variados demais os caminhos do coração humano, e imperfeita demais a minha vida, para achar que estou qualificado para servir de árbitro moral. Sei que em nossos catorze anos de casamento, Michelle e eu nunca tivemos uma discussão por causa do que outras pessoas fazem da sua vida.

O que discutimos, sim — repetidas vezes —, é sobre como equilibrar trabalho e família, de um modo que seja justo para Michelle e bom para nossas filhas. Não somos os únicos. Nos anos 1960 e começo dos anos 1970, a casa onde Michelle foi criada era a norma — mais de 70% das famílias tinham uma mãe em casa e confiavam no pai como arrimo da família.

Hoje, esses números estão invertidos. Entre as famílias com filhos, 70% são chefiadas por pai e mãe que trabalham fora ou por um pai ou mãe que trabalha fora. O resultado tem sido o que minha diretora de política e especialista nas relações trabalho-família Karen Kornbluch chama de "família malabarista", na qual os pais lutam para pagar as contas, tomar conta dos filhos, sustentar uma casa e cuidar do próprio relacionamento. Manter todas as bolas no ar tem um alto custo para a vida de família. Como explicou Karen quando era diretora do Programa Trabalho e Família na New America Foundation e depôs perante o Subcomitê do Senado para Crianças e Famílias:

> Os americanos hoje têm 22 horas a menos por semana para passar com os filhos do que em 1969. Milhões de crianças são deixadas diariamente com cuidadores sem licença oficial — ou sozinhas em casa com a TV servindo de babá. Mães que trabalham fora perdem quase uma hora de sono por dia na tentativa de fazer tudo funcionar. Dados recentes mostram que pais com filhos em idade escolar mostram sinais de estresse severo — estresse que tem impacto em sua produtividade no trabalho — quando seus empregos são inflexíveis e os arranjos para cuidar dos filhos depois das aulas são instáveis.

Parece familiar?

Muitos conservadores sociais sugerem que esse fluxo de mulheres que saem de casa para o trabalho é consequência direta da ideologia feminista e, portanto, poderia ser revertido se as mulheres tivessem um pouco de juízo e retomassem seus trabalhos domésticos tradicionais. É verdade que ideias sobre a igualdade das mulheres desempenharam um papel decisivo na transformação do local de trabalho; na cabeça da maioria dos americanos, a oportunidade de as mulheres seguirem uma carreira, alcançarem independência econômica e desenvolverem seus talentos em pé de igualdade com os homens foi uma das grandes conquistas da vida moderna.

Mas para a americana média, a decisão de trabalhar não é apenas uma questão de mudança de atitude. É uma questão de pagar as contas.

Vejamos os fatos. Nos últimos trinta anos, a renda média dos homens americanos aumentou menos de 1%, levando em conta a inflação. Enquanto isso, o custo de tudo, da moradia à assistência médica e à educação, aumenta regularmente. O que impede que uma grande parcela das famílias americanas deixe de pertencer à classe média tem sido o contracheque da mãe. Em seu livro *The Two-Income Trap* [A armadilha de ter duas rendas], Elizabeth Warren e Amelia Tyagi mostram que o salário adicional que as mães levam para casa não serve para comprar artigos de luxo. Em vez disso, quase todo ele vai para a compra daquilo que as famílias consideram investimento no futuro dos filhos — educação pré- -escolar, despesas da faculdade e, principalmente, casas em bair- ros seguros com boas escolas. Na verdade, esses custos fixos e as despesas adicionais de uma mãe trabalhadora (em particular com alguém para cuidar dos filhos e um segundo carro) deixam a fa- mília média que tem duas fontes de renda com menos dinheiro extra para gastar — e menos segurança financeira — do que as famílias de salário único trinta anos atrás.

Assim sendo, seria possível para a família média retornar a uma vida de salário único? Não quando todas as outras famílias da quadra ganham dois salários e fazem aumentar os preços das casas, das escolas e das despesas de faculdade. Warren e Tyagi mostram que uma família média de salário único que hoje ten- tasse levar uma vida de classe média teria 60% menos dinheiro para gastar do que uma família parecida nos anos 1970. Em ou- tras palavras, para a maioria das famílias, ter a mãe em casa significa viver num bairro menos seguro e matricular os filhos em escolas menos competitivas.

Não é uma escolha que a maioria dos americanos estaria disposta a fazer. Em vez disso, eles fazem o melhor que as circunstâncias permitem, sabendo que o tipo de casa em que foram criados — o tipo de casa em que Frasier e Marian Robinson criaram os filhos — ficou muito, muito mais difícil de sustentar.

Tanto homens como mulheres precisaram adaptar-se às novas realidades. Mas é difícil discordar de Michelle quando ela afirma que os fardos da família moderna ficaram mais pesados para as mulheres.

Nos primeiros anos do nosso casamento, Michelle e eu passamos pelos ajustes comuns a todos os casais: interpretar o humor um do outro, aceitar as peculiaridades e os hábitos de um estranho o tempo inteiro presente. Michelle gostava de acordar cedo e era quase incapaz de manter os olhos abertos depois das dez da noite. Eu era um corujão e podia ser um tanto ranzinza (mesquinho, diria Michelle) na primeira meia hora depois de me levantar. Em parte porque ainda trabalhava no meu primeiro livro e talvez porque tivesse vivido boa parte da vida como filho único, eu tinha o hábito de passar o fim da tarde enfurnado no escritório, nos fundos do nosso comprido apartamento; o que para mim era normal, fazia Michelle sentir-se solitária. Eu invariavelmente deixava a manteiga fora da geladeira depois do café da manhã e esquecia de amarrar o lacinho da embalagem do pão; Michelle acumulava quantidades extraordinárias de multas de estacionamento.

Mas aqueles primeiros anos na verdade foram repletos dos pequenos prazeres da vida — ir ao cinema, jantar com amigos, assistir de vez em quando a um show. Ambos trabalhávamos muito: eu advogava numa pequena firma especializada em direitos civis e tinha começado a lecionar na Faculdade de Direito da Universidade de Chicago, e Michelle decidira abandonar a advocacia, primeiro para trabalhar no Departamento de Planejamento e depois para dirigir a filial em Chicago de um programa nacional de serviços chamado Aliados Públicos. O tempo que passávamos juntos ficou ainda mais espremido quando concorri ao legislativo estadual, mas apesar das minhas longas ausências e da sua antipatia pela política em geral, Michelle apoiou a decisão. "Sei que é uma coisa que você quer fazer", me dizia. Nas noites que eu passava em Springfield, conversávamos e ríamos ao telefone, compartilhando o humor e as frustrações dos nossos dias de separação, e eu ia dormir feliz sabendo que nos amávamos.

Então nasceu Malia, uma bebê do Quatro de Julho, tão calma e tão linda, com olhos graúdos, hipnóticos, que pareciam interpretar o mundo a partir do instante em que se abriram pela primeira vez. Malia chegou num momento ideal para nós dois: como as sessões no legislativo tinham terminado e eu não precisava lecionar no verão, pude passar todas as noites em casa. Michelle, por sua vez, resolvera aceitar um cargo em tempo parcial na Universidade de Chicago para poder passar mais tempo com a filha, e o novo emprego só começava em outubro. Durante três meses mágicos, nós dois cuidamos, nervosos, da nossa bebê, checando o berço para ver se estava respirando, tentando fazê-la sorrir, cantando para ela e tirando tantas fotos que começamos a ter medo de prejudicar seus olhos. De repente, a nossa diferença de biorritmo tornou-se uma bênção: enquanto Michelle desfrutava de um merecido sono, eu ficava acordado até uma ou duas da manhã, trocando fraldas, aquecendo leite materno, sentindo a suave respiração de minha filha contra o peito enquanto a balançava nos braços para dormir, tentando adivinhar que sonhos de bebê estaria sonhando.

Mas quando o outono chegou — quando minhas aulas foram retomadas, o legislativo entrou de novo em sessão e Michelle voltou ao trabalho — nossa relação começou a dar sinais de desgaste. Era comum eu me ausentar por três dias seguidos, e, mesmo quando estava em Chicago, às vezes precisava participar de reuniões à noite, corrigir provas ou redigir sumários. Michelle descobriu que emprego em tempo parcial sempre dava um jeito de esticar-se. Encontramos uma babá maravilhosa para cuidar de Malia enquanto trabalhávamos, mas, com uma empregada em tempo integral na nossa folha de pagamento, o dinheiro encolheu.

Cansados e estressados, tínhamos pouco tempo para conversas e menos ainda para romance. Quando lancei minha malfadada candidatura ao Congresso, Michelle sequer se deu ao trabalho de fingir que a decisão lhe agradava. Minha incapacidade de limpar a cozinha de repente deixou de ser engraçada. Quando me inclinava para dar um beijo de despedida em Michelle de manhã, tudo que eu conseguia era um beijinho na bochecha. Quando Sasha nasceu — tão linda e quase tão calma quanto a irmã —, minha esposa parecia ter dificuldade para conter a raiva que sentia de mim.

"Você só pensa em si mesmo", dizia ela. "Nunca pensei que fosse ter que cuidar sozinha da família."

Essas acusações doíam; eu achava que ela estava sendo injusta. Afinal, eu não saía para farrear todas as noites com os amigos. Eu exigia pouco de Michelle — não esperava que remendasse minhas meias nem que eu encontrasse o jantar esperando por mim quando chegasse em casa. Sempre que possível, eu ajudava com as meninas. Tudo que pedia em troca era um pouco de ternura. Em vez disso, eu estava sempre tendo que negociar cada detalhe da administração da casa, longas listas de coisas que eu deveria fazer ou tinha esquecido de fazer e uma atitude geral de amargura. Eu dizia a Michelle que, em comparação com a maioria das famílias, tínhamos uma sorte incrível. Lembrava também que, apesar de todos os meus defeitos, eu amava as meninas e a ela acima de tudo. Meu amor deveria bastar, pelo menos era o que eu achava. Na minha opinião, ela não tinha motivos de queixa.

Foi só mesmo refletindo, depois que as provações daqueles anos ficaram para trás e as meninas entraram na escola, que comecei a entender o que Michelle tinha passado naquela época, as lutas tão típicas das mães trabalhadoras de hoje. Por mais que eu me considerasse desconstruído — por mais que repetisse a mim mesmo que Michelle e eu éramos parceiros iguais em tudo, que os sonhos e as ambições dela eram tão importantes quanto os meus — o fato é que, quando as crianças chegaram, era de Michelle e não de mim que se esperava os ajustes necessários. Eu ajudava, claro, mas sempre nos termos impostos por mim, de acordo com minha programação. Enquanto isso, era ela que tinha de interromper sua carreira. Era ela que tinha de providenciar que as meninas fossem alimentadas e tomassem banho todas as noites. Se Malia ou Sasha adoeciam ou se a babá não aparecia, era ela que, quase sempre, pegava o telefone para cancelar uma reunião de trabalho.

Não era só a correria constante entre o trabalho e as crianças que tornava a situação de Michelle tão difícil. Era também o fato de que, do seu ponto de vista, ela não estava fazendo nada direito. Isso não era verdade, claro; os patrões a adoravam e o consenso geral é que era uma mãe excelente. Mas passei a ver que, na cabeça dela, duas visões de si mesma guerreavam uma com a outra — o desejo de ser a mulher que sua mãe tinha sido, sólida, confiável, criando um lar e sempre presente para os filhos; e o desejo de sobressair na profissão, de deixar sua marca no mundo e realizar todos os planos que tinha no dia em que nos conhecemos.

No fim, acho que foi graças à força de Michelle — sua disposição de administrar essa tensão e de fazer sacrifícios por mim e pelas meninas — que atravessamos os tempos difíceis. Mas além disso tivemos a nosso dispor recursos que muitas famílias americanas não têm. Para começar, o status meu e de Michelle como profissionais significava que podíamos rearranjar nossas agendas para cuidar de uma emergência (ou simplesmente tirar um dia de folga) sem o risco de perdermos o emprego. Entre os trabalhadores americanos, 57% não têm esse privilégio; na verdade, a maioria não pode tirar um dia de folga para cuidar de um filho sem descontar do salário ou dos dias de férias. Para os pais que tentam estabelecer seus próprios horários, flexibilidade significa aceitar empregos em tempo parcial ou temporários, sem perspectivas de carreira e com poucos benefícios ou sem benefício algum.

Michelle e eu também tínhamos renda suficiente para cobrir as despesas de todos esses serviços que ajudam a aliviar as pressões de famílias em que pai e mãe trabalham fora: cuidadores de criança confiáveis, babá extra sempre que precisássemos, jantares prontos para levar para casa quando nos faltava tempo ou energia para cozinhar, alguém para limpar a casa uma vez por semana, pré-escola particular e acampamentos de verão quando as meninas tivessem idade. Para a maioria das famílias americanas, essa ajuda é financeiramente inviável. O custo de ter alguém para tomar conta das crianças é especialmente proibitivo; os Estados Unidos são um dos únicos países ocidentais que não oferecem creches de alta qualidade, subsidiadas pelo governo, para todos os trabalhadores.

Por fim, Michelle e eu contávamos com minha sogra, que mora a apenas quinze minutos de distância, na mesma casa em que Michelle foi criada. Marian, uma senhora de sessenta e muitos anos, parece dez anos mais jovem e no ano passado, quando Michelle voltou a trabalhar em tempo integral, decidiu reduzir suas horas no banco para poder pegar as meninas na escola e cuidar delas todas as tardes. Para muitas famílias americanas, essa ajuda simplesmente não existe; na verdade, para muitas famílias, a situação se inverte — alguém precisa cuidar de um pai idoso, além de todas as outras responsabilidades familiares.

Claro, não é possível para o governo federal oferecer a cada família uma sogra maravilhosa, saudável, meio aposentada, que ainda por cima mora perto. Mas se os valores de família são realmente importantes para nós, é sempre possível estabelecermos políticas que facilitem um pouco o malabarismo entre trabalho e criação de filhos. Poderíamos começar tornando serviços de creche de alta qualidade acessíveis a todas as famílias que precisem. Ao contrário da maioria dos países europeus, os serviços de creche nos Estados Unidos são um negócio meio imprevisível. O treinamento de cuidadores e o licenciamento de serviços de creche de qualidade, uma ampliação dos créditos fiscais federais e estaduais para filhos, e a concessão de subsídios variáveis para famílias que necessitem poderiam dar a pais de classe média, ou de baixa renda, alguma paz de espírito durante o dia de trabalho — e beneficiar os empregadores com a redução das faltas.

É hora também de reformularmos nossas escolas — não só em nome dos pais que trabalham fora, mas também para ajudar a preparar nossas crianças para um mundo mais competitivo. Incontáveis estudos confirmam os benefícios educacionais de bons programas pré-escolares, sendo por isso que até mesmo famílias em que um dos pais fica em casa costumam recorrer a eles. O mesmo é verdade para dias escolares mais longos, aulas no verão e programas para depois das aulas. Dar a todas as crianças acesso a esses benefícios custaria dinheiro, mas, fazendo parte de uma reforma escolar mais ampla, é um custo que nós, como sociedade, deveríamos estar dispostos a assumir.

Acima de tudo, precisamos trabalhar com os patrões para aumentar a flexibilidade dos horários de trabalho. O governo Clinton deu passos nessa direção com a Lei sobre Família e Licença Médica (FMLA), mas, como a lei exige apenas licença não remunerada e só se aplica a empresas com mais de cinquenta empregados, a maioria dos trabalhadores americanos não foi beneficiada.

E, apesar de todos os países ricos, com uma única exceção, oferecerem alguma forma de licença parental remunerada, a resistência da comunidade empresarial a licenças remuneradas obrigatórias tem sido feroz, em parte pela preocupação com os efeitos negativos sobre as pequenas empresas.

Com um pouco de criatividade, conseguiríamos romper esse impasse. Recentemente, a Califórnia adotou as licenças remuneradas através do seu fundo de seguros para invalidez, garantindo, dessa forma, que os custos não sejam assumidos apenas pelos empregadores.

Podemos também dar aos pais flexibilidade para satisfazer suas necessidades diárias. Muitas empresas de grande porte já oferecem horários flexíveis e dizem ter havido uma elevação do moral entre os empregados e uma redução da rotatividade. A Grã-Bretanha adotou uma nova abordagem — como parte de uma "Campanha de Equilíbrio entre Trabalho e Vida Pessoal" altamente popular, pais com filhos de até seis anos têm o direito de pedir por escrito que os patrões mudem seus horários. Nada obriga os patrões a concordarem, mas eles têm que discutir o assunto com os interessados; até agora, um quarto de todos os pais britânicos com esse direito conseguiu negociar horas mais aceitáveis para a família, sem queda de produtividade. Com uma combinação de políticas inovadoras, de assistência técnica e de maior consciência da população, o governo pode ajudar as empresas a tratar bem seus empregados, a um custo mínimo.

Nenhuma dessas políticas, claro, precisa desencorajar as famílias a manterem um pai em casa, independentemente dos sacrifícios financeiros. Para algumas famílias, isso pode significar abrir mão de algum conforto material. Para outras, pode significar educação escolar em casa, ou a mudança para uma comunidade onde o custo de vida seja mais baixo. Para outras famílias, ainda, pode ser o pai que fica em casa — embora para a maioria das famílias a principal responsável por cuidar da casa ainda seja a mãe.

Seja qual for o caso, essas decisões deveriam ser respeitadas. Se existe uma coisa sobre a qual os conservadores sociais estão certos é que nossa cultura moderna às vezes não entende por inteiro a extraordinária contribuição emocional e financeira — os sacrifícios e o simples trabalho duro — da mãe que permanece em casa. Onde os conservadores sociais estão errados é na afirmação de que esse papel tradicional é inato — o melhor ou o único modelo de maternidade. Quero que minhas filhas possam escolher o que for melhor para elas e para suas famílias. Se terão ou não terão essa possibilidade de escolha vai depender não apenas dos seus próprios esforços ou atitudes. Como me ensinou Michelle, vai depender também de os homens — e a sociedade americana — respeitarem suas escolhas e a elas se adaptarem.

"Oi, papai."

"Oi, amorzinho."

É sexta-feira à tarde e cheguei cedo em casa para tomar conta das meninas enquanto Michelle vai ao cabeleireiro. Puxo Malia para lhe dar um abraço e noto que há uma menina loura em nossa cozinha, olhando-me através de um par de óculos enormes.

"Quem é?", pergunto, pondo Malia no chão.

"É a Sam. Ela veio brincar."

"Oi, Sam." Estendo a mão a Sam, que hesita por um momento antes de apertá-la sem muita convicção. Malia revira os olhos.

"Olha, papai... não se aperta a mão de crianças."

"Não?"

396

"Não", diz Malia. "Nem adolescentes apertam as mãos. Você talvez não tenha percebido, mas estamos no século xxi." Malia olha para Sam, que sufoca uma risada.

"E o que se faz no século xxi?"

"Diz apenas 'oi'. Às vezes acena com a mão. Só isso."

"Entendi. Espero não ter deixado você encabulada."

Malia sorri. "Tudo bem, papai. Você não sabia, porque está acostumado a apertar a mão de adultos."

"Isso mesmo. Cadê sua irmã?"

"Lá em cima."

Subo a escada e encontro Sasha em pé, só de calcinha e uma parte de cima cor-de-rosa. Ela me puxa para dar um abraço e diz que não consegue encontrar uma bermuda. Procuro no armário e encontro uma bermuda azul bem em cima da cômoda.

"E isto é o quê?"

Sasha franze a testa e, relutante, pega a bermuda e veste. Minutos depois, salta em meu colo.

"Não é confortável, papai."

Voltamos ao armário de Sasha. Ali parada, ela parece uma versão materna de noventa centímetros de altura. Malia e Sam entram para assistir ao impasse.

"Sasha não gosta de nenhuma dessas bermudas", explica Malia.

Viro-me para Sasha e pergunto por quê. Ela me olha cuidadosamente, avaliando-me.

"Rosa e azul não combinam", diz ela, por fim.

Malia e Sam dão risadinhas. Tento parecer tão sério quanto Michelle nessas situações e mando Sasha vestir a bermuda. Ela obedece, mas percebo que só faz isso para me agradar.

Minhas filhas nunca me levam a sério quando tento ser durão.

Como muitos homens hoje em dia, fui criado sem um pai na casa. Minha mãe e meu pai divorciaram-se quando eu tinha apenas dois anos de idade, e pela maior parte da vida eu só o conheci pelas cartas que ele mandava e pelas histórias que minha mãe e meus avós contavam. Havia homens na minha vida — um padrasto com quem morei por quatro anos e meu avô, que, juntamente com minha avó, ajudou a me criar o resto do tempo — e ambos eram homens bons, que me tratavam com afeição. Mas minhas relações com eles eram, em essência, parciais, incompletas. No caso do meu padrasto, por causa do curto período que convivemos e da sua natureza reservada. E, apesar de ser muito chegado ao meu avô, ele era velho demais e tinha problemas demais para me orientar na vida.

Foram as mulheres, portanto, que deram estabilidade à minha trajetória — minha avó, cujo resoluto pragmatismo mantinha minha família livre de dificuldades, e minha mãe, cujo amor e cuja clareza de espírito davam foco ao mundo de minha irmã e ao meu. Graças a elas, nunca me faltou nada importante. Delas, assimilei os valores que me guiam até hoje.

Apesar disso, à medida que envelheço vou me dando conta de como foi difícil para minha mãe e para minha avó nos criarem sem uma forte presença masculina na casa. Senti também a marca deixada num filho pela ausência de um pai. E decidi que a irresponsabilidade do meu pai para com seus filhos, a distância mantida por meu padrasto e os fracassos do meu avô me serviriam de exemplos práticos e que minhas filhas teriam um pai com quem pudessem contar.

No sentido mais básico, tive êxito. Meu casamento está intacto, e minha família tem tudo de que necessita. Frequento reuniões de pais e mestres, vou a apresentações de dança, e minhas filhas sentem que as adoro. Apesar disso, de todas as áreas da minha vida, é sobre as minhas qualidades de marido e de pai que mais tenho dúvidas.

Sei que não estou sozinho nisso; em certo nível, vivo as mesmas emoções conflitantes que outros pais sentem ao navegar numa economia flutuante, entre normas sociais em constante mudança. Ainda que seja cada vez mais inatingível, a imagem do pai dos anos 1950 — sustentando a família com um emprego das nove às cinco, sentando-se à mesa para o jantar que sua mulher prepara todas as noites, treinando times escolares e manejando com habilidade suas ferramentas elétricas ou a gasolina — paira sobre a cultura de forma tão poderosa quanto a imagem da mãe que está sempre em casa. Para muitos homens de hoje, a incapacidade de ser o único arrimo da família é motivo de frustração e até vergonha; não é preciso ser determinista em economia para perceber que os altos índices de desemprego e os baixos salários contribuem para a falta de envolvimento parental e para os baixos índices de casamento entre homens afro-americanos.

Para os homens que trabalham, não menos do que para as mulheres que trabalham, as condições de emprego mudaram. Do pai, seja ele um profissional bem pago ou um operário na linha de montagem, espera-se que trabalhe mais horas do que o fazia no passado. E esses horários de trabalho mais exigentes ocorrem bem na época em que se espera dos pais que se envolvam mais ativamente na vida dos filhos do que os pais deles se envolveram na sua.

Mas ainda que a distância entre a ideia de paternidade em minha cabeça e a realidade consensual que vivo não seja um caso único, isso não alivia a sensação de que nem sempre dou à minha família tudo que poderia dar. No último Dias dos Pais, fui convidado para falar na Igreja Batista de Salem, no sul de Chicago. Não preparei um texto, mas escolhi como tema "o que é preciso para ser um homem adulto". Sugeri que era hora de os homens em geral e os homens negros em particular deixarem de lado as desculpas para não estar presentes quando suas famílias precisam.

Lembrei aos homens da plateia que ser pai significa mais do que gerar um filho; que nós, mesmo estando fisicamente presentes em casa, muitas vezes estamos ausentes emocionalmente; que é por muitos de nós não termos tido pais em casa que precisamos redobrar nossos esforços para romper o ciclo; e que se quisermos que nossos filhos cobrem muito de si, precisamos cobrar muito de nós mesmos também.

Refletindo sobre o que eu disse, às vezes me pergunto até que ponto vivo de acordo com o que prego. Afinal, ao contrário de muitos dos homens a quem me dirigi naquele dia, não preciso ter dois empregos nem trabalhar à noite numa brava tentativa de botar comida na mesa. Posso encontrar um emprego que me permita estar em casa todas as noites. Ou um emprego que pague melhor, no qual as longas horas de trabalho pelo menos resultem em algum benefício palpável para minha família — a capacidade de Michelle de reduzir suas horas de trabalho, digamos, ou um gordo fundo fiduciário para as meninas.

Em vez disso, escolhi uma vida com horários absurdos, uma vida que exige que eu me ausente de Michelle e das meninas por longos períodos e que expõe Michelle a situações estressantes. Posso me justificar dizendo que, num sentido mais amplo, estou na política por Malia e Sasha, que meu trabalho fará do mundo um lugar melhor para elas. Mas essas racionalizações parecem frágeis e penosamente abstratas quando perco um dos almoços coletivos na escola das meninas por causa de uma votação ou quando ligo para Michelle para dizer que as sessões vão se estender por mais tempo e que teremos que adiar nossas férias. Na verdade, meu êxito recente na política não ajuda muito a aliviar a culpa; como Michelle um dia me disse, meio de brincadeira, meio a sério, ver a foto do pai no jornal deve ser legal da primeira vez, mas quando acontece o tempo todo talvez seja um tanto constrangedor.

Faço, portanto, o melhor que posso para responder à acusação que ronda a minha mente — que sou egoísta, que faço o que faço para alimentar meu ego ou preencher um vazio no coração. Quando não me ausento da cidade, tento estar em casa para o jantar, ouvir o que Malia e Sasha têm a contar sobre o seu dia, ler para elas e colocá-las na cama. Tento não programar aparições aos domingos e, no verão, uso esses dias para levar as meninas ao zoológico ou à piscina; no inverno, às vezes visitamos um museu e o aquário. Repreendo minhas filhas com suavidade quando se comportam mal e tento limitar seu consumo de televisão e de comidas que fazem mal. Em tudo isso, conto com o incentivo de Michelle, embora às vezes eu tenha a sensação de que estou invadindo o espaço dela — de que, com minhas ausências, eu talvez tenha renunciado ao direito de interferir no mundo que ela construiu.

No que se refere às meninas, elas parecem estar se desenvolvendo bem apesar dos meus sumiços frequentes. Isso é, acima de tudo, um testemunho das habilidades de Michelle como mãe; ela parece ter o toque perfeito quando se trata de Malia e Sasha, uma aptidão para impor limites sem sufocar. Também tomou todos os cuidados para que minha eleição para o Senado não alterasse demais a rotina das meninas, muito embora o que hoje nos Estados Unidos se considere uma infância normal de classe média pareça ter mudado tanto quanto o jeito de ser pai ou mãe. Foi-se o tempo em que pais simplesmente deixavam os filhos saírem e lhes diziam que estivessem de volta para o jantar. Hoje, com notícias de sequestros e uma desconfiança de tudo que seja espontâneo ou mesmo um pouco preguiçoso, a programação das crianças parece rivalizar com a dos pais. Há encontros para brincar, aulas de balé, aulas de ginástica, aulas de tênis, aulas de piano, partidas de futebol e pelo menos um aniversário por semana. Certa vez, eu disse a Malia que durante toda a minha infância eu tinha ido a exatas duas festas de aniversário, ambas com cinco ou seis meninos, chapéus de cone e um bolo. Ela me olhou como eu olhava para meu avô quando ele contava histórias de Grande Depressão — com uma mistura de fascínio e incredulidade.

Fica com Michelle a tarefa de coordenar todas as atividades das meninas, o que ela faz com a eficiência de um general. Quando posso, ofereço ajuda, o que Michelle muito aprecia, embora tenha o cuidado de limitar minhas responsabilidades. Na véspera do aniversário de Sasha em junho passado, fiquei encarregado de comprar vinte balões, pizza de queijo para vinte crianças e gelo. Parecia uma tarefa fácil, e, quando Michelle me disse que ia comprar brindes para distribuir no fim da festa, me ofereci para fazer isso também. Ela riu.

"Você não vai saber cuidar dos brindes", disse. "Deixa eu explicar esse negócio dos saquinhos de brindes. Você tem que ir a uma casa de festas e escolher os saquinhos. Depois, vai ter que escolher o que colocar dentro dos saquinhos, e o que vai para os saquinhos destinados aos meninos é diferente do que vai para os saquinhos destinados às meninas. Você vai entrar na loja e ficar andando entre as prateleiras mais ou menos uma hora, até sua cabeça explodir."

Sentindo-me um pouco menos confiante, entrei na internet. Achei um lugar que vendia balões perto do ginásio onde seria realizada a festa, e uma pizzaria que prometeu entregar as pizzas às três e 45 da tarde. Quando os convidados chegaram no dia seguinte, os balões estavam no lugar e as caixas de suco, no gelo. Sentei-me com os outros pais, conversando e observando umas vinte crianças de cinco anos correrem e pularem nos aparelhos como um bando de duendes felizes. Fiquei um pouco apreensivo às três e cinquenta, quando vi que as pizzas ainda não tinham chegado, mas o entregador apareceu dez minutos antes da hora de as crianças comerem. Craig, irmão de Michelle, sabendo da minha apreensão, veio me cumprimentar. Michelle, ao colocar os pedaços de pizza em pratos descartáveis, olhou para mim e sorriu.

Como ponto alto da festa, depois que toda a pizza foi comida e todas as caixas de suco, bebidas, depois que cantamos parabéns e comemos o bolo, os instrutores de ginástica se reuniram com a meninada em volta de um paraquedas velho e colorido e pediram que Sasha se sentasse no centro. Quando contaram até três, Sasha foi jogada para cima uma vez, depois outra e depois mais uma. E a cada vez que se erguia acima do velame inchado, ela dava risadas e mais risadas com uma expressão da mais pura alegria.

Pergunto-me se Sasha se lembrará desse momento quando crescer. Provavelmente, não; parece que só consigo recuperar fragmentos de lembrança de quando tinha cinco anos. Mas desconfio que a felicidade que ela sentiu naquele paraquedas está para sempre registrada; que momentos assim se acumulam e se imprimem no caráter da criança, tornando-se parte da sua alma. Às vezes, quando Michelle fala sobre o pai, escuto ecos dessa alegria, o amor e o respeito que Frasier Robinson conquistou não pela fama ou por feitos espetaculares, mas através de gestos pequenos, diários, comuns — um amor que conquistou por estar presente. E me pergunto se minhas filhas serão capazes de falar de mim da mesma maneira.

Na verdade, o período para criar essas lembranças fecha-se com muita rapidez. Malia já parece estar entrando noutra fase; tem mais curiosidade por meninos e relacionamentos, mais consciência do que veste. Sempre foi mais velha do que na certidão de idade, estranhamente sagaz. Certa vez, quando tinha seis anos e passeávamos à beira do lago, ela me perguntou, sem qualquer motivo aparente, se éramos ricos. Eu respondi que não éramos ricos de verdade, mas que tínhamos muito mais do que a maioria. Perguntei-lhe por que queria saber.

"É que eu estive pensando e resolvi que não quero ser rica, muito rica. Acho que prefiro uma vida simples."

Suas palavras foram tão inesperadas que não pude deixar de rir. Ela me olhou e sorriu, mas os olhos me diziam que ela falava sério.

De vez em quando, penso naquela conversa. Pergunto a mim mesmo o que Malia acha da minha vida não tão simples. Certamente percebe que outros pais assistem mais às partidas do seu time de futebol do que eu. Se isso a deixa chateada, ela não dá qualquer pista, pois Malia tende a proteger os sentimentos alheios, tentando ver o que há de melhor em cada situação. Apesar disso, para mim não chega a ser um consolo saber que minha filha de oito anos me ama o suficiente para perdoar meus defeitos.

Outro dia, consegui assistir a uma das partidas de Malia, quando a sessão terminou mais cedo na semana. Era uma bela tarde de verão, e os campos estavam tomados por famílias quando cheguei, negros, brancos, latino-americanos e asiáticos de todos os cantos da cidade, mulheres sentadas em cadeiras dobráveis, homens praticando chutes com os filhos, avós ajudando bebês a ficarem em pé. Encontrei Michelle e me sentei na grama ao lado dela, e Sasha veio sentar em meu colo. Malia já estava no campo, parte de um enxame de jogadoras em volta da bola, e, embora o futebol não seja seu esporte natural — é uma cabeça mais alta do que algumas amigas, e os pés ainda não correspondem à sua altura —, ela joga com um entusiasmo de ganhar que nos leva a gritar para incentivá-la. No intervalo, Malia veio até onde estávamos sentados.

"Tudo bem, atleta?", perguntei.

"Tudo!" Tomou um gole de água. "Tenho uma pergunta, papai."

"Diga."

"Será que a gente poderia ter um cachorro?"

"O que sua mãe acha?"

"Ela me disse para perguntar a você. Acho que vou vencê-la pelo cansaço."

Olhei para Michelle, que sorriu e encolheu os ombros.

"Que tal conversarmos sobre isso depois do jogo?", perguntei.

"Tudo bem." Malia bebeu outro gole de água e me beijou na bochecha. "É muito bom você estar em casa", disse.

Antes que eu pudesse responder, ela me deu as costas e voltou para o campo. E, por um instante, na claridade do fim do dia, achei que vi minha filha mais velha como a mulher que ela se tornaria, como se a cada passo ficasse mais alta, as formas mais maduras, as longas pernas levando-a para uma vida que era só dela.

Abracei Sasha com mais força no meu colo. Talvez percebendo o que eu sentia, Michelle pegou minha mão. E me lembrei de uma citação feita por Michelle a um repórter durante a campanha, quando ele lhe perguntou como era ser mulher de um político.

"Difícil", respondeu Michelle. Então, segundo o repórter, ela acrescentou com um sorriso malicioso: "É por isso que Barack é um homem tão agradecido".

Como sempre, minha esposa está certa.

Epílogo

Minha posse no Senado dos Estados Unidos em janeiro de 2005 completou um processo que tinha começado no dia em que anunciei minha candidatura, dois anos antes — a troca de uma vida relativamente anônima por uma muito pública.

Na verdade, muitas coisas continuam iguais. Nossa família ainda mora em Chicago. Eu ainda frequento a mesma barbearia de Hyde Park para cortar o cabelo, Michelle e eu ainda recebemos em casa os mesmos amigos que recebíamos antes da eleição, e nossas filhas ainda brincam nos mesmos playgrounds.

Apesar disso, não há dúvida de que o mundo mudou profundamente para mim, de uma forma que nem sempre me agrada reconhecer. Minhas palavras, minhas ações, meus planos de viagem e minhas declarações de imposto de renda acabam aparecendo nos jornais da manhã e nos noticiários da noite. Minhas filhas têm que aguentar a intromissão de estranhos sempre que o pai as leva ao zoológico. Mesmo fora de Chicago, é cada vez mais difícil passar despercebido nos aeroportos.

No geral, acho difícil levar a sério toda essa atenção. Afinal, há dias em que ainda saio de casa com um paletó que não combina com as calças. Meus pensamentos são tão menos arrumados e meus dias, tão menos organizados do que a imagem de mim agora projetada no mundo que isso às vezes provoca momentos de comicidade. Lembro que, na véspera da posse, minha equipe e eu resolvemos dar uma entrevista coletiva em meu escritório. Na época, eu era o 99° em antiguidade, e os repórteres se amontoaram num minúsculo escritório de transição, no subsolo do prédio de escritórios Dirksen, em frente à loja de suprimentos do Senado. Era meu primeiro dia no prédio; eu não tinha votado sequer uma vez, não tinha apresentado um único projeto — na verdade, não tinha nem me sentado à mesa quando um repórter muito sério levantou a mão e perguntou: "Senador Obama, qual é o seu lugar na história?".

Alguns colegas seus não conseguiram segurar o riso.

Parte da hipérbole pode ter tido sua origem em meu discurso na Convenção Nacional do Partido Democrata em 2004, em Boston, quando ganhei atenção nacional pela primeira vez. Na verdade, o processo que resultou na minha escolha para fazer o discurso de abertura continua sendo um mistério para mim. Eu tinha conhecido John Kerry depois das primárias de Illinois, quando falei num programa seu de arrecadação de fundos e o acompanhei num compromisso de campanha que ressaltava a importância dos programas de formação profissional. Poucas semanas depois, soubemos que o pessoal de Kerry queria que eu falasse na convenção, embora ainda não fosse claro em que condição. Certa tarde, quando eu viajava de Springfield para Chicago para um compromisso de campanha, a coordenadora da campanha de Kerry, Mary Beth Cahill, ligou para dar a notícia. Depois de desligar, virei para o meu motorista, Mike Signator.

"Acho que isto é importante à beça", disse eu.

Mike concordou: "Acho que se pode dizer que sim".

Eu só tinha ido a uma convenção democrata antes, a Convenção de 2000 em Los Angeles. E não tinha intenção de assistir àquela. Acabava de ser derrotado nas primárias democratas para a vaga do Primeiro Distrito Congressional de Illinois e tinha resolvido passar o resto do verão pondo em dia o trabalho da banca de advocacia que se acumulara durante a campanha (negligência que tinha me deixado mais ou menos sem dinheiro), bem como passar mais tempo com uma mulher e uma filha que tinham me visto muito pouco nos seis meses anteriores.

No último minuto, porém, amigos e apoiadores que planejavam ir insistiam para que eu fosse também. Diziam-me que eu precisava fazer contatos nacionais, para quando me candidatasse de novo — e, além do mais, seria divertido. Apesar de não terem dito isso na época, desconfio que achavam que a ida à convenção seria como uma terapia para mim, com base na crença de que, quando se cai do cavalo, a melhor coisa a fazer é voltar a montar imediatamente.

Acabei cedendo e reservei passagem num voo para Los Angeles. Quando pousamos, tomei o ônibus para a locadora de carros da Hertz Rent A Car, entreguei à mulher atrás do balcão o meu cartão American Express e comecei a olhar o mapa para saber como chegar a um hotel barato que eu encontrara perto de Venice Beach. Depois de alguns minutos, a mulher da Hertz voltou com ar constrangido.

"Desculpe, sr. Obama, mas seu cartão foi recusado."

"Impossível. Pode tentar de novo?"

"Tentei duas vezes. Talvez fosse melhor o senhor ligar para o American Express."

Depois de meia hora ao telefone, um compreensivo supervisor no American Express autorizou o aluguel do carro. Mas o episódio foi um presságio do que viria em seguida. Por não ser delegado, não consegui um passe para o plenário; segundo o presidente do partido em Illinois, ele já recebera pedidos demais e o melhor que pôde fazer foi me arranjar um passe para entrar no prédio da convenção. Acabei assistindo à maioria dos discursos em várias telas de televisão espalhadas pelo Staples Center, de vez em quando acompanhando amigos ou conhecidos a camarotes superiores, onde era claro que eu não deveria estar. Na terça-feira à noite, eu já tinha entendido que minha presença não beneficiava a mim nem ao Partido Democrata, em nenhum sentido, e na quarta-feira de manhã peguei o primeiro voo de volta para Chicago.

Devido à diferença entre minha condição anterior de penetra numa convenção e minha nova condição de primeiro orador, eu tinha razões para temer que minha aparição em Boston desse errado. Mas talvez porque àquela altura eu já estivesse acostumado às coisas estranhas que aconteciam em minha campanha, não me senti particularmente nervoso. Poucos dias depois da ligação da sra. Cahill, eu estava de volta ao meu quarto de hotel em Springfield, tomando notas para um rascunho do discurso enquanto assistia a uma partida de basquete. Pensei nos temas que tinha explorado durante a campanha — a disposição das pessoas para trabalharem se tivessem chance, a necessidade de os governos ajudarem a criar condições para que houvesse oportunidades, a crença de que havia entre os americanos um sentimento de obrigação uns para com os outros. Fiz uma lista das questões que poderia abordar — saúde, educação, a guerra no Iraque.

Mas, acima de tudo, pensei nas vozes de todas as pessoas que conheci durante a campanha. Lembrei de Tim Wheeler e da mulher em Galesburg, tentando descobrir um jeito de conseguir o transplante de fígado para o filho. Lembrei de um jovem em East Moline chamado Seamus Ahern que estava indo para o Iraque — o desejo que tinha de servir ao país, a expressão de orgulho e ansiedade no rosto do pai. Lembrei de uma jovem negra que conheci em East St. Louis cujo nome jamais soube, mas que me falou dos seus esforços para fazer faculdade apesar de ninguém em sua família ter concluído o ensino médio.

Não eram só as lutas desses homens e mulheres que me comoviam. Na verdade, eram a determinação, a autoconfiança, um otimismo invencível em face da dificuldade. Aquilo me fez lembrar uma frase que meu pastor, o reverendo Jeremiah A. Wright Jr., disse num sermão.

A audácia da esperança.

Era o que havia de melhor no espírito americano, pensei — ter a audácia de acreditar, apesar de todas as provas em contrário, que era possível restaurarmos um senso de comunidade num país dividido por conflitos, a ousadia de acreditar que, apesar das derrotas pessoais, da perda de um emprego, de uma doença na família ou de uma infância atolada na pobreza, tínhamos algum controle — e, portanto, alguma responsabilidade — sobre o nosso próprio destino.

Era essa audácia, pensei, que nos unia como povo. Era esse espírito generalizado de esperança que ligava a história da minha própria família à grande história americana e minha própria história à dos eleitores que eu buscava representar.

Desliguei o jogo de basquete e comecei a escrever.

Poucas semanas depois, cheguei a Boston, tirei três horas de sono e viajei do meu hotel até o Fleet Center para minha primeira aparição no programa *Meet the Press*. No fim do segmento, Tim Russert colocou na tela um trecho de uma entrevista ao *Cleveland Plain-Dealer* de que eu me esquecera completamente e na qual o repórter tinha perguntado — na qualidade de alguém que acabava de entrar na política como candidato ao senado de Illinois — o que eu achava da Convenção Democrata em Chicago.

A convenção está à venda, entende... Tem esses jantares a 10 mil dólares o prato, clubes da elite. Acho que quando veem isso os eleitores comuns se sentem excluídos do processo. Não têm como participar de um café da manhã por 10 mil dólares. Sabem que os que podem fazê-lo vão ter um tipo de acesso que eles nem imaginam.

Depois que o trecho foi retirado da tela, Russert voltou-se para mim. "Cento e cinquenta doadores deram 40 milhões de dólares para esta convenção", disse. "É pior do que Chicago, pelos critérios do senhor. O senhor se sente ofendido com isso? Qual é o recado que isso manda para o eleitor comum?"

Respondi que política e dinheiro eram um problema para os dois partidos, mas que o histórico das votações de John Kerry, e o meu próprio, indicava que votávamos pelo que era melhor para o país. Disse ainda que uma convenção não mudaria isso, apesar de sugerir que quanto mais os democratas incentivassem a participação de pessoas que se sentiam excluídas do processo, mais fiéis seríamos às nossas origens como partido do cidadão comum, o partido do Zé, e mais fortes seríamos como partido.

De mim para mim, achei que o que eu tinha dito originalmente em 1996 era bem melhor do que o que eu acabava de dizer.

Houve uma época em que as convenções políticas capturavam a urgência e o drama da política — quando a escolha dos candidatos era determinada pelos dirigentes da convenção no plenário, por contagem dos votos, por acordos paralelos, pelo uso de pressão política, quando as paixões ou os erros de cálculo podiam resultar numa segunda, numa terceira ou numa quarta votação. Mas esse tempo já está longe, no passado. Com o advento das primárias vinculantes e o fim do domínio dos caciques partidários e dos negócios de bastidores em salas cheias de fumaça de cigarro, a convenção de hoje já não apresenta surpresas. Em vez disso, funciona como um longo infomercial de uma semana de duração para o partido e seu candidato — e também como uma forma de recompensar os que foram fiéis ao partido e os que deram grandes contribuições com quatro dias de comida, bebida, diversão e bate-papo.

Passei a maior parte dos primeiros três dias na convenção cumprindo meu papel nesse espetáculo público. Falei para salas lotadas de grandes doadores democratas e tomei café da manhã com delegados dos cinquenta estados. Pratiquei o meu discurso perante um monitor de vídeo, percorri passo a passo o trajeto a ser realizado, recebi instruções sobre onde ficar, onde acenar e como usar os microfones da melhor maneira possível. O meu diretor de comunicações, Robert Gibbs, e eu subimos e descemos as escadas do Fleet Center, dando entrevistas, às vezes com apenas dois minutos de intervalo, para ABC, NBC, CBS, CNN, Fox News e NPR, repetindo em cada parada os temas que a equipe de Kerry--Edwards tinha fornecido, dos quais cada palavra tinha sido sem dúvida testada num batalhão de pesquisas e numa grande variedade de grupos focais.

Por causa do ritmo vertiginoso dos meus dias, não tive muito tempo para me preocupar sobre como meu discurso seria aceito. Só na terça-feira à noite, depois que minha equipe e Michelle discutiram por meia hora o que eu deveria vestir (no fim, decidimos pela gravata que Robert Gibbs estava usando), depois de termos ido ao Fleet Center e ouvido desconhecidos desejarem "boa sorte!" e "vá com tudo, Obama!", depois de visitarmos uma graciosa e engraçada Teresa Heinz Kerry em seu quarto de hotel, quando finalmente Michelle e eu nos sentamos sozinhos nos bastidores vendo a transmissão, é que comecei a me sentir um pouco nervoso. Comentei com ela que meu estômago estava reclamando. Ela me abraçou com força, me olhou nos olhos, e disse: "Só não vá estragar tudo, querido!".

Ambos rimos. Só então um dos gerentes de produção veio até a sala de espera e me disse que era hora de tomar posição para subir ao palco. Em pé atrás de uma cortina preta, ouvindo Dick Durbin apresentar-me, pensei em minha mãe, em meu pai e em meu avô, e em como se sentiriam se estivessem na plateia. Pensei em minha avó no Havaí, assistindo à convenção pela TV porque suas costas estavam deterioradas demais para viajar. Pensei em todos os voluntários e apoiadores lá em Illinois que tinham trabalhado por mim com tanto afinco.

Senhor, ajude-me a contar direito suas histórias, disse a mim mesmo. E me dirigi ao palco.

Eu estaria mentindo se dissesse que a reação positiva ao meu discurso na convenção de Boston — as cartas que recebi, as multidões que apareceram em comícios quando voltamos para Illinois — não foi gratificante. Afinal, entrei na política para exercer alguma influência no debate público, porque achava que tinha alguma coisa a dizer sobre a direção que precisávamos tomar como país.

Apesar disso, a torrente de publicidade que veio depois do discurso reforça minha sensação de que a fama é efêmera, dependente, como é, de mil coisas fortuitas, de acontecimentos que seguem nesta direção e não naquela. Sei que não sou muito mais esperto do que o homem que era seis anos atrás, quando fiquei temporariamente preso no aeroporto de Los Angeles. Minhas opiniões sobre saúde pública, educação ou política externa não são muito mais refinadas do que eram quando eu tinha um trabalho obscuro como líder comunitário. Se sou mais sábio, isso ocorre porque avancei um pouco no caminho que escolhi para mim, o caminho da política, e já faço ideia de onde ele pode me levar, para o bem ou para o mal.

Lembro-me de uma conversa que tive quase vinte anos atrás com um amigo, um homem mais velho que estivera envolvido nos esforços pelos direitos civis em Chicago nos anos 1960 e lecionava estudos urbanos na Northwestern University. Eu acabara de decidir, depois de três anos como líder comunitário, entrar na faculdade de direito; como ele era um dos poucos professores universitários que eu conhecia, perguntei-lhe se estaria disposto a me recomendar.

Ele disse que teria prazer em escrever uma carta de recomendação para mim, mas primeiro precisava saber o que eu pretendia fazer com meu diploma de direito. Falei sobre o meu interesse na área de direitos civis e disse que a certa altura eu talvez tentasse concorrer a um cargo político. Ele concordou com a cabeça e perguntou se eu tinha parado para pensar no que significava seguir esse caminho, no que eu estaria disposto a fazer para escrever na revista jurídica, entrar como sócio de uma banca ou ser eleito para esse primeiro cargo e depois continuar subindo. Como regra, o direito e a política exigem concessões, disse ele; não só nas questões específicas, mas nas mais fundamentais — nossos valores e ideais. Explicou que não fazia essas perguntas para me dissuadir. Era apenas um fato. Foi devido à sua relutância em fazer concessões que, apesar de ter sido procurado muitas vezes na juventude para entrar na política, sempre recusara.

"Não é que fazer concessões seja implicitamente errado", disse ele. "Eu só não acho satisfatório. E se existe uma coisa que descobri ao ficar mais velho foi que devemos fazer aquilo que nos satisfaz. Na verdade, essa é uma das vantagens da velhice, imagino: finalmente aprender o que importa de verdade para nós. É difícil saber isso aos 26 anos. E o problema é que ninguém pode responder a essa pergunta em nosso lugar. É uma coisa que descobrimos por nossa própria conta."

Vinte anos depois, lembro dessa conversa e dou mais valor às palavras do meu amigo do que naquela época. Pois estou chegando a uma idade em que tenho uma boa ideia do que me satisfaz e, embora eu talvez seja mais tolerante a concessões em assuntos específicos do que ele, sei que minha satisfação nada tem a ver com o brilho das câmeras de televisão ou com o aplauso da multidão. Em vez disso, parece que agora ela vem com mais frequência de saber que, de alguma forma comprovável, tenho conseguido ajudar as pessoas a viverem com certa dignidade. Penso no que Benjamin Franklin escreveu para a mãe, explicando por que dedicara tanto tempo ao serviço público: "Prefiro que digam de mim que fui útil a que digam que morri rico".

Isso é o que me satisfaz agora, acho eu — ser útil para a minha família e para as pessoas que me elegeram, deixar um legado que permita a nossos filhos terem mais esperança do que temos. Às vezes, trabalhando em Washington, sinto que estou atingindo esse objetivo. Outras vezes, parece que o objetivo recua diante de mim, e todas as minhas atividades — as audiências, os discursos, as entrevistas coletivas, as declarações de princípios — são um exercício de vaidade, sem utilidade para ninguém.

Quando me vejo nesse estado de espírito, gosto de correr pelo Mall. Geralmente saio no fim da tarde, em especial no verão e no outono, quando o ar em Washington é cálido e sossegado e as folhas nas árvores quase não farfalham. Depois que escurece, não há muita gente na rua — talvez alguns casais dando uma caminhada ou homens sem-teto nos bancos, organizando suas posses. Quase sempre volto quando chego ao Monumento a Washington, mas às vezes sigo em frente, atravessando a rua para o Memorial da Segunda Guerra Mundial, depois ao longo do Espelho d'Água até o Memorial dos Veteranos do Vietnã e subo as escadas do Memorial de Lincoln.

À noite, o grande santuário é iluminado, mas quase sempre deserto. Em pé entre as colunas de mármore, leio o Discurso de Gettysburg e o Segundo Discurso de Posse. Olho para o Espelho d'Água e imagino a multidão silenciada pela poderosa cadência do dr. King, depois olho mais além, para o obelisco iluminado e a brilhante cúpula do Capitólio.

E, nesse lugar, penso nos Estados Unidos e naqueles que construíram o país. Nesses fundadores, que de alguma forma se elevaram acima das ambições triviais e dos cálculos acanhados para imaginar um país desdobrando-se através de um continente. E naqueles, como Lincoln e King, que acabaram dando a vida na missão de aperfeiçoar uma união imperfeita. E em todos os homens e mulheres sem rosto, sem nome, escravos e soldados, alfaiates e açougueiros, construindo uma vida para eles e para os filhos e netos, tijolo a tijolo, trilho a trilho, mão calejada a mão calejada, até preencher a paisagem dos nossos sonhos coletivos.

É desse processo que quero fazer parte.

Meu coração transborda de amor por este país.

Agradecimentos

Este livro teria sido impossível sem o apoio extraordinário de inúmeras pessoas.

Tenho que começar por minha esposa, Michelle. Ser casada com um senador já é ruim; ser casada com um senador que além disso está escrevendo um livro exige uma paciência de Jó. Michelle não só me deu apoio emocional durante todo o processo de escrever, mas também me ajudou a chegar a muitas das ideias refletidas neste livro. A cada dia que passa, compreendo melhor a sorte que é ter Michelle em minha vida e só espero que meu amor sem limites por ela a console um pouco das preocupações constantes que lhe causo.

Quero manifestar também a minha gratidão à minha editora, Rachel Klayman. Mesmo antes de vencer as primárias para o Senado, foi Rachel que chamou a atenção da Crown Publishers para o meu primeiro livro, *A origem dos meus sonhos*, muito depois de ele ter-se esgotado. Foi Rachel que aceitou e defendeu minha proposta de escrever este livro. E Rachel é que foi minha parceira constante no esforço, muitas vezes enorme, mas sempre estimulante, de concluir este livro. A cada fase do processo editorial, ela foi perspicaz, meticulosa e inabalável em seu entusiasmo. Com frequência, compreendia o que eu estava tentando fazer com o livro antes de mim, e com gentileza, mas firme, me fazia entrar na linha sempre que me desviava da minha própria voz e caía no jargão, na hipocrisia, ou nos sentimentos falsos. Além do mais, foi incrivelmente paciente com meus implacáveis compromissos no Senado e com meus periódicos ataques de bloqueio criativo; mais de uma vez, teve que sacrificar o sono, os fins de semana ou as férias com a família para que o projeto seguisse adiante.

Em suma, ela foi a editora ideal — e tornou-se uma amiga preciosa.

Claro, Rachel não teria feito o que fez sem o apoio total dos meus editores no Crown Publishing Group, Jenny Frost e Steve Ross. Se a tarefa de editar envolve a interseção de arte e comércio, Jenny e Steve preferiram pecar por excesso para garantir que este livro fosse tão bom quanto possível. Sua fé neste livro os levou a fazerem, sempre, mais do que era seu dever, e por isso lhes sou imensamente grato.

Esse mesmo espírito caracterizou todas as pessoas da Crown que trabalharam tanto por este livro. Amy Boorsetein foi incansável cuidando do processo de produção, apesar dos prazos muito curtos. Tina Constable e Christiane Aronson foram defensoras vigorosas do livro e, com habilidade, programaram (e reprogramaram) eventos para adaptá-los às demandas da minha atividade no Senado. Jill Flaxman trabalhou diligentemente com o pessoal de vendas da Random House e com livreiros para ajudar este livro a chegar às mãos dos leitores. Jacob Bronstein produziu — pela segunda vez — uma notável versão em áudio do livro, em circunstâncias que estavam longe de ser ideais. A todos agradeço de coração, assim como a outros funcionários da Crown: Lucinda Bartley, Whitney Cookman, Lauren Dong, Laura Duffy, Skip Dye, Leta

Evanthes, Kristin Kiser, Dona Passannante, Philip Patrick, Stan Redfern, Barbara Sturman, Don Weisberg e muitos outros.

Muitos amigos, como David Axelrod, Cassandra Butts, Forrest Claypool, Julius Genachowski, Scott Gration, Robert Fisher, Michael Froman, Donald Gips, John Kupper, Anthony Lake, Susan Rice, Gene Sperling, Cass Sunstein e Jim Wallis deram-se ao trabalho de ler o manuscrito e fazer valiosas sugestões. Samantha Power merece menção especial por sua extraordinária generosidade; embora estivesse escrevendo seu próprio livro, ela leu com cuidado cada capítulo como se fosse seu, fornecendo-me um fluxo contínuo de comentários úteis, ao mesmo tempo que me animava sempre que meu ânimo vacilava ou minhas energias baixavam.

Muitos funcionários meus do Senado, incluindo Pete Rouse, Karen Kornbluh, Mike Strautmanis, Jon Favreau, Mark Lippert, Joshua DuBois, em especial Robert Gibbs e Chris Lu, leram o manuscrito em seu tempo de folga, fazendo sugestões editoriais, recomendações políticas e correções. Agradeço a todos por, literalmente, fazerem mais do que era sua obrigação.

Uma ex-funcionária, Madhuri Kommareddi, dedicou o verão, antes de entrar na Faculdade de Direito de Yale, a checar os fatos do manuscrito inteiro. Seu talento e sua energia me deixam sem saber o que dizer. Meu muito obrigado também a Hillary Schrenell, que se ofereceu para ajudar Madhuri nas pesquisas para o capítulo sobre política externa.

Por fim, quero agradecer ao meu agente, Bob Barnett da Williams and Connolly, por sua amizade, habilidade e apoio. Fizeram toda a diferença do mundo.

Índice remissivo

aborto, 26, 46-7, 67, 76, 385; conservadores e, 51-2; interrupção tardia, 260; nascimento parcial, 76, 102; religião e, 230, 232-4, 236-7, 247-8, 250, 253, 256, 260, 262
absolutismo, 51-2, 113-4, 118
ação afirmativa, 40, 46, 284, 287-8
Afeganistão, 334-5, 338, 340, 342, 355, 358, 363, 370
África do Sul, 334
Agência de Proteção Ambiental, 40, 183
ajuda externa, 318, 331, 368, 373; *ver também* Plano Marshall
Alexander, Mac, 291-2, 300
alianças, 329-30, 338, 341, 349, 352, 356-7, 359-63, 371
al-Qaeda, 198, 322, 338, 341, 351, 356-7
antiamericanismo, 322, 324, 342, 356, 359
aposentadoria, 209, 213, 215-6, 286

armas nucleares, 331, 334, 340, 351-2, 354, 359
armas, controle de, 26, 47, 67, 127, 137, 252
audiências públicas, 122-3, 138, 145, 160, 188
autodefesa, 356-7
Axelrod, David, 132, 158

baby boom, geração, 45, 50
Bancada Congressista Negra, 52
bancada congressista negra de Illinois, 304
bancada democrata no Senado, 268
Banco Mundial, 318, 330, 333, 368
Bayh, Evan, 336
Bevard, Dave, 169, 173
Bíblia, 257, 259, 261-2
bin Laden, Osama, 12, 30, 198, 322, 356, 370
Birmingham, Alabama, discurso de Obama em, 262-3

423

Boxer, Barbara, 31
Breyer, Stephen, 97, 108-9
Brin, Sergey, 164, 167, 173
Brownback, Sam, 245
Buchanan, Patrick, 173
Buffett, Warren, 223-5, 227
Bush, George H. W., 46, 267, 335, 357
Bush, George W.: conselho a Obama de, 62; eleições de 2000 e, 27, 51, 173, 351; eleições de 2004 e, 32; índice de aprovação de, 339-40; opiniões de indonésios sobre, 322; posse (segundo mandato) de, 32; visitas de Obama à Casa Branca e, 60-1, 63
Butler Manufacturing, 169, 171
Byrd, Robert C., 37, 90-3, 120-1

Cafta (Acordo de Livre Comércio entre Estados Unidos e América Central), 203-4, 206, 208
Cahill, Mary Beth, 408, 410
Cairo, Illinois, visita de Obama a, 276, 278
Câmara dos Representantes dos Estados Unidos, 11, 27, 41, 48, 124
campanhas: cultura das, 27; financiamento de, 52, 132, 159, 228; mídia em, 132, 145, 150; negativas, 30, 33, 49, 157-8; riqueza dos candidatos e, 29; seguir oponentes durante, 82-3; *ver também campanha ou candidato específico*
capitalismo, 179-88, 324
Carter, Jimmy, 40-1, 236, 334
Casa Branca: assessoria de imprensa da, 152; cortes/tribunais e, 95; interpretação da lei e, 95; primeira vez que Obama viu, 58-9; relação do Congresso com, 95; visitas de Obama à, 58-9, 61-3
casamento: questões familiares e, 382-4; *ver também* casamento gay
casamento gay, 26, 68, 230, 237, 247, 260-2, 385
células-tronco, pesquisa de, 195-6, 229
Cheney, Richard, 25, 60, 100, 247
Chicago Tribune, 128
Chicago, Illinois: educação em, 188-90, 193; Illinois como microcosmo dos Estados Unidos e, 64, 67; imigrantes em, 302; latinos em, 304-6; negros em, 280-1, 291-3, 304; protestos contra a guerra em, 63, 340; raça em, 280-1, 291-3, 304-5, 307
cidadania, 71, 302-13, 318
ciência e tecnologia, 186, 188, 193, 195-7, 199, 202, 206, 235, 257, 327, 353
cinismo político, 9-10, 54
classe média, 209, 212, 226, 280-3
classe socioeconômica, 20, 223-6, 228-9
Cleland, Max, 30
Clinton, Bill: campanha de 1992, 47; como ameaça aos conservadores, 49; conservadorismo fiscal de, 50; divisionismo nos Estados Unidos e, 27; Gingrich e, 50; processo de impeachment de, 96; liberalismo e, 49; Partido Democrata e, 47-9; Terceira Via, 48; *ver também tópicos específicos*
Clinton, Hillary, 52, 267
cloture, 98-9
Coalizão Cristã, 237

424

coalizões, construção de *ver* alianças
"combatentes inimigos", 95
combustível, padrões de eficiência para, 200, 202
comércio: Bush (George W.) e, 208; ciência e tecnologia e, 202; Clinton e, 336; competição global e, 187; divisionismo acerca do, 26; empregos e, 205; expansionismo americano e, 327; livre-mercado e, 178, 187; novo consenso econômico e, 202, 204-7; oportunidades e, 202-8; política externa e, 326, 335-6, 352, 365, 367; questões econômicas e, 172-3, 202-5, 207-8; rede de segurança social e, 214; sindicatos e, 203-4; votos de Obama sobre, 208; *ver também* livre-mercado
Comissão Nacional de Política Energética, 197
Comitê de Relações Exteriores do Senado, 375
Comitê Judiciário do Senado, 98
Comitê Nacional Senatorial Republicano, 158
competição global, 34, 63, 172, 174-6, 184, 186, 188, 202-3, 205-6, 210, 352-3, 367-8
compromisso, solução de, 76, 93, 257, 260, 415
comunismo, 39, 177, 329-33, 335, 364; *ver também* Guerra Fria; *nações específicas*
Congresso dos Estados Unidos: Constituição como base para formação do, 107; controle democrata do, 38, 185; controle republicano do, 186; Onze de Setembro e, 338; poderes do, 107; política externa, 320, 333, 338; relação da Casa Branca com, 95; *ver também* Câmara dos Representantes dos Estados Unidos; Senado dos Estados Unidos; *legislação específica*
conservadores: administração Bush (George W.) e, 49, 51, 187; Clinton e, 49; "compassivos", 51, 174; educação e, 190; eleições de 2004 e, 68; imigração ilegal e, 309; institucionalização do movimento conservador e, 48; interesses dos Estados Unidos em primeiro lugar, 173; livre-mercado e, 187; na década de 1960, 41; nomeações judiciárias e, 97; nos anos após a Segunda Guerra Mundial, 38-9; nos anos pós-Reagan, 45-57; opiniões sobre democracia dos, 102; Partido Republicano e, 39, 50; pobreza e, 294, 296, 298; poder crescente dos, 68; política externa e, 351, 370; políticas de impostos e, 187; questões familiares e, 382, 385, 387, 396; raça e, 288, 294-5; Reagan e, 185; regulamentação e, 187; religião e, 236-7, 247, 249-50, 253-4; valores e, 51, 68, 73, 78, 80; *ver também* direita cristã
Constituição dos Estados Unidos: absolutismo e, 113; autoridade da, 108; como defesa contra a tirania, 113; como documento vivo, 109; como estrutura para organizar a forma como argumentamos, 112-3; 118; como traidora de ideais, 116; como um plano, 115; comum a todos os americanos, 107; constru-

ção estrita da, 97, 108-9, 111; direitos/liberdades identificados na, 105-6; escravidão e, 116, 118; facilidade de acesso à, 104; genialidade da, 117; iluminismo como base da, 106; influência sobre os americanos da, 104-5; intenção original da, 97, 109, 111; interpretação da, 94-5; liberdade individual e, 105-6; obstrucionismo e, 98; opiniões de Byrd sobre, 92, 121; processo de tomada de decisões e, 107; propriedade privada e, 176; raça e, 270; regras da, 108-9, 111-2, 114; religião e, 254; testagem da, 115; *ver também* Pais Fundadores; *emendas específicas*

contas de poupança, 211, 216

Contas Poupança-Saúde (HSA), 172, 212, 217

contrato social, 188, 208-21; *ver também* Medicaid; Medicare; New Deal; Seguro Social

Convenção Nacional Democrata: de 1968, 43; de 2000, 409, 411, 413; de 2004, 29, 269, 408, 410-4

Convenção Nacional Republicana de 2004, 32

cooperação bipartidária, 156-7, 334

corrupção, 131, 318, 321, 324, 335, 353, 360, 365, 369

Créditos Fiscais de Rendas (EITC), 213, 287, 298

crime, 46, 299-301

cultura, 41, 45, 78, 80, 285, 297, 385

Daley, Richard M., 14, 305

debate: a Constituição como estrutura para, 118; como argumentar e, 108;

importância do, 103-14; processo de tomada de decisões e, 107; redução ao mínimo denominador comum, 54; regras para, 103, 108-9, 111-2, 114; riscos no, 64; valores e, 64

década de 1960, 39, 41-2, 45, 49, 235-6

Décima Quarta Emenda, 99, 110, 117

Décima Quinta Emenda, 99, 117

Décima Terceira Emenda, 117

Declaração de Direitos, 70, 106, 109, 254

Declaração de Independência, 69, 104, 107, 115-6

defesa, gastos em, 331, 354

DeLay, Tom, 31, 35, 52, 96

democracia: aperfeiçoando a americana, 371; capitalismo na, 182-3; como fixa e inabalável, 108-9; como regra da maioria, 102; Constituição como estrutura para, 115, 118; "deliberativa", 112, 118; direta, 106; escravidão e, 116; forma republicana de, 106, 107; importância dos cidadãos na, 161; interesses especiais e, 139; modelo ateniense de, 106; na Indonésia, 321-2; no Iraque, 342; opiniões dos Fundadores sobre, 106-7; política externa e, 321, 324, 327, 329, 336, 342, 344, 350, 352, 364-6, 369, 372; religião e, 251, 257, 259; testagem da, 115

destino manifesto, 325, 327, 339

dinheiro, 19, 131-3, 135-6, 138, 181, 412; *ver também* fundos, levantamento de; riqueza

direita cristã, 51, 68

direita *ver* conservadores

direitos civis, 38-40, 93, 99, 283, 289,

295; movimento pelos, 10, 40, 42, 281, 283

direitos humanos, 320, 334, 365

direitos/liberdades, 104-6, 176, 178, 254; *ver também* Lei de Direitos Civis

Dirksen, Everett, 38, 50

discriminação, 71, 80, 283-4, 288-9

dívida nacional, 175, 178, 187, 221-3, 288

divisionismo, 27, 35-6

divórcio, 383, 385

Dodge Elementary School (Chicago, Illinois), 193

Doutrina Monroe, 325-6, 339

drogas: ilegais, 158, 299-301; *ver também* medicamentos controlados

Drummond, David, 165-7

Durbin, Dick, 276-7, 414

educação: auxílio federal para, 196-7; ciência e tecnologia e, 188, 193, 195-7, 199; Clinton e, 47; divisionismo em relação à, 26; empregos e, 188; globalização e, 205; iniciativas de Obama no Senado em relação a, 375; livre-mercados e, 179-80, 186; novo consenso econômico e, 188-97, 202; oportunidade e, 188-97; pobreza e, 297, 299-300; políticas de George W. Bush em relação a, 174; políticas de energia e, 199, 201; problemas familiares e, 394-5; raça e, 284-6; reforma da, 34, 394; responsabilidade em, 192; valores e, 80; verbas para, 224; *ver também* treinamento/retreinamento

Eisenhower, Dwight D., 38, 197, 332

eleições: de 1968, 43; de 1980, 44; de 1992, 47; de 2000, 11, 27, 50-1; 127-30, 173; de 2004, 14-6, 26, 28, 30-2, 50, 68, 82-3, 132-5, 140-3; divisionismo nos Estados Unidos e, 27; na Indonésia, 321; no Iraque, 342-5; política externa e, 364, 366

empregos: comércio e, 205; crime e, 299-301; decisão de Obama de concorrer a cargo federal e, 12; economia e, 172-3; educação e, 188; estudantes estrangeiros e, 167-8; ex-presidiários e, 299-301; globalização e, 203-6; na Indonésia, 320; oportunidades para, 167-8, 173; perda de, 169-71; pobreza e, 299-301; raça e, 283, 286-7, 293, 299-301; rede de segurança social e, 209-10, 213, 217; serviços de saúde e, 217; treinamento/reciclagem para, 171, 173, 186, 214; *ver também* terceirização

energia, 188, 197-202, 371, 375; *ver também* petróleo

escravidão, 116, 118, 169, 256, 269, 281, 293, 326

estado de direito, 106, 330, 364, 368

Estados Unidos: apoio mundial aos, 338; como força para o bem, 20; *ver também pessoas ou tópicos específicos*

estudantes estrangeiros, 167

ética do trabalho, 71, 81, 176, 185, 189, 287

ex-presidiários, 300-1

falência, 209-10, 215

família: casamento e, 382-4; Clinton e, 384, 394; criação de filhos e, 383;

cultura e, 382, 385; de imigrantes ilegais, 310-3; declínio da americana, 382; divórcio e, 383, 385; equilíbrio entre trabalho e, 376, 386, 388-9, 391-2, 394-6, 400, 402-3, 405; governo e, 384-5; liberdade individual e, 386; mudanças na natureza da, 382-4; negros e, 383; pais e, 383, 395-405; questões econômicas e, 383, 388-9; valor da, 87; valores e, 71, 385; visão dos conservadores sobre a, 385

fé: divisionismo e, 35; expressões não autênticas de, 253; política e, 244-59; renovação americana e, 253; valores e, 71-2; *ver também* religião

fé, programas baseados na, 259

fim da vida, decisões sobre o, 96, 237

Ford Jr., Harold, 336

freios e contrapesos, 52, 94, 107, 114

Friedman, Thomas, 172

Frist, Bill, 96

Fundo Monetário Internacional (FMI), 321-2, 330, 367

fundos, levantamento de, 124, 136, 138, 153, 159, 164, 228, 280

Furacão Katrina, 266-9, 375

Galesburg, Illinois, 168-71, 184, 201, 203, 206, 220

Gangue dos Catorze, 119

gastos, 44, 47, 174, 221-3, 331, 342, 354-5

Genebra, Convenção de, 52, 95

Gingrich, Newt, 27, 46, 48, 50, 96

Ginsburg, Ruth Bader, 97

globalização: economia e, 171-2, 174-6; educação e, 205; empregos

e, 203-6; incapacidade de parar, 207-8; Indonésia e, 320; livre-mercado e, 184; medo da, 353; necessidade de superar o partidarismo e, 55; política externa e, 321, 324, 336, 352-3; raça e, 286; rede de segurança social e, 211, 216, 220; riqueza e, 225

Gonzales, Alberto, 95

Google, 164-6, 168

Gore, Al, 129-30

governo: Clinton e, 48; competição global e, 186; credibilidade do, 372; desperdício no, 222-3; economia e, 176; fechamento do, 27; livre-mercado e, 178, 180-4, 186-8; opiniões de George W. Bush sobre, 174; opiniões de Reagan sobre, 174; pobreza e, 295, 299; política como equivalente ao, 77; questões familiares e, 384-5, 394; raça e, 283, 285-6, 289, 295; tamanho do, 26, 46, 186; valores e, 80, 260

Grande Sociedade, 52, 183

Grassley, Charles, 308

gravidez adolescente, 297, 384-5

Greenspan, Alan, 221

grupos de interesse *ver* interesses especiais

Guantánamo, 151

guerra: como problema duradouro, 45; poder presidencial durante, 96; *ver também guerras específicas*

Guerra Civil, 118, 179, 326

Guerra do Golfo, 335, 357

Guerra do Iraque, 26, 31, 53, 61, 63, 93, 95, 160, 339-52, 355-6

Guerra do Vietnã, 40-1, 316, 333, 351

Guerra Fria, 38, 197, 324, 331-2, 335, 354-5, 360-1, 363, 376

Hamilton, Alexander, 107, 111, 113, 178, 188, 228
Hastert, Dennis, 31
Hatfield, Mark, 334
homossexualidade, 20, 247-8, 260-2; *ver também* casamento gay
Houston, Texas, e o Furacão Katrina, 267
Hull, Blair, 133-5, 141
Hynes, Tom, 141-2

ideais, 10, 17-8, 57, 114
ideologia, 46-57, 73, 75-6
Igreja Batista de Salem (Chicago, Illinois), discurso de Obama na, 399
igrejas negras, 243, 253, 285
igual proteção, cláusula da, 110
igualdade, 71, 87, 105, 270, 286, 289, 312
Illinois: como microcosmo dos Estados Unidos, 64; ex-presidiários em, 300; Obama viaja pelo sul de, 65-7, 276-8, 280; Partido Democrata em, 64, 74-5; Partido Republicano em, 245, 247-8; pena de morte em, 74-6; raça em, 273, 276-8, 280-1, 304-5; *ver também* Chicago, Illinois
Illinois, legislatura de, 9-10, 12, 27, 102, 127-9, 132, 158, 304; *ver também* Senado de Illinois
imigração, 26, 173, 290, 302-13
impostos: Bush (George W.) e, 61, 187, 221-2, 224-5, 227, 384; classe média e, 227; classe socioeconômica e, 223-4, 226-8; Clinton e, 186, 227; conservadores e, 50, 187; dívida nacional e, 222; divisionismo acerca de, 26; economia e, 174; encontro Buffet-Obama sobre, 224, 226; livre-mercado e, 183; nos anos após a Segunda Guerra Mundial, 39; partidarismo e, 46; patrimônio, 224-5, 227; política e, 137, 155-6; questões familiares e, 394; raça e, 287; Reagan e, 185; rede de segurança social e, 210, 214; riqueza e, 225-6
Indonésia, 70, 314-24, 368, 373
indústria automobilística, 199-200, 202
interesses especiais, 19, 76, 114, 124, 131, 136, 138-44, 153, 159, 174, 228, 332
Irã, 27, 198, 331, 334, 346, 349, 355, 371
Iraque: dependência americana em relação ao petróleo do, 198; invasão do Kuwait pelo, 354; viagem de Obama ao, 336-7, 342-8
isolacionismo, 35, 55, 324-5, 327-9, 350

Jefferson, Thomas, 51, 111, 113, 178-9, 254-5, 325
Johnson, Lyndon B., 40, 183, 263, 294, 332

Kennedy, Anthony, 98
Kennedy, Edward M., 125, 308, 376
Kennedy, John F., 39, 59, 154, 160, 197, 250, 332, 363-4
Kennedy, Robert F., 38, 50, 59, 294
Kerry, John, 30, 32, 52, 408, 412
Kerry, Teresa Heinz, 413
Keyes, Alan, 29, 62, 245, 247-9
King Jr., Martin Luther, 80, 251, 270, 417

Langer, Robert, 195-6
latinos, 282, 290, 302-13
Lei dos Direitos Civis (1964), 40, 80, 263
lei/sistema legal, 80, 94, 97, 368-9
Leland, John, 255
Lewis, John, 265, 281
liberais/liberalismo: Clinton e, 49; da mãe de Obama, 42; na década de 1960, 41-2; na era Reagan, 44-5; nomeações judiciárias e, 97-8; nos anos após a Segunda Guerra Mundial, 38; nos anos pós-Reagan, 45-57; Partido Democrata e, 52; pobreza e, 296; política externa e, 351; questões familiares e, 382; raça e, 295; religião e, 248-9; valores e, 68, 74
liberdade, 69-72, 105-6, 115, 243, 366-7, 385
liberdades civis, 55, 73
Lincoln, Abraham, 39, 59, 118, 146-7, 169, 179, 187, 195, 251, 417
livre-mercado, 20, 39, 51, 71, 176-87, 217, 230, 352, 365
lobistas ver interesses especiais
Lott, Trent, 125
Lugar, Richard, 201-2, 360-3, 375

Madison, James, 107, 112, 115, 254
maioria, partido da, 155-6
Martinez, Mel, 125
Maytag, 169-70, 173, 201, 203, 206
McCain, John, 153, 308, 376
Medicaid, 171, 183, 209, 216, 218
medicamentos controlados, 34, 174, 216, 221
Medicare, 174, 183, 209, 216, 218, 221
México, 169-70, 207, 307, 309

mídia, 19, 27, 52, 64, 132, 144-53, 156
militares, 20, 34, 329-31, 336, 340, 354, 356-8, 364
Miller, Zell, 32
minoria, partido da, 155-6
Moseley Braun, Carol, 13
Moynihan, Daniel Patrick, 151, 295
mulheres, questões das, 38-9, 50; ver também família

Nações Unidas, 330, 340, 350, 357, 359, 370
Nafta (Tratado Norte-Americano de Livre-Comércio), 203
negócios: questões de família e, 395-6; rede de segurança social e, 214-5; trabalho e, 181, 183
negros: apoio a Obama dos, 280; como políticos, 288; como subclasse, 294; latinos e, 304-6; migração de, 296; na era Reagan, 49; pobreza em meio aos, 282-3, 290-302; profissionais de classe média, 280-3; questões familiares e, 383; temores dos, 306-7; ver também igrejas negras; raça
New America Foundation, 387
New Deal, 39, 41, 52, 97, 101, 181, 187, 209, 211
New York Times, 19, 27, 36
Newsweek, 151
Nixon, Richard M., 40, 43, 183, 332, 334
nomeações judiciárias, 27, 61, 97-100, 119
Noonan, Peggy, 147-8
Norquist, Grover, 31, 46, 48
Nunn, Sam, 334, 360
Nunn-Lugar, programa, 360

obstrucionismo, 98-100, 102-3, 119
onu *ver* Nações Unidas
Onze de Setembro de 2001, 168, 221, 303, 308, 336-9, 353
oportunidade: classe socioeconômica e, 223-8; comércio e, 202-8; contrato social e, 208-21; economia e, 168-76; educação e, 188-97; emprego, 167-8, 173; energia e, 197-200, 202; igual, 34, 71, 87; imigração e, 312; livre-mercado e, 176-87; raça e, 286, 289, 300; riqueza e, 176; valores e, 70
orçamento dos Estados Unidos, 174, 185, 221-3
organizador comunitário, Obama como, 58, 86, 242, 334, 377, 414-5
Oriente Médio, viagem de Obama ao, 372

Page, Larry, 164-5, 167, 173
pais, 11, 285, 383, 395-405
Pais Fundadores, 71, 97, 105-9, 111-3, 115-6, 178, 254, 372; *ver também pessoas específicas*
Papéis Federalistas, 104, 109
Parks, Rosa, 266, 268-9, 281, 313
partidarismo, 26, 28-30, 32, 36-7, 45-56, 156-7
Partido Democrata: campanha de Obama para o Senado e, 15; Clinton e, 47-9; como partido de reação, 53; controle da Câmara pelo, 41; controle do Congresso pelo, 185; divisões dentro do, 52-3, 173; em Illinois, 10, 15, 27, 64, 74-5; fanatismo no, 52; interesses especiais e, 139; liberalismo e, 52; livre-mercado e, 180, 185; mídia e, 148; na

década de 1960, 41; no Sul, 41; nos anos após a Segunda Guerra Mundial, 38-9; nos anos pós-Reagan, 45-57; obstrucionismo e, 99, 119; partidarismo e, 53; perda de controle do Senado e, 98; políticas econômicas do, 173-4; religião e, 237; valores do, 68, 81; *ver também* Convenção Nacional Democrata; *pessoas específicas*
Partido Republicano: absolutismo no, 51-2; conservadores no, 39, 50; controle do Congresso pelo, 186; divisões dentro do, 173; domínio da direita no, 53; em Illinois, 27, 245, 247-8; estratégias/táticas do, 53; fanatismo no, 51; interesses especiais e, 139; livre-mercado e, 180, 186; mídia e, 148; no Sul, 40, 48; nos anos após a Segunda Guerra Mundial, 39; nos anos pós-Reagan, 45-57; obstrucionismo e, 102, 119; políticas econômicas do, 173; raça e, 283; religião e, 236, 245, 247-8
partidos políticos: lealdade a, 64; *ver também* Partido Democrata; Partido Republicano
patriotismo, 71-2, 333
Paygo, 223
paz, como meta de política externa, 363-73
Pell Grants, 286, 375
pena de morte, 10, 74, 76
pensões, 172, 209-10, 215-6, 286
periferias urbanas, 20, 34, 80, 290-302
pesquisa e desenvolvimento, 188, 195-6
petróleo, 41, 197-9; *ver também* energia

431

Plano Marshall, 315, 330, 332, 372

pobreza: atitudes de negros em relação a, 295, 297; Clinton e, 48; como problema duradouro, 45; conservadores e, 295-6, 298; educação e, 299; empregos e, 299; entre negros, 282-3; intergeracional, 294-5, 298; liberais e, 296; na Indonésia, 321-2; nas periferias urbanas, 290-302; necessidade de superar o partidarismo e, 55; nos anos após a Segunda Guerra Mundial, 38; oportunidades e, 173, 187; política externa e, 321, 335, 353, 364, 367; programas de governo e, 294; raça e, 267, 269, 282-3, 288, 290-302; valores e, 87, 296

política: agravando as divisões, 35; audiências públicas e, 122-3, 138, 145, 160; autenticidade em, 83; banalização da, 56; cinismo em relação a, 9-10, 54; como esporte de contato, 28; como livre de valores, 81; como missão, 36; como negócio, 36; como pessoal, 41; como questão moral, 41; cultura da, 27; dinheiro e, 124, 131-8, 153, 159, 412; equilíbrio entre idealismo e realismo em, 57; fé/religião e, 237-8, 244, 246, 248-9; interesses especiais e, 124, 138-44; irrelevância da atual, 36; mídia e, 144-53; mudança de atitude em relação a, 50-1; natureza dos políticos e, 123, 125; necessidade de um tipo novo de, 18, 28, 35-7, 56; noção do bem comum e, 19; nos anos após a Segunda Guerra Mundial, 38; política externa e, 331-2, 339, 349; "pós-racial", 271; processo legislativo e, 153-9; qualidade dos políticos e, 123, 125; razões de Obama para entrar na, 16; realidade em, 32; religião e, 249-59; valores compartilhados como cerne da, 68; zona morta da, 18; ver também partidarismo

política de contenção, 330-1

política externa dos Estados Unidos: ação unilateral e, 356-7; alianças e, 329-30, 338, 341, 349, 352, 356-7, 359-63, 371; ambiguidade da, 324-5; antiamericanismo e, 322, 324, 342, 356, 359; autodefesa e, 356-7; ciência e tecnologia e, 327, 353; comércio e, 326, 335-6, 352, 365, 367; competição global e, 352-3, 367-8; comunismo e, 329-35; confiança e, 332, 348; consenso interno referente a, 332, 335; conservadores e, 351, 370; contenção e, 330-1; cooperação bipartidária na, 334; de Bush (George W.), 230, 351, 366; de Clinton, 336, 350; delineação de Obama para, 350-63; democracia e, 321, 324, 327, 329, 336, 342, 344, 350, 352, 364-6, 369, 372; destino manifesto e, 325, 327, 339; expansionismo e, 325, 327; falhas e contradições na, 331-2, 334-6; gastos e, 354-5; globalização e, 321, 324, 336, 352-3; governo da lei e, 364, 368-9; Guerra do Iraque e, 339-52, 355-6; Guerra Fria e, 324, 331-2, 335, 354-5, 360-1, 363; história da, 323-36; Indonésia como exemplo da, 314-24; interesses especiais e,

432

332; isolacionismo e, 324, 327-9, 350; liberais e, 351; militares e, 329-31, 336, 341, 354, 356-8, 364; necessidade de coerência da, 349-50; Onze de Setembro e, 336-9, 353; para o século xxi, 338-9; política e, 331-2, 339, 349; promovendo a paz como meta da, 363-73; questões econômicas e, 329-30, 335, 352, 354, 365-7; questões morais e, 334, 336, 370; regras e, 353, 357; religião e, 356; sistema internacional e, 363-73; terrorismo e, 324, 349, 353, 355-6, 359; Ucrânia como exemplo, 360-3; valores e, 355

políticos: ambição dos, 126-7, 160; âmbito estrito de interações dos, 138; boa vontade dos, 159; como pessoas simpáticas, 125; coragem dos, 160; escrutínio público dos, 148; forças que asfixiam, 19; integridade dos, 153; interesses especiais e, 138-44, 159; isolamento, 61; levantamento de fundos e, 159; negros, 288; ocupantes de cargos, 124; pressões sobre os, 159; qualidade dos, 123, 125; relações públicas dos, 149; sinceridade dos, 125; temores dos, 127-30; transformação dos, 126; valores dos, 81-2; verdade e, 152

Primeira Emenda, 72-3, 248, 255

Primeira Guerra Mundial, 327-8

privatização, 174-5, 211, 215, 217

processo legislativo, 19, 153-9

professores, 188, 190-2, 202

progressistas, 77, 79, 102, 250-3, 335

Quarta Emenda, 95

Quênia, 70, 240, 365

questões econômicas: abordagem do "vencedor leva tudo" e, 172; Bush (George W.) e, 173; ciência e tecnologia e, 188, 193, 195-7, 202; Clinton e, 47, 173, 186-7, 336; competição global e, 202-3; comunalidade nos anos após a Segunda Guerra Mundial e, 39; educação e, 188-97, 202; estratificação na economia americana e, 175; globalização e, 171-2, 174-6; Guerra do Iraque e, 346; interesses especiais e, 174; na Indonésia, 321; nos anos após a Segunda Guerra Mundial, 39; novo consenso sobre, 188-209; oportunidades e, 168-76; papel do governo nas, 176; partidarismo e, 46; Partido Democrata e, 173-4; Partido Republicano e, 173; política de energia e, 188, 197-202; política externa e, 329-30, 335, 352, 354, 365-7; produtividade e, 183; prosperidade da economia americana e, 176-87; questões familiares e, 384, 388-9; raça e, 270, 282-3, 286, 289-90; transformação da economia americana e, 171, 173-6, 208-21; *ver também* comércio; empregos; livre-mercado; terceirização

questões morais, 49, 251-3, 256, 259, 334, 336, 370

raça: aspirações e, 300; brancos da classe trabalhadora e, 296; Bush (George W.) e, 283-4; campanha de Obama para o Senado em 2004 e, 273-4, 276-7; Clinton e, 266, 287; como desculpa para fracasso, 281; como problema duradouro, 45; confiança e, 278; conservadores e, 288, 294-5; Constituição e, 270; culpa dos brancos e, 288; demografia de, 271; em Illinois, 276-8, 280-1; estereótipos e, 274-5; fatores sociais/culturais e, 285-6, 297; Furacão Katrina e, 266-9; igualdade e, 270, 286; interesse próprio e, 288-9; isolamento dos brancos e, 276; lei e, 80; liberais e, 295; medos dos brancos e, 289; mudança de atitudes em relação a, 271; necessidade de transformação de atitudes em relação a, 285; nos anos após a Segunda Guerra Mundial, 40; obstrucionismo e, 99; oportunidade e, 286, 289, 300; pobreza e, 267, 269, 282-3, 288, 290-302; problemas enfrentados por causa de, 271-2; programas de governo e, 283, 285-6, 289, 294, 298-9; questões econômicas e, 270, 282-3, 286, 289-90; religião e, 239, 285; republicanos e, 283; responsabilidades de minorias e, 285; sonho americano e, 281-3, 313; valores e, 80, 296; *ver também pessoas específicas*

Reagan, Ronald, 44-6, 49, 58, 174, 184-6, 213, 215, 237, 246, 334, 339

Reed, Ralph, 46, 237

regras: Constituição e, 103, 108-9, 111-2, 114; do Senado, 120; política externa e, 353, 357, 367

regulamentação, 174, 183, 185, 187, 199

Reid, Harry, 91, 100

religião: aborto e, 230, 232-4, 236-7, 247-8, 250, 253, 256, 260, 262; americanos como pessoas religiosas e, 234; Bush (George W.) e, 234, 237; caso Schiavo e, 237; ciência e, 235, 257; conservadores e, 236-7, 247, 249-50, 253-4; Constituição e, 254; democracia e, 251, 257, 259; evangélica, 236, 238, 243, 253-4, 257; futuro da, 235; homossexualidade e, 248; liberalismo e, 248-9; liberdade e, 243, 254; livre-mercado e, 230; moralidade e, 251-3; na Indonésia, 322; Partido Democrata e, 53, 237; Partido Republicano e, 236; pessoal de Obama, 20, 238-41, 243-4; poder na vida americana da, 251; política e, 237-8, 244-59; política externa e, 356; políticas sociais e, 243, 252-3; progressistas e, 250, 252-3; raça e, 239, 285; "relevância", 235; valores e, 71, 242, 251, 256; *ver também* direita cristã; fé; igrejas negras; separação de igreja e Estado; valores

riqueza, 19, 29, 48, 51, 176, 223-9, 283, 286, 322

Roosevelt, Franklin D., 59, 181-3, 186, 188, 208-10, 213, 328, 367, 369, 372

Roosevelt, Theodore, 39, 180, 326, 339

Rove, Karl, 46, 48, 60, 155-6, 237

Rubin, Robert, 206, 208

Rumsfeld, Donald, 268

Rush, Bobby, 127

Rússia, 201, 267, 354; *ver também* Ucrânia; União Soviética salários: comércio e, 204; competição global e, 187; de executivos, 79; economia e, 172; imigração ilegal e, 309; livre-mercado e, 183, 187; mínimo, 213; na Indonésia, 320; novo consenso econômico e, 202; para professores, 191; raça e, 282, 286, 306, 309; rede de segurança social e, 209-10, 213-5; riqueza e, 227

Santorum, Rick, 245

saúde, serviços de: Bush (George W.) e, 211-2; Clinton e, 47, 186, 217; Contas Poupança-Saúde e, 212, 217; decisão de Obama de concorrer a um cargo federal e, 12; exemplo de plano para, 218-9; iniciativas de Obama no Senado e, 375; livre-mercado e, 186; mudanças no definido, 172; necessidade de compromisso de reforma nos, 34; Obama na legislatura de Illinois e, 10; perda de emprego e, 171; pobreza e, 299; raça e, 286-7; rede de segurança social e, 209-10, 213, 216-9; religião e, 247; riqueza e, 226; universais, 287; *ver também* Medicaid; Medicare

Scalia, Antonin, 97, 108-9

Schiavo, Terri, 95, 237

Segunda Emenda, 104

Segunda Guerra Mundial, 37-8, 329, 341, 372

segurança, 34, 68, 73, 95, 198, 349; *ver também* política externa dos Estados Unidos

seguro social, 61, 175, 182, 209, 211, 222

Senado de Illinois, 10, 13, 27, 76, 288

Senado dos Estados Unidos: café da manhã com oração matutina às quartas-feiras no, 245; campanha de Obama em 2004 para o, 10, 14-6, 28, 82-3, 132-5, 140-3, 157, 159, 245-7, 249, 273-4, 276-7, 280; como isolacionista, 328; como reflexo do compromisso de fundação dos Estados Unidos, 93-4; democratas perdem o controle do, 98; discursos no, 25; discussões de fé no, 244-5; história do, 91, 121; lei da reforma de imigração no, 308-10; nos anos após a Segunda Guerra Mundial, 37-8; Obama decide concorrer ao, 340; Obama presta juramento como membro do 109º, 25-6, 60-2, 91, 407; opiniões de Byrd sobre, 91-3, 120; partidarismo no, 31-2; plenário do, 23-5; política externa e, 328; primeiro dia de Obama no, 408; principais iniciativas de Obama no, 375; raça dos membros no, 271; registro oficial do, 25; regras/ precedentes do, 120; relações entre senadores no, 37-8, 90, 125; tomada de decisões no, 24; votações no, 24; *ver também pessoa, comissão ou legislação específica*

senadores dos Estados Unidos: honestidade dos, 21; primeiro ano do Senado de, 88-90; relações entre, 37-8, 90, 125; *ver também* Senado dos Estados Unidos; *pessoas e políticos específicas*

separação de igreja e Estado, 51, 248, 254

separação de poderes, 96, 107, 114

435

Sidley & Austin, 377, 379
Simon, Paul, 83, 276
sistema internacional, e política externa, 363-73
Smith, Ed, 277
Sociedade Proprietária, 174, 211-2
Souter, David, 98
Sul, 38-40, 48, 99, 101
Suprema Corte, 80, 97, 100; *ver também* nomeações judiciárias

tecnologia *ver* ciência e tecnologia
terceirização, 168-70, 172-3, 184, 186, 210, 286, 309
terrorismo, 34, 55, 73, 322, 324, 349, 353, 355-6, 359; *ver também* Onze de Setembro de 2001
Thornton Township High School (Chicago, Illinois), 188-90
Time, 146-7
tortura, 95, 153, 371
trabalho, 50, 142, 169-71, 174, 182-4, 190, 192, 200, 203, 214, 298, 308, 376, 386-7, 389, 391-2, 394-6, 400, 402-3, 405; *ver também* empregos; ética do trabalho
treinamento/reciclagem no emprego, 171, 173, 186, 214; *ver também* educação
tribunais, 26, 52-3, 95, 102; *ver também* nomeações judiciárias
Truman, Harry S., 329, 350, 352, 372

Ucrânia, 201, 360-3
União Soviética, 38, 197, 316, 329, 331, 334-5, 349, 352, 360; *ver também* Guerra Fria

Universidade de Chicago, 103-4, 390
Universidade de Illinois, 10

valores: absolutismo e, 115; autogoverno e, 103; como herança americana, 87; compromisso e, 76; comuns, 10, 17-8, 68-72, 81, 242; conservadores e, 51, 68, 73, 78, 80; cultura e, 78; de hoje, 87; de políticos, 81-2; Declaração da Independência e, 69; discordâncias entre pessoas e, 64; durabilidade de, 87; era Reagan, 44; ideologia e, 73-4, 76; individualismo e, 70-2; interesses especiais e, 143; julgamentos para defesa de, 102; lei e, 80; morais, 68; núcleo de, 68-87, 262-4, 385; pagar o preço por, 86; papel do governo e, 80, 260; passado da família de Obama e, 42, 67, 84-5; pobreza e, 296; política externa e, 355; questões familiares e, 385; raça e, 296; rede de segurança social e, 212; respeito pelos, 74, 76; tensões entre, 72, 74; testes de, 86-7; *ver também* religião; *valor específico*
violência, 41, 263, 353-4, 364; *ver também* terrorismo
votações legislativas, 24, 153, 158; *ver também* eleições

Wall Street Journal, 19, 79, 147
Warner, John, 37, 120
Warren, Elizabeth, 388
Washington, Harold, 304-5
Wheeler, Tim, 171, 220, 410
Wilson, Woodrow, 180, 327

1ª EDIÇÃO [2021] 1 reimpressão

ESTA OBRA FOI COMPOSTA EM MINION PELO ACQUA ESTÚDIO E IMPRESSA
PELA LIS GRÁFICA EM OFSETE SOBRE PAPEL PÓLEN SOFT DA SUZANO S.A.
PARA A EDITORA SCHWARCZ EM MARÇO DE 2021.

A marca FSC® é a garantia de que a madeira utilizada na fabricação do papel deste livro provém de florestas que foram gerenciadas de maneira ambientalmente correta, socialmente justa e economicamente viável, além de outras fontes de origem controlada.